中国科普作家协会国防科普委员会推荐[

U0684118

国之重器

舰船科普丛书

中国船舶及海洋工程设计研究院
上海市船舶与海洋工程学会
上海交通大学
主编

工程船

祁 斌 仲伟东 张太佶
编著

上海科学技术出版社

图书在版编目(CIP)数据

工程船 / 中国船舶及海洋工程设计研究院, 上海市船舶与海洋工程学会, 上海交通大学主编; 祁斌, 仲伟东, 张太佶编著. —上海: 上海科学技术出版社, 2019.9 (2021.8重印)

(国之重器: 舰船科普丛书)

ISBN 978-7-5478-4454-0

Ⅰ. ①工… Ⅱ. ①中… ②上… ③上… ④祁… ⑤仲… ⑥张… Ⅲ.①工程船–青少年读物 Ⅳ. ①U674.3-49

中国版本图书馆CIP数据核字 (2019) 第157551号

舰船科普丛书

工程船

中国船舶及海洋工程设计研究院
上海市船舶与海洋工程学会 **主编**
上 海 交 通 大 学

祁 斌 仲伟东 张太佶 **编著**

上海世纪出版(集团)有限公司
上 海 科 学 技 术 出 版 社 出版、发行
(上海钦州南路71号 邮政编码200235 www.sstp.cn)
三河市双升印务有限公司印刷
开本 787×1092 1/16 印张 16
字数 280千字
2019年9月第1版 2021年8月第2次印刷
ISBN 978-7-5478-4454-0 / N · 171
定价: 80.00元

本书如有缺页、错装或坏损等严重质量问题, 请向工厂联系调换

内容提要

　　工程船是专门用于各类水上、水下工程建设的船舶，就如同陆地上的工程车，如果缺少了它们，那么世界上很多伟大的工程，比如跨海大桥，或许就无法实现了。

　　本书由长期从事工程船研究、设计的专家们执笔，对工程船这个大家族进行了总体介绍，并挑选出一系列比较具有代表性的工程船，如起重船、半潜运输船、铺管船、布缆船、潜水工作船、浮船坞、风机安装船等，从它们的定义、分类、工作特点、船型特征、发展历程、关键设备、发展趋势等方面，结合国内外代表船型进行了简单而明了的阐述，充分展示出各类工程船形形色色的模样，也能让读者体会到我国在工程船的发展历程中砥砺前行、不断升级的强国精神。

　　作为一本科普读物，图文并茂是本书的一大特色，在具备知识性的同时也不会让内容显得枯燥，适合对船舶知识感兴趣的各类读者。

　　通过本书，希望不仅能让读者对工程船有一个了解，也能激发出广大青少年朋友投身于伟大祖国建设的兴趣和动力。

国之重器 —— 舰船科普丛书

专家委员会

主　任

曾恒一　潘镜芙

副主任

韩　华　郑茂礼　郑　晖　杨德昌　田小川

委　员

王佩宏　张照华　郭彦良　张关根　杨葆和

俞宝均　张文德　张福民　涂仁波　毛献群

张祥瑞　马　涛　吴正廉　徐寿钦　陈德耀

张仲根　戴自昶　张　帆　田立群　罗杏春

马炳才　刘厚恕　张太佶　张富明　李志刚

李新仲　谢　彬　王建方　李刚强　吴　刚

徐　萍　王彩莲　张海瑛　仲伟东　于再红

丁伟康

海洋之美，浩瀚、静谧、神秘。人类生存的地球表面71％覆盖着海洋，陆地被海洋包围着，仿若不沉之"舟"。

中华人民共和国，既是一个拥有960万平方千米陆地疆域的陆地大国，也是一个东部和南部大陆海岸线约1.8万千米、内海和边海的水域面积约470万平方千米、海域分布有大小岛屿7 600多个的海洋大国。提高海洋资源开发能力、发展海洋经济、保护海洋生态环境、坚持维护国家海洋权益、建设海洋强国，事关国家安全和长远发展，也对实现中华民族伟大复兴的中国梦具有十分重要的战略意义。

工欲善其事，必先利其器。经略海洋，装备当先。只有拥有强大的海洋装备作支撑，才能形成强大的海上力量，才能保障安全可靠的海上能源和贸易通道，才能拥有海洋权益的话语权。能犁开万顷碧波的舰船，正是建设海洋强国的"国之重器"。

经过几代中国舰船人的努力，我们取得了骄人的成绩。第一艘航母已交接入列，第二艘航母又下水海试；新型弹道导弹核潜艇受到世界各国的关注；"滨州"号护卫舰、"昆仑山"号船坞登陆舰等在亚丁湾为过往船只保驾护航；"临沂"号护卫舰参与也门撤侨，彰显大国担当；"和平方舟"号医院船多次赴海外开展医疗服务和救灾援助；自主设计制造的20 000箱超大型集装箱船助力中欧航线的运输；"天鲲"号绞吸挖泥船向世界展示什么叫作历练终成金；"雪龙2"号科考船即将承载起极地探索的使命……

这一个个令人振奋的消息背后，是"国之重器"建设大军只争朝夕、锐意进取、拼搏奋斗、攻坚克难的身影。"功以才成，业由才广"，世上一切事物中人是最宝贵的，一切创新成果都是人做出来的。硬实力、软实力，归根到底要靠人才实力。科技发展史证明：谁拥有了一流创新人才、拥有了一流科学家，谁就能在科技创新中占据优势。

在中国建设海洋强国的道路上，"国之重器"建设大军的每一个岗位都必须后继有

人，有人传承，有人接班！

少年强则中国强。为增强青少年的海洋和国防意识，普及舰船和海洋工程科学知识，我们编撰了一部以青少年为主要对象、面向公众的科普读物"国之重器——舰船科普丛书"（简称"丛书"）。丛书以舰船为主线，全面展现新中国成立近70年以来，自主研制国之重器的艰难历程及取得的辉煌成就，使广大青少年从中汲取知识、增长才干、坚定信念、强化担当。

这套丛书共20分册，涵盖海洋防卫、海洋运输、海洋科考、海洋开发等方面，包括：海上霸主——航空母舰、深海巨鲨——潜艇、海上科学城——航天测量船、探究海洋奥秘的科学考察船、造船工业皇冠上的明珠——液化气运输船、海上巨无霸——集装箱船、超大型油船、造岛神器——大型挖泥船、海上石油城——钻井平台等。

丛书由从事舰船和海洋工程科研、设计、建造的100余位专家、技术骨干和青年科技工作者执笔，并经30余位专家审阅，历时2年编写而成。

当代青少年和公众涉猎面广，超前意识和多维立体思维能力强，具有令人刮目相看的理解能力。丛书撰写者充分考虑到青少年和公众读者的阅读要求，量身定制、兼收并蓄，将舰船知识图谱化，采用重点讲解、型号示例等方法，使专业知识通俗易懂，增强了丛书的可读性。

博览众采，传承知识。丛书通过科学的体例设置，涵盖军用舰船、民用船舶和海工装备的相关知识，体系庞大而有序，知识通俗而有内涵，突出展现了丛书内容的鲜明特色，使广大青少年读者一书在手，舰船在胸。

—— 图谱化的舰船知识。丛书坚持知识性与趣味性相结合，以图文并茂的形式对一些典型舰船进行集中讲解，以便让读者掌握舰船的特点。

—— 通俗化的专业知识。丛书坚持专业性与通俗性的有机结合，用朴实的篇章构建舰船知识链，用易懂的语言精准描述舰船的工作原理、性能特点。

—— 人文化的历史知识。丛书追溯舰船诞生的起点，展望舰船发展的未来，彰显舰

船历史的人文特色，描绘出一幅幅人类设计建造舰船、塑造海洋文明的生动画卷。

拓展视野，启迪心智。 丛书以舰船为载体，为广大青少年读者打开了世界舰船知识之门、中国舰船科技之窗，让读者驾驶生命之船，扬起思想风帆。

—— 认清大势，强化理念。丛书以舰船为媒，引导读者正确认识世界和中国。半个多世纪风雨兼程，中国船舶装备在变，舰船航迹在变，唯有"国之重器"建设者们"忠于党、忠于人民、忠于国家"的初心不改，信仰不变，继续弘扬突破自我、敢为人先的工匠精神，锲而不舍，发愤图强，国家利益所至，科技创新必达！

—— 明确主题，播种梦想。丛书以中国舰船制造励精图治、自力更生、发奋图强、勇创辉煌的历史红线，为每个青少年播种梦想、点燃梦想，让更多青少年敢于有梦、勇于追梦、勤于圆梦。

激扬青春，陶冶情操。 理想指引人生方向，信念决定事业成败。丛书倾诉舰船昨天之历史故事，弹奏舰船今天之恢弘篇章，高歌舰船明日之瑰丽远景。

—— 弘扬爱国主义精神。丛书立足民族、面向世界，旨在激发广大读者的爱国情怀；以科学的视角，生动介绍了新中国成立以来我国舰船及海洋工程研制所取得的成就，讲述一代又一代科技人员怀着深厚的爱国情怀，为中国舰船事业发展所作的贡献。

—— 倡导奋进创新思想。丛书用世界舰船的历史史实启发读者认知：创新是民族进步的灵魂，是一个国家兴旺发达的不竭源泉。广大青少年读者应敢为人先，勇于解放思想、与时俱进，敢于上下求索、开拓进取，树立雄心壮志，努力超越前人。

—— 激励艰苦奋斗精神。丛书用中国舰船的历史史实引领读者感悟，我们的国家、我们的民族，从积贫积弱一步一步走到今天的繁荣富强，靠的就是一代又一代人的顽强拼搏，靠的就是中华民族自强不息的奋斗精神。

2016年5月30日，习近平总书记在全国科技创新大会、两院院士大会、中国科协第九次全国代表大会上的讲话指出：科技创新、科学普及是实现创新发展的两翼，要把科学普及放在与科技创新同等重要的位置。希望广大科技工作者以提高全民科学素质为己任，在

全社会推动形成讲科学、爱科学、学科学、用科学的良好氛围，使蕴藏在亿万人民中间的创新智慧充分释放、创新力量充分涌流。"国之重器——舰船科普丛书"正是习近平新时代中国特色社会主义思想的生动实践。

　　愿："国之重器——舰船科普丛书"构建一座智慧的熔炉，锻造中国青少年威武铁甲！

　　愿："国之重器——舰船科普丛书"筑起一个知识的平台，助力中国青少年纵横海疆！

　　愿："国之重器——舰船科普丛书"插上一双理想的翅膀，引领中国青少年翱翔海天！

曾恒一　潘镜芙

中国工程院院士

2018年8月

水是万物之源，也是人类的母亲，从古至今，人类社会的发展就离不开水。在占据这个蓝色星球约71％面积的水中，蕴藏着无比丰富的资源，并且随着人类社会的进步、科学技术的发展，新的资源也被陆续勘探出，比如深水油气、可燃冰等。

然而人类毕竟不是鱼，水在给人类带来巨大利益的同时，也对人类提出了考验。例如，如何采集水下的食物或其他资源，如何从河的一边去到另一边，如何找到安全的航道，如何确保大船可以入港，如何让远隔重洋的人们联系到对方等。

常言道"天下没有免费的午餐"，于是为了连通两岸道路，人们架起了跨江大桥、跨海大桥；为了采集水下油气，人们在海洋上建起了钻井和生产平台；为了改善生存环境，人们填海造了人工岛、水上机场；为了大洋两岸的信息互通，人们又铺设了海底电缆等。这些港口、河道、造桥、填岛、钻油、采矿、风电、通信等水上、水下工程，就如陆地上的造楼、建厂、铺路、造地铁，对国家的建设，乃至全人类社会的发展，都起着不可或缺的重要作用。

不过要实现这些种类繁多、难度不一的工程，就必须要满足很多先决条件，关键之一就是要拥有与所进行工程相匹配的技术和设备。而本书的主角——工程船，就是其中必不可少的一员大将。说是"一员"大将，工程船可是一个非常庞大的家族，它们各有所长，往往肩负着不同的重要使命。例如在桥梁工程中，无论是基础施工还是上部结构施工，都离不开各类工程船，包括起重船、打桩船、挖泥船、抛石船、潜水作业船等。此外，在洋山港填海工程等超级工程的施工现场也都能见到工程船的身影。再如海上溢油事故，会对海洋环境和社会经济活动产生重大的长期影响，震惊世界的2010年美国"深水地平线"石油平台爆炸事件就是其中之一，还被拍成了同名电影（*Deepwater Horizon*，译名《深海浩劫》）以示警诫。而专业溢油应急船舶和专业溢油

回收装置就是国际上公认的处理水上大规模溢油事故必不可少的重要保障和关键设备。

除此之外，工程船在许多国民经济与国防建设项目中都扮演着重要的角色，例如海上油气开采和后期拆运、海上风电场的风机安装、海底越洋通信电缆的铺设、海军远洋舰船的维修保障、岛礁的吹填建设等。而且随着我国经济与国防力量的快速发展，综合国力的不断提升，包括海上工程在内的重大基础工程项目纷纷上马，这就对工程船提出了越来越高的要求，工程船的发展也随之突飞猛进，这也从侧面进一步反映了工程船的重要性。因此，工程船可以当之无愧地称为"国之重器"。

本书从工程船这个大家族中，挑选了一些相对比较重要且比较具有代表性的船型做了图文并茂的介绍（挖泥船另有分册专门介绍，本书不再介绍）。通过本书，读者可以对这些工程船有一个基本的认识，对一些相关的水上水下工程也会有一定的了解。同时还能从这些工程船的发展中体会到我国造船工业是如何从依赖进口，慢慢转为自力更生、积极创新，发展到远销世界各地。

当然，本书肯定还存在一些不尽如人意之处。最让人遗憾的是由于时间和篇幅的限制，本书在工程船船型种类的广度和具体船型介绍的深度上都有所欠缺，希望广大读者朋友能够多多包涵。

最后，本书的成功出版，首先要感谢专家们悉心的专业指导，还要感谢李雨、程维杰、尉志源等几位老师协助提供了宝贵的照片资料，没有他们，本书肯定会失色不少。此外，还要感谢本丛书编委会、编辑部和出版社的支持、帮助和辛苦付出。

作　者
2019年7月

国之重器

舰船科普丛书

目 录

第 *1* 章
工程船概述

有没有想过这些问题：如何从水下采集矿产或其他资源？如何建造数十千米的跨海大桥？如何将超大物件运往大洋彼岸？如何确保大船可以入港？如何搭建起远隔重洋的通信网络……

需要得到什么样的目的和结果，就必须付出相应的努力。这时，工程船就要登场了。

为什么需要工程船

2017年5月2日，世界最长的跨海大桥——港珠澳大桥岛隧工程中海底隧道的最后一个接头——重约6 000吨的钢结构混凝土预制件在伶仃洋主航道吊装下沉对接完成。如此大规模的吊装在国内交通建设领域还是第一次出现。

6 000吨是什么概念？以60千克体重的成年男性计算，那就是足足10万人的总重量！要吊装如此重的物件可不是普通装备所能办到的。而此次对接能顺利完成的首要功臣，就是目前世界上装备着最大起重机的单船体起重船——"振华30"号。

这只是工程船用于桥梁岛隧工程中的一幅画面。如果没有这些工程船，那么人们也就看不到港珠澳大桥、杭州湾跨海大桥、武汉长江大桥等伟大的桥梁工程了。

而随着全球石油消费需求的不断增

> 图1　吊起预制接头准备放置到预定位置的"振华30"号起重船

> 图2　港珠澳大桥

小贴士

港珠澳大桥

　　港珠澳大桥于2009年12月15日动工建设，2018年10月24日上午9时正式通车，从此驾车从香港到珠海、澳门仅需45分钟。港珠澳大桥东起香港国际机场附近的香港口岸人工岛，向西横跨伶仃洋海域后连接珠海和澳门人工岛，止于珠海洪湾。桥隧全长55千米。

　　在港珠澳大桥的建设过程中，用到了起重船、挖泥船、沉管布放船（沉管为隧道建设的一段段定制的管节，定位布放在水中构成隧道）、混凝土预制搅拌船、半潜驳船等大量工程船。

加，各种与石油相关的海上活动，如勘探、生产、运输等日益增多，也加大了海上溢油事故的发生概率。

2010年发生在美国的"深水地平线"石油平台爆炸震惊了世界。我国于2016年正式发布《国家重大海上溢油应急能力建设规划（2015—2020）》，2018年3月8日印发了《国家重大海上溢油应急处置预案》。而专业溢油应急船舶和专业溢油回收装置就是国际上公认的处理水上大规模溢油事故必不可少的重要保障和关键设备。溢油回收船虽然无法消除那些巨大的灾难，但也是人类面对如此惨剧为数不多的有效手段之一。

除此以外，工程船在许多国民经济与国防建设项目中都扮演着重要的角色，例如海上油气开采和后期拆运、海上风电场的风机安装、海底跨洋通信电缆的铺设、海军远洋舰船的维修保障、岛礁的吹填建设等。

> 图3　工作中的浮油回收船

> 图4　围油栏（左）和收油机（右）

> 图5　海上溢油带来的生态破坏

为什么叫工程船

工程船的定义

工程船这一称谓，主要根据船舶的功能而来。顾名思义，工程船简单来讲就是指做工程的船，也可以说是各类从事工程作业船舶的总称。按严格意义的专业术语来说，工程船就是按不同工程技术需求，船上装备有各种相应的专用设备（如起重船的起重机、钻井船的钻探设备等），用于完成各类水面、水下工程技术作业的特种船舶。

简而言之，就是用专业的设备借助船舶的自身特性组合成为专业的船，来完成专业的工程任务。

小贴士

"深水地平线"事故

2010年4月20日，英国石油公司（BP）在美国墨西哥湾租用的钻井平台"深水地平线"发生爆炸，近500万桶石油泄漏（约可填满250多个奥运会标准游泳池），酿成一场经济和环境惨剧。

美国政府2010年11月的调查报告指出，这场被奥巴马称为环保界"9·11事件"的灾难已造成成千上万的鸟类和海洋动物死亡。此外，还造成了其他如土壤污染、渔业受损等不良后果。

工程船家族的成员

工程船的种类

　　工程船家族称得上是一个大家族，各种成员林林总总加起来有近百位，分别扮演着不同的角色，肩负着不同的任务，在各类水上、水下工程中发挥着广泛而重要的作用。其实根据包括工程船在内的各类船舶的定义来看，有部分船型在划分类别上既能算作工程船，又能算作其他类别的船，如半潜运输船就有"工程船""运输船""海洋开发装备""军辅船"等多重身份。

　　总体来看，工程船主要依据功能应用场景不同，可以分为四大类型，分别是航道和港口服务船，救助、打捞、潜水工作船，水域施工船，以及其他工程船。

航道和港口服务船

　　这一"族系"的工程船，主要工作地点是在航道和港口区域，成员不少，其中就包括了能干多种活、在整个工程船家族中占有举足轻重地位的起重船。

　　当然，其他成员也各有所长，主要包括：在航道与其附近的暗礁、浅滩、岩石处进行航标布设、巡检、补给、修理、维护作业的航标船；借船体重力和动能或其他方法破碎冰层的破冰引航船；担负勘测水道并绘制海图等任务的水道测量船；用于扑灭船舶或港口岸边火灾的消防船；用

> 图6　各类航标

> 图7　"海巡171"号航标船

于拦截、回收和处理海面浮油的浮油回收船；在港内拖曳其他船舶或浮体的港作拖船；为其他船舶和近海设施提供维修勤务或供应物资、器材的供应船等。此外，还有航标灯船、水底整平船、扫海

> 图8　俄罗斯北极（Arktika）级核动力破冰船

小 贴 士

航　标

　　航标是助航标志的简称，一般设于通航水域或其近处，以标示航道方向、界限，以及锚地、滩险及其他碍航物的位置，同时也有表示水深、风况，并起到指挥狭窄水道交通的作用。

　　航道的大型航标自重约每只10吨左右，一般需要航标布设船、巡检修理船等开展相应工作。

> 图9 正在"桑吉"号油船事故现场灭火的"东海救117"轮

船、绞滩船、垃圾船、顶推船、领航船、钢扒船等。

救助、打捞、潜水工作船

工程船家族这一支的成员不算多，却是浩瀚海洋中不可或缺的重要的生命保障线，主要从事救助、打捞、潜水等相关工作。其中，打捞船（驳）主要用于打捞水下沉船、沉物；打捞救生船（驳）主要从事救助、打捞海难船只和对落水人员实施救援；救助拖船主要用于拖带搁浅触礁、失去机动能力的船只，同时还负责救援

> 图10 浮油回收船

> 图11 中国海军远洋救助拖船"北拖739"号

> 图12 "长兴岛"号远洋打捞救生船

> 图13　中国首艘300米饱和潜水工作母船"深潜"号

失事船只；潜水工作船（驳）主要为潜水员进行潜水作业提供支援；水下观测船主要是装备专用仪器进行水下观测。

水域施工船

水域施工船这一脉的成员也不少，这类工程船专注于水上工程领域，有些船的名字和陆地上的工程车相类似，比如用于水上工程打桩的打桩船、为水工建筑提供浇灌混凝土的混凝土搅拌船、专供开采水下矿石和矿砂的采矿船等，如果把"船"改成"车"，是不是就是大家所熟悉的工程车呢？当然了，这一脉的工程船肯定不止这些，还有压桩船、打夯船、钻孔爆破船、修理船、碎石船、卸砂船、布缆船、

> 图14　108米桩架打桩船

> 图15　200立方米／时混凝土搅拌船

采金船、电焊工作船等。

其他工程船

除了上述三大类工程船，工程船家族中还存在着其他多种工程船，比如用作水上流动电站的发电船，船上设有专用成套设备、在资源区附近水域就近生产的产品加工船，将海水淡化以提供淡水的海水淡化船，为其他船舶进行抛锚、移锚、锚作业处理船等。

工程船家族如此之多的成员，若要一一道来，则可以说上"一千零一夜"。本书将挑选几型较具代表性，同时也是"国之重器"工程船系列中较"重"的船型进行介绍，接下来出场的就是本书的七大主角——起重船、半潜运输船、铺管船、布缆船、潜水工作船、浮船坞和风机安装船。

> 图16　"Nexus"号布缆船

> 图17　发电船

> 图18　海水淡化船

> 图19　抛锚艇

表1 工程船船型

类型	中文名	英文名	简介
航道及港口服务船	航标船	buoy tender	船上装有起放航标的起重机和绞盘等设备，在航道与其附近的暗礁、浅滩、岩石处进行航标布放、巡检、补给、修理、维护作业的船
	航标巡检船	buoy tour and inspection ship	用于日常维护航区内的航标巡检、抢修、岛屿补给及拖带航标器材的小型船
	航标灯船	beacon light boat	装有发光灯标等声光信号设备，可作为浮动航标的船
	破冰引航船	icebreaker	用于带有冰区的航道或航线上，借船体重力和动能或其他方法破碎冰层，开辟航路、引导其他船只通航的船
	整平船	leveling vessel	早期指用于平整航道、锚地、河道水底面的船，现多用于水底隧道沉管基础建设
	水道测量船	surveying ship	担负勘测水道并绘制海图等任务的船
	扫海船	sweeper	用于查明航道和水域中在一定深度范围内有无障碍物并确定其位置的船
	绞滩船	floating winch station for warping	停泊于江河水流湍急的航道上，用船上的绞车、钢缆等设备，拖曳其他船只逆流通过急流险滩的船
	垃圾船	garbage boat	为港区和锚地内的船舶卸载运垃圾的船
	清扫船	sweep boat	设有收集浮游杂物装置及储存容器，清扫水面上垃圾杂物的船
	消防船	fire fight vessel	用于扑灭船舶或港口岸边火灾的船
	浮油回收船	oil recover vessel	装有浮油捕集器，用于拦截、回收和处理海面浮油的船
	起重船	crane vessel	又称"浮吊"。甲板上装有起重设备，专供水上作业起吊重物的船

（续表）

类　型	中文名	英文名	简　　　介
航道及港口服务船	拖船	tug	又称"拖轮"。主要用于港内拖曳其他船舶或浮体的船，也有用于外海或油田作业的远洋拖船或油田辅助拖船
	顶推船	pusher	艏部装有顶推连接装置或推架，供顶推其他船舶或浮体的船
	供应船	supply vessel	为其他船舶和海上设施提供维修勤务或供应物资、器材的船
	领航船	pilot boat	用于接送领航员的船
	污油处理船	waste oil treating ship	为港内船舶卸运和处理污油、舱底水等的船
	污水船	sewage treating ship	为港内船舶卸运和处理生活污水及粪便的船
	挖泥船	dredger	主要包括耙吸挖泥船和绞吸挖泥船，用钢耙和吸泥管等设备将航道上的泥沙和卵石等清理或挖深航道的船
救助、打捞、潜水工作船	救生船	rescue ship	专门从事救助、打捞海难船舶和对落水人员实施救生的船
	打捞船（驳）	salvage ship（barge）	专门用于打捞水下沉船、沉物的船（驳）
	救生打捞船	rescue and salvage ship	兼具救生和打捞功能的综合作业船
	救助拖船	rescue and multi-support tug	设有潜水、救生、消防、打捞、拖曳设备，能拖带搁浅触礁、失去机动能力的船只，兼负救援失事船舶的拖船
	潜水工作船（驳）	diving support vessel (barge)	设有潜水设备，为潜水员进行潜水作业提供支援的船（驳）
	水下观测船	underwater observation boat	装备专用仪器进行水下观测的船

（续表）

类 型	中文名	英文名	简 介
水域施工船和平台	打桩船	floating pile driver	在甲板端部或中部设有打桩或压桩设备，用于水上工程打桩的船
	砂桩船	sand piling barge	进行将特制的钢管（套筒）打入地层内，排出管内软泥，用沙泵灌满沙子后拔出套管形成砂桩的船
	深层软地基固化船	deep mixing ship	将硬化剂注入，使海底软地层硬化的船
	打夯船	compacting hammer barge	又称"夯平船"。设有夯锤设备，专用于水下地基夯实作业的船
	混凝土搅拌船	floating concrete mixer	设有混凝土搅拌设备，为水工建筑提供浇灌混凝土的船
	钻探船	drilling ship	又称"地质钻探船"。船上装有钻机，进行水底地层地质钻探的船
	钻孔爆破船	rock drilling and blasting barge	又称"炸礁船"。装有钻机，对水下岩石钻孔、填药并实施爆破的船
	甲板驳	deck cargo barge	又称"箱形驳"。利用甲板面运载设备、器材和物料的驳船
	修理船	repair ship	设有必要的修船设备，作为水上流动修理工场的船
	半潜船（驳）	semi-submersible heavy lift vessel (barge)	能以半潜状态装卸大型结构物、门吊等重型设备航行，以吃水自航或拖航运输的船或驳
	海底采矿船	seabed mining ship	采集海床矿物的船
	碎石船	rock breaking barge	用于破碎水底岩石的船、凿岩船
	砂石撒铺船	sand spreading barge	为改良水底软地层等目的，进行均匀厚度砂石撒铺的船

（续表）

类　型	中文名	英文名	简　　介
水域施工船和平台	卸砂船	unloading barge	装有卸土机、泵等设备，能向岸上卸运砂土的船
	布缆船	cable layer	又称"电缆布设船""海缆作业船"。设有布缆机等专用设备，在海上布设和维修水底电缆的船
	采矿船	mining dredger	设有采掘、提升、选矿、脱水等设备，专供开采水下矿石、矿砂的船
	采金船	gold dredger	采集并筛选金矿砂的船
	自升式施工工作平台	self-elevating platform	又称"水上施工平台"。设有作业设备、电站、升船机构及桩腿等，可供水上作业或作为流动码头的船
	半潜式施工工作平台	seim-submersible platform	由平台、立柱、沉垫等组成的，能在半潜状态进行水上施工的平台
	软体排铺设船	mat-base laying ship	在软层地层上筑堤时，用于铺设护底软体排的船
	电焊工作船	floating welder	设有成套电焊设备，用于水上流动焊接作业的船
其他工程船型和浮体	发电船	generating ship	又称"电站船"。设有成套的发电、输电设备，用于水上流动电站的船
	产品加工船	plant barge	又称"工厂船"。设有生产某一产品或半成品的成套设备，在靠近资源区的水域进行生产的船
	海水淡化船	desalinating ship	设有成套海水淡化设备，可提供淡水的船
	锚作拖船	anchor handling support vessel tug (boat)	为其他船舶进行抛锚、移锚、起锚作业的远海、近海、航道辅助拖船
	储油驳	oil storage barge	设有储油舱，专用于储藏油料的驳船

（续表）

类　型	中文名	英文名	简　　　介
其他工程船型和浮体	近海装卸站	offshore loading station	又称"海上过驳平台""海上过驳站"。在近海作为货物装卸、临时存放的转运基地的海上结构物
	海上观测浮筒	marine research buoy	装备专用仪器，进行海洋气象观测的浮筒
	海上无线电中继浮筒	marine radio relay buoy	设置在海上，用作无线电通信中继基地的浮筒
	养鱼工船	fish farming ship	类似于一个超大的浮动网箱，其内可以养殖鱼类，并能驶入普通养殖网箱无法到达的深海区

第2章
海上大力士
——起重船

2018 年1月22日，由中国中铁大桥局集团有限公司承建的福建平潭海峡公铁两用大桥首跨3 400吨级S02～S03跨斜拉桥钢桁梁成功架设，开创了复杂海域斜拉桥大节段钢桁梁整孔架设的先例。

那么面对如此艰难险阻，最后又是哪位"高手"解决了问题，完成了吊装任务呢？那就是目前国内起重量最大、起升高度最高的扒杆式起重船——"大桥海鸥"号。该船长118.9米，宽48米，吃水4.8米，起重量3 600吨，相当于2 400辆小轿车的总重量。主钩最高起升高度距水面以上110米，相当于39层楼那么高。

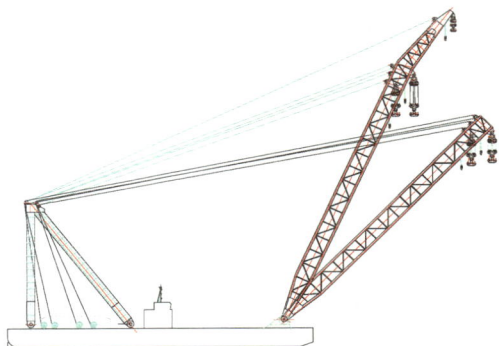

> 图20 扒杆式起重船示意图

当然，起重船家族中肯定不只"大桥海鸥"号独领风骚，像上一章所提到的"振华30"号等也是"一方霸主"级的"人物"，许多其他型式的起重船也是各有千秋。

> 图21 "大桥海鸥"号正在吊装钢桁梁

起重船概述

看到"起重"二字，基本上就能明白，起重船就是甲板上装有起重设备，专门用于水上吊运重物的工程船。该类船也使用过浮式起重机、浮吊等名称，不过目前已比较少用。起重船常用的英文名词是 crane ship 或 crane vessel。crane 就是起重机、吊车的意思。有趣的是，crane 的原意是"鹤"，而人们看到的一般的起重机，其直立的机身、前伸的起重臂杆也颇有几分鹤的影子。

起重船起初是能在水上（内河、港湾、锚地）进行装卸的工程船，具有将重

> 图22　船上的起重机和鹤有点神似

小贴士

平潭海峡公铁两用大桥钢桁梁吊装

平潭海峡公铁两用大桥是我国第一座跨海峡公铁两用大桥，全长16.34千米，同时也是目前世界上最长的跨海峡公铁两用大桥。其所在海域具有大风、高浪、深水、强波流、大潮差的恶劣海况，其建设条件远比已建成的东海大桥、杭州湾跨海大桥及港珠澳大桥恶劣。

在如此恶劣的环境下，要将长96.25米、宽36.8米（相当于8个篮球场）、高15.35米（相当于5层楼高）的我国目前单跨起吊重量最大的钢桁梁（加上吊具起吊重量近3 400吨，相当于60个标准火车车皮的重量）成功吊装，其难度之大可想而知。

物从一个码头移到另一个码头、利用率高等突出优点，因而被广泛应用于海河港口进行船岸间或船舶间的装卸作业，包括各类物资、补给品、重型构件、小艇等。

发展到现在，起重船已不仅是港口船舶间装卸的重要工程船，而且在港口建设水工作业、造船工程、近海桥梁建设、水下打捞（起吊沉船或沉物），海洋工程中的导管架辅助下水和安装、海洋平台模块安装等工程中均具有广泛应用。

起重船的分类

起重船家族成员形形色色，其分类方式也有多种。如按航行方式可分为自航式与非自航式，后者又称为起重驳；按船体类型可分为驳船型、普通船型与半潜式三种主要型式；按船体主体数目可分为单体与双体两种。

不过一般来说，起重船的分类主要还是依照装在船上的起重机的类别而定。这种分类法是欧洲对于起重船的分类基础，而欧洲则是起重船特别是大型起重船发展

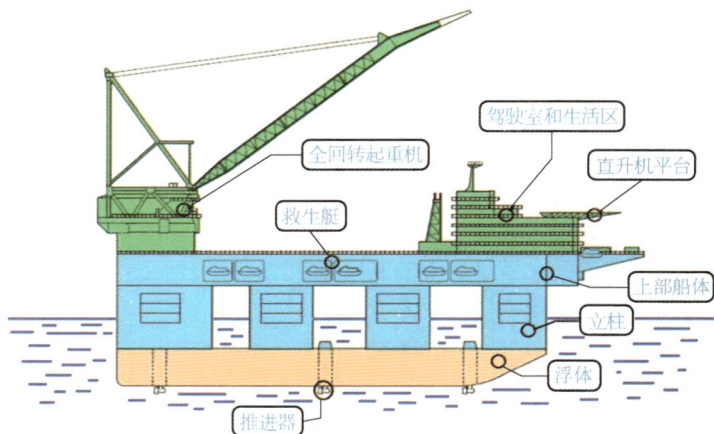

图中标注：全回转起重机、救生艇、推进器、驾驶室和生活区、直升机平台、上部船体、立柱、浮体

> 图23　半潜式起重船示意图

> 图24 非自航式起重驳

> 图25 "华天龙"号自航式起重船

小贴士

扒杆式起重船

扒杆是一种古老而简朴的吊装方式，它型式简单、制作方便，吊重能力却不小，非常易于在简单的方形驳船上加装。扒杆起重的"臂膀"有单臂、双臂和A形臂几种，下端通过铰接固定在船首一侧的甲板中心，上端通过一组向后的缆索与固定在后侧甲板上的支架拉伸固定，通过调节缆索长度就可以控制扒杆吊臂的起吊幅度而开展吊装作业。

> 图26　"Thialf"号半潜式起重船

> 图27　双体起重船

过这些类型的起重机基本上可以按起重机部分相对于船体能否转动而分为固定式与旋转式，因此起重船也可以简单分为固定式起重船和旋转式起重船两大类。

此外，世界上还存在一些比较特别的起重船，比如浮力举升式起重船"Pioneering Spirit"号和运架梁起重船（详见"起重船的关键设备"中的"固定式起重机"章节介绍）。但这类起重船数量很少，且工程目标非常明确，前者主要用于拆除平台，后者专门用于桥梁工程。

的中心，它们的起重船分类法在业界被广泛采用。

起重机的种类有好几种，常用的有回转式起重机（crane）、扒杆式起重机（shear legs）、动臂起重机（derrick）等，这也就成了起重船的船型分类。不

> 图28 固定式起重船——"拉姆比兹"号和"亚洲大力士Ⅱ"号正在一起提升沉船

> 图29 "德合"号5 000吨自航式可回转起重船

小贴士

半潜式起重船

半潜式起重船由上体、下体和中间的支柱三部分组成。上体是工作平台，各种上层建筑、起重机和辅助设备都布置在上面。半潜式起重船一般设有两个下体，每个下体用2～3个支柱与上体相连。由于是依靠下体潜入水中提供浮力，与水面接触的是水线面积比较小的支柱，因此受波浪影响小，容易保持船位稳定，这也是半潜式起重船的名称由来。

> 图30　可整体拆除平台上部模块的4.8万吨举力、90万总吨起重船"Pioneering Spirit"号

起重船的工作特点和船型特征

工作特点

　　起重船的工作过程，简单概括来讲，就是先抵达预定位置，然后将吊钩、吊索下放到需要吊起的物件上，依靠工作人员将吊索、吊钩固定在物件上，之后就是吊起物件并将其移至指定位置放下。

　　从这些工作画面来看，起重船干的活似乎很简单，无非就是将东西吊起来搬到其他地方去，就像是陆地上的起重机一样进行吊装或吊卸作业。然而事实却并非如此，起重船绝不是把起重机放在船上去吊个东西那么简单，它首先要克服的难题就是水。

　　众所周知，水是很"柔软"的，"柔"到没有固定形状。船体随着水的不断"变形"而起伏不定、随波逐流，因此起重船上的起重机就像是坐在比沙子还不稳固的基础上。大家可以试想一下，如果让一个

(a) 放下吊钩和吊索

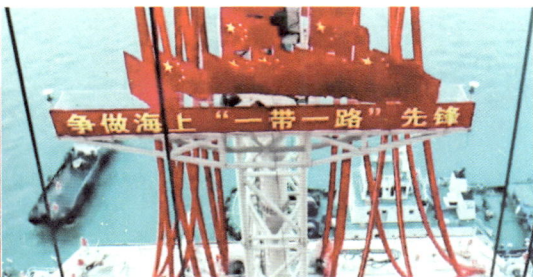

(b) 最终接头上的工作人员将吊索拖到位置固定

(c) 将最终接头吊起并旋转至预定方向

(d) 最终接头从"振华30"号舷侧转至船尾

(e) 最终接头被吊放入水

(f) 最终接头沉入水下完成对接

> 图31 "振华30"号起重船完成港珠澳大桥岛隧工程海底隧道的最终接头吊装对接工作过程

举重运动员漂在水面上举重，结果估计不怎么美好。那起重船是怎么解决这些问题的呢？

　　首先要解决的就是如何让起重船带着重物一起浮起来。这个问题还算好解决，利用水的浮力，将船自身的重量和所吊物件的重量算在一起，利用船舶中的浮箱设置将同重量的水排开，就能连船带重物一起浮在水面上了。

　　举例来说，若起重船自重10 000吨，吊的重物是1 000吨，总重量则为11 000吨，那么配置一艘具有11 000立方米浮箱的起重船船体，以排开11 000立方米的水就可以了（此处按淡水的密度为1吨／立方米来分析）。

但是仅仅浮起来是肯定不够的，因此还要解决一个起重船工作时特有的、让人头痛的问题，那就是重心的变化引起的对起重船安全的影响。

需要起重船吊起的重物，重量都比较大，对船舶的浮态影响不小，必须认真分析。在吊装或吊卸的时候，随着重物的位移，整个系统的重量分布也是变化的，即重心的位置会发生偏移。偏移后会发生什么情况呢？就像跷跷板，重的一头就会下降，轻的一头就会翘起。船也是这样，若重量分布不合适的话，船就会翻掉。

> 图32　重心偏移就可能会翻船

陆地上的起重机都能时常看到因重心外移而翻倒的情况，而在晃来晃去的水面上，重心的移动更不稳定。要是运气不好碰上大风、大浪、急流等恶劣海况，情况则更糟。

那这个问题该如何解决呢？于是水的另一个特性——易流动性就被人们充分利用了。快速地将船舶中的水（专业上称为压载水，是保持船舶处于平浮状态的设计措施）从一个地方（甲压载水舱）搬到另一个地方（乙压载水舱），利用压载水的重量和位置的变化保持重心稳定，就像天平一样将重的一端的砝码移一些到轻的那端以保持两端的平衡，那就可以解决了。

但说起来容易做起来难，该怎么做才能让水快速流动以保持重量平衡呢？于是工程师将船体的水舱分隔成许许多多的小舱室，然后用水泵水管和阀门将它们连通。一旦起重船吊起重物后，向一方倾斜，则用泵将一些压载舱里的水抽出，并向相反方向的压载舱流动，抽出水的水舱减少了重量，流进水的水舱增加了另一头的重量，这样就保持了起重船的平衡。

> 图33　利用压载水的重量和位置的变化保持平衡

越是大型的起重船，所吊装物件越重，配置的压载水泵就越多，功率也越大；同时控制起吊速度，越慢越安全。现

代起重船能利用起重船的重物实时的反馈信息，通过计算机快速算出重心变化并控制这些水泵，在极短的时间内精准地调整船重心位置，以确保起重船平浮状态，因此一般看到的起重船都是在水上安全平稳地作业。这套平衡重量的本事，是起重船的一大特点。

船型特征

起重船的工作特点造就了起重船的一些特征，首先就是"胖"。由于起重船要尽可能多地获得浮力和稳性，以确保能安全地支撑起自己的体重和吊起重物，因此其外形已经不再是传统船舶的瘦削流线型，而是"方头大耳"状，哪怕是常规船型的起重船也有着较宽的"微胖"船身。

与体型成正比的就是体重，起重能力越是强的起重船，其吨位越大。例如7 500吨起重量的"蓝鲸"号起重船，总吨超过

6.4万吨，而"振华30"号，其总吨更是接近15万吨。当然，由于起重船基本都是力量型选手，长得较"胖"，因此其航速通常不太高，大部分在10节以下。

由于起重船干的是力气活，因此这些"大力士"还有一个特点，那就是"吃得多"，也就是需要大功率的动力，要配置大功率的柴油发电机组成发电站。

举例来说，起重量4 000吨的起重打捞船"华天龙"号，发电站的装机功率为

> 图34 "蓝鲸"号起重船

小贴士

船舶的吨位

衡量船舶大小的参数，除了船舶主尺度（船长、船宽、型深、吃水）之外，就是船舶的吨位。船舶吨位参数主要使用三种：排水量、载重量和登记吨位。排水量即船舶排开水的重量，等于船舶的总重量，经常使用的有满载排水量、空载排水量等。满载排水量也就是船舶最大的总重量。

载重量又称为装载量，是船舶中所装东西的重量，有最大载重量等不同用途的参数，反映船舶的装运能力。

登记吨位又称为注册吨，它是指船舶舱内及甲板上封闭的内部空间的容积大小，以100立方英尺或2.83立方米为一登记吨位。总吨位是所有船舶舱内及甲板上封闭的内部空间的容积大小，反映船舶的大小。在专业文件上它是无量纲（无单位）参数，但实际使用中常加上"吨"作为单位。本书的总吨也使用"吨"。

> 图35 "威力"号（左）和"华天龙"号（右）起重船

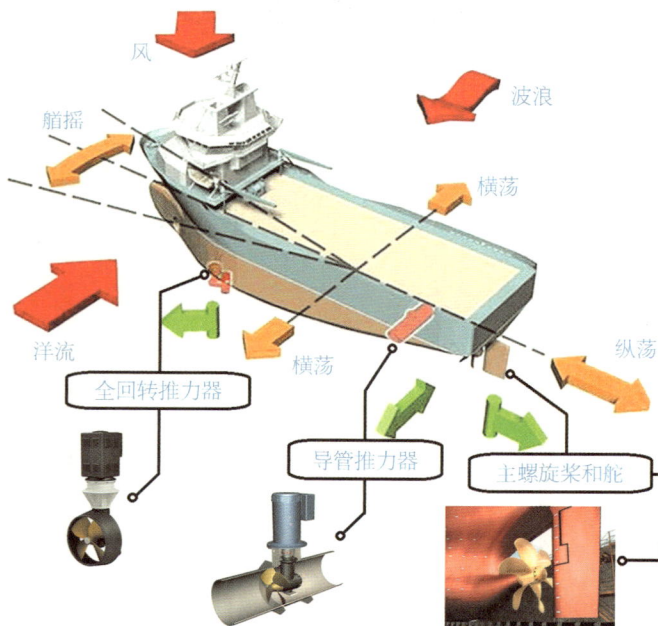

> 图36 动力定位系统示意图

12 720千瓦；而具有动力定位能力的"威力"号起重打捞船，发电站的装机功率更是达到21 670千瓦。

这是什么概念呢？以一个普通家庭一年用电量1 500度（千瓦时）计算，那么"华天龙"号的发电站12小时满负荷的发电量可供100户家庭使用一年，而"威力"号的发电站一天满负荷的发电量可供170户家庭使用一年！

起重船的设计与常规船也有所不同。一般先确定需要吊什么东西，然后再根据所需起重物件的种类、重量、体积、外形大小与数量来决定起重能力、起吊速度、旋转半径、旋转速度、跨距、俯仰速度与水平速度等。再按工作条件（如吊运距离、场所、循环时间）定出起重机的型式与尺度，按此型式设计合适的船型。

起重船的发展历程

早在14世纪，起重船的身影就出现在了中欧的港口，不过当时都是些简单的木质船。最初的起重船主要用于内河、港口区域的水上装卸工作，起重能力和自身的体型也不算大。到了大航海时代（15—17世纪），扒杆式起重船被广泛地应用于重物的吊运任务，比如当时船上最重的部件——主船桅的拆除和更换。

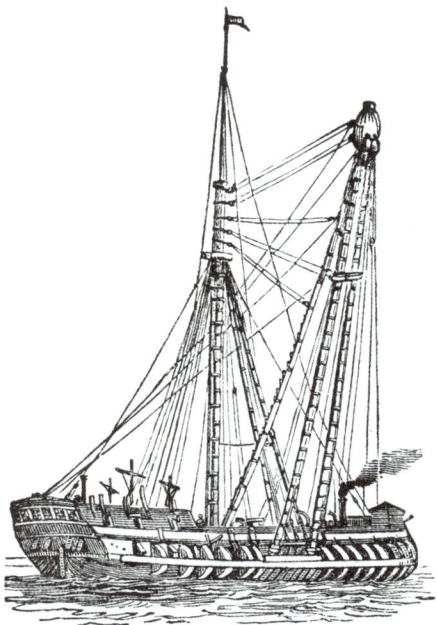

> 图37 早期的扒杆式起重船

小贴士

动力定位

在水里，由于风、浪、流等因素，船舶会产生各个方向的运动，如横荡（横向位移）、纵荡（纵向位移）和艏摇（船首左右摇摆）等。动力定位就是能让船在水上保持位置不变的一种方法。不同于传统的用锚系固定，动力定位时，船舶先利用各类传感器如位置传感器、航向传感器、姿态传感器、风传感器、海流传感器等测定船位和环境等数据，之后船上计算机将其与预设的位置做比较并找出差别，最后就是利用船上的自动控制系统，向安装在船首、船尾的推进器发出指令，调整其方向和推力大小，修正位置的差异以保持船位的固定。该技术不仅适合于起重船作业，同样还广泛应用于海底电缆铺设、海上钻井、海上油气开采、打捞救助、潜水支持等各类水上水下作业。动力定位的最大优点就是不受水深的限制，特别适合于深水海域。根据动力定位系统设备的冗余度要求不同，船舶的动力定位能力可分为DP1、DP2、DP3三种等级。

随着蒸汽动力、柴油动力的相继发展，起重船也和其他船型一样从木质风帆结构转变成了钢铁巨物。1920年，一艘名为"Kearsarge"号的美国战舰被改装成了一艘起重能力达到250吨的起重船。作为世界第一艘采用全回转式起重机的起重船，该船船名改为"Crane Ship No.1"号（起重船一号）。它的主要任务就是为战斗舰船吊装舰炮等各类重型物件。在1939年时，该船还完成了吊起美国海军"Squalus"号潜艇的壮举。

1949年，首艘专门为海洋工程设计建造的起重驳"Derrick Barge 4"号问世，这艘驳船配备了一台起重量150吨的回转式起重机。它的出现对海洋工程建设产生了较大影响，使石油平台可采用模块化建造，施工效率大大提升。对于海洋工程的摇篮——墨西哥湾浅水区域的早期小规模平台建造来说，当时这种起重规模的工程船已经能一展身手了。

1963年，首艘用于近海海洋工程的起重船"Global Adventurer"号诞生。这艘起重船是由挪威油船"Sunnaas"号改装而成，船上装设了一台起重能力为300吨的起重机。这艘起重船已经能适应欧洲北海的严酷环境了。

1978年，半潜式起重船第一次进入了人们的眼帘。那一年，"Hermod"号和它的姐妹"Balder"号下水了，半潜式起重船的船型稳性更好，可以在北海的冬

> 图38 "Crane Ship No.1"号起重船

> 图39 "Global Adventurer"号起重船

> 图40 "Hermod"号半潜式起重船

> 图41 "Balder"号半潜式起重船

季环境下作业；同时良好的稳性也能支持更大的起重重量。它俩各自拥有一台2 000吨和一台3 000吨的起重机，后来"Hermod"号的起重机升级为4 000吨和5 000吨，"Balder"号则升级到3 000吨和4 000吨。

而随着近几十年技术的发展以及市场需求的推动，"大力士"也是越长越大，对环境的适应能力也越来越强，同时它们正逐渐向功能多样化、活动区域全球化方向发展。水上工程的效率不断提高，工程

小贴士

海洋平台的模块化建造

海洋平台的模块化建造即在陆地上建造好一段有结构、门窗等舾装件、管道、电缆等完整的舱室（专业上称为模块）后再实施海上吊装，大大提高了工作效率并且减少了风险很大的海上吊装次数。

> 图42　"Aegir"号起重铺管船

周期大幅缩短，成本也有所降低，更为重要的是还提高了安全性。

目前，世界上拥有大型起重船较多的国家除我国以外，还有荷兰、美国、意大利、日本、韩国等。这些船一部分集中在带有政府性质的机构手中，如救捞局、军队等，另一些则主要是在海洋工程承包商手中，包括世界著名的海工承包商荷兰Heerema公司、美国J. Ray. McDermott公司、意大利Saipem公司等。

其中，荷兰Heerema公司拥有三艘半潜式起重船，分别是上文提到的"Hermod"号和"Balder"号，以及后来加入的"Thialf"号，此外还有一艘4 000吨起重能力的起重铺管船"Aegir"号。不过"Hermod"号目前已退役。需要一提的是，荷兰Heerema公司的"Thialf"号半潜式起重船是目前世界各类型起重船中力气最大的。该船装设有两台7 100吨的起重机，联合起重能力高达14 200吨。其次是意大利Saipem公司的"Saipem 7000"号半潜式起重铺管船，装设有两台7 000吨的起重机，联合起重能力高达14 000吨。

此外，由于"Hermod"号退役，荷兰Heerema公司为此订购了一艘新的半

> 图43 "Sleipnir"号半潜式起重船和著名的摩天轮——"伦敦眼"的对比效果图

> 图44 "Saipem 7000"号半潜式起重铺管船正在安装海洋平台

> 图45 "亚洲大力士Ⅲ"号起重船

潜式起重船"Sleipnir"号。根据计划，"Sleipnir"号的两台主起重机单机起重能力高达10 000吨；也就是说，两台主起重机一起全力工作理论上将能够吊起20 000吨的重物，远远超越了目前排名第一的"Thialf"号。这艘造价约10亿美元的"大力士王"已经于2019年7月初投入运营，人们也许很快就能看到其在海上吊运重物时的强壮身姿。

除了旋转式起重船以外，国外一些公司还拥有大起重量的固定式起重船（扒杆式起重船）。如荷兰Asian Lift公司旗下的，起重能力分别达到1 600吨、3 200吨、5 000吨的"亚洲大力士Ⅰ"号、"亚洲大力士Ⅱ"号、"亚洲大力士Ⅲ"号；日本深田救捞与海洋建设公司旗下的3 700吨起重能力的"武藏"号；韩国现代重工10 000吨起重能力的"现代-10000"号起重驳（目前世界上最大的扒杆式起重船）等。

> 图46 "武藏"号起重驳

> 图47 "现代-10000"号起重驳

我国起重船的发展状况

我国早期的起重船一般采用扒杆式，起重能力和船的吨位都较小，主要用于内河、码头、港口等浅水区域的货物过驳和结构件安装等工作。到了20世纪80—90年代，我国开始建造千吨以上起重能力的大型扒杆式起重船，它们在国家基础建设、港口建设、水下清障打捞等工程中发挥着重要作用。

21世纪初，为适应跨海大桥的建设，我国先后建成了一批特殊用途的固定扒杆式起重船，这类船多根据特殊工程的

> 图48 "小天鹅"号起重船

需求定制化建造。比较具有代表性的是2003年投入东海大桥建设的"小天鹅"号起重船，其高高竖立的起重塔台从远处看与天鹅有几分相似。该船主要针对东海大桥和杭州湾跨海大桥箱梁架的吊装就位，最大起重量为2 500吨，最大吊高为41米。

2004年，我国自行设计建造的、当时国内最大的双臂架固定式起重船"四航奋进"号交付使用。该船长100米，宽41米（面积接近于一个足球场），起重量2×

> 图49 "四航奋进"号起重船

> 图50 "大桥海鸥"号扒杆式起重船

1 300吨。

2006年3月15日，由浙江造船有限公司为当时世界上最长的跨海大桥——杭州湾跨海大桥量身定做的"天一"号起重船在杭州交付。拥有3 000吨起重能力的"天一"号船长93米，宽40米，起重高度为53米。它采用全回转舵桨推进装置，并装有艏侧推进器，具有水平横移能力和较强的定位能力。2017年，"天一"号前往孟加拉国，为其"梦想之桥"——帕德玛大桥架设钢梁。为此，中国中铁大桥局集团有限公司特地对"天一"号进行了升级改造，使其起吊能力增加到了3 600吨。

2017年1月，扒杆式起重船"大桥海鸥"号从青岛起航，奔赴福平铁路平潭海峡公铁两用大桥建设现场。该船的建造是为了满足平潭海峡公铁两用大桥整孔钢梁架设及大型构件的海上吊装需要。

此外，我国还有如"三航风帆"号、"长大海升"号、"德浮3600"号等2 000吨以上起重能力的扒杆式起重船多艘，

2 000吨以下的数量更多。

全回转式起重船在我国起步较晚，为满足水上吊装工程的需要，早期从国外引进了一些小型的起重船，国内也陆续建造了一批起重能力为30～300吨的全回转式起重船，但在大型全回转式起重船的研发上相对滞后。

改革开放后，我国海洋油气开发和大型海上工程发展很快，国内的技术发展又一时无法满足需求，因此当时只能从日本、荷兰等国进口大型全回转式起重船。比如交通运输部上海打捞局1980年从日本购入的"大力"号全回转式起重船，起重能力2 500吨。又如中国海洋石油工程股份有限公司2001年的"蓝疆"号非自航式起重铺管船，船长157.5米，型宽48米，尾部装设了一台3 800吨的起重机。

随着船舶工作者的不断努力，我国已经能自主设计和建造具备千吨甚至万吨起重能力的起重船了。比如我国自行设计建造、2007年建成的"华天龙"号，船

> 图51 "大力"号全回转起重船

> 图52 "蓝疆"号非自航式起重铺管船

> 图53 "蓝鲸"号起重船和白云宾馆

体总长174.85米，型宽48米，最大起重能力4 000吨，全回转起重能力2 000吨，是当时亚洲最大的起重船。它可在水深8～300米的海域进行海上打捞、起重作业，大大拓展了我国海洋工程和救助打捞作业的领域。2016年时，该船还进行了DP2级动力定位能力升级改造，使其能力获得进一步提升。

"华天龙"号给人们带来的兴奋才刚刚过去一年，2008年建成交付、由旧油船改装而成的"蓝鲸"号又让世界都发出了感叹。该船总长239米，型宽50米，型深20.4米，总吨位64 110吨；起重吊梁高98.1米，最高点130米，比曾经中国第一座超过100米的高楼——广州白云宾馆还高了10米；最高起重高度达110米，最大起重能力7 500吨（固定式）/4 000吨（全旋转式）。

该船的起重机是当时起重能力最大的单船体配装的全回转式起重机，堪称该种类起重船中的"巨无霸"，这个纪录一直保持到2016年"振华30"号出现。

2016年5月13日，一艘庞然大物在上海长兴岛基地交付，它就是有"大国重

> 图54 "振华30"号起重船

器"美誉的"振华30"号起重船。这艘历经8年设计和建造的大型起重船由一艘30万吨级油船改造而成，船长297.55米，船宽58米，型深约28.8米；甲板上的吊机高达167米，主甲板面积相当于2.5个标准足球场，甲板上分吊装区、生活区以及直升机降落区。"振华30"号的单臂固定起重能力为12 000吨、单臂全回转起重能力7 000吨，它的"臂力"大概能同时吊起45架空客A380飞机，是目前当之无愧的世界第一单臂单船体全回转式起重船。

"振华30"号不仅力气超大，而且耐力也很不错，如果给油舱加满油，能够航行绕地球一圈半。不过相应地，它"吃"得也不少，若保持航行状态，一天要"吃掉"燃油70多吨；而在深海作业使用DP2定位时，每天更是要消耗200多吨油。

此外，"振华30"号还可以作为长期性的海上支持船。船上的主要建筑有7层楼高，配有3部电梯，共有100多个房间，分别设有单人、双人间，可供约380人入住，还拥有直升机停放平台，相当于一座建在海上的移动酒店。

"振华30"号的首秀就是高难度的港珠澳大桥岛隧工程海底隧道的最终接头吊装下沉对接。这个6 000吨的庞然大物的吊装精度要求非常高。传统的吊装在一般情况下，吊装高低差有50～60厘米的偏差。而此次最终接头的可用安全距离仅有5～7厘米，入水后受洋流等影响，体量、浮力、稳定性都会发生变化，精度就更难掌控了。然而通过精确的计算，最终接头

沉放到位的高低差需控制在1.5厘米以内。这个精度要求在国内也是史无前例的。

为了确保该26万吨级的"大力士"能在大海上吊装时实现如此之高的吊装精度,"振华30"号利用14套螺旋桨的动力定位系统,10根长2 500米、直径84毫米的钢缆绳锚泊定位系统,以及船舶上的压载水调载系统,将最终接头的运动姿态控制在厘米级范围内,吊装时几乎"纹丝不动"。

别小看这段90度的旋转起吊和短短20米的下沉,对于重达6 000吨的最终接头来说,每一秒都堪称步步惊心。当然,建设者们为此也做了充分的准备。事实上,"振华30"号早在正式施工前的一个月就已经抵达安装水域,此后进行了一系列的操控演练,了解其对海况的适应情况,同时让操作人员更加熟练系统。

需要一提的是,"振华30"号并非是为海上沉管吊装而设计,而是计划用于海上石油平台的建设,服务于我国海洋开发战略。此次跨界惊艳首秀,让人们有理由相信,未来"振华30"号无论是在中国的海洋石油平台建设还是在全世界的超级工程中,都有望发挥重要的作用。也更有理由相信,我国既然有了12 000吨起重船,未来肯定还会有16 000吨、20 000吨起重船,完成更多、更难的世界级超级工程。

> 图55 "振华30"号正在吊装港珠澳大桥最终接头

起重船的关键设备

起重船上最关键的设备当然就是起重机了。前面已提到，起重船上的起重机主要有两大类，分别是固定式起重机和回转式起重机。从其名称中就可以知道，固定式起重机为固定不可回转，回转式起重机则可回转。

固定式起重机

大部分固定式起重船的起重机都是采用扒杆式。扒杆式起重机的结构相对简单，起重臂一般由两根大杆（臂架）组成人字形结构件，臂架有板梁、箱形梁、桁架等多种结构型式。目前桁架式臂架因其重量轻、受风面积小、力传递合理等优点，逐步取代了曾风靡多年的板梁和箱形梁式臂架。

臂架的下端铰接（可以转动的销轴连接）在船首甲板上，上端通过钢丝绳连接到后方人字架上，调节钢丝绳长度可使起重臂沿销轴摆动，与船舶水平线的夹角有了变化，从起重臂顶端滑轮垂下的吊钩与铰接销轴中心的距离（专业名词叫吊幅）也有了变化。这一段说明就是变幅运动。

起重臂变幅又分为吊重工作时变幅和空钩时变幅两种。有的船只能在非工作状态下变幅，以便放低起重臂通过高压线和桥梁等限高区域。但起重臂不能无限制地放低，当低于一定的角度即在死点角之下时，起重船上自身的绞车再也无法把起重臂拉起。另外为了防止变幅扒杆向后倒，一般都在变幅机构设置限位器或拉杆、拉链等。

此外，还有一些扒杆式起重机是不可变幅的。以前安装这种起重机的船一般是非自航式驳船。由于扒杆式起重机吊重物只能前后移动而不能横向移动，因此要靠起重船自己移位或拖轮拖带以实现吊重物就位，或是靠船向各个方向抛锚，通过牵拉不同方向的锚链改变船位来实现重物就位。不过目前已有很多该类起重船具有自航能力。

虽然同起重量下扒杆式起重船较小，平衡问题也比较容易解决，但操纵不灵便，适用海况条件有限，因而用途受限。但造价较低，在内河港区等较平静水域仍有广泛的应用。

除了扒杆式起重机，此处还要介绍的就是在我国桥梁工程中发挥重要作用的运架梁起重机。

以"天一"号为例，其起重机主要由

可拆式刚架结构，下部距水面24米以下部分为整体式、永久性结构。起重架吊梁扁担为专用的吊梁工具；由4套双联液压卷扬机驱动；同步升降系统采用了闭环控制。操作室置于起重架两根立柱间的平台上，距水面高57米。该起重机还设有安全保护设施和绑扎托架。

回转式起重机

回转式起重船的起重系统建立在一个转盘上，吊杆与转盘连为一体，工作时吊杆随转盘水平旋转。回转式起重船的起重机设有旋转、起升和变幅机构，有些船上还设有行走机构，起重臂多为桁架式。

回转式起重船可在水平面上做180度或360度旋转，操纵灵活，适用于港口装卸、修造船时搬运和安装大型机械等；缺

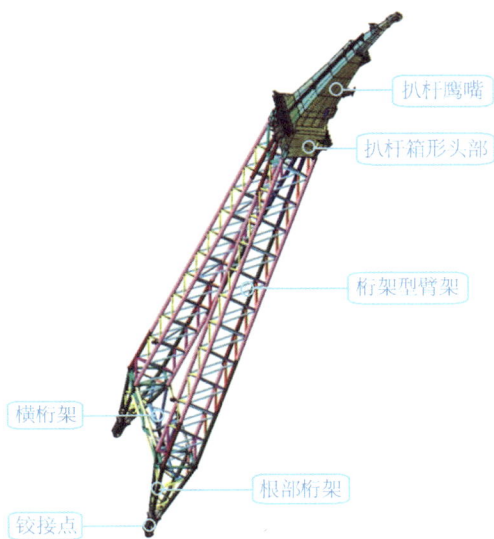

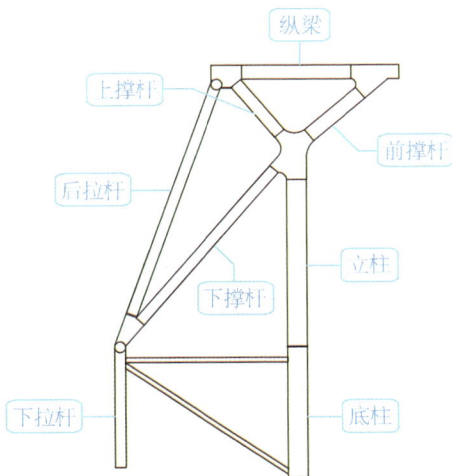

> 图56 扒杆式起重机结构示意图

起重架、吊梁扁担、起升系统、操作室、绑扎托架、液压系统、电气系统等组成。起重架高约69米（水面以上），上部采用

> 图57 运架梁起重机起重架结构示意图

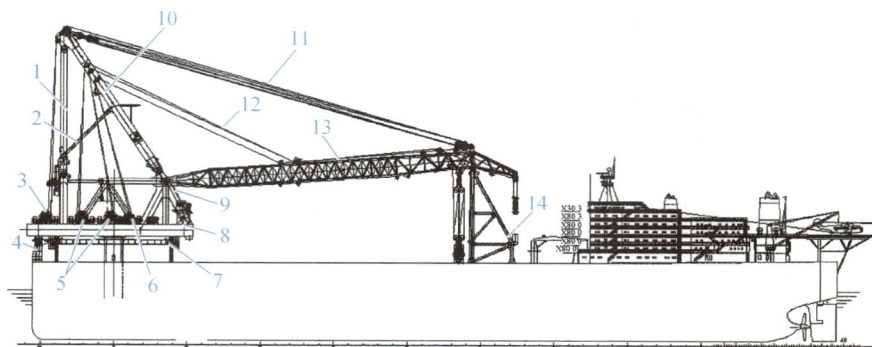

> 图58 基座式全回转式起重机结构示意图

1—人字架后腿；2—斜撑杆；3—变幅机构；4—顶升装置；5—主钩机构；
6—副钩机构；7—圆筒体；8—回转底盘；9—桁框架；10—人字架前腿；
11—变幅钢丝绳；12—主钩、副钩钢丝绳；13—臂架；14—臂架搁架

点是起重能力相对于同等尺度规模的固定式起重船来说较小。

其在水平面的旋转一般由回转机构的机械通过纯电动或电动液压驱动。吊臂通过变幅绞车改变仰角获得不同的舷外跨距，依靠起升绞车实现起吊物的升降起

> 图59 "振华30"号起重船上的起重机（建造中）

落，动作灵活。

以"振华30"号为例，其全回转式起重机为基座式，固定吊载时最大起重量为12 000吨×54米（自旋转中心），全回转时为7 000吨×44米（自旋转中心）。基座式起重机主要通过旋转基座与船体连接，由于其重量（起重量+起重机回转部分重量）及倾覆力矩（起重量×吊幅）巨大，回转支承机构大多采用滚子式（多排），其支柱为焊在船舶主甲板上的大直径圆筒，并从主甲板延伸到船底，形成强固的船体框架+圆筒框架，便于巨大力与力矩的传递。

除了起重量大，"振华30"号的起重机还采用了多种先进的技术，相比普通起重机来说，具备很多优势。

例如，该船上高出海面56米的人字架可以放倒，如此一来就很容易通过诸如苏伊士运河、博斯普鲁斯海峡等正常航行状态下因为高度限制而不能通过的重要交通枢纽水域，从而拓展了作业范围。

又如，作为大型海上全回转式起重机重要构件之一的中心回转轴，其外圈座与底盘用高强度螺栓连接，并且轴承外圈座与筒体之间高度较大，容易实现轴承外圈座整体卸下，便于回转轴承损坏后更换。此外，起重臂和全回转滚轮结构都采用了轻量化设计以帮助起重机"减肥"。

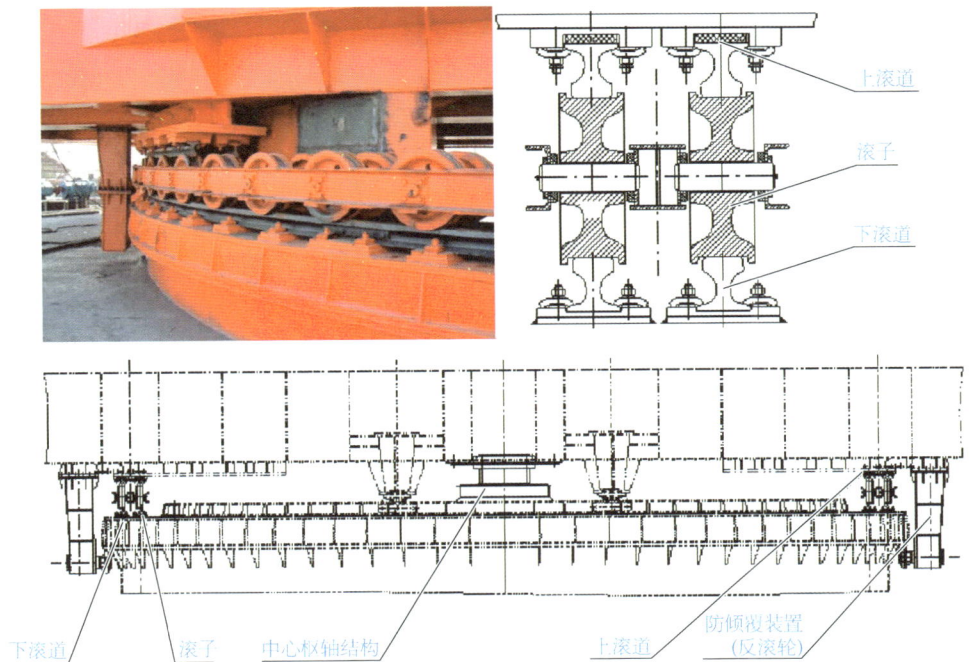

上滚道
滚子
下滚道

下滚道　滚子　中心枢轴结构　　　　　上滚道　防倾覆装置（反滚轮）

> 图60　双排轮回转支承结构

起重船的发展趋势

作业范围越来越大

随着海洋油气开发逐渐向深海发展，源于内河、港区水上装卸的起重船作业范围也向着深远海扩大。这并不是简单的跑远点就行了，在风暴海域北海、飓风出没的墨西哥湾、台风每年光顾的南海等深海区域作业要满足很多条件，以应对恶劣的海况，比如更大的工作水深（2 000 ～ 3 000 米）、更强的抗风浪能力、更能适应恶劣海况等，与内河、港区工作的起重船相比，技术要求不可同日而语。此外，随着人们把视线移向极地资源，起重船将来很有可能要远赴南、北极。

大型化

大型桥梁建造技术、海洋开发技术等水上施工技术不断发展，使模块化、大型化成为水上工程建设的主要特点，如港珠澳大桥6 000吨的隧道最终接头、动辄数千吨的海洋平台模块。

此外，加上深远海作业的需求、沉船的整体快速打捞需求等，都需要足够强壮的"大力士"来操作。而起重船的力气和体型又是成正比的，因此起重船也正变得越来越大。

比如最初的半潜式起重船"Hermod"号和"Balder"号，船长154米；之后建造、目前起重能力最高的"Thialf"号船长已达到201.6米；而正在建造、还未完工的"Sleipnir"号船长则达到了220米。

多功能化和更好的波浪适应能力

起重船对于水上工程来说，基本上可以算是一种不可或缺的工程船。但真正要用到起重船进行吊装或吊卸作业的工程安排又不算多，于是就不可避免地造成了装备闲置，而大型起重船的造价又不菲，这就会造成很大的资源浪费。

为尽量减少闲置率，起重船尤其是大型起重船在设计时都会考虑多增加一点功能，使其能干些其他工作以提高使用率。成功的实例是起重铺管船和起重打捞船。

前面已经介绍，有不少大型起重船都为铺管设备预留了空间，在必要时可以承

> 图61 "华天龙"号起重打捞"南海一"号钢箱

担铺管作业；反之，铺管船上的大起重机也可做起重之用。起重打捞船也是如此，也就是说海上具有大起重能力的起重船，不单是海上"大力士"，也可能成为海上海难救生和打捞沉船的"英雄"，也可能成为在海底建设油气管网的"勇士"。

关于铺管船，本书有专门章节进行介绍，这里就不细说。救助打捞既有水上的工作，又有潜水的工作，本书还有介绍潜水工作船的专门章节。这里简要介绍打捞船，它的主要任务是打捞沉船，另外还有海难抢险和拖带遇难而未沉没的船舶等。

船舶总体上是安全的运输和工程装备，但是大海变幻无穷、难以预测，因此海难沉船在所难免。沉船的比例虽不大，但由于船舶的数量巨大，因而沉船的数目十分可观。有许多过硬的理由要打捞某沉船，但是真正被打捞的沉船只有百分之几，原因是打捞太难了，而且也太花钱了！如非必要，只能是"石"沉大海了，如百余年前的"泰坦尼克"号邮轮。

传统的打捞方法是以浮筒为主，费时费力，甚至经年累月，有时沉船尚未打捞出水，风浪来了，打捞船自身难保，只能撤退。现在则是起重打捞方法为主，这种打捞作业的装备就是起重打捞船，如前面介绍的"华天龙"号。

这里介绍两项起重打捞作业的实例。

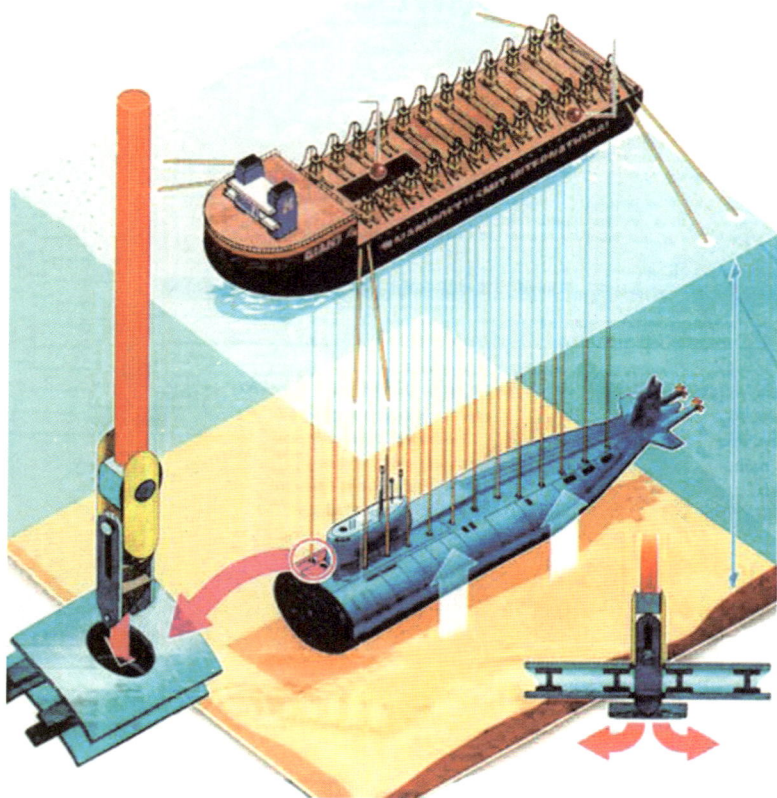

> 图62 "库尔斯克"号核潜艇起重打捞示意图

我国起重打捞作业的实例——古代沉船"南海一"号的打捞

　　2007年，由当时亚洲第一吊"华天龙"号，在半潜式起重船"重任1601"号的配合下，将装有"南海一"号的"钢箱"整体打捞出海，为我国的考古事业做出了贡献。我国古船"南海一"号的考古打捞专用钢箱是非常规钢结构建筑，长35.7米，宽14.4米，高12米，加上装在其中的古船及附在其周围的泥、水，总重在4 600吨左右。将如此大型结构的整体打捞出水，在以前是完全不可想象的。

国外起重打捞沉船的杰作——海损的核潜艇"库尔斯克"号的打捞

　　2000年8月12日，俄罗斯海军的核潜艇"库尔斯克"号在进行演习时，不幸发生了潜艇爆炸的惨剧。在救援船下潜搜寻确认没有生命迹象后，结束了救援。2001年9月，俄罗斯斥巨资与国外联合开始打捞"库尔斯克"号，采用起重打捞技术。

　　但它不是使用常规的起重船，而是用专门改装的驳船来实施。"库尔斯克"号

核潜艇的排水量约20 000吨，驳船"Giant 4"号装设26台起升机构（带波浪补偿系统），从船体中放绳起吊，每台起重能力900吨，总起重能力超过20 000吨。

除驳船外，还动用了潜水支持船"梅约"号。潜水员用高压水枪在"库尔斯克"号艇体上开了26个洞，放入特制的钢抓钩，进洞后张开承载，钢索的头与起升机连接。在起吊该艇之前，先使用钻链锯割掉被炸破的艇首60英尺。起重打捞时，26台起升机构同时起吊，实际起重量为9 000吨。沉没的艇体吊在驳船底上固定，然后将该艇拖至船坞后，进坞分离，驳船移出。"库尔斯克"号核潜艇残骸即坐落在坞墩上。

安全、环保和节能

安全和环保是永恒的主题，不仅是起重船，其他各类船型都在追求着更安全、更环保。其中环保又和节能密切相关，若能以更少的能耗实现既定目标，不仅会减少对环境有害的废气排放，运营成本也会降低。此外，世界海事组织对于起重船的安全和环保也提出了更高的要求。这就使得起重船正不断变得更安全、更环保。

更高效的"力气"

人们都知道蚂蚁和人类的举重冠军能举起超过自身重量的物体，但在目前，号称海上"大力士"的起重船却没有这种本事。起重船上装载的起重机的起重量，远比起重机自身的重量小。不仅海上起重机，陆上起重机的起重量也远小于其自重。

这是什么原因呢？因为制造起重机的材料远比不上生物的肌体结构。希望将来人类能够合成出类似肌肉、骨骼、关节的材料来制造起重机，那么起重机也许能像奥运冠军一样，用1 000吨的自身重量吊起8 000吨的巨物。当然，也有可能出现起重机之外的吊装重物设备或者辅助型设备，比如利用磁悬或其他创新的理论技术来取代吊钩的产品。

小贴士

波浪补偿系统

船舶和平台外悬挂物体的作业，如起重、挖泥、钻井等，悬挂件（主要是钢丝绳）受船舶升沉运动及波浪峰/谷交变的影响，与船舶和平台主体会产生相对运动及运动加速度引发的动载力，对悬挂件的强度及作业的安全造成很大的威胁。

这一问题除在设计时加以充分考虑之外，必要时系统要装设补偿系统。即以机械动力在事后（被动补偿）或事前（主动补偿）的方法，在悬挂件上施加反向力和反向运动，用于冲销（平衡掉）由船舶运动和波浪引发的悬挂件相对运动，以减少悬挂重物的冲击力和失控运动。这种装置习惯上称为波浪补偿系统（装置）。

第3章

海上移山的"愚公"

——半潜运输船

2017年元宵节刚过不久，中国电视新闻报道了这样一则消息："我国首个为国外完整建造的生产储卸油平台完成装船，将运往英国北海作业油田。"很多好奇的朋友从电视画面上看到了这样一艘奇怪的船，它有一个大大的"头"和瘦瘦的"尾"，一片又长又宽的甲板离水面很近，将"头"和"尾"远远地分隔在两端，当直升机从空中俯视，甲板面上好像又摆了一个"八卦阵"。这是一艘船吗？

下面登场的就是这则新闻的主角——中国自主研发建造的最大、最先进的10万吨级半潜运输船"新光华"号。2017年2月18日，中远海运重工有限公司旗下南通中远船务工程有限公司建造的浮式生产储卸油平台"希望6"号，在浙江舟山绿华山锚地仅用一天时间，就顺利装载到中远海运特种运输股份有限公司"新光华"号半潜运输船上，随后前往此行的目的地荷兰鹿特丹港。"新光华"号是目前中国最大、世界第二大的半潜运输船，配备了先进的快速压排载系统和DP2动力定位系统。

那么这里所说的大"头"高"尾"、布满"八卦"基座的怪船到底有多大本事？它是怎么"抱起""希望6"号这个主甲板直径达78米、高度达36.5米、总重近28 000吨的大家伙的呢？

> 图63　"新光华"号半潜运输船完成"希望6"号浮式平台的海上装载

> 图64 "新光华"号半潜运输船主甲板为装载
"希望6"号布满了"八卦阵"式的墩木(上)以及
"新光华"运输其他"大家伙"时布置的墩木(下)

半潜运输船概述

半潜运输船（semi-submersible heavy lift vessel，SHLV）又称为半潜重载船，也有很多人习惯直接称为半潜船（semi-submersible ship），是一种专门从事运输大型海上石油钻井平台、大型舰船、潜艇、龙门吊、预制桥梁构件等超长超重，但又无法分割吊运的超大型设备的特种运输用工程船。

像这种又大又长又不能分割的物件运送至千里、万里之外，无疑是"移山"。古代人类在大自然面前显得渺小和无能为力，但他们有征服自然的愿望和勇气。例如中国古代神话中的"移山""填海"，就创造了愚公、精卫那样坚忍不拔、不达目的誓不休的英雄人物。而他们的勇气和毅力感动了天神大帝，派了神仙下凡，移走了大山，填平了大海。

现代人类经过代代年年的努力，终于发明了"移山"的"愚公"——半潜运输船和"填海造陆"的"精卫"——大型耙吸／铰吸挖泥船。

那为什么要叫它半潜运输船呢？这主

> 图65　正在运送被撞后的美国"麦凯恩"号驱逐舰的"财富"号半潜运输船

要是根据它的作业方式和用途决定的。大家都知道,"运输"代表着它的用途,而"半潜"则是因为其进行装卸作业时与潜艇相似,需要"潜入"水中,只不过潜艇是全身潜入水下,而半潜运输船只是甲板和部分船身潜入水中,故而称之为"半潜"。

半潜运输船的分类

从外形上来看,半潜运输船可以根据"岛"的数量来分,所谓的"岛"就是指艏楼、艉楼和浮箱。一般改装的半潜运输船只有艏楼和艉楼,因此可以算作二岛式。最常见的是三岛式,即艏楼加艉楼的两个浮箱。此外还有四岛式,目前具有自航能力的四岛式半潜运输船(其中两个位于艏部左舷的浮箱视为一岛)仅有"Boka Vanguard"号(原"Dockwise Vanguard"号)一艘。

同时鉴于半潜运输船的主要功能就是运输,因此也可参考其他传统运输船如油船、

> 图66 "Dockwise Vanguard"号四岛式半潜运输船

> 图67　世界第二大半潜运输船"新光华"号（0型）

> 图68　"祥云口"号半潜运输船（Ⅰ型）

> 图69　装载着新巴拿马运河船闸的"夏之远6"号半潜运输船（Ⅱ型）

散货船等按载重量来划分，荷兰Dockwise公司（后被Boskalis公司收购）是世界半潜运输船运营商中的先行者，其半潜运输船船型的种类也最全。按照该公司船队的划分方式，依据载重量的等级规模分为五类，分别是载重量大于8万吨的0型（现今世界上只有2艘，即"新光华"号和"Boka Vanguard"号）、载重量5万～8万吨的Ⅰ型、载重量3万～5万吨的Ⅱ型、载重量1万～3万吨的Ⅲ型、载重小于1万吨的Ⅳ型。

> 图70 装载超大型深海石油开采设备的"泰安口"号半潜运输船（Ⅲ型）

半潜运输船的工作特点和船型特征

工作特点

半潜运输船有多种装卸货物的方式，其中最有特色的当属利用其半潜特性实现的潜装／潜卸，这也是它与其他装运货物的船舶最大的不同之处。半潜运输船还能

适用其他装卸货物的方式如滚装／滚卸、滑装／滑卸和吊装／吊卸等。

潜装／潜卸方式

半潜运输船在工作时，会像潜水艇一样，通过自身注入压载水，使吃水逐渐加深，直到比足球场还大的载货甲板潜入10～30米深的水下，只露出船楼建筑和浮箱。然后用拖船将需要运载的"大山"一样的大件货物（如海上石油钻井平台、游艇、潜艇、驳船等）拖拽到已经潜入水下的载货甲板上方预定位置，启动大型空气压缩机或压载泵，将半潜船内压载水舱的压载水排出船体，吃水逐步减少，使船体连同甲板上的承载"大山"一起浮出水面，然后系固（绑扎固定），就可以跨海越洋将货物运至世界各地的客户手中了。

等到达目的地后，半潜运输船再次把载货甲板潜入水中，用拖船拖曳，使所承运的货物"浮出"装货甲板，完成对货物的卸货和海上运输。像这种一次抬起几万吨重的货物，是不是颇有霸王举鼎的气概呢？

其实说起来简单做起来难。半潜运输船的整个装船和卸船过程比普通货船要复杂很多。装载前需要经过多次模拟的配载计算分析，船舶的稳性等安全指标必须符合要求；下潜前需要提前做好各项准备工作，除了在装货甲板合适位置上放置墩木外，还要准备专门的固定、绑扎器材；装卸船时必须对水域的流速、流向及其变化十分清楚；装卸过程中除了密切关注风浪等天气的变化外，还需要守护拖船对作业水域进行瞭望，劝阻过往船只等。

滚装／滚卸方式

半潜运输船滚装／滚卸作业又分为尾滚作业和侧滚作业，主要是通过自行平板车或牵引式行走装置将大型海洋结构物从码头滚装／滚卸。这种方式的优点是安全性很高、成本低。这种装卸货方式要求装货码头和半潜运输船的装货甲板基本平齐。因此在滚装／滚卸作业中，需要根据当时的情况，不断调整船舶压载水，以保持装货码头与半潜运输船的装货甲板水平，半潜运输船左右平衡。同时需要不断调整半潜运输船的出缆长度，保证船舶始终贴紧码头。

滑装／滑卸方式

大型货物常采用滑移方式装卸。半潜

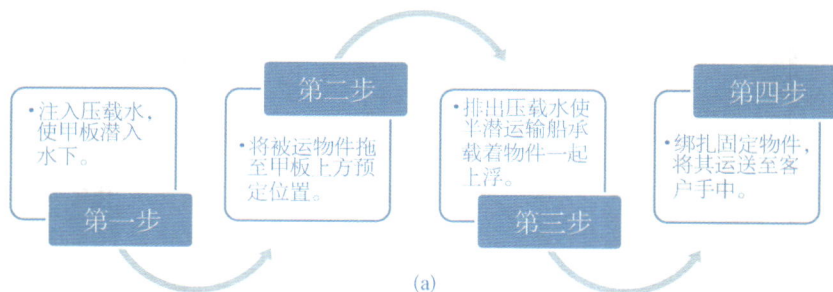

第一步
· 注入压载水，使甲板潜入水下。

第二步
· 将被运物件拖至甲板上方预定位置。

第三步
· 排出压载水使半潜运输船承载着物件一起上浮。

第四步
· 绑扎固定物件，将其运送至客户手中。

(a)

(b) 待运物件被拖往半潜运输船准备装载

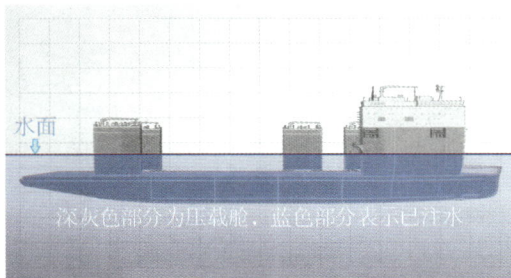

水面

深灰色部分为压载舱，蓝色部分表示已注水

(c) 半潜运输船压载舱注入压载水下潜

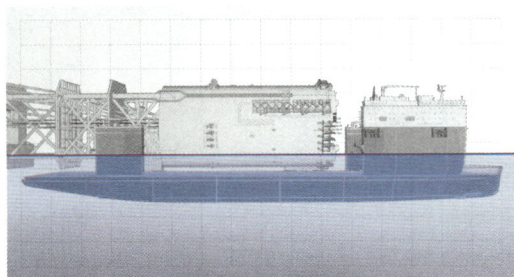

(d) 物件被拖入半潜运输船上方

水下视角

(e) 此时物件与半潜运输船甲板之间还存在一定间隙

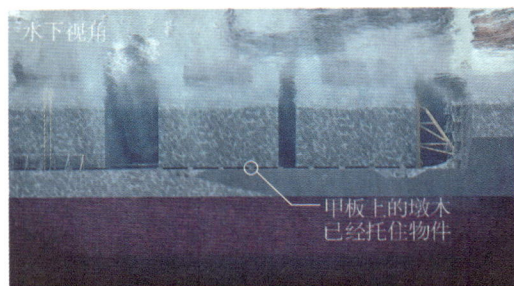

水下视角

甲板上的墩木
已经托住物件

(f) 半潜运输船托着物件开始上浮

系固构件

(g) 浮上水面后工作人员对物件进行系固

出发

(h) 运往客户手中

> 图71　半潜运输船的工作原理

半潜运输船侧滚作业

> 图72 滚装/滚卸示意图

自行式模块化运输车

> 图73 海洋结构物通过自行式模块化运输车运上半潜运输船

> 图74 侧向滑移装货

拉索千斤顶

> 图75 利用拉索千斤
顶滑移的海洋结构物

> 图76 船艉部滑移
装货

运输船滑装／滑卸作业首先需要在装货甲板上安装滑轨，通过液压顶推装置将货物从半潜运输船艉部或侧方将货物推到甲板上，到达预定的位置后进行货物的绑扎系固，整个作业过程中需要不断调整半潜运输船的压载水以保持船舶的稳性。根据半潜运输船的船型特点，滑装／滑卸一般分两种方式：舷侧向装货和船艉部装货。

当采用侧向滑移装货时，半潜运输船将载货甲板舷侧与码头对接，货物通过滑道从码头横向滑移上船。根据杠杆原理可以理解，由于船宽远小于船长，所以一般船舶宽度方向能够提供的抵抗重物移动上船过程中的力矩远小于船长方向的能力。这种侧向滑移装船方式对半潜运输船尺度、压载系统等方面有很高的要求，以确保装船过程中的安全。

当采用船艉部滑移装货时，半潜运输船将船艉方向的甲板与码头对接，相当于船宽与码头齐平，艉部甲板上的浮箱可根据装货的需要，部分移除或全部移走，货物通过滑道从半潜运输船艉部装船。一般情况下，通过艉部滑移相比侧向容易操作和控制，目前采用较多。

吊装／吊卸方式

半潜运输船吊装／吊卸作业主要是借助大型浮吊等装卸设备对较小的大件货物进行装卸，采用的浮吊可以是第2章提到的起重船，主要为扒杆式和全回转式两类。扒杆式易受风浪影响，一般在港湾等静水面作业；全回转式对海况的适应能力一般较好，可在一定良好气象条件下进行

外海作业。在吊装／吊卸作业过程中还要通过调整半潜运输船自身的压载水保持半潜运输船良好的稳性。

"浮托法"安装方式

"浮托法"安装是海洋工程平台一种独特的工程作业方式，指的是利用驳船载运海上作业平台上部组块，在安装过程中依靠潮位、驳船调载与升降机构等方式实施上部组块的升降，同时辅以专用连接部件，完成上部组块与下部导管架平台对接作业的一种安装技术。

形象地比喻一下，就是类似于用手掌平托一重物"组块"，将其放置于两侧支撑构件之上，承载重物"组块"的支撑力由"手掌"转移至支撑构件的过程。这里说的"手掌"就可以是驳船或者半潜运输船，船体通过内部压载水的加减控制自身吃水的高低，将重物"组块"的重量转移至支撑构件——预先安装在海床之上的导管架平台，然后半潜运输船这只"手掌"从重物"组块"下方撤出，可安全、快捷

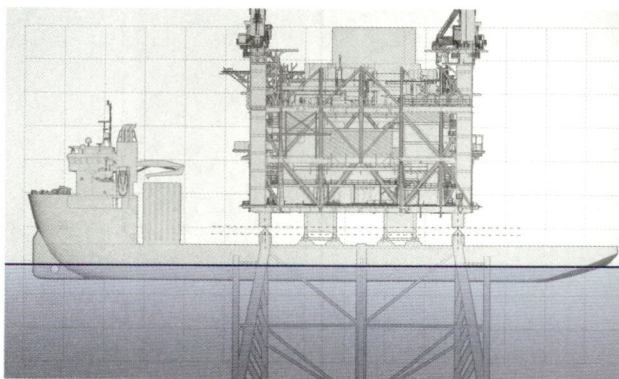

> 图77　用浮托法安装海洋结构物示意图

> 图78 曾经以联营形式租赁给Dockwise公司的"海洋石油278"号半潜运输船进行浮托安装

地完成海上作业平台的安装工程。

"浮托法"英文名为float over，因此"浮托法"无论是从汉字字义还是英文发音都可谓一种形象、完美的呼应。

危险的装卸过程

半潜运输船建造复杂，而使用过程更是凶险异常。由于装载的都是成千上万吨重的超大型部件，重心高、稳性差，易受风浪打击，稍有不慎就会造成船毁人亡的严重事故。即使是新设计建造的半潜运输船已经配备了先进的电力推进系统、DP动力定位系统、高精度的传感系统、智能化控制系统以及强大的压载系统等设备来保证船舶和货物的安全，但仍无法使半潜运输船的装卸作业摆脱"世界上最危险的海运任务"。

因此在每个航次前，都必须用专业软件计算船舶装载运输过程中的各种数据，有的还需要经过多轮安全复核验证以控制风险。即便如此，仍可能因装卸、运输操作过程中的一点小失误，而造成无法挽回的损失。

> 图79　荷兰Dockwise公司的"Mighty Servant 2"号半潜运输船在印尼触礁沉没

> 图80　装载着钻井平台"Aleutian Key"号（背景中的半潜式平台）的"Mighty Servant 3"号半潜运输船在安哥拉罗安达港水域作业时意外沉没

　　2006年12月6日上午，装载着钻井平台"Aleutian Key"号的荷兰Dockwise公司的半潜运输船"Mighty Servant 3"号在安哥拉罗安达港水域作业时意外沉没。令业界震惊的是事故发生时海面风平浪静，且从事故发生到半潜运输船沉没仅30分钟。好在"Mighty Servant 3"号上21名船员都被救出，钻井平台"Aleutian Key"号也安然无恙，钻井平台上83名乘员无一伤亡，可算是不幸中的万幸。

船型特征

为了实现自身特别的装卸方式，半潜运输船的外形也很与众不同。目前大部分半潜运输船看上去就像是一艘船的"腰"被切掉了一大块，只留下船艏和船艉。特别是早期或一些从其他船型改装而来的半潜运输船，其船艏、船艉部分和普通货船基本一样，改造过程也确实将"腰"部结构切除，替代以新的承载能力强的载货甲板。

之后随着货物装卸需求的不断变化，半潜运输船的船型也在发生着变化。后来的半潜运输船将船艉部分变为了两个浮箱；有时根据货物尺寸要求，将浮箱移掉，整个艉部都成了载货甲板，从而可以从船艉平移装卸尺寸更大的货物。

再到近年，最大的半潜运输船"Boka Vanguard"号借鉴了早期的四岛式半潜驳，设计了类似航母一样的舷侧舰岛结构，另一边增设浮箱，这样一来就成了前后贯通式的货物甲板，更适合于装载那些超长尺寸的货物。

2018年5月，"Boka Vanguard"号在我国青岛成功完成了"P67"号FPSO的干拖浮装作业。"P67"号干拖重量达9.8万吨，船体长度约315米，装载到半潜运输船上后将有前后各约20米的"悬空"。这次成功的浮装作业也再次刷新了半潜运输船装载货物的尺度、重量的世界纪录。

> 图81 货船改造型半潜运输船装载受损军舰（舷侧进出）

> 图82 半潜运输船浮箱移除后等待装货（船艉进出）

小贴士

FPSO

FPSO（floating production storage and offloading）即浮式生产储卸油装置。它可对开采的石油进行油气分离、处理含油污水、动力发电、供热、原油产品的储存和运输，是集生产处理、储存、外输及生活、动力供应于一体的大型海上石油生产基地，被称为"海上石油工厂"。

> 图83 "P67"号FPSO自艉部移入 "Boka Vangurad" 号半潜运输船

因为半潜运输船所需装载货物的特殊性，使得半潜运输船相比一般运输船在船型上有其独特之处，长宽比相对小一些，可提供大面积、高载荷的装货甲板。船上通常没有传统的货舱，它和自航甲板运输船的区别是其船体内的压载水舱数量更多、容积更大。为了使这种看起来又宽又扁的船具有合适的操纵性能，半潜运输船通常采用双桨推进或者多桨推进，船艉还配有一个或多个侧向推进器。

半潜运输船主要通过吸入或排出压载水来控制船舶的下潜和上浮，用于装卸相应的货物，因此压载系统的管系较一般船舶更为复杂。为了提高作业效率，多达几万吨甚至十几万吨压载水量的增减需要一个庞大而高效的压载和控制系统。

例如"新光华"号10万吨半潜运输船一次下潜到最大下潜深度所需压载水量可达20万吨，相当于3 000人一年的用水量！

> 图84 "P67"号FPSO完全装入半潜运输船后（艉舯悬出）

由于半潜运输船所运大件货物的多样性，很多时候营运前还会对半潜运输船进行适当的改造，有的改变浮箱位置，有的修改浮箱尺寸，还有的甚至改变了船宽。

半潜运输船为把不同形状的货物平

> 图85 "海洋石油278"号首航运输浮船坞（浮箱改变位置）

小贴士

侧向推进器

侧向推进器又叫侧向推力器、侧推器，是一种为船舶提供横向推力，用于在零速或低速下控制船舶转向或横向移动、提高船舶操纵性的装置，也可作为动力定位装置的组成部分。通常侧推器安装在近船艏（艏侧推）和船艉处（艉侧推）贯通于左右两舷的管道中，主要适用于各类需要精细操纵的工程船、时常离靠码头和在狭窄航道航行的船舶。目前还有种可伸缩式的侧推器，就像飞机的起落架一样，在不使用时可缩回船体内以减少航行阻力，但对船体空间有一定要求。

稳地装载到自己的甲板上，需要由工程师对装载货物和半潜运输船分别进行受力分析，确定半潜运输船和货物各自的结构强度等各方面的安全符合设计标准。这是一个艰巨而复杂的过程，需要借助计算机软件进行大量的试算和分析复核，确认每个受力节点上的安全，所以说像前面说到的那个"八卦阵"可不是随便摆放的。否则前面说到的那种"风平浪静"中发生的翻船事故恐怕就避之不及了。

> 图86　"Mighty Servent 1"号半潜运输船运输超宽货物（改变船宽、增设浮箱）

> 图87　侧推器（左）和可伸缩式侧推器（右）

> 图88 "祥云口"号半潜运输船在甲板上放置墩木

> 图89 "希望7"号平台移入"祥云口"号半潜运输船甲板上方后上浮

半潜运输船的发展历程

18世纪的工业革命后，船舶的货物运输需求迅速增加，虽然相应技术和装备也在发展，但仍然无法完全满足市场的需要。尤其是当一些用户需要把超大尺度或超重货物整体从一地运往另一地时，常规运输船特别是装卸设备就无能为力了。

对于部分具有自浮能力的货物，如石油钻井平台、疏浚船和相关的设备、浮船坞、驳船、舰船等，它们的海上运输可采用直接拖曳（即采用拖船拖带）的方式完成，通常称之为湿拖（wet towing）。但是

> 图90　湿拖——用拖船直接拖带有自浮能力的货物

海上运输采用湿拖方式的缺点是风险大、运输时间长、易发生海损事故等。

对于不具有自浮能力的货物，如龙门吊、集装箱吊、大型桥梁的钢架构件、发电设备、核反应堆、大型塔架、大型船舶主机、军事装备等特大件货物的运输，采用将它们放在驳船上进行拖带运输，比湿拖安全、快捷，这就是俗称的干拖（dry towing），在20世纪60年代得以实现并发展。

20世纪70年代初，随着越来越多超大尺度或超重货物的出现，"干拖"必须将货物装到或卸下驳船的作业变得越来越困难。工程师们开始研发新的装卸方法，他

> 图91　干拖——将货物装在驳船上再拖带的方式

们考虑过几种办法。

一种方式是通过压载水的泵入和排出实现驳船的下潜与上浮，使其装货甲板紧靠在码头上并与码头平齐，货物通过专门的轨道拖曳滑移上船。运输到目的地之后，货物同样通过专门的轨道滑移到码头上。

另外一种方式是特种驳船泵入压载水，使装货甲板没入水中，而驳船仍浮在水面，将所要承运的特定货物"浮进"驳船的装货甲板上。排出压载水使驳船上浮后，固定特定货物完成货物的装载，然后采用拖船拖带的方式将装载了特定货物的驳船拖航到目的地后，驳船通过泵入压载水使装货甲板没入水中，所运输的特定货物依靠自身浮力漂浮，拖船将"漂浮"的特定货物拖离驳船的装货甲板后至指定位

置，最终完成货物的运输。这样的驳船称为半潜驳。

尽管利用半潜驳的方式运输不具有自浮能力的货物或具有自浮能力的货物比直接拖带航速更快、更安全，但仍然受到气候及海况条件的严重限制，拖航作业水域只能限于在近海、沿海、港口水域及内河，若遇上恶劣天气还是比较危险的。另外，拖航速度还是不能满足用户需求，于是具有自航能力的半潜运输船便应运而生。

半潜运输船是在上述的半潜驳上安装动力推进系统，使其具有自航能力。半潜运输船的货物装船程序和卸船程序与半潜驳一样。由于半潜运输船的操纵更加灵活，装卸货物更加方便，装卸货物的能力更加强大，在业内还有"海上叉车"的

> 图92 世界上第一艘自航式半潜运输船"Super Servant 1"号

称谓。

现代半潜运输船除了具有自航能力外，还具有燃油舱大、续航时间长、抗风浪能力和航行水域大于湿拖或半潜驳干拖等优点，航速更快带来的是运输周期更短，在远洋及近海的重大件货物运输中能够给船货双方带来更大的经济利益，因此发展迅速。

现代大型半潜运输船以1979年制造的"Super Servant 1"号为标志。该半潜运输船由日本住友重工为欧洲的Wijsmuller公司建造，总长139.91米，船宽32.31米，吃水8.51米，载重量14 310吨，最大下潜吃水可达15米，是世界上第一艘自航式半潜运输船。

目前全球范围内尚在营运及正在建造的半潜运输船总计约90艘，这些船基本可以分为改装和新建两种。早期建造的半

> 图93　由油船改装而来的"塔吉特"号半潜运输船

潜运输船大部分是改建而来，这种半潜运输船保留有原船型的大部分结构，改建后具有较低的平直载货甲板和较高的艏艉楼结构。在航行工况及下潜工况下，船体梁要承受很大的中拱弯矩，受到原船结构尺寸及布置的限制，这类船舶下潜深度不大。

新建的半潜运输船在很多地方进行了优化设计，生活区和上层建筑一般布置在艏楼，其优点是装载超高超大货物时，驾驶室前方视线不会受到货物影响。艏楼后方就是有利于装卸货物操作的大面积开敞式平直甲板，艉部设置移动式或固定式浮箱，一般具有先进的电力推进系统，配置DP动力定位系统。荷兰Boskalis公司旗下的"Blue Marlin"号，中远航运股份有限公司所属的"泰安口"号、"祥云口"号，荷兰Fairstar公司旗下"Forte"号等，都是第二代半潜运输船的典型代表。

不过随着海上平台尺寸的增大，装载能力更强的半潜运输船也随之出现。目前世界上最大的半潜运输船是荷兰Boskalis公司的"Boka Vanguard"号。该船于2013年2月完工，总长275米，型宽70米，型深15.5米，载重量超过了11.6万吨；而美国最新的"福特"级航母满载排水量也就11.2万吨。

该船的最大特点就是无艏楼，上层建筑设置在舷侧，具有4个可移动式浮箱，是目前世界上唯一一艘四岛式的半潜运输船。这种造型可以运输超过半潜运输船自身船长的货物，能更好地满足日益增长的

> 图94 "Boka Vanguard"号半潜运输船装了一艘长245米、重约60 000吨的FPSO从鹿特丹成功运至印尼

> 图95 "Boka Vanguard"号半潜运输船装了超过船宽的货物

特种货物海运需求。这种具有超宽、超长的全通甲板，无艏楼、艉楼的结构布置，也预示着新一代半潜运输船的设计方向。

提到国外的半潜运输船，首先让人想到的就是荷兰。荷兰是世界上第一个完全掌握自航式半潜运输船技术的国家。除

小 贴 士

中 拱 弯 矩

中拱是指浮于水面的船舶重力和浮力纵向分布不对称，在船舶中部浮力大于重力、艏艉部重力大于浮力的情况下产生的船舶中部拱起的一种纵向弯曲状态；弯矩简单来说，就是弯曲所需要的力矩。合在一起的意思就是能让船舶中部弯曲拱起的力矩。用个形象点的比喻来说，就如同扁担，两头挑重物后力是向下的，中间因肩背支撑，力是向上的，于是扁担就相当于中间拱起了。

与中拱相对应的是中垂，即中间受到的合力是向下，两头的合力是向上的，于是就会造成中部下垂。

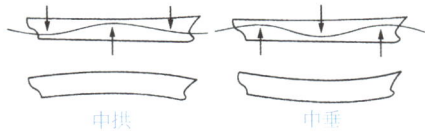

中拱　　　　　中垂

> 图96　系泊中的"Black Marlin"号半潜运输船

> 图97　正在运输"Cole"号驱逐舰的"Blue Marlin"号半潜运输船

> 图98　"Hawk"号半潜运输船

了前文提到的目前世界上最大的半潜运输船"Boka Vanguard"号以外，还拥有另外18艘半潜运输船。比如运输过美国"Cole"号驱逐舰和海基X波段雷达、载重量7.6万吨的"Blue Marlin"号，5.7万吨

> 图99　蒙特福德级远征转运基地

的"Black Marlin"号，7.2万吨的"White Marlin"号等。

除了荷兰，挪威、美国等国也有不少半潜运输船。如挪威Offshore Heavy Transport公司6.5万吨的"Hawk"号、5.3

万吨的"Osprey"号、3.2万吨的"Falcon"号等，不过这批半潜运输船均为20世纪80—90年代建造。美国的半潜运输船则主要集中在美国海军手中，如大家所熟悉的"蒙特福德"级远征转运基地。

我国半潜运输船的发展状况

中国是继荷兰之后世界上第二个拥有全系列半潜运输船型号，并自主掌握半潜运输船设计建造技术的国家。

20世纪80年代，我国从国外购进了两艘半潜驳船——"红河口"号和"沙河口"号。"沙河口"号1978年在日本建造，总长125米，载重量约1.1万吨。2003年4月4日在海南三亚市海域下潜作业时沉没，被打捞后报废。"红河口"号也是1978年建造，总长134.5米，型宽34.2米，航速10节，载重量约1.3万吨，20世纪90年代初更换为马耳他船旗，船名变更为"发展之路"号（英文名为Developing Road，不是中交国际航运有限公司英文名为Development Way的"发展之路"号半潜运输船）。

2002年12月17日，我国第一艘自行建造的自航式半潜运输船"泰安口"号交

船。该船总长156米，船宽32.2米，型深10.0米，夏季吃水7.5米，下潜吃水19.0

小贴士

远征转运基地

美国海军远征转运基地（expeditionary transport dock，ESD）就是原来为人们所熟知的机动登录平台（mobile landing platform，MLP），由阿拉斯加级油船改造而来，其载重量超过70 000吨，目前总计有2艘服役（"Montford Point"号和"John Glenn"号）。与传统半潜船有所不同的是，ESD专门针对军事用途，功能更多，如搭载气垫登陆艇以向陆投送海军作战部队及装备、作为其他运输舰船的中转平台等。

> 图100　"沙河口"号半潜驳船

> 图101　全回转舵桨示意图

米，甲板面积4 057.2平方米，载重量约1.8万吨，服务航速14节，续航力12 000海里。

"泰安口"号半潜运输船采用了先进的全电力推进系统，配置了全回转舵桨和DP2级动力定位系统，通过对船舶外界受力的实时接收，将数据送入软件程序中运算，反馈出各个推进器应提供的实时推力，并通过与卫星或其他定位信标的配合，驻泊在确定的坐标位置，保持船位不变，如同"定海神针"一般。

2004年，投入营运一年多的"泰安口"号还进行了技术改造，船宽由32.2米增加到36米，载重量由1.8万吨增加到约2万吨。

2003年8月28日，广州远洋运输有

> 图102　"发展之路"号半潜驳船

> 图103　"泰安口"号半潜运输船

> 图104 自航式半潜运输船"希望之路"号

船"希望之路"号在天津滨海新区下水，该船总长156米，型宽36米，型深10米，设计吃水7.45米，最大潜深19米，最大载

> 图105 "祥瑞口"号半潜运输船首航在大连成功浮装深水铺管作业船"Deep Energy"号驶往挪威

限公司在广船国际有限公司定造的另一艘半潜运输船"康盛口"号交船。该船是"泰安口"号的姐妹船，性能、主尺度均相同。这两艘半潜运输船投入运营后，我国在大型货物运输能力方面跨入世界前列。

2009年12月26日，由中国交通建设股份有限公司、中交天津航道局有限公司等联合投资建造的大吨位自航式半潜运输

小贴士

全回转舵桨

一般布置在船艉部，区别于传统的轴系螺旋桨和舵。全回转舵桨通过机械齿轮传动，控制舵桨本体能够进行360度的回转操作，从而产生船舶所需的某一方向的推力，也因此可以替代舵在传统轴系推进中为船提供不同侧向角度分力的作用，相应结合了舵和桨的功能，所以被称为"全回转舵桨"。

重 20 000 吨，适于无限航区，主要承载海洋工程作业机械、海洋石油开采平台、大型海洋工程构件、海上风力发电设施、各种舰船和游艇等特种货物。

2011 年 1 月 20 日，广船国际有限公司、中船黄埔文冲船舶有限公司为中远航运股份有限公司在中船龙穴造船基地建造的 5 万吨半潜运输船"祥云口"号举行了命名交接仪式。该船总长 216.7 米，型宽 43 米，型深 13 米；装货甲板长 178 米、宽 43 米，总面积超过一个标准足球场；载重量 5 万吨，续航力达 1.8 万海里，为当时亚洲吨位最大的半潜运输船。

该船不仅可以以下潜方式装载运输自重达 3 万吨、重心高达 25 米的钻井平台、水上加工厂等，也可以通过船侧或艉部滑动自重达 2 万吨的成套设备装船；下潜深度从主甲板计起达 13 米；全船压载舱容量达 8 万吨。它的两艘姐妹船——"祥瑞口"号、"祥和口"号也和它拥有相同的能力，分别于 2011 年 7 月和 2016 年 5 月交付使用。

2012 年 3 月 15 日，世界上第一艘带全方位回转推进器、高海况 DP2 级动力定位能力的 5 万吨级自航式半潜运输船"海洋石油 278"号成功交船。该船船体总长 221.6 米，型宽 42.0 米，型深 13.3 米，半潜吃水 26.8 米，总载重量 5.35 万吨，甲板面积 7 500 平方米。该船的 DP2 级动力定位能力、自动化控制系统能力是当时国际上同类船中最高的，这也为该船开展深水水域动力定位浮托法安装奠定了技术基础。

> 图 106　"海洋石油 278"号半潜运输船

该船采用全电力推进系统，使用双轴系螺旋桨、双舵推进。船上由6台功率4 750千瓦的主柴油发电机组供电，配设目前全球半潜运输船中最大的DP2动力定位系统，可实施高精度的海上工程作业。

"新光华"号全船有118个压载水舱，每一个压载水舱都有一个阀门直接通向海底，下潜作业水泵仅需较低功率运行，可通过船上的控制系统打开相应压载舱的海底阀门进行重力式压排载。利用快速压排载系统工作，可在不超过6小时的情况下，

> 图107 "东海岛"号半潜运输船

2015年7月，我国首艘军用半潜运输船"东海岛"号加入人民海军战斗序列。该船是我国自行改造的新型半潜运输船，由一艘集装箱船改装而成，船长175.5米，宽32.4米，排水量2万多吨，装备了水泵压排载系统，具有较强的滚装能力，被视作中国海军机动登陆平台的雏形。该船的入列将拓展海军装备投送和战损救援方式，有效提升中国海军的海上支援保障能力。

2016年12月8日，至今中国第一、世界第二大的10万吨级半潜运输船"新光华"号正式交付。该船总长255米，型宽68米，下潜吃水30.5米，载重量为9.8万吨，服务航速14.5节，装货甲板长210米、宽68米，甲板面积达到13 500平方米，刚好等同于两个标准足球场大。

小贴士

重力式压排载

与自然课的虹吸连通管原理相似，理论上讲，当压载舱内外水面存在高度差时，舱内的水会通过自身重量自然排出，或舱外的水通过打开的舱底阀门涌入，最终达到舱内外吃水一致的平衡状态，这种利用自然重力进行压载或排载的方式叫作重力式压排载。

实际上，由于船舶本身的重量和压载舱的形状、内部钢结构的阻挠以及内外连通管路里面存积的水气等因素影响，舱内外可以自然连通，但内外水面很难保持绝对一致，因此重力式压排载作业方式可以利用自然力量节省一定的能量。不过该作业方式一般选择在半潜运输船甲板全部露出水面后的阶段，在船舶稳性安全富余量较大的期间，且对作业时间要求不紧迫的情况下采用。

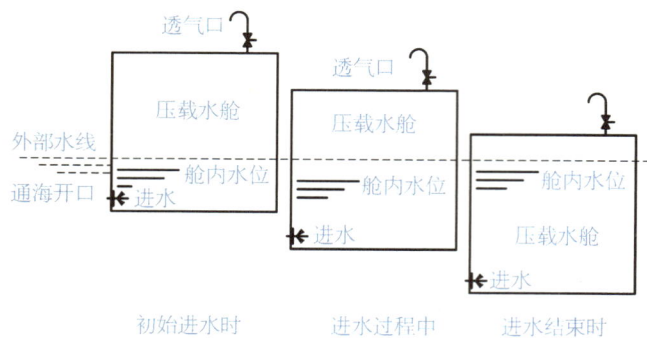

初始进水时　　进水过程中　　进水结束时　　> 图108　重力式压排载原理图

> 图109　"新光华"号半潜运输船

> 图110 "夏之远6"号半潜运输船

> 图111 "振华15"号半潜运输船正在潜装25 000吨巴西"普罗米修斯"号海上生活平台

使船潜入水中30.5米，即主甲板在水面以下16米。上浮作业时，则通过船上配备的4台大型空压机往相应的压载水舱中注入空气，利用高压空气的压力将压载舱内的压载水压排出船外，实现船体上浮。

除了上述那些比较知名的半潜运输船，我国还拥有其他各类半潜运输船20余艘（包括在建的），如国家救助系统交通运输部广州打捞局的"华"字号"海、洋、兴、盛"——"华海龙"号、"华洋龙"号、"华兴龙"号和"华盛龙"号四艘半潜打捞工程船，曾经两次在意大利装载过巴拿马运河扩建工程的新船闸的"夏之远6"号（后被中远海运特种运输股份有限公司购入，并经改造后命名为"致远口"号），另外还有上海振华船运公司的"振华22"号、"振华31"号、"振华34"号等。这些半潜运输船各有特色，也各有擅长，这里就不一一介绍它们的光辉业绩了。

半潜运输船的关键设备

浮箱

浮箱是目前新建半潜运输船不可或缺的关键设备。说它是设备也有点夸张，外观就像一块"竖着的积木"，似乎没有什么技术含量，其实它可是在半潜运输船下潜起浮过程中起到了保证全船稳性安全的关键作用。浮箱可以调整和保持下潜的姿态、提供额外的储备浮力以及稳性安全保障。

目前第二代半潜运输船的主甲板艉部均设置了浮箱，也叫艉浮箱，四岛式的半潜运输船更是在艏部设置一个或两个浮箱。早期半潜运输船多采用柴油机直接推进，为了烟囱就地排烟，艉部的某一个浮箱通常作为烟囱和其他设备布置使用，作为船体结构的一部分，成为固定式浮箱。

现在由于液压移动技术的飞速发展和日臻成熟，很多半潜运输船设置了可移动式浮箱。这类浮箱采用焊接或螺栓与主甲板连接，当需要移动改变浮箱在甲板上的位置时，先解除连接螺栓或切割焊接部位，再通过滑移装置将浮箱移动到其他位置，有条件的港口码头也可以通过吊机进行移位。可移动式浮箱在载运海洋平台等特殊货物时，具有载货操作方便的优势，

> 图112 位于艉部的浮箱

> 图113 "祥云口"号半潜运输船艉楼后面的大凹槽就是存放浮箱的最佳位置

因而具有更强的市场竞争力。

为提高甲板的有效作业面积、提升装卸效率以及保护浮箱结构安全，一些半潜运输船还在甲板的特定区域设置了浮箱存放位置。

压排载（水的压载和水的排载）系统

像人体的心脏将血液提供给全身各处以保障生命的需要一样，半潜运输船能够在水中"自如"地"钻进钻出"，靠的就是这套功能强大的压排载系统。半潜运输船的压载模式主要有三种，分别是压载水泵、压缩空气、静水压力（重力式）。

其中，压载水泵是使用较广泛、技术较成熟的压排载系统，对压载舱的布置也没有什么要求，但成本、能耗都较高，压排载速度也一般，不过可靠性和调拨性能都不错。该系统主要由压载水泵、压载管路和压载舱室组成。压载水泵是动力源，一般半潜运输船包括大、小功率的压载泵若干个，大功率水泵主要用于大量的压载水较快地进出压载舱室，小功率水泵用来调整压载舱室接近满、空的末端状态或者进行精准控制、微量调节。

由于海上天气变化多端，能给半潜运输船装卸作业的时间其实并不多（要求数小时内完成），因此对于目前越来越大型化的半潜运输船来说，压排载的快速性就变得很重要。压缩空气排载系统就是三种方式中速度最快的。该类系统通过大功率的空气压缩机改变气压后就可以快速抽吸或排出压载水。不过压缩空气排载系统需要对船体结构进行加强，且调拨性也相对较差。该系统主要由高压大排量空压机或风机、压缩空气总管、压缩空气管、压载

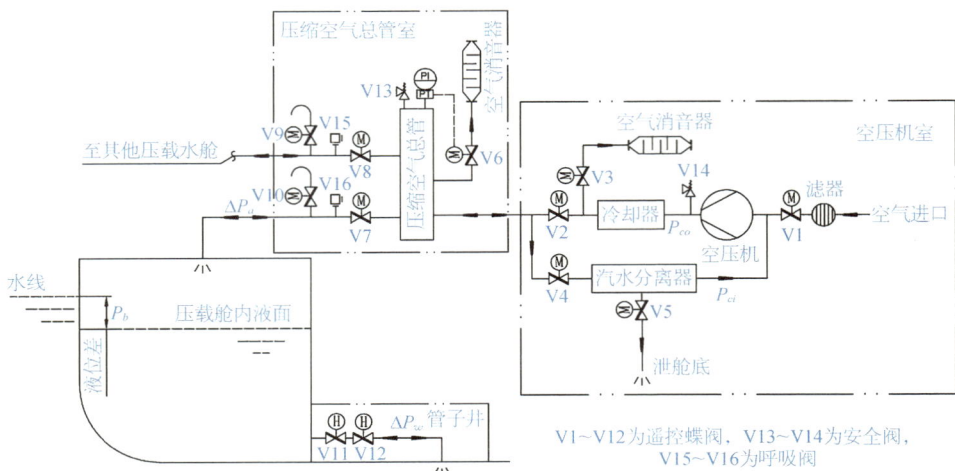

> 图114　某50 000吨级半潜船压缩空气排载系统原理图

舱及通海管等组成。

重力式压排载系统在上文小贴士中已有介绍，此处不再重复。

不论是哪种压排载系统，压载管路和压载舱室都是必不可少的，它们就如同身体上的每一块肌肉和血管，通过进出的阀门和测量装置的配合，控制着半潜运输船的每一步动作的准确性。

空气管

空气管的作用主要就是透气，可防止液舱（油舱、压载舱等）中液位变化时因空气不能进入和排除而产生内部压力，造成舱室破坏进而发生危险。由于工作性质，半潜运输船上设有许多压载舱，少则几十，多则上百。

大量的压载舱室一同构成了为全船提供浮力、满足装载要求、破舱稳性安全等舱室集群，占据了半潜运输船主船体下绝大部分的空间。所有这些压载舱的空气管又受到甲板布置的限制，不可能像普通船舶一样独立地一根根直接向上从甲板面穿出。按照半潜运输船在达到最大下潜深度后，所有空气管必须保持在水面以上，并留有一定的安全高度，以满足安全要求的原则来设计。

如此一来，透气管只能在主甲板下先向上层建筑或浮箱的某一区域集中，在安全合理的位置才能向上穿出。因此主甲板以下往往会有几十个压载舱的空气管聚积在一起穿越水密横、纵舱壁。这就会造成舱壁上集中穿孔过多、强度减弱，一旦一个区域破损即引发大量舱室进水失控的后果。

不过不用担心，工程师们已经想出了多种方法来消除这些安全隐患，如对集中

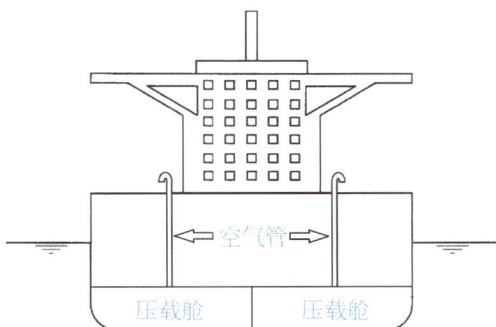

> 图115 空气管示意图

穿孔的舱壁进行特殊设计、进行补强，或是优化空气管的排列顺序。对于个别压载水舱破损后可能会通过破损的管系造成其他连带的压载水舱进水问题，一种有效的方法是将压载管系集中到一个靠近主甲板顶部、船体中心线区域相对安全的处所，减少连带破损进水的机会。当然，这还是常规的设计方法，还有诸如空气总管增加、溢油泄放舱等多种创新方法或组合方式。看来这样的"脑洞"还会继续开下去呢。

> 图116 甲板上的空气管

半潜运输船的发展趋势

大型化

随着船舶的分段、大型钢结构、港口吊机甚至石油平台的主要构件等质量和体积的不断增大，半潜运输船也势必要顺应时代的需求而变得越来越大，而且结构上

也可能会逐步向"Boka Vanguard"号那样变得更"通透",以利于装载超长、超大的物件。

多功能化

除了运输那些大物件,未来半潜运输船"空空如也"的甲板上或许会变成一个理想的工作平台,在需要时可以方便地安装和应用各种模块化的功能组件。加上半潜运输船自带的动力定位系统和快速压排载系统,未来半潜运输船还可在很多方面发挥作用。比如远距离投放登陆部队,作为海上应急维修基地、医疗基地等;又如在水下设备维修方面,通过装配深水主动波浪补偿功能的起重机和水下维修装备等,可实现水下设备的现场维修。

此外,半潜运输船还可作为海上救助打捞、油气田作业船或装置等多种海上作业的补给;通过布置专业设备,还可在电缆铺设、水下安装、卷筒铺设、海底深挖和其他作业上发挥作用。拥有多种功能模块的多功能半潜运输船将在不久的将来现身市场,大家拭目以待吧。

第 *4* 章

海底输油长龙的"管理者"

——铺管船

2013年5月7日，天还没有全亮，随着水下机器人成功剪断牺牲缆，荔湾3-1海上油田深水段78.9千米长、直径6英寸的乙二醇海底管线成功平稳地铺设在了1 409米深的水下。这个深度创造了中国海洋铺管深度的最高纪录，也是亚洲第一、世界第二深！当时，"海洋石油201"号起重铺管船的操控室里一片欢腾，经历了诸多磨难的海上铺管人心头沉重的包袱终于可以卸下了。

海底油气管道被称为海洋油气生产系统的"生命线"，它是海底油气输送最直接、最有效的方式。海上铺管就是将这些管道按设计好的路线和位置在海底铺设好。说起来很简单，但其实设计、施工的技术含量及工艺非常高，不逊于任何超级工程。

作为一个"新手"，"海洋石油201"号的第一次作业就是这样的深水项目，风险非常之大。在初期，甚至许多聘用的外方技术人员因缺乏信心而纷纷从船上撤走。但船上的铺管人们并没有因此气馁，而是心里憋着一股劲儿干到了最后。事实证明，"海洋石油201"号和上面的铺管人都是好样的！

> 图117 "海洋石油201"号起重铺管船

> 图118 牺牲缆和弃管封头

铺管船概述

近年来，海上油气资源的开发向深海挺进，开采出的油气除在海上直接装船外运外，也有通过管道输送到陆上加工。除外输管线外，油田装备之间也有不少生产过程需要的海底管线，这就使海洋管道的作用显得十分重要。而作为海洋管道铺设装备的铺管船也就成了油田建设和油气生产的重器。

铺管船的任务主要是在海底建设、铺设输送石油和天然气的管线。这些管线包括了主管道、支路管道和其他辅助管道等。按使用目的还可分为外输管线、油田

小贴士

牺牲缆

当管线铺设到指定位置完成铺设，或因为恶劣天气等原因需要临时终止时，会进行弃管作业。此时最后一段还未下水的主管线将被连接弃管封头并与操作设备之间（如A／R绞车）连上一段缆线，依靠这段缆线将主管线"吊放"下水，但最终解脱时这段缆线需要剪断，因此被称为牺牲缆。

> 图119 "德合"号起重铺管船

内部转运管线、内外输管的连接管线、水管线或化学品运输管线等。管道的原材料是不同直径的无缝钢管，这些无缝钢管在出厂时一般长度为12.2米（40英尺）。为节省海上铺设时间，现在流行陆上先焊成双管段（长24.4米），再装上铺管船。

此外，岛屿经济发展迅猛，已成为对外开放和交流的纽带和前沿。但众多岛屿受地理位置和自然气候的影响，水资源相对贫乏。为解决岛上的水源不足，近年来先后成功兴建了许多跨海供水工程，其规模和数量日趋扩大和增多。海底输水管道是跨海供水工程关键的施工项目，而铺管船也是完成这类项目的主要重器。

简而言之，铺管船就像是一个海底建设运输管网的神器，只不过其工作难度却是比著名游戏人物管道工"马里奥"高得多得多。

铺管船的分类

铺管船的分类有多种方式。按自航能力分，可分为自航式和非自航式铺管船。

从船体形状上，可分为驳船式、普通

船型式和半潜式。总的来说，驳船式铺管船吃水较浅，比较适合在较浅水域施工，例如在滩海和浅海；普通船型式铺管船吃水相对较深，适合需要承载较重设备或起重量大时使用；半潜式铺管船船体大，吃水深，稳定性高，多用于深海和环境较为恶劣的海域。

按定位方式分，可分为带动力定位及锚泊定位铺管船。深水铺管船大多为自航式且带动力定位系统（定义参见第2章中的"动力定位"小贴士）；浅水铺管船大多为非自航式，只有锚泊定位。

此外，铺管船也可以从铺管方法上分类，主要有以下几种。

漂浮式铺管船

它是一种传统式的铺管船。船上有许多浮筒，浮筒有单球形、双球形、圆柱形等，浮力可调节。在焊接好的待铺管道上每隔一段距离系上一个可变浮筒。下铺时浮筒可控制管道弯曲度，在强度允许范围内，管道铺到海底后，浮筒由工作艇回收到铺管船上。

卷筒型（Reel-lay）铺管船

这种船上有一个大直径的卷筒，铺管

> 图120　漂浮式铺管船

> 图121　卷筒型铺管船

前将管道卷在卷筒上，施工时一边将管道松开逐渐铺于海底，一边使船缓慢前移。由于管道要弯曲盘在卷筒上，管道有刚性，卷筒直径又不能非常大，所以铺设的管线直径较小。

J型（J-lay）铺管船

这种船在中部设有直立的塔架。先把管道直立于塔架上，拴紧、夹住、焊接。每焊好一根管道便从船中底部开口处逐节下铺，同时船逐段前移。此法适于较深海区的铺管工程，可减小管道弯曲与扭曲。

S型（S-lay）铺管船

这种船的尾端装有下水滑道和很长的单杆型或多节型托管架（stinger），并可根

> 图122　J型铺管船

据管重和水深自动调节托管架的浮力，以不断改变托管架的曲率半径，使管线能在最佳受力状态下铺设到海底。船只一边铺管一边前进。它是应用最广的铺管船。

灵便型（Flex-lay）铺管船

　　S型、J型和卷筒型铺管船是目前市场上比较常见的三种刚性管（rigid pipe）铺管船。而专门针对柔性管铺设的则是灵便型铺管船。由于是铺设对疲劳强度不太敏感的柔性管，因此该型铺管船不仅浅水和深水均适用，而且铺管、弃管和回收的操作过程相对简单，铺设效率较高，不过不适合刚性管的铺设。

小贴士

柔性管

　　此处所说的柔性管是指海洋柔性管，它和刚性管都是海洋油气田内部设施连接和开采油气资源外输的重要设备，被业界称为"海上生命线"。柔性管主要由金属和聚合物复合而成，从里到外有多层构造，每层都有特定功能，比如用于抗塌陷的骨架、用于耐压的箍壳等。相比刚性管，柔性管具有重量小、可盘绕、易安装、可回收、耐腐蚀等优点。

> 图123　S型铺管船

> 图124　灵便型铺管船

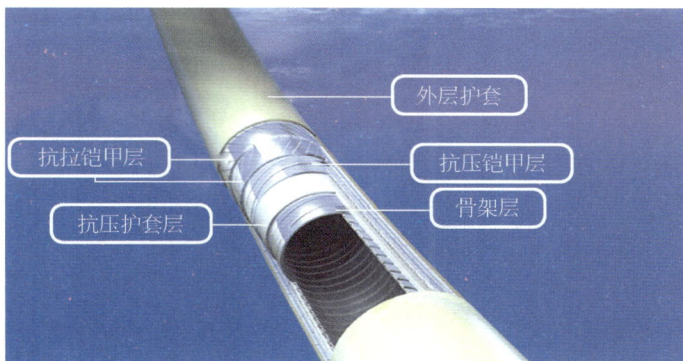

> 图125 典型柔性管示意图

外层护套
抗拉铠甲层
抗压铠甲层
抗压护套层
骨架层

多功能型（Multi-lay）铺管船

由于海上油气田的基础设施通常包含了不同类型的管道，因此近年来一种多功能型铺管船越来越多地出现在人们的视线中。这种铺管船往往配有两种以上的铺管设备，可根据不同管线需求切换铺设方式，比如同时具备J型、卷筒型和灵便型铺管船的铺管能力。

此外，还有一种铺管船是从大型起重船"变身"而来的。这种在需要时可临时加装铺管设备的起重船，其主尺度和排水量都较大（几万吨级），工作甲板面积大，有宽阔的管子堆场、大型张紧装置、大型固定回转式起重机等。它不仅能敷设大口径管子，而且能敷设24.4米长的双节管（一般铺管船仅能敷设12.2米长的单节管），效率高。

> 图126 集J型、卷筒型和灵便型铺管船铺管能力于一身的"Deep Blue"号多功能型铺管船

> 图127 加装 J 型铺管设备的半潜式起重铺管船

铺管船的工作特点和船型特征

本节主要介绍铺设刚性管的三种铺管法——S-lay、J-lay、Reel-lay（卷筒多为竖着放）。其中，S-lay 主要为浅水水域铺管而设计，J-lay 和 Reel-lay 则是专为深水开发的两种较新的铺管方法。

铺管船一般通过锚泊系统或动力定位

系统维持船在作业过程中的稳定。船上配有吊机和铺管作业线,所有的管道铺设都是由铺管作业线完成的。和常规货轮不同的是,铺管船的上层建筑一般位于船的艏部,由于作业期间不常返港,作业人员的轮换常通过直升机进行转运,很多铺管船都配有直升机甲板。

铺管作业过程首先是将陆上预制的管线装运到铺管船上,一般首次出港自带一些,后续可通过驳船"快递"到铺管船上。铺管船上的"管线预制工厂"将管道逐段组装焊接,焊接好并经检测合格后的管段一般会向铺管船船艉移动,再通过前面说过的那些多种型式的铺设设备将管线从船上滑入海中。整个铺管作业的过程中,管段下滑的长度必须与船的位移量同步,因此铺管船必须处于一个相对稳定的状态,以保障下放管线的安全。

S型铺管船及其工作方式

由于S-lay的铺管口径范围大、铺管速度较快,因而得到了广泛的应用。目前世界上最多的铺管船就是S型铺管船。该型铺管船船艉有托管架,铺管作业线和张紧器(pipe tensioner)在甲板上,管线如S形放到海底。此类铺管船以往多用于浅近海域,现在随着技术的发展也可用于深海。

常规的S型铺管船首先是将存放在船甲板两侧的管段输送到中央纵向作业线上,经过对中、焊接、X线检测、喷涂补口、保护层包覆等主要工序后,随着铺管船缓缓前行,管线经张紧装置沿托管架徐徐铺入海底。

根据铺管船上"管线预制工厂"的大小,S型铺管船上一般设有7~12个工作站(work station)。根据管线预制加工流

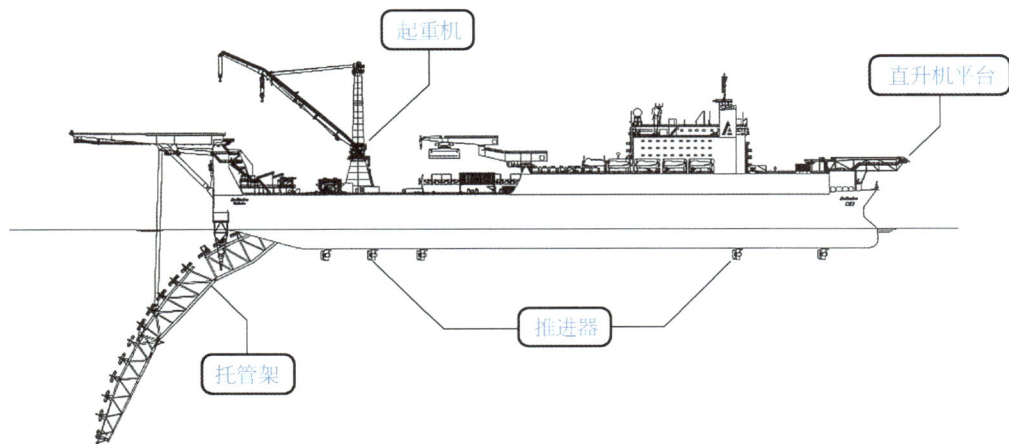

> 图128 S型铺管船示意图

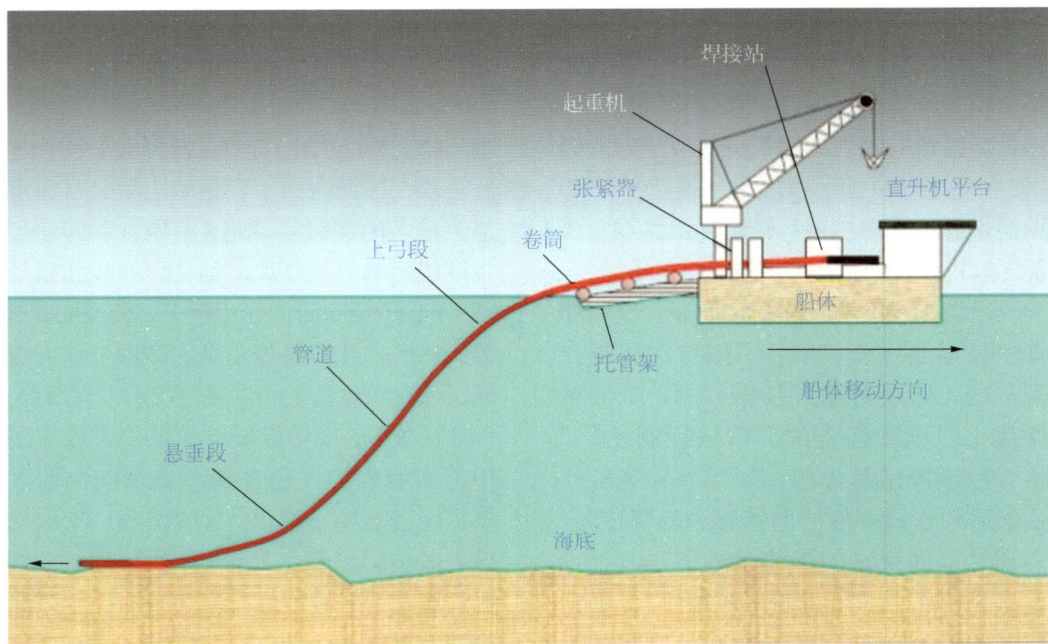

> 图129   S型铺管船工作示意图

程的工序，管线接长作业中，由于焊接作业的需要较多，因此铺管船上焊接站的数量最多，如"Audacia"号铺管船的12个工作站中，焊接站有8个。工作站中最少的是检测站，一般为1个，最多也就2个。工作站的数量是铺管船的一个重要指标，它决定了铺管船的铺管速度。

S型铺管船的关键设备还有托管架和张紧器，它们决定了S型铺管船的作业水深和铺管直径。为了适应不同水深的作业需要，托管架一般由三段组成，可如同手臂一样调整自身的曲率半径，以达到适应的管线入水角。张紧器是保持铺管曲线形状的主要设备，它提供了平衡管线重力和控制悬垂段曲率所需的张力。因此张紧器的能力越强，代表了铺管船的铺管能力越高。

J型铺管船及其工作方式

J-lay是为解决S-lay的管段在铺设中受力和变形较大的问题而发展起来的一种深水铺管法。

一般是在船上安装一个巨大的J形铺管塔（J-tower），张紧器垂直放置于塔上。如此一来，就将管线的接长作业由S-lay的水平位置调整为竖直位置，在竖直的J形铺管塔上完成管线连接后直接入

水。通过调整J形铺管塔的倾角，使管线的连接作业姿态与入水姿态相同，从而消除了S-lay入水弯曲受力和变形较大的上弓段。J型铺管船较适合用于深海海域铺管，也有常规单体船型和半潜式两种船型。

不过由于受到铺管塔高度的限制，J型铺管船铺管时，管线需在甲板上接长至J形铺管塔可以容纳的长度，然后吊至J形铺管塔完成与已铺设段的连接，因此J-lay的铺管速度较慢。

J型铺管船的工作站位于铺管塔上，铺管塔的倾斜角度可根据水深和张力条件调整，以确保管线的入水角与悬垂段在铺管塔末端的切线保持一致，形成一条光滑的J形曲线，从而满足悬垂段应变控制要求。目前具有最大铺管塔倾角可调整范围的铺管船是英国Coflexip Stena Offshore公司（已于2001年与Technip公司合并）的"CSO Deep Blue"号铺管船。它是一艘多功能铺管船，其铺管塔倾角可调整范围为30 ～ 90度。荷兰Heerem公司的"Balder"号半潜式铺管船的铺管塔倾角可调整范围为50 ～ 90度。而意大利Saipem公司的"Saipem 7000"号半潜式铺管船的J形铺管塔倾角可调整范围为90 ～ 110度。

J型铺管船的甲板和铺管塔上均设有焊接站，管线在甲板上接长至铺管塔的长度，然后由专用吊架将管线放入J形铺管塔，并由J形铺管塔上的焊接站完成管线的整体接长后铺设入水。

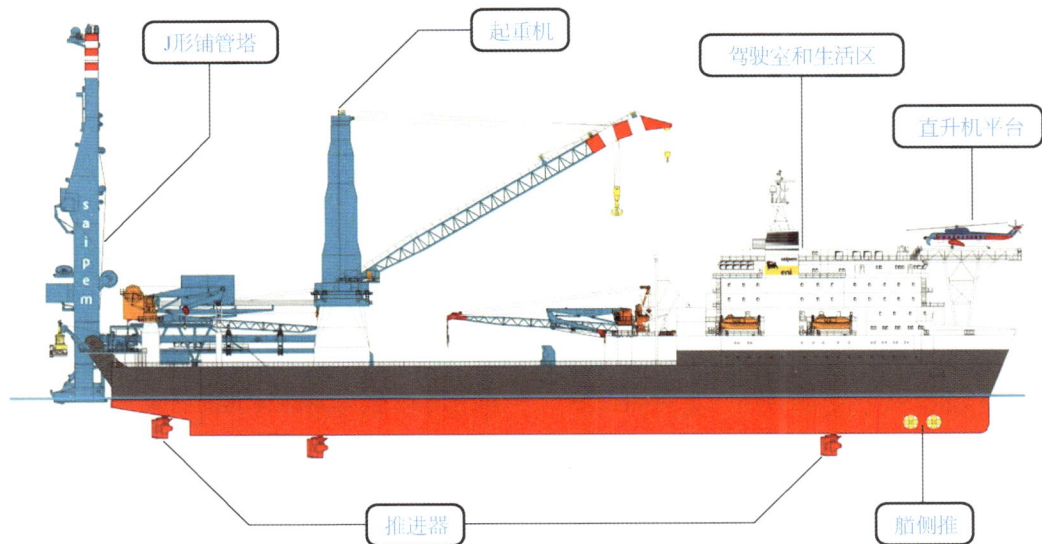

> 图130 J型铺管船示意图

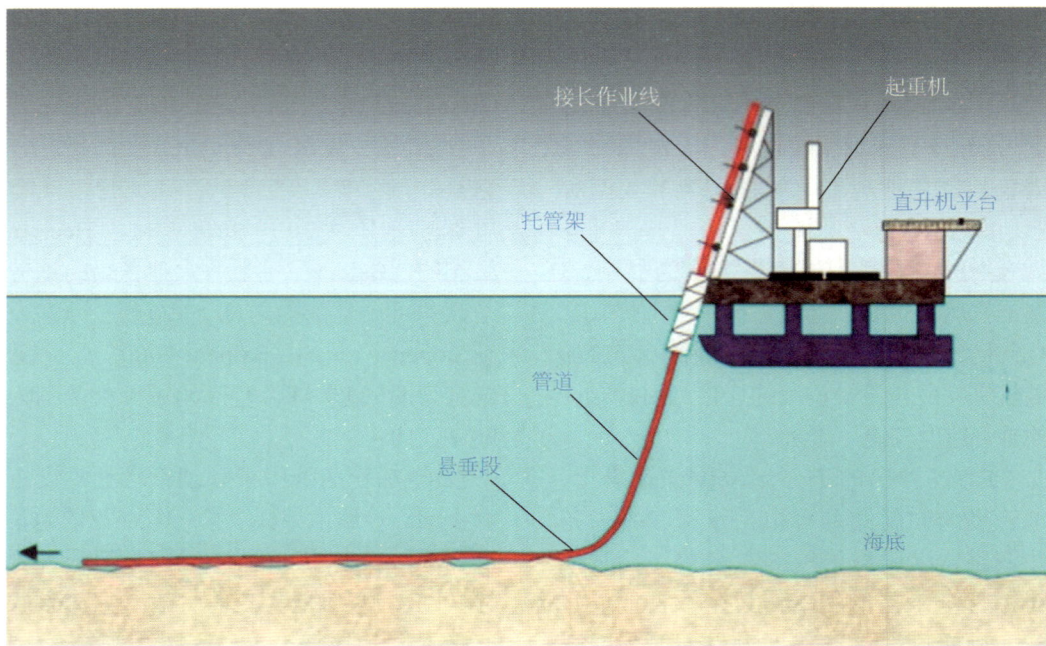

接长作业线

起重机

直升机平台

托管架

管道

悬垂段

海底

> 图131   J型铺管船工作示意图

卷筒型铺管船及其工作方式

Reel-lay是在陆地上将管线像钢丝绳一样缠绕到一个巨大的卷筒上，然后在铺管船上用设备将管线拉直并通过托管架连续铺入海底。这是一种较早使用的铺管方法，最近才用于海底油气管线。一般来说，Reel-lay是铺设海底管线最快的方法，特别是针对小直径管线。

Reel-lay的连续移动要求铺管船的移动性能好，因此卷筒型铺管船均采用船型结构。卷筒型铺管船的铺管管径能力主要取决于卷筒的尺寸和管线斜坡滑道（ramp）的曲率，卷筒轴的直径决定了最大铺管直径，卷筒翼缘的直径决定了铺管长度。

由于没有管线接长作业，从而卷筒型铺管船不需要锚泊，也没有焊接站，也就意味着作业时补充再多管线也没用，因此铺设刚性管时，最大铺管长度即为卷筒储管能力，而铺设柔性管或脐带缆时，通常可采用2个卷筒。

管线矫直机构的能力取决于矫直机（straightener）的力量。卷筒型铺管船分为刚性管铺管船和柔性管铺管船两

铺设塔　校准轮　起重机　卷筒　直升机平台

推进器

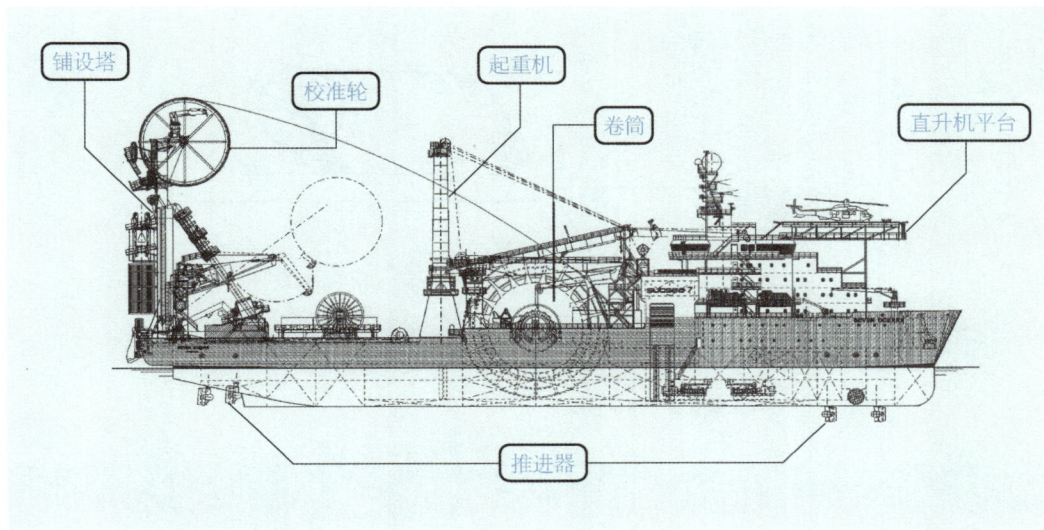

> 图132　卷筒型铺管船示意图

种，一般刚性管铺管船也可铺设柔性管或脐带缆，但柔性管铺管船则不能铺设刚性管，通常柔性管铺管船均装载2个以上的卷筒。

不过虽然在陆地上进行管线接长作业大大提高了焊接质量，但由于管线的缠绕和拉直会引起塑性变形，所以Reel-lay对管线的损伤较大，必须经过大量的计算来确保管线的塑性变形和椭圆变形满足相关规范的要求。

其他类型的铺管船铺管方式

其他铺管方式主要还包括Carousel-lay和Vertical-lay。这两种铺管方式均属于Flex-lay，主要用于柔性管和脐带缆的铺

小贴士

脐带缆

脐带缆是保障水下设备运转的关键，对海洋油气勘探开发而言尤为重要。脐带缆是一种电缆（动力缆或信号缆）、光缆（单模或多模光缆）、液压或化学药剂管（钢管或软管）的组合，是水上设施和水下生产系统之间的纽带，就如同母亲和婴儿之间的脐带一样，可为水下装备和设施提供电能、通信、数据传输、液压动力和液体（如油井所需的缓蚀剂等化学药剂）等，被誉为深水油气田开发"神经和生命线"。

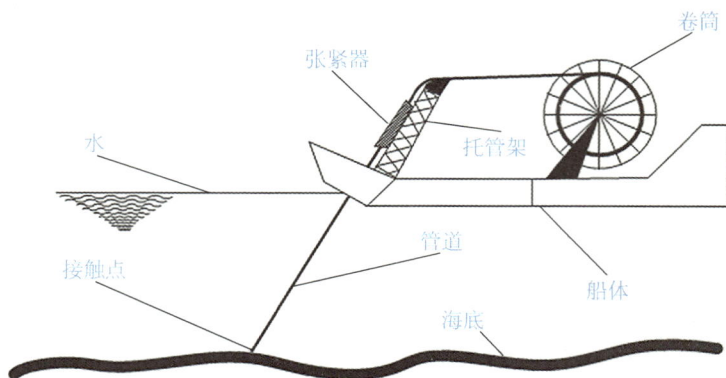

张紧器

卷筒

水

托管架

接触点

管道

船体

海底

> 图133 卷筒型铺管船工作示意图

> 图134 "Toisa Perseus"号多功能工程船（一）

设。Carousel-lay和Vertical-lay与Reel-lay相似，都是采用卷筒存放管线（Carousel-lay的卷筒横放，Vertical-lay的卷筒竖放），管线展开后经过一个矫直机构入水。Carousel-lay的管线入水方式与S-lay相似，管线矫直后经托管架入水。Vertical-lay管

> 图135　"Toisa Perseus"号多功能工程船（二）

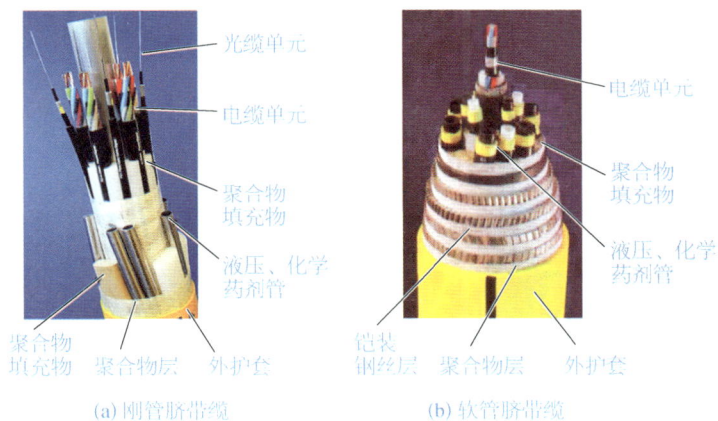

光缆单元

电缆单元

聚合物
填充物

液压、化学
药剂管

电缆单元

聚合物
填充物

液压、化学
药剂管

聚合物
填充物　　聚合物层　　外护套

铠装
钢丝层　　聚合物层　　外护套

> 图136　脐带缆示意图　　　**(a) 刚管脐带缆**　　　　　　**(b) 软管脐带缆**

线的入水方式与Reel-lay相似，但矫直机构是垂直的，且管线是通过铺管船中部的月池（moon-pool）入水。

英国Sealion公司的"Toisa Perseus"号多功能工程船，它配有2个Carousel-lay卷筒和5个Vertical-lay卷筒，因此其具有Carousel-lay和Vertical-lay两种铺管能力。

另外，国外还曾提出了一种O-lay的铺管方法。这种方法应该是从Reel-lay或Flex-lay上演化而来，主要是想提高较大直径刚性管的铺设效率。只不过O-lay不是用船上的卷筒卷存管子，而是借助特殊设备直接让事先连接好的管子漂浮在水面上并呈螺旋形盘起，就如同卷在横放的卷筒上。而由于海面不像卷筒这样有大小限制，因此理论上可以有足够大的直径防止刚性管在塑性区域内形变（管子盘成的圆直径是管子本身直径的500倍，以保持在钢的0.2％应变范围内）。这样一来，铺管效率极高，能达到每天25千米，不过到目前为止并无实际应用案例。

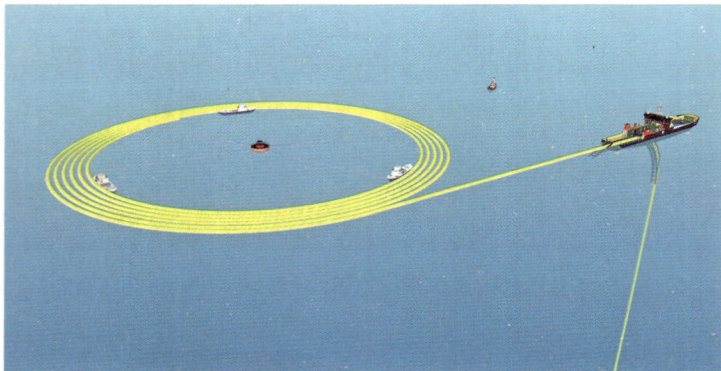

> 图137 O-lay

铺管船的发展历程

铺管船首次出现在美国，1952年美国布朗·特鲁公司的"Frank Motley"号铺管船首次完成墨西哥湾海底铺管工程后，铺管船正式走上实用阶段。

1956年，第一艘较大型的铺管船投入使用。船上可以堆放管材，设有吊运管材的起重设备和管段的组装线，利用托管架作为下水滑道。这种铺管船使用锚泊定位，可在30米深的海域作业。

初始阶段由于在近海平静的水域工作，原始的铺管船大多由甲板驳改装，在甲板驳上安装绞车、移动管子的滚柱及焊接设备等。甲板上的管系组装排列站由3个逐步增加到5～7个。其中，3～5个焊接站，顺序进行一个管段口的环形封闭焊接；1个X线检查站，同时能做360度照射并自动摄影成像；1个涂装站用来对管线外表涂覆防腐绝缘材料。按照对中、焊

接、检查、涂装的顺序进行流水作业。

　　20世纪60年代中期发明了张力装置后，铺管船向大型化、深水作业方向发展。这时的铺管船船长已达百米以上，有的船已装有500吨全回转式起重机，并设有直升机平台。1965年，在开发大西洋的北海油气田时，这种类型的铺管船因抗风浪能力差，不能适应北海区的海况，作业经常被中断。

　　20世纪70年代中期出现了耐波性好、抗风浪能力强，装有安全可靠的大型绞车和重型回转式起重机的专业化大型铺管船。

　　20世纪70年代末至80年代初则出现了所谓全天候的第三代铺管船——半潜式铺管船。1979年，半潜式铺管船"卡斯特罗10"号在建设由非洲阿尔及利亚、突尼斯穿过突尼斯海峡通向欧洲意大利的输气管道时，成功地在608米深的海域中铺设了500毫米管径的管道。

　　近年来，随着船舶建造技术的发展、新技术的广泛应用，铺管船的发展取得了很大的进步。从采用锚泊、作业水深仅300米以内的浅水铺管船，发展到采用动力定位、能满足3 000米以内作业水深的深海作业铺管船；船只吨位也从几千吨到上万吨，乃至十几万吨；船型从早期的

> 图138　"卡斯特罗10"号半潜式铺管船

单体驳船型发展为单体船、双体船、半潜船。同时，铺管专用装备如张紧器、A／R绞车、托管架的技术进步，也为铺管船由浅海走向深海提供了必要的保证。

我国铺管船的发展状况

我国铺管船的起步较国外晚了40余年，直至1987年我国从新加坡购入了一艘由起重船改装而来的美国公司小型铺管船"织女星"号（船长91.4米，载重量500吨），改名为"滨海109"号，才结束了国内无铺管船的历史。

该船为一艘非自航式起重铺管船，铺设管线口径范围在152.4～1 524毫米，作业水深40米。该船的首次作业是在渤中28–1油田铺设长度为3.2千米的海底管线，这也是我国第一次采用现代工法开展的海底铺管作业。

20世纪末开始，国内加大了铺管船的研发、建造力度。1997年，为了适

> 图139　"滨海109"号铺管船

应越来越多的铺管任务,"滨海109"号的兄弟——由200吨起重船改装而来的"滨海106"号铺管船诞生。不过其铺管能力不如"滨海109"号,只能承担一些水深较浅、管径较小的任务和后挖沟工作。1998年,国内首艘4 000吨级滩海铺管船——"胜利901"号铺管船完成建造。该船是一艘浅水铺管船,船长91米,工作水深8米。

进入21世纪后,铺管船的研发脚步继续加快,工作能力更强的船型陆续出现,如2002年交船的中海油"蓝疆"号起重铺管船(采用美国设计)、2007年交船的交通运输部广州打捞局"华天龙"号起重铺管船(国内首次完全自主研发,其中铺管功能预留)等。

2009年7月,国内首艘独立设计的1 200吨浅水铺管船——"海洋石油202"号交付,填补了我国铺管船完全自主研制的空白,同时也弥补了铺管资源的不足。该船采用非自航式驳船型、S-lay、锚泊定位及DP2动力定位系统。铺管水深为300米,铺管直径101.6～1 524毫米,是一艘无限航区作业的大型起重铺管船。自服役以来,铺设了多条海底管线。

紧接着在2009年11月,我国首个超深水海洋铺管船

> 图140 "蓝疆"号起重铺管船

改装工程"凯撒"号在南通中远船务工程有限公司成功完成改装工作,标志着我国在海洋工程特种作业船改装领域取得了新的突破。

2012年5月,船长204.65米(安装深水托管架后总长度约280米)、海上最大起重能力4 000吨、作业水深3 000米、可铺

> 图141 "海洋石油202"号铺管船

设直径152.4～1 524毫米管线、能在除两极以外的全球无限航区作业的"海洋石油201"号起重铺管船顺利交付。其独特的双层甲板面积超过两个标准足球场面积。该船是世界首艘同时具备3 000米深水铺管作业能力、4 000吨起重能力和DP3动力定位能力的深水铺管起重船。它拥有多项世界尖端装备技术，总体技术水平和综合作业能力在国际同类船舶中名列前茅，代表了当时国际海洋工程装备制造的最高水平。

2013年10月，中国石油管道局工程有限公司第一艘铺管船，同时也是中国石油天然气集团有限公司最大的铺管船——"CPP 601"号浅水铺管船交付并首航驶往非洲坦桑尼亚进行海底天然气管道施工任务。这艘铺管船全长121.2米，型宽36米，载重量约15 000吨，起重能力1 600吨，可铺设直径152.4～1 524毫米大口径管线。

2018年6月29日，交通运输部烟台打捞局的5 000吨打捞起重铺管船"德合"轮在上海正式列编。"德合"轮是目前交通运输部救助打捞系统起重能力最大的深水打捞起重铺管船，投入使用后将显著提升我国水上重大突发事件的应急处置和抢

> 图142 "海洋石油201"号起重铺管船

> 图143 "CPP 601"号铺管船

险打捞能力。

"德合"轮总长199米，型宽47.6米，型深15米，设计航速13.5节，满载排水量达75 127吨，额定载员398人，海上最大自持力达60天。

该船主要承担大吨位水下沉船、沉物整体打捞和快速清障任务，也具备一定的深水海洋工程能力。"德合"轮作为国家救捞行业、高端海工行业的双重重器，拥有DP3动力定位系统、主动波浪补偿、S-lay等多项功能。

"德合"轮最大起重能力为5 000吨，全回转起重能力达3 500吨，最大起升高度可达甲板以上102米，配备了1 200吨的主动波浪补偿式起重机，作业深度可达3 000米。船艉配备直升机起降平台，可与搜救直升机联合开展海空立体救助打捞作业。"德合"轮还可同时支持两台无人遥控潜水器（ROV）进行水下作业。

除了上述这些船，我国还有其他多艘或新建、或改装的铺管船。此外，在半潜式起重铺管船、J-lay技术等方面也有了技术突破。例如2016年时，由振华重工牵头，上海交通大学参研的国内首台深海J-lay系统工程样机建成，2017年初通过了美国船级社鉴证的整机工厂验收测试（FAT）。又如2018年2月，中国海油工程公司承担的"半潜式起重铺管

> 图144　5 000吨
"德合"轮

> 图145　振华重工建造的J
形铺管塔样机

> 图146 托管架

船关键技术研究"结题验收。这些成果无不标志着我国掌握了相关的关键技术，打破了国外垄断，填补了国内相关技术的空白。

铺管船的关键设备

托管架

托管架是海底管道S-lay中的重要装备之一，悬挂在铺管船的船艉，在管道下水过程中控制管道在托管架上的曲率，防止管道因为在上弯段的弯矩过大而导致屈服或者破裂。目前，利用托管架的深水S-lay铺设速度远高于其他如J-lay等方法，在未来的海洋管道铺设中具有广阔的应用前景。

> 图147　作业中的托管架

> 图148　水平张紧器

张紧器

　　铺管船用张紧器是铺管船管道铺设系统中必需且关键的设备。在作业线上的管线经过坡口、预热、根焊、填充焊、盖面焊、无损检测和补口后，由张紧器夹持管线产生一定的拉力，防止管线由于风、浪、潮作用引起管线震荡、弯曲而导致管线损坏。

　　张紧器的类型取决于被铺放的管线类型以及铺放系统的外形，张紧器一般被划分为水平张紧器和垂直张紧器。

水平张紧器

　　水平张紧器是指张紧器夹持系统处于水平方向，利用水平方向的夹持力作用于管道，来完成铺管任务。

垂直张紧器

　　垂直张紧器是指张紧器夹持系统处于垂直方向，利用垂直方向的夹持力作用于管道，来完成铺管任务。

弃置与回收（A／R）绞车

　　A／R绞车，A和R分别是abandonment（弃置）和recovery（回收）两个单词的首字母，主要用于铺管船铺管施工过程中海洋石油管道的弃置与回收。通过A／R绞车将管线弃置于海底停止作业或是打捞回海面继续作业的过程一般包括正常的铺管开始与结束阶段、遇到恶劣天气不允许作

> 图149　垂直张紧器

> 图150　A／R绞车

> 图151　LCFI是一种纵向的、没有动力的被动传送机

业阶段、卷管铺设过程中发生的一个卷筒上管线铺设完毕后更换新管线卷筒阶段等。

铺管作业系统

　　铺管作业系统是整个铺管船铺管作业的核心系统，管道的焊接及铺设全部传输流程都由此系统来完成。除已介绍的焊接站等工作站外，管段由堆场到焊接铺设线的上下左右的传输运动都由此系统完成。系统基本上是转动滚子群铺成的传动线，管段在其上来来往往。滚子驱动大部分是液压设备，配备了独立的液压泵站，部分设备配备变频器来驱动变频马达，比如被动式纵向传送机（longitudinal conveyor fixed idle，LCFI）、管道电梯（pipe elevator，PLE）等。

> 图152　PEL是通过液压阀及液压单元提供动力的垂直运送管子的电梯

铺管船的发展趋势

作业水深更深

深水油气开发是未来人类能源获取的主要来源之一。随着海洋油气行业向深远海进军，海底管线也势必跟着进入更深的海域，自然对铺管船的作业水深要求也会越来越高。

目前国外最大作业水深最高纪录达到2 775米（差不多是9座埃菲尔铁塔叠在一起的高度），对我国来说差距仍然很大，还需要奋力追赶。在海洋油气行业中，全球主要六大作业海域的大部分区域未来将逐步进入2 000米水深，部分地区如墨西哥湾和巴西沿海，则将出现2 000米以上的超深水作业区域。因此未来铺管船的作业水深必将越来越深。

铺管船型适应性更强

铺管作业要等待"好的气象窗口"

怪我太矮啰？

水下2 775米
埃菲尔铁塔高度324米

> 图153　铺管船作业水深和埃菲尔铁塔对比图

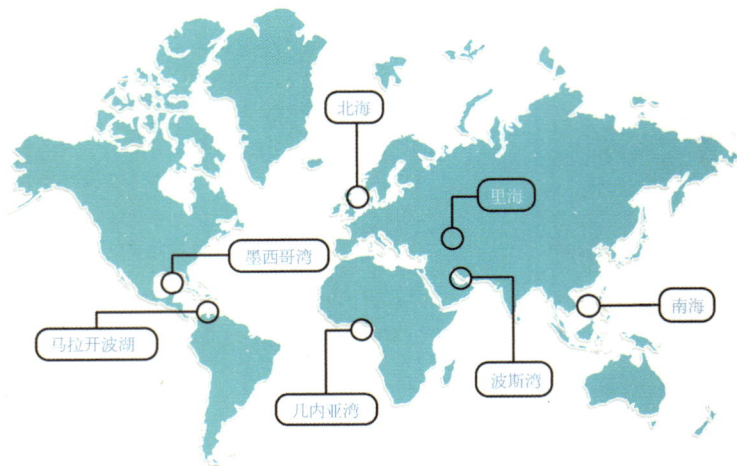

> 图154　海上油气勘探开发主要区域

（fine weather window）才能进行施工，这是因为海上风浪的大小将直接影响作业系统的安全性。如果一艘铺管船在海上受风浪影响产生过大的漂移，将直接对管线造成安全影响，严重的会导致管线断裂。海上无风三尺浪，深远海易产生不可预计的风暴，将直接影响作

> 图155　气象窗口效果图

业的安全性。未来的铺管船船型具有更好的抵抗深远海高海况风浪影响的能力是提升铺管船作业效率必然的发展趋势。

铺管效率更高

当前，我国铺管船最大铺管速度虽然已从1988年的不到1千米／天"飙升"到了现在的6千米／天以上，但仍要清楚看到，国外最优秀的铺管船早已超9千米／天。效率越高则竞争力越强，这也是我国铺管船走向世界所必须跨越的障碍。

为了达到更高的铺管效率，船体就会相应变得更大，设备、系统的数量相应也会更多，能力也会更强。大型化的船体能够布置更大的"加工工厂"，按高效的流程设置更多的焊接站等铺管设施，

> 图156 武船重工的多功能铺管船（集铺管作业、饱和潜水、抢险打捞作业和深水海洋工程吊装作业于一身）

从而大幅提高工作效率；大型化的船体能装载更多的管子，减少补充需求，因为随着工作海域离岸越来越远，管线铺设距离也会越来越长，若能一次性在铺管船上装载所需的全部管段，那么工作效率也必将提高。

多功能化

多功能化可以分为两方面：其一是现代的铺管船也有很多兼任起重船的角色以提高自身的使用率，未来或许还会有更多其他功能；其二就是多种铺管方法，兼具两种以上铺管功能的铺管船作业方式更灵活，或将成为未来市场追逐的对象。

小 贴 士

气象窗口

我们都知道，窗口期是用来形容做某件事情的最佳时间段，错过就没有机会了。而气象窗口的意思基本差不多，是指各方面气象条件满足海上工程作业的时间段。海上施工和作业通常都是"靠天吃饭"的活儿，对于风速、浪高、水流，甚至降水、气温等都有着严格的要求，所以海上工程作业一般都是在"风和日丽"的时候进行。而对于大海来说，这种"好日子"并不是说有就有的，需要通过高难度的小范围精确预报才能确定，错过了就得继续耐心等待，就如同一个小小的窗口一样，外面的景色一晃而过，或者说不上啥时候就关窗了。

舟电7
ZHOU DIAN

第5章

海底架线兵

——布缆船

布缆船的全称是海底通信电缆布设船。从工程及设备诞生的起源开始，就是为铺设跨海电报线而生的。1854年，英国工程师吉斯博恩纳在美国富豪塞勒斯·韦斯特·菲尔德（Cyrus West Field）的投资帮助下开始在纽约到纽芬兰的海底铺设电缆。

不过当时还有很多人不看好跨大西洋电缆的铺设，认为这项工程的难度实在太大。过长的航行时间（当时需要三个星期）和过大的电缆重量（没有一艘船能装下整条电缆）都是巨大的考验。

为此，英国政府为菲尔德提供了皇家海军最大的战舰之一"阿伽门农"（HMS Agamemnon）号，而美国政府则提供了排水量5 000吨的战舰"尼亚加拉"（USS Niagara）号。这两艘当时最大吨位等级的舰船经过特殊改装，才各自能装下跨洋电缆的一半。

1857年8月5日，菲尔德的铺设船队从爱尔兰起航。历经多次失败与打击后，1865年乘坐当时世界第一巨轮"伟大的东方人"（Great Eastern）号的菲尔德再次出发，终于成功地用电缆将欧洲和北美紧密地联系在了一起。

在拥有互联网、"全球村"的今天看来，这好像并不稀奇，但在当时，这就是时代的奇迹。可以说，越洋电缆就是那个年代的"微软""谷歌"和"苹果"，菲尔德就是那个年代的比尔·盖茨、拉里·佩奇和史蒂夫·乔布斯。奇迹的创造离不开菲尔德钢铁般的意志，但同时也离不开跨越大洋、布设电缆的重要工具——布缆船。

> 图157 菲尔德和"阿伽门农"号战舰

> 图158 当时世界第一巨轮——"伟大的东方人"号

布缆船概述

布缆船就是装有布缆机等专用设备，专门用于铺设海底电缆的海洋工程船舶，又称电缆布设船、铺缆船等。海底电缆可分为传输视音信息的通信电缆与传输电能的电力电缆，布缆船的主要作业对象是海底通信电缆。

通信电缆线路主要包括电缆、增音器、均衡器等设备。铺设海底电缆是为了进行有线通信，使人们能远隔重洋进行通话，互相间的声音就像市内电话一样清晰。有线通信具有容量大、距离远、安全可靠、抗干扰能力强等特点。对于没有陆路相通的国家、地区之间，互通信息的方法之一就需要在海底铺设通信电缆。

现代通信电缆使用了光纤技术，被称为海底光缆（用于连接更先进的电话、数据通信线路与互联网）。海底光缆的长度加起来足足可绕地球 22 圈。海底光缆就像是分布在地球上密密麻麻的信息交换、传输的网络，99％的国际间数据靠它们传输。没有海底光缆，也就没有互联网，它

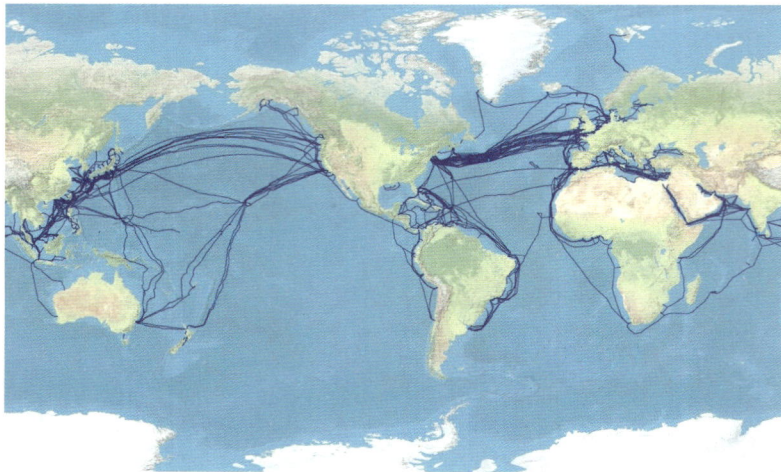

> 图159　全球海底电缆示意图（2015）

是这个时代象征的根基。

　　而这个庞大的、密如蛛网的海底光缆网，就是靠这种海底织网神器——布缆船编织建成的。20世纪90年代建成了一艘布缆船，命名为"海蜘蛛"号，很贴切地描绘了布缆船的形象。

　　此外，作为海底织网神器的布缆船，不仅担负铺设海底电缆、沟通大洋彼岸通信的重任，还担负着维修海底电缆、保证海上通信畅通等任务。早期的布缆船船艏端部向前显著凸出，在凸出的艏部安装有放缆和捞缆用的吊架与滑轮。一般布缆船在艉部布放新电缆，在艏部收取需要维修的电缆。

> 图160　布缆船示意图

海事卫星天线

电缆控制室

动力定位系统

ROV

雷达

驾驶室

吊架

直升机甲板

直线式布缆机(轮胎式)

救生艇

浮标及吊架

艉侧推

船舶滑轮

电缆舱

双轮式布缆机

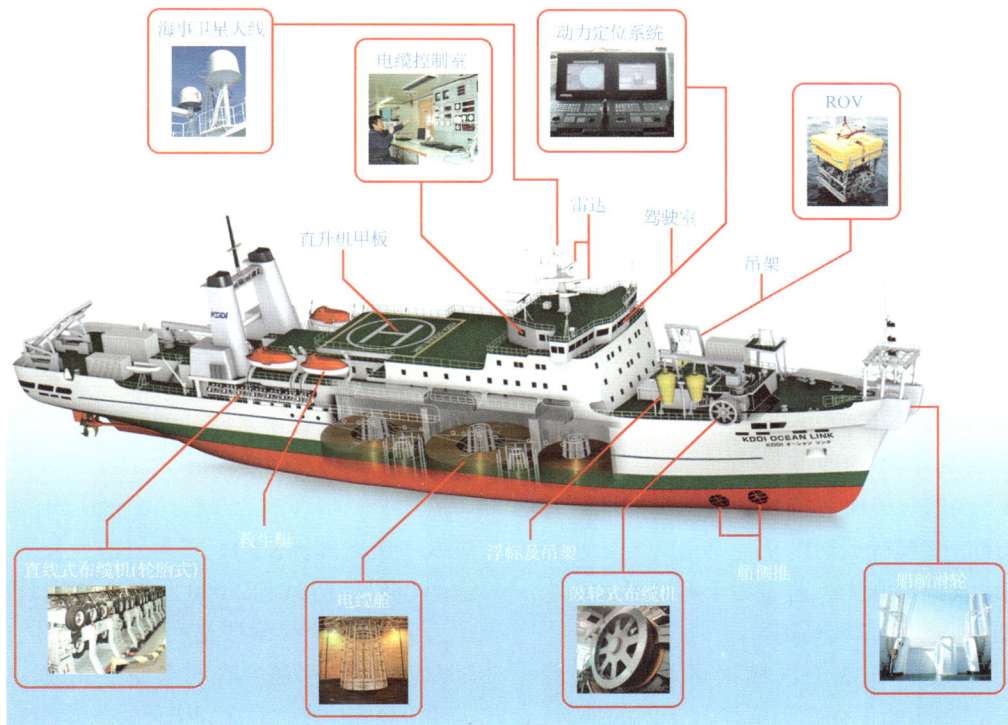

> 图161 "KDD海洋链"号布缆船透视图

布缆船的工作特点和船型特征

工作特点

海缆(包括电缆和光缆)的铺设工程被世界各国公认为最复杂且困难的大型工程之一,这就不难理解为什么海缆寿命要求达到25年以上,因为铺设一次十分麻烦。过去常常借海流让砂自然覆盖在沟上面,以省去埋缆线的时间;而现在通常会

用配备高压水泵的水下机器人冲松海底土层，一面又用水下挖沟机（其中一种简易的类似于耕地的犁铧）挖开一条沟，然后将海缆布放进去再埋上泥土。

简单来说，海缆铺设就是把海缆装载在布缆船上，然后船慢慢航行的同时把海缆铺设沉到海底。具体来说，海底电缆的铺设路径可大致区分为两部分，即浅海区域铺设和深海区域铺设。主要步骤分为电缆路由勘察清理、海缆铺设、同时或铺设后的埋设（冲埋保护）三个阶段。深海区域铺设一般不需埋设。

海缆铺设时要通过控制布缆船的航行速度、海缆释放速度来控制海缆的入水角度以及铺设张力，避免由于弯曲半径过小或张力过大而损伤海缆。

其中，在浅海区域铺设时（海缆登陆），布缆船停在距离海岸几千米的地方，通过岸上的牵引机牵引，将放置在浮包上的海缆牵引上岸。海缆上岸后拆除浮包，使海缆下沉至海底。

深海区域敷设时，布缆船释放出海缆，使用水下监视器、水下遥控载具不断地进行监视和调整，控制布缆船的前进速度、方向和铺设电缆的速度，以绕开凹凸不平的地方和岩石，避免损伤海缆。

随后，水下机器人开始工作。它有点像耕田时使用的犁，由布缆船拖曳前进，并通过脐带信号缆发出各种指令。其底部有几排喷水孔，作业时每个孔同时向海底喷射出高压水柱，将海底泥沙冲开，形成海缆沟。而设备上部有一导缆孔，用来引导海缆到海缆沟底部。

具体工作步骤可以分三步：第一步，利用高压冲水在海底产生一条深约2米的沟槽；第二步，将海缆放入沟槽之中；第三步，利用旁边翻出的沙土将其覆盖好。

当然，海底并不是所有地形都能冲出2米深沟的，在沙地及淤泥区较易实现。在珊瑚礁及黏土区，则是用切割机切割一条0.6～1.2米深的沟槽，把海缆埋入沟槽，自然回填形成保护。而在坚硬岩石区，挖沟工作较难进行，因此需在海缆上覆盖水泥盖板等硬质物体实施保护。

需要特别说明的是，一条洲际海缆是难以一次完成铺设的，因为目前最大的布缆船也只能搭载约2 000千米长的铠装海缆。因此铺设要分段进行，而每一段的"海缆对接"都需要在布缆船上完成，并需要极高的技术。对接完毕之后，再将缆线放下。海缆对接也是海缆维修的主要作业。

其实自诞生之日起，海底通信就面临着各种威胁和挑战，而一旦海缆被破坏，通信就将被中断，造成的影响不言而喻。而说起海缆的中断，在20世纪70—80年代，它们极易遭到捕鱼船（拖网）、船锚的破坏，甚至还会被鲨鱼咬断。还好随着相关法规（禁止在海缆上方区域停船抛锚）和海缆防护能力的提升，这些破坏海缆的情况越来越少。

不过还有一种破坏海缆的情况难以避免，那就是地震。例如在2006年中国台湾地区发生的强震，就造成了多条国际海缆受损，甚至中断，导致国内互联网用户无

(a) 牵引机将海缆牵引上岸

(b) 释放海缆，放下埋设型

(c) 埋设型开始工作

(d) 到达对接点，收取另一段海缆并收回埋设型

(e) 在船上进行海缆的对接工作

(f) 对接完成后将海缆下放到海底

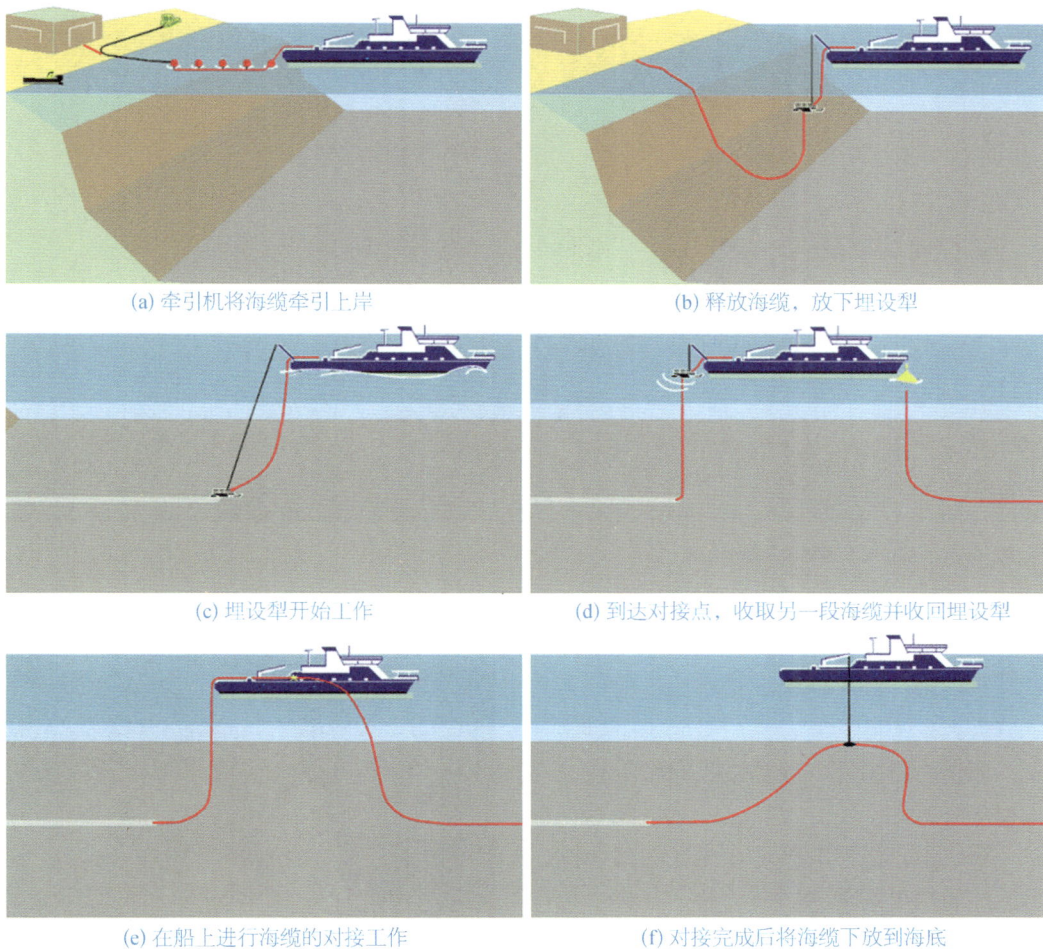

> 图162 海缆铺设作业示意图

法使用；2011年日本发生的强震，也导致国内用户无法登录使用互联网。所以说，海缆的受损不可避免，因此修复海缆就成了必不可少的工作。

而说起海缆的修复，其难度甚至高于铺设的过程。浅海区域还可借助人工水下作业来完成探查及简单修复，而想要从深达几百米甚至几千米的海床上找到直径不到10厘米的问题海缆，就如同大海捞针。还好随着定位技术的发展，这一修复过程开始变得高效起来。下面就具体来介绍一下海缆的修复过程，大致可分为以下

> 图163　人工完成海缆探索及简单修复

五步：

第一步，首先使用扩频时域反射仪来定位大致的故障位置，然后借助水下机器人，通过扫描检测，找到破损海缆的精确位置。

第二步，机器人将埋在海底的海缆挖出，然后用电缆剪刀将其剪断，并将一头拉出水面；与此同时，机器人还会在剪断处即另一头安置无线信号收发器，以为后续修复连接做好准备。

第三步，通过安置的无线信号收发器提供的定位，将另一端的海缆也拉出水面。随后借助船上的仪器分别接上海缆两端，并与最近的登陆站进行通信，以检测出海缆受阻断的部位究竟在哪一端，再将受损部分剪下。

> 图164　海缆对接过程对技术要求极高

第四步，用新的海缆连接之前的两个断点，而整个对接过程对技术要求极高。

第五步，新的海缆连接完成后，还需

经过反复测试，以确保通信及数据传输正常。随后将海缆放入水中，再重新完成一次海缆的铺设过程。

船型特征

布缆船主要用于布设与维修海缆，它和一般船舶不同，主要有以下特点：

一是空间大。由于船上设置有专门的电缆舱，便于装载各种不同规格的海缆。所以布缆船要有较大空间用以布置容积很大的电缆舱，或者是宽敞的作业甲板放置装海缆的圆筒，布缆船上的很大一部分甲板面积被布缆设备所占有。布缆船有大有小，排水量从几百吨到1万多吨，这是根据布缆船作业的海域、主要作业使命（铺设或者维修）、海缆线路的长度等因素决定。海缆装载量从几十吨到六七千吨。现代单铠装海缆一般每千米约重3.5吨，因此最大的布缆船一次装载、铺设的海缆约为2 000千米。

二是船艉结构特别。传统的布缆船船艏设计得较高，装有导缆滑轮、电葫芦、吊钩等，侧重捞缆和短距离布缆作业。船艉则采用方艉以增加艉部甲板面积，并设有艉吊架、滑槽等，便于收放埋设犁以进

> 图165 传统布缆船，拥有与众不同的船艉

> 图166　现代化布缆船，船艉已看不到布缆设备

行布缆作业。不过现在新式的布缆船都是采用船艉集中作业模式，将以前的艏部吊放设备和艉吊架、绞车等融合到了船艉部的吊放系统。

三是装有可调螺距螺旋桨（简称调距桨）和侧向推进器。为了使布缆船在布缆作业时操纵灵活，船上装有调距桨，可通过调整螺距，满足布缆作业的不同需要。

另外，布缆船在布缆作业时，需长期稳定地航行在2～6节的低速且不能发生偏斜，为保持此时船舶在设定的航线上航行，现代的布缆船都装了动力定位系统。系统中装有大功率的艏、艉侧向推进器，因此船上一般会相应配置比较大的发电站。

此外，随着电力推进系统的成熟、成本的降低，对多工况适应能力较好的全电力驱动的布缆船应运而生。船舶上装设的电站功率按照各种工况所需决定。在航行工况时，电站功率大部分供给航行主电动机；在布缆工况时，低速航行的航行电动机只需要小部分功率，而将电站的部分功率供给侧向推进器的电动机，相对传统的柴油机直接驱动推进器的方式，提高了船舶电站的综合利用率及效率。

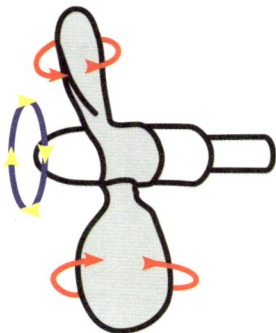

> 图167 调距桨（左图为桨叶旋转示意图）

布缆船的发展历程

布缆船首先出现于英国，用商船改装，主要用于布设英吉利海峡的电报电缆。随后英国又用"阿伽门农"号战舰、

> 图168 正从船艉处将电缆放到小船上的"尼亚加拉"号

小 贴 士

调距桨

　　调距桨也称可变螺距螺旋桨（简称变距桨）、可控螺距螺旋桨（简称可调桨）等。调距桨可通过桨毂内的操纵机构转动桨叶，改变螺距角，从而改变推力的大小和方向，充分利用主机功率，以适应各种工况如前进、后退、停止和变速等要求。

> 图169　载重量10 635吨的"海王星"号　　　> 图170　载重量4 582吨的"马赛尔·贝阿德"号布缆船

美国用"尼亚加拉"号战舰改装成布缆船，尝试两国之间海底通信电缆的布设。1874年英国建成专用的布缆船"法拉第"号，满载排水量4 908吨，航速10节。随后，其他一些沿海国家也相继设计建造布缆船。

到第一次世界大战前，世界上拥有52艘布缆船。最大的满载排水量达万吨以上，船上设有电缆舱，装有蒸汽卷扬式布缆机，可在3.5节航速下布缆。

第二次世界大战后，远距离多路电话、电视载波技术的运用，促进了布缆船的发展。新建的布缆船主要有英国装载能力达到万吨级的"海王星"号（后改为"Able Venture"号），法国4 500吨级的"马赛尔·贝阿德"号，苏联3 300吨级的"Zna"号和"顿涅茨河"号，日本3 380吨级的"黑潮"号等。

随着光缆通信技术的发展，大型海底光缆作业船也有新的发展，如美国1984年建造的7 000吨级"宙斯"号，1991年建成2艘8 000吨级布缆船"全球链"号（现已出售给阿联酋，改名"Niwa"）和"全球哨兵"号；英国1991年建成的7 400吨级布缆船"C. S. Sovereign"号；日本1992年建成的载重量6 270吨的"KDDI海洋链"号布缆船，以及1993年建成的载重量6 597吨"KDDI太平洋链"号（电缆装载量4 500吨）。

20世纪90年代初以前出现的布缆船都算是传统型布缆船，这些船基本上艏艉都是作业区，安装有布缆设施，且船上设有电缆舱以装载电缆。

而之后出现的布缆船基本将布缆作业

> 图171　载重量6 963
吨的"宙斯"号

> 图172　载重量7 417
吨的"C. S. Sovereign"号

区集中到了船艉，船艉恢复成了常规自航船型的外观，比如英国1995年建造、载重能力达到万吨级的"Cable Innovator"号，美国2001—2002年间建造的6艘载重量在10 000吨左右的Reliance级布缆船。

此外，随着海缆／管线种类变得越来越多，船上的电缆舱也发生了一定变化。由于一些缆线的截面直径及刚度较大，弯矩半径也需要更大（过小会造成形变甚至断裂），这就需要重新考虑重量、空间、电缆退扭高度等问题，于是就出现了一种没有电缆舱，而是在甲板上装载海缆的、船型比较肥大的布缆船，如荷兰1999年建成的"Sea Spider"号（现已归阿联酋所有，改名"Topaz Installer"号），挪威2017年建造的"NKT Victoria"号等。

> 图173　载重量6 270吨的"KDDI海洋链"号

> 图174　6艘Reliance级布缆船中的第5艘——"Dependable"号

> 图175　"Cable Innovator"号

> 图176 "Topaz Installer"号

> 图177 "NKT Victoria"号

我国布缆船的发展状况

我国1971年建成991Ⅰ型布缆船，满载排水量850吨，最大航速12节，装有鼓轮布缆机一台，可载单铠海缆400吨，长度约110千米，主要用于沿岸岛屿之间执行铺设、维修海缆任务。

1973年5月4日，中国与日本签订了关于建设中日海缆的协议书。为了落实这份协议书，我国专门设计、建造了"邮电一"号布缆船，满载排水量1 327吨，船上装有液压随动自控布缆机；航速14节，续航力2 400海里，自持力15天；装有艏侧推装置、调距桨、埋缆犁和履带式布缆机等，航海性能、布缆能力都有较大提高。

"邮电一"号布缆船上装设的履带式布缆机使用液压马达，经过减速齿轮，同步带动布缆机上下的两条链带来夹住电缆，可用于布设直径27～100毫米的海缆。海缆沿着布置于船艉的滑槽送入海底。

> 图178　中国海缆建设公司的"邮电一"号布缆船在进行海缆铺设

> 图179　海军的991 Ⅱ型布缆船"东缆882"号

　　"邮电一"号布缆船的艉部装有一台滚筒式布缆机，它有一只大鼓轮，其直径相当于船艉滑轮，故又称鼓轮式布缆机。当海缆发生故障时，从船艉滑轮抛下捞缆锚，抓住发生故障的海缆，再由滚筒式布缆机把海缆牵拉上船。为了避免在捞缆时拉断海缆，滚筒式布缆机上还安装有专门的控制系统。

　　埋设犁也是布缆船上的一种主要布缆设备，此外还装备有拉缆机、电动滑车、拖曳用绞车、滑道滑轮、浮标、抓缆锚及各种测量仪器，它们都是布缆船进行布缆作业时必不可少的设备。

　　"邮电一"号布缆船投入运行后，于1976年5月顺利完成了我国负责的105千米海缆铺设任务。

　　1979—1981年，海军又有6艘991 Ⅱ型布缆船陆续建成，在中国海上各岛屿之间从事铺设、打捞及修理海底电缆。991 Ⅱ型布缆船获1978年全国科技大会奖。

　　也许是由于这一系列布缆船的下水，之后很长一段时间里，我国仅建造了一些海缆装载能力为50吨级的小型修缆船。2000年之后，布缆船的使用部门发觉现有布缆船的布缆能力已经渐渐跟不上时代的节奏，于是萌生出了研发建造更大型布缆船的想法。

　　2012年12月，我国新型海缆工程

船——"舟电7"号正式交付。这艘国内自主设计并制造、具备综合施工能力、设备先进的布缆船,可满足海缆布设、全程打捞、埋设等综合施工需求。"舟电7"号船长75米,吃水3.5米,满载排水量2989吨,抗风浪能力达8级。

船上配备先进的动力定位系统、侧推系统、动力退扭系统和埋设系统,埋设的海缆直径可达到20厘米,埋设深度最大为3米,电缆铺设偏移不大于2米,海缆铺设最长可达30千米。该船能承担我国领海及岛屿间各类海缆的布放、维修、更换、埋设任务。

2015年3月24日,东海某军港码头,陆军第一艘某型布缆船正式列入战斗序列。该布缆船全长80.8米,宽14.5米,满载排水量2450吨,主要担负中国沿海大陆架浅海海域军用海底光缆的装载、运输、维修、布放和埋设等任务。

该船安装了动力定位系统,采用自动跟踪定位、数字化操控和舱内作业等数字化布缆操作方式,操控简便,突破了传统布缆模式,填补了中国陆军海底光缆作业领域的空白。

2018年8月13日,浙江启明电力集团有限公司新型布缆船交付仪式在福建省马尾造船股份有限公司隆重举行,正式命名为"启帆9"号。

该船为国内首制新型5000吨级布缆船,总长约110米,型宽32米,型深6.5米,最大吃水4.8米,净载缆量5000吨,最大排水量

> 图180　我国新型布缆船"舟电7"号

> 图181 "启帆9"号布缆船

14 300吨。它配备了8点系泊系统、单点牵引系统、DP动力定位系统、U形检修通道、船载净化房等一系列先进装备，具备承接海洋输电、国内海上风电等大截面、长距离海缆工程的能力。交付后首先用于舟山500千伏联网工程海缆铺设工程。

"启帆9"号创造了国内最短时间建成技术最复杂、装备最先进的布缆船的新纪录，是国内海洋能源工程建设装备能力提升的重大里程碑。

布缆船的关键设备

布缆船上的关键设备当然就是布缆设备了。布缆设备是布设和维修海底通信电缆和电力电缆设备的统称，主要包括布缆机、埋缆机、拉缆机、电动滑车、拖曳用绞车、缆滑轮、浮标、抓缆锚，以及各种电缆连接、加压、测试等的专门设

备。它们都是布缆船进行布缆作业必不可少的设备，其中布缆机和埋缆机是布缆设备的主要组成部分。

布缆机

布缆机是布缆专用的机械，作为牵行与控制电缆收放速度的工具，其型式主要有直线式布缆机、滚筒式布缆机两种。这两种布缆机功能侧重各有不同，因此一些现代化的布缆船会同时配备这两种布缆机。

直线式布缆机

直线式布缆机是利用液压马达，经过减速齿轮，同步带动布缆机上下的两条链带（履带式）或多对轮胎（轮胎式），夹住海缆进行布设。该类布缆机主要用于海缆的长距离铺设。与滚筒式布缆机相比，直线式布缆机占用空间较大、拉力较小，适用于连接有中继器和接续盒海缆的铺设作业。

滚筒式布缆机

滚筒式布缆机又称为鼓轮式布缆机，是由电动机通过减速齿轮箱转动滚筒来布缆，多用于海缆打捞和回收等施工作业。这种布缆机的优点在于所占空间小、拉力大、工作稳定。"邮电一"号布缆船的艏部就装有一台滚筒式布缆机，它有一只大鼓轮。

埋缆机

埋缆机是布缆船上的另一种主要布缆设备，分为水喷式埋缆机和犁式埋缆机（简称埋设犁）等。它由母船拖带或自行，由船上供电、供水，在海底犁沟、冲沟、挖沟，将海缆埋于海底。为了应对能贯入海底3～5米深的大型船锚，目前对于埋缆机的要求也达到了海床下5米甚至更深的深度。

水喷式埋缆机

水喷式埋缆机由布缆船的绞车牵引，用软管连接到高压冲水泵和空气压缩机，利用高压喷嘴在海底冲刷出沟渠，以埋设海缆。因其结构复杂、功率消耗大，一般

> 图182　轮胎式布缆机

> 图183　履带式布缆机

> 图184 滚筒式布缆机

> 图185 水喷式埋缆机

> 图186 水喷式埋缆机工作示意图

限于水深小于150米的冲积土海床使用。

埋设犁

埋设犁开发较早，通常是一把对称的呈一定角度的多刀犁，能在海底被拖曳前行开沟；另有采用电力和液压驱动自行车轮式的埋设犁，以绞刀挖掘，液力提升器排泥开沟，用来埋设海缆。与埋设犁同时使用的还有导缆笼，用来避免海缆与埋设犁钢索纠缠在一起。

此外，有些埋缆机是犁刀／冲埋两用的，还有些则是具有埋设功能和自行走能力的水下机器人。

> 图187　埋设犁（上图为埋设犁下放作业，下图为作业完成回收上船）

> 图188　中英公司"Hi"型埋设犁（普通型工作水深2 000米，深埋／辅助冲埋型200米）

> 图189　中英公司"海狮Ⅲ"型水下机器人（工作水深2 500米）

布缆船的发展趋势

布缆船作为一种特殊用途的工程船，在保证信息通畅、电力输送等基础设施建设领域发挥着重要的作用。布缆船的设计和建造技术是伴随海缆通信技术的快速发展而发展的。从发展趋势看，大型化、智能化和多功能化将引领未来布缆船的发展潮流。

大型化

随着世界经济一体化的融合与海缆技术的快速发展，建设长距离、大容量、高速率的海缆系统显得越来越重要，因此布缆船的大型化也是必然趋势。

智能化

现代化的布缆船设有用于通信和信息传递的局域网，而且物联网技术在施工作

> 图190 目前世界上最大的布缆船"Living Stone"号（船长161米，载重量近14 000吨）

业中已经开始得到使用。尽管这些物联网技术的使用较为初级，但在海底光缆施工作业中已显示出强大的生命力。随着物联网技术的深入发展，未来将会有效解决布缆船存在的船舶操控、设备使用与管理、环境影响与施工作业之间的信息"孤岛"问题，让人、机、物与环境之间得到更加充分的融合，使布缆船成为以计算机系统为核心、以物联网技术为载体的智能化的布缆船。

多功能化

现在那些艉部作业模式的布缆船已有多功能化的趋势，大面积的工作甲板可让其在不进行布缆作业时布置各种设备以进行其他工程作业。未来为了更好地实现多功能化，模块化任务系统将会被大量应用。采用模块化技术，就能方便地根据布缆船所承担的不同工作内容及工作对象进行小范围改装，进而提高布缆船作为特种

> 图191 挪威 Ulstein 公司加装不同模块的工程船（中间的就是布缆船）

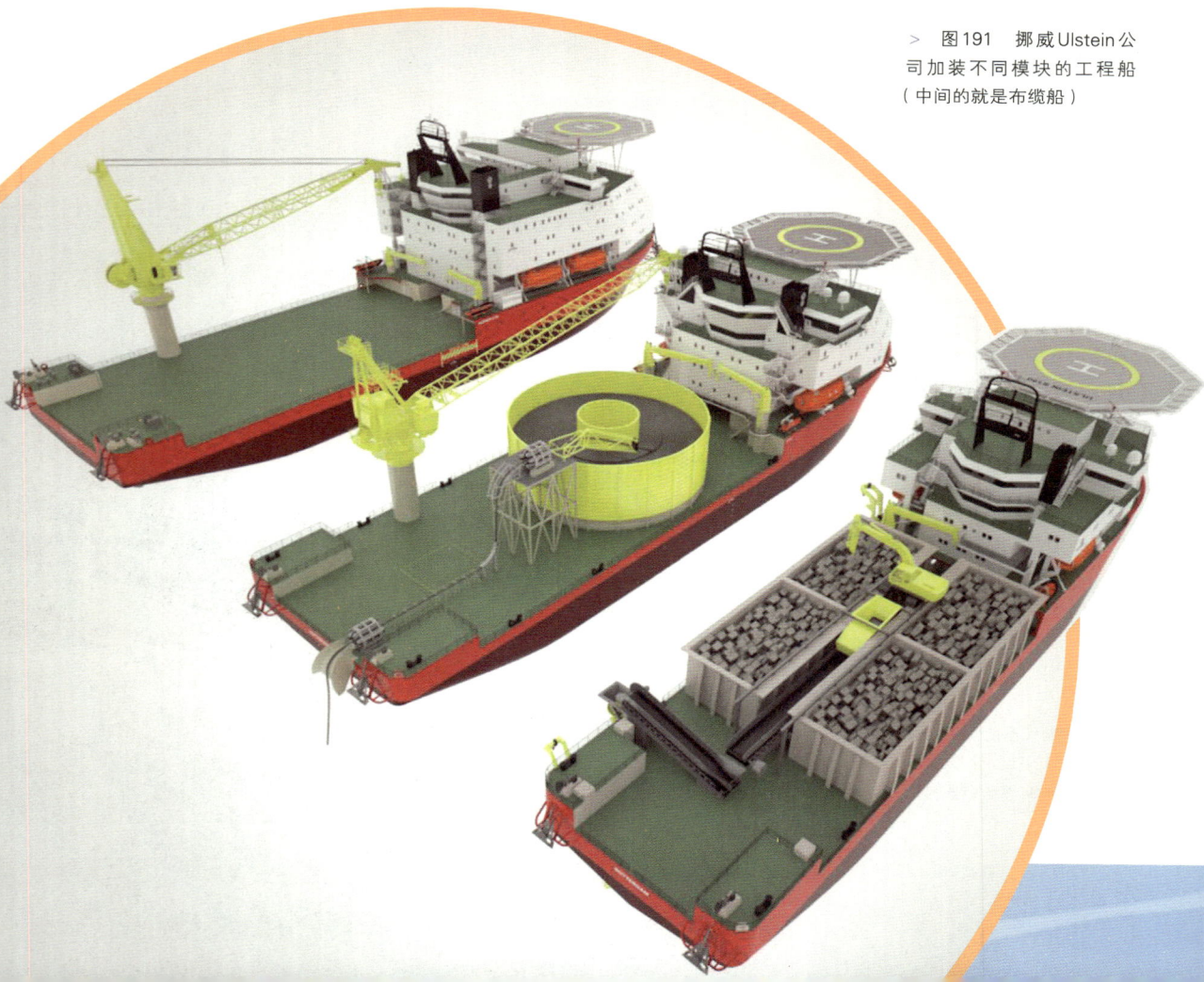

工程船的功能和作用,使布缆船的工作范围得到延伸和扩大。例如Ulstein公司和Damen公司都有那种可在母型船上加装不同模块以实现不同功能的布缆船,或者准确来说应该是多功能工程船。

更强的布缆设备

为了将海缆受到自然因素和人为因素的影响降到最低,海缆或将被埋设得越来越深,而且随着通信需求的提升,海缆也很有可能变得越来越粗,这些都需要布缆设备也与时俱进,同步变强。

随着计算机技术、自动控制技术和物联网技术的快速发展以及工业化与信息化的融合,相信在信息时代的今天,布缆船将继续成为海上工程作业的重器。

> 图192 挪威Ulstein公司新型布缆船概念图

第**6**章

潜水勇士的守护神

——潜水工作船

2014 年1月12日5时09分，北纬20度18分、东经115度09分的我国南海海域，搭载着交通运输部上海打捞局胡建、管猛、董猛三名潜水员的潜水钟，从300米水深的海底回到工作母船的甲板上，完成了与生活舱的对接，三名潜水员返回生活舱里休息。

现场总指挥郭杰宣布，三名潜水员圆满完成我国首次300米饱和潜水海底出潜探摸作业，巡回深度达到313.5米。这是300米深的海底首次迎来中国人的身姿，中国由此具备了人工潜入300米深的海底"龙宫"探宝的能力。

时隔一年，2015年1月6日，中国南海再次传来令人振奋的消息。凌晨2时，随着饱和潜水钟如蛟龙出海般冲出海平面，中国人民解放军海军北海舰队某支队在南海某海域组织实施的饱和潜水系统专项试验一举成功。

此次试验实现了饱和潜水系统320米饱和潜水和330.2米巡潜，再创全国新纪录，获取了一大批宝贵数据，为将来进行大深度饱和潜水作业打下了坚实的基础。

"300多米的深海终于有了我国海军潜水员的身影。"海军某支队领导自豪地说。这次试验无论是饱和潜水各系统、各模块

> 图193 "深潜"号潜水工作船

的"硬件"，还是减压方案、潜水员训练方法的"软件"，都是清一色的中国设计、中国制造！

支撑着我国这些水下英雄创造历史纪录的功臣，就是我国救捞系统的"深潜"号潜水工作船和海军的"海洋岛"号援潜救生船。

深潜水技术是国家发展战略的重要力量，对提高我国水下大深度救援能力、抢险打捞能力和海洋工程深潜水作业能力，高效处置和应对水上重特大突发事件、突发政治军事事件的能力，以及拓展海洋工程业务、发展海洋经济具有重要意义。

潜水工作船概述

潜水工作船又名潜水作业船，海工领域习惯称为潜水支持船（diving support vessel，DSV），海军根据用途定义为援潜救生船或救生打捞船。顾名思义，就是一种和潜水作业有关的工程船。

人类在征服海洋的过程中，除了在水面上，水下也是要进入的工作环境。这种人或机械在水下环境里进行的水下施工、海底采矿、水中养殖、水下营救和水下检查维修等工作，称为潜水作业。

然而江、河、湖、海并不是游泳池，人类更不是鱼虾，先不说在水下工作，单就生存这个最基本的前提条件在水中就不能实现。这就使得水下的工作必须借助一些专门的潜水装备才能完成。于是，本章的主角——潜水工作船就闪亮登场了。

作为潜水作业队伍的大本营，潜水工作船上搭载有专业的潜水装备和一系列支持潜水作业的设备与系统，可维持潜水员的生命，并执行包括潜水支持在内的多种任务。其中，比较常规的任务除了潜水支持外，还包括ROV支持，水下勘察、安装、检修和保养等，其他还包括遇难船舶的救助、水下救生、沉船沉物打捞、援潜保障等难度系数较高的任务。

潜水工作船具备一定的航速、良好的稳性和耐波性，并拥有良好的海上定位能力，一般采用锚泊定位或动力定位。船上配备潜水用具以及供气、配气（为潜水员输送空气、氧气、氦氮混合气）、为防治潜水病设置的水下／空气环境转换（或者说高压／常压环境转换）过渡

的特殊设备加压舱等潜水设备，还配备
水下摄像、通信、焊接、切割等设备。

部分新型的大型潜水工作船还设有饱和
潜水设备及系统。

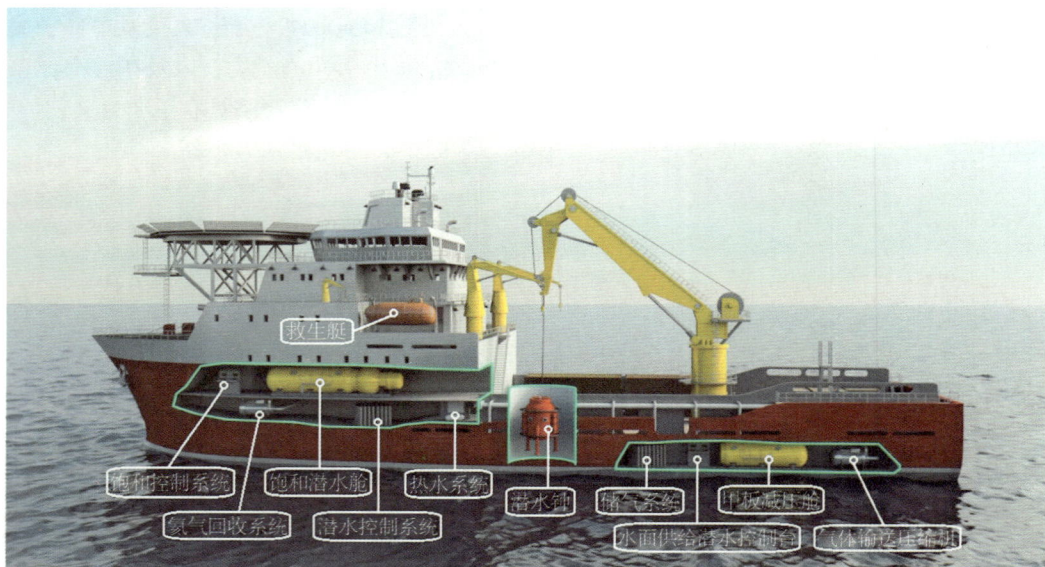

> 图194　潜水工作船内部示意图

潜水工作船的分类

潜水工作船按自身扮演的角色，或者
说承担的主要任务，可大致分为潜
水支持船、援潜救生船和救生打捞船。其
中，潜水支持船主要用于海洋油气开发及
水下工程，援潜救生船则主要服务于军

队，救生打捞船主要服务于救捞部门或
军队。

我国交通运输部在上海、烟台、广州
分别设立了三个救助局、三个打捞局，配
备专业化的救助船、打捞船，专门负责

表2　潜水工作船的分类及其对应的功能和用途

功能＼船型	援潜救生船	救生打捞船	潜水支持船
潜水支持（常规、饱和）	√	√	√
ROV支持	√	√	√
遇难、遇险船舶救助	√	√	加装备可支持
水下救生	√	加装备可支持	
沉船沉物打捞	加装备可支持	√	加装备可支持
水下勘察	√	√	√
水下安装、检查、保养、修理	√	√	√
海底保障	√		√
其他功能	援潜保障	拖带、消防、清污等	补给、海上吊装

对发生在我国海域附近的各类海难开展救援。如今也凭借丰富的救援经验和装备齐全的"重器"——潜水工作船，为全世界提供相关救援服务。

另外，我国军用的援潜救生船除了完成军方自身任务需要外，也多次参与了国内外的海难救助打捞工作，获得了广泛的赞誉。

其实这三种潜水工作船除了所配置的潜水支持系统和辅助装备外，基本的船型特点、其他作业功能则根据需求各不相同。

小　贴　士

潜水病

潜水病又称为潜水减压病，是潜水员在水下（高气压）停留一定时间后，回到水面（常压）过程中，因上升（减压）幅度过大、速度过快，溶解于肌体的气体来不及随呼吸排出体外，而在组织和血液中形成气泡引起的一种疾病。表现为皮肤瘙痒，有时皮肤出现斑疹或"大理石"样斑块，严重的可出现咳嗽、呼吸短促、缺氧、引起心血管功能障碍和低血容量性休克，甚至会突然丧失知觉、心搏骤停、猝死。

> 图195 "海洋岛"号援潜救生船

> 图196 "SBM Installer"号潜水支持船

潜水工作船的工作特点和船型特征

潜水工作船的主要任务就是支持潜水作业，那么要说潜水工作船的工作特点，就得从潜水作业的特点说起。

潜水作业其实并不像普通人想象的那样简单。正所谓上天容易下海难，人类已经可以依靠一件宇航服将足迹印在了384 400千米之外的月球，但是若只有一件潜水服，目前人类的实际作业水深也只是水下534米（采用饱和潜水方式，试验深度达到700米），而常规潜水（一般包括60米以内的空气潜水和120米以内的氦氧混合气潜水）最多也就100米左右，普通人的安全潜水深度更是只在20米以内。之

> 图197 普通潜水深度较浅，还可以看见阳光

所以会这样，都是海底高压强惹的祸。

　　换而言之，潜水作业是一种危险工种，甚至被称为世界上最危险的工作之一。为什么这么说呢？因为它需要面对一种巨大的威胁，不是水下生物和深海低温，也不是呼吸用的空气供给，真正给人们带来大麻烦的还是海底高压强。很多灾难性事故都和它脱不开关系，潜水员一举一动都得小心翼翼。

　　当然，也不是说所有潜水作业的危险系数都那么高，像一些深度比较浅的常规潜水，高压影响比较小，水下待的时间也不长，问题就少些。或者是乘坐像"蛟龙"号这样的深潜器，控制机械手等设备进行操作而不是人体直接暴露在水中，就比较安全。

　　这里要特别说明一下饱和潜水。要知道，常规潜水深度不大，而且作业时间还很短。比如使用常规潜水钟下潜到60米水深，潜水员只能工作半小时就必须出水进入减压仓进行长时间减压，作业效率较低（深度越深，工作时间越短，减压时间越长）。之所以要花很长时间慢慢减压，是为了防止潜水病的发生。

　　为了提高工作效率，1957年美国海军潜水生理学家George F. Bond第一次提出"饱和潜水"的概念。他发现潜水员长时

> 图198　"蛟龙"出水图

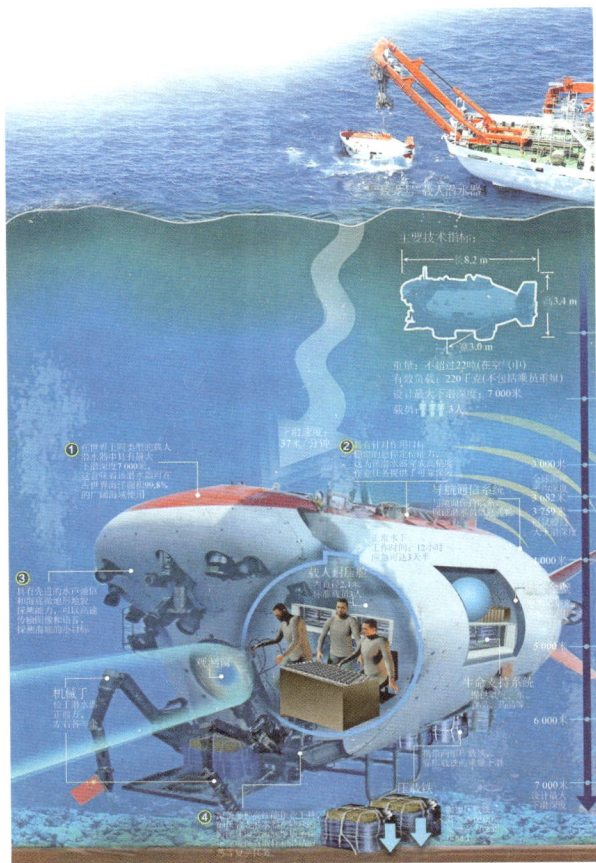

> 图199　"蛟龙"号深潜器示意图

间在一定深度处停留，呼吸气中的惰性气体在体内的溶解量会达到饱和状态，从理论上来说，饱和后所需的减压时间不再增加。

如果创造出一种高压环境和条件，使潜水员得以长期停留在水下（或高气压下）几天乃至几十天，待预定作业任务完成后一次减压出水，而不是工作一会儿就要减个压，再工作再减压。这样一来，水底作业时间就能大大延长，即潜水员可在大深度下进行长时间的有效作业，花在减压上的时间则大大减少，从而使潜水作业效率有了不小的提升。

需要一提的是，深海潜水呼吸所用的气体为氦氧混合气体，之所以用氦气替代了氮气，是因为空气中的氮气在高压下较易溶解于人体的脂肪与神经组织，极易引

发足以致命的"氮麻醉"。另外，在不同的水下深度和高压环境下，混合气体的配比也不同，深度越大则含氧量要相应减少，因为在高压环境中如果氧气含量过高，还会造成氧中毒。

也许有人会问，既然内部是常压的深潜器可以让人"轻松"到达数千甚至上万米的深度，免受高压带来的潜水病之苦，那为什么还要冒着生命危险让潜水员暴露在水中进行作业呢？

这个其实还是比较好理解的，面对援潜救生、沉船打捞、水下油气施工作业等特殊工作，现场的随机应变能力、人体动作的协调能力、手工操作的灵活能力都是无法简单地用机器设备或机械手臂等替代的。虽然目前的仿生、智能技术已经让机

> 图200　美国海军潜水生理学家 George F. Bond 和他的饱和潜水

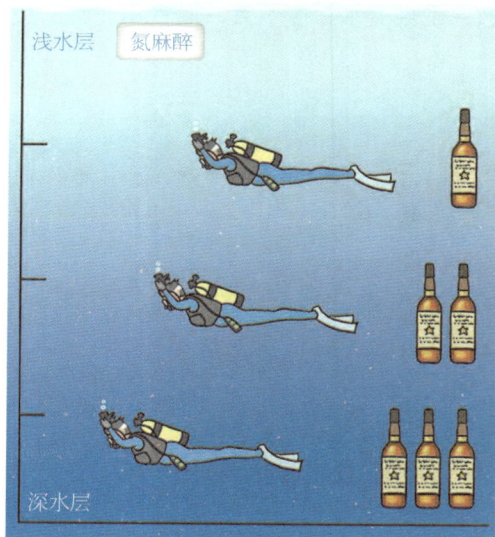

> 图201　水越深越容易引起"氮麻醉"，甚至引起幻觉、昏迷和死亡

> 图203 身体检查

和潜水员的身体素质绝对一级棒，选拔标准也是堪比航天员，包括牙齿咬合度、心肺功能、高气压下硬骨管通气功能等。但就算这样，在工作开始前也要在船上进行身体检查，只有一切正常，医生才会让他进入饱和

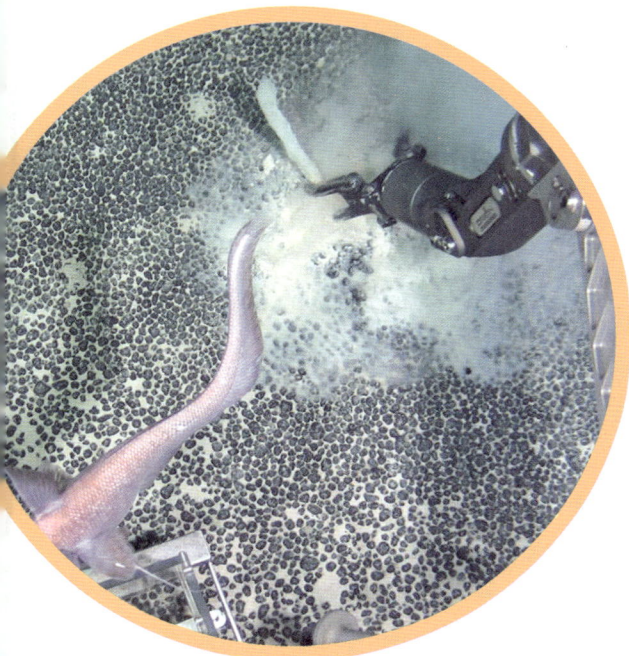

> 图202 "蛟龙"号深潜器正在海底用机械手臂作业

械手臂非常先进，但相比人类灵巧的双手，机械手臂还是望尘莫及。

那么，潜水工作船到底是如何支持潜水员进行潜水作业的呢？此处以饱和潜水作业为例，这种潜水方式是目前水深100米以上潜水作业的主流方式，也是唯一选项（用到深潜器的情况除外）。

首先，船上的潜水员在潜水工作船前往目的地时会做一些"战前准备"。第一步就是检查接下来一段时间所要居住的"高压幽室"——饱和潜水舱，顺便熟悉下环境。这种用于加压和减压的特殊舱室一般也叫作生活舱或居住舱。第二步就是体检了。作为能在深海出舱作业的人，饱

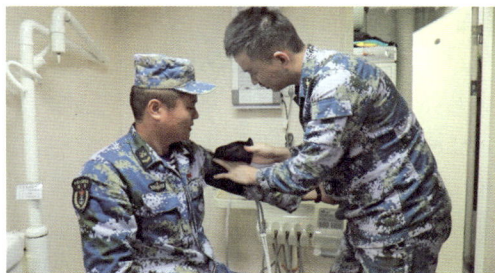

小 贴 士

氮麻醉

氮麻醉是一种潜水疾病，亦称"深水欣狂"，是指氮不参与各细胞成分的化学过程，但它在血液中的分压达到一定的程度，就会产生麻醉作用。症状常在大约30米潜水深度开始出现，之后将会迅速发展，但因个体的易感性差异很大，有的可在60米潜水深度下尚可作业。症状是：初始嘴唇麻木，过度自信、兴奋、易笑、自言自语或焦虑、恐惧等情绪变化，继而出现判断力降低、反应迟钝、健忘和常伴有欣快感等现象，使作业不能正常进行，甚至产生幻觉、不顾自己的安危，进而神志不清、昏睡而失去知觉。随着深度越深，越容易引起"氮麻醉"。

潜水舱，哪怕血压稍微高一点都不行。

　　然后，潜水员将进入生活舱，工作人员开始慢慢加压并注入氦氧混合气体，直到压强达到预定的工作水深。如工作水深300米，就要加压到31个大气压强，200米就是21个大气压强，直到潜水员体内惰性气体达到饱和。这个过程要数十小时，工作水深越深，压强越大，时间也就越长，而且并不轻松。

　　拿中国首次300米饱和潜水参与者胡建的话来说："骨头压缩得厉害，有一种脱臼的感觉，关节伸展不开，自己就好像被真空包装的食物。"而且在加压过程中，人容易感觉疲劳，特别想睡觉，味觉和嗅觉也变得不灵敏，所以饱和潜水员一般喜欢吃"重口味"的饭菜。另外，由于是氦氧混合气体，对于声音也会产生影响，此时潜水员说话的声音变得和唐老鸭一样。

　　在潜水员做着准备工作的同时，潜水工作船也航行到指定的作业海域，找准位置后利用动力定位系统将自己"定"在原地不动。等一切准备就绪，潜水员就要开始正式下海了。

　　当工作开始，潜水员穿好热水潜水服，通过过渡舱进入已经对接好的潜水钟。此时，船上相关的工作人员要确保生活舱、过渡舱、潜水钟这三处的压强保持一致，而后潜水钟关闭钟门，并与过渡舱脱开，被吊放入海。

　　在到达预定深度后，潜水员出潜作业，在海底一待就是数小时，依靠脐带缆

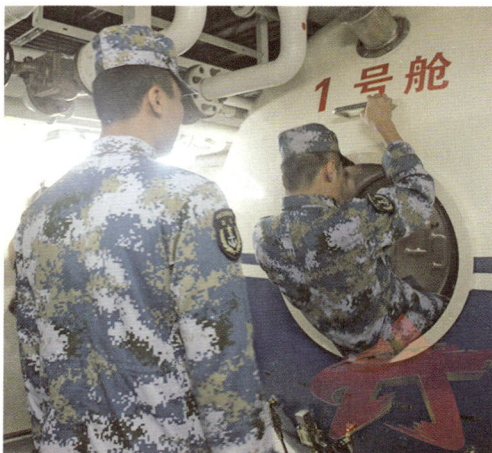

> 图204　潜水员依次进入生活舱

> 图205　潜水员在生活舱内进餐

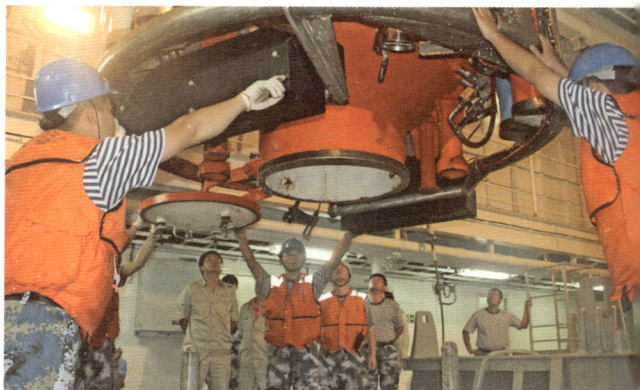

> 图206　潜水钟与生活舱对接

提供混合气体、电力和热水。当工作告一段落，潜水员进入潜水钟后返回船上的生活舱休息。此外，有时候潜水员是分批轮流进行潜水作业的，一批在海底作业时另一批在生活舱休息，时间到了换人。

当工作全部完成后，所有潜水员将回到生活舱进行为期数天的减压，时间长短视加压强度而定，加压越大，减压时间也越长。等恢复到正常压强水平后，潜水员才能出舱，但之后还要观察一段时间，确保身体没事后才能离开。

其实潜水工作船最重要的工作就是维

> 图207 潜水钟即将被吊放入与海连通的月池

> 图208 潜水员出潜作业示意图

小贴士

惰性气体

惰性气体又称稀有气体、钝气、高贵气体，是指元素周期表上的18族元素。它们性质相似，在常温常压下都是无色无味的单原子气体，很难进行化学反应。天然存在的稀有气体有6种，即氦（He）、氖（Ne）、氩（Ar）、氪（Kr）、氙（Xe）和具放射性的氡（Rn）。它们的最外电子层的电子已"满"（即已达成八隅体状态），所以它们非常稳定，极少进行化学反应，至今只成功制备出几百种稀有气体化合物。惰性气体在工业方面主要应用在照明设备、焊接和太空探测。氦也会应用在深海潜水，如潜水深度大于55米，潜水员所用的压缩空气瓶内的氮要由氦代替，以避免氧中毒及氮麻醉的症状。

系潜水员的生命安全。从潜水员进入生活舱到完成工作后减压出舱，全程都有维系生命的监督人员进行监控，潜水员一旦开始工作，生命就交付给了船上的人。

由于一点小差错就可能造成无法挽回的后果，因此这种监控必须"无微不至"，包括潜水钟和生活舱的压力、温度监控，各种气体成分的浓度以及它们的对接，水下作业时对周围环境安全的监视，甚至是洗澡和上厕所。因此潜水员在洗澡和上厕所时都要按照程序一步一步做，而必要时，监督人员还能远程遥控帮助其冲马桶。

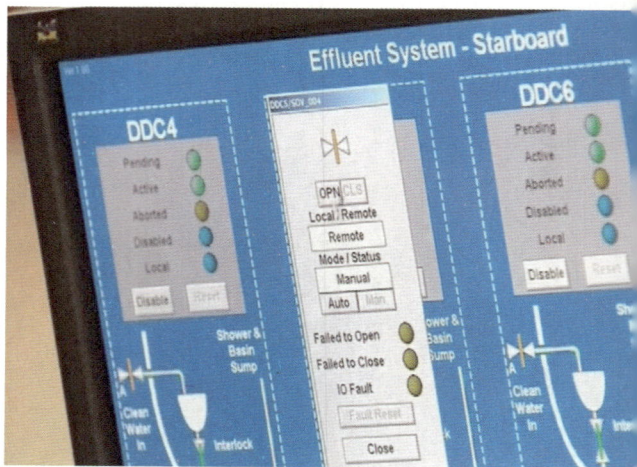

> 图209　监督人员正在进行远程冲马桶

潜水工作船的发展历程

潜水工作船的发展离不开潜水作业需求的发展，当然并不是所有潜水作业都需要用到船，也不是所有能进行潜水作业的船都是专业支持潜水作业的。比如古时候的士兵或忍者用中空的植物茎部作为呼吸工具以渡河或潜伏在水中，这就不需要船。又如以前打捞海底沉物或采集水下珍珠、海绵等，虽然需要船，但主要功能也只是作为交通工具和运输平台，对于潜水员的支持并不多，潜水作业主要还是靠人类自己完成。

到了近代和现代，类似上述这样下潜深度不大的潜水作业或运动依旧存在，而能为其提供支持的船事实上也不少，且很多都是"兼职"，比如起重驳船、油田供应船、铺管船，甚至是一些渔船、小艇等。这些船只要满足基本的安全要求，并具有一定面积的甲板用于模块化布置潜水装备（用的时候布置安装，不用时拆掉），对于其他的要求并不高，可以看作是普通

> 图210 明代著作《天工开物》中对于潜水采珠情景的插图

潜水工作船。

本章所讲的主要是能支持深潜水作业、具有饱和潜水系统的"专业"级潜水工作船，因此发展历程也将以此为主。

纵观历史，以海难救助为目的的救援船肯定是比较早出现的，而专门针对水下工程作业的潜水支持船则是海洋油气开发兴起后，即20世纪60—70年代开始才慢慢发展起来的。在此之前，欧洲北海和美洲墨西哥湾这两处油气开发热门地点在需要潜水作业时，通常是在移动式钻井平台、起重船、铺管船等船型上加装潜水支持设备以满足需要。

但后来，有多方面的原因促成了专业潜水支持船的诞生。一是固定式平台的出现，人们发觉要为潜水设备留出宝贵的甲板空间是一件非常不合算的事，因为固定式平台一旦建成后是基本不动的，这就使潜水作业的实际发生率非常低。二是那些非专业潜水工作船"业务能力"不强，例如在不确定的天气情况下很难保持平稳，使潜水作业变得危险且贴上了"季节性"这一标签。三是大多数船型不具备下放和回收水下作业所需的重型设备和工具的能力。

和一些其他工程船一样，潜水支持船刚开始也是通过改装其他船或海洋平台而来。后来随着船舶工业的发展和潜水技术

> 图211　支持45米潜水作业的俄罗斯22370M型多用途双体艇（仅21米长、101吨标准排水量）

的进步，专门建造的潜水支持船才开始陆续出现。

20世纪80年代是一个潜水支持船发展的高潮期，其间诞生了许多或新建、或改装的潜水支持船，比较有名的就是"约翰叔叔"（Uncle John）号。不过这艘活跃于海上油气业的船实际上是一艘采用双体结构的多功能半潜式平台，船上设有16人饱和潜水系统，可以支持包括潜水作业在内的多种海洋工程任务，其经常出没的几个工作海域不乏水深100米以上的。但随着时间的推移，人们发现这种类型的潜水支持船不但维护成本非常高，而且机动性也差了些，因此后来极少再有建造。

> 图212　双体潜水支持船"Stadive"号（左）和"约翰叔叔"号（右）

> 图213　"Toisa Pegasus"号潜水支持船

> 图214 目前世界上最大的潜水支持船"Deep Arctic"号(即"Skandi Arctic"号)

> 图215 配有24人饱和潜水系统的"Deep Explorer"号潜水支持船

之后的20世纪90年代和21世纪初,潜水支持船的发展一直没有什么太大的突破。直到2004年的高油价再一次推动了海洋油气业的发展,间接提升了潜水支持船的需求。2008年之后,许多之前下单的潜水支持船建成下水,纷纷投入了新世纪的海洋油气工作中,并且这些"新手"中不乏一些体型更大、功能更全、条件更好的"大家伙"。

荷兰IHC公司2009年建造的"Toisa Pegasus"号就是其中比较活跃的一艘潜水支持船。该船在同类中算是"大个子",船长131.7米,载重能力在9 000吨左右,因此可以布置各种需要的设备和系统以及膳宿设施;再加上集成了一套18人双钟饱和潜水系统,以及DP3动力定位能力,从而使其能在全球范围内进行各种海底作业。

131.7米虽然在潜水支持船家族中已经算很大了,但这并不是顶峰。目前世界上最大的潜水支持船(仅指船形,不包括平台)是英国Technip FMC公司的"Deep Arctic"号,其前身就是潜水支持船界著名的"Skandi Arctic"号。

该船于2009年完工并交付,船长156.9米,宽27米,载重能力13 000吨,拥有一套24人双钟350米饱和潜水系统。"Deep Arctic"号不仅体型大、功能全,而且膳宿条件非常好,有潜水员戏称:"如果要进行潜水作业,首选的船当然就是'Deep Arctic'号了。"

到了2013年、2014年,随着人们对于海底作业的看好,又一波潜水支持船订船高峰来袭。加上之后几年的订单,有不少高技术含量的新型潜水支持船出现。如2016年交付的"Deep Arctic"号的姐妹船"Deep Explorer"号(船长156.7米)等。

为了适应海洋油气开发对水下施工的技术要求和指标日益提高的趋势,比潜水工作船功能更为强大的离岸建设船(offshore construction vessel,OCV),

或者称为多功能水下工程船，也被开发投产。

这种船的功能有深水／超深水水下结构物吊装和安装能力，工作水深达到了3 000米，能够完成多种水下生产设施安装工作。例如：采油树、水下管汇、跨接管、控制模块等；脐带缆、电缆和软管铺设；浮式生产设施锚系处理能力，能够完成浮式生产设施的锚系安装、检测和修理；饱和潜水支持能力；ROV作业支持能力；检测、维护、修理作业支持能力；拖带、挖沟、平台供应等。前三项是主要功能。

Vik Sandvik集团的"Normand Installer"号就是这么一艘离岸水下工作船。该船长123.65米，船宽28.0米，型深11.0米，吃水8.3米，装机功率23 060千瓦，航速16.8节，作业水深2 500米，系柱拖力（船舶的拖力）308吨。这是很强大的拖带能力，一艘10 000千瓦大马力拖船的拖力一般只有130～140吨。

该船功能中最具特色之一的就是深水起重和深水拖曳，为此配置了200～400吨级的3 000米深水作业单绳起重机。吊深500米以下吊250吨，1 000米吊243吨，2 000米吊199吨，2 500米吊176吨。深水起重能力减小是因为绳索的重量占去了部分起升力，深水用单绳是防止多绳的滑轮系统在深水作业中的事故。

深水锚泊系统绳索长、受力大，因此锚系处理的绞车拉力很大。该船配置500吨锚支持／拖拉绞车、400吨拖曳／作业双卷筒绞车、200吨双卷筒（门架）收放绞车，通过门架可收放2 600米水深、175吨的部件。该船空旷的甲板上可以根据需求配置不同的设备。

> 图216　近海建设船"Normand Installer"号

我国潜水工作船的发展状况

我国的潜水工作船发展同样是从打捞救助开始，出现的也较早。1959年，我国一艘潜艇在演习中不慎失事，而当时却没有专业的援潜救生装备。万般无奈下只能临时在民船上安装潜水系统和减压舱等设备，但最终却因救生设施不完善，加之潜艇上的艇员缺乏必要的逃生知识和经验，绝大部分人员因上浮速度过快而不幸死亡。仅一人因携带大量罐头食品而减慢了上浮速度，得以侥幸生还，不过却也逃不过严重的潜水病以致终身残疾。

鉴于此次教训，我国海军在1960年提出了氦氧援潜救生船的设计建造任务。在经过9年的研发设计建造后，于1969年建成交付。之后又相继诞生了多型援潜救生船。

进入21世纪后，我国在援潜救生装备的发展上再进一大步。2010年，"海洋岛"号援潜救生船服役。该船是我国自主设计建造的新型综合援潜救生船。其主要任务是对失事潜艇实施援潜救生，执行各种潜水勤务及协助打捞作业，以及援救失事水面舰船和营救落水人员。值得自豪的是，我国海军的几艘援潜救生船可是原原本本的国产高端装备，其整舰设计、饱和潜水系统和辅助支持系统都是拥有完全自主知识产权的核心技术。

> 图217　930型援潜救生船"海救512"号

小贴士

"海洋岛"号援潜救生船

"海洋岛"号采用电力推进、动力定位，船上还配置了300米饱和潜水系统，是目前我国最先进的援潜救生船。之后几年，"海洋岛"号的两艘姐妹船——"长岛"号和"刘公岛"号分别建成服役。这些船在国际上也担得起"先进"二字。

> 图218　946型近海援潜救生船
"南救502"号

> 图219　925型远洋打捞救生船"长兴岛"号

民用的潜水工作船方面，初期基本都是从国外采买，比如交通运输部下属各地打捞局所使用的多型救生打捞船。这些船的性能及装备均较差，尤其是潜水作业支持方面，并非是专业级的，更不用提饱和潜水了。

说到饱和潜水，我国在这方面的技术发展起步虽相差不多，但进展缓慢。1975年，中国人民解放军海军医学研

> 图220 922 Ⅲ型援潜救生船"东救332"号

> 图221 926型援潜救生船"长岛"号

究所开始进行饱和潜水动物试验研究，这意味着中国开始了自己的饱和潜水研究。不过，虽然潜水试验多年来成绩斐然，但在实际应用方面却相对落后。

1987年，在海军某援潜救生船上进行了我国首次氦氧饱和潜水海上人体试验，8名潜水员进行了80米氦氧饱和、100米巡回潜水的人体试验。而民用方面，直到2006年12月，交通运输部上海打捞局首次启用200米饱和潜水设备执行番禺油田单点立管修复，完成了立管更换，才算是真正意义上实现了国内饱和潜水技术商业应用零的突破。

比起饱和潜水技术，专业潜水工作船的研发建造起步得更晚。根据相关记载，我国在2000年之后才开始建造比较专业的潜水工作船，且服务对象多为东南亚、中东等要求相对较低的国家。比如2005年为阿联酋Mutawa公司建造的"Mutawa Nine"号多用途潜水工作船；2010年为新加坡Pacific Radiance公司建造的"Crest

Odyssey 1"号和"Crest Odyssey 2"号饱和潜水工作船。

2012年8月6日，属于中国人自己的首艘300米饱和潜水工作船"深潜"号在青岛诞生了。这艘长125.7米、宽25米、满载排水量15 864吨、拥有DP2动力定位能力的潜水工作船最大的亮点就是配置了一套12人减压舱、单钟3人、300米饱和潜水系统。这套系统是目前我国容纳潜水

> 图222 "Crest Odyssey 1"号潜水工作船上设有12人饱和潜水系统

> 图223 "深潜"号潜水工作船

> 图224 "深潜"号的300米饱和潜水系统

员最多、作业水深最大的饱和潜水系统，在世界上也属于先进水平。

2014年1月，"深潜"号成功完成了中国首次300米饱和潜水作业。"深潜"号的建造完工填补了中国大深度潜水工作船的空白，大大提升了应对大深度、大吨位应急打捞，以及大面积溢油及其他应急突发事件的快速处置能力，更好地为国家深水

> 图225 3 000米深水近海建设船"海洋石油286"号

救援打捞及海洋事业发展服务。

随着我国造船能力的日趋强大，海洋开发装备自主研发也站上了新的台阶，像上述集多专业、高技术于一身的水下工程船国产化研制，也结出了新成果。由国内外设计公司联合设计，中船黄埔文冲船舶有限公司总包建造的3 000米深水工程船"海洋石油286"号已于2014年12月28日正式交付中国海洋石油工程股份有限公司。

它的建造成功紧跟我国海上油气开发的方向，大大提升了我国深水工程的国际竞争力，对我国实现海洋石油开发由浅水向深海转移的战略目标集聚了装备力量。

> 图226　上海打捞局500米饱和深潜水工作母船效果图

该船集多种功能于一身，是一艘具有世界先进水平的功能强大的深水工程作业船，也是国内首艘具备吊装、铺管、锚系处理、ROV、饱和潜水支持等作业能力的多功能水下工程支持船。其总体技术水平和作业能力处于国际先进行列。

该船总长141.05米，型宽29米，型深12.8米，最大吃水8.5米，最大载重量1.1万余吨，甲板面积达1 900平方米，乘员150人。全船采用了全电力推进系统、DP3

动力定位系统、400吨带有升沉补偿功能起重机、250吨双滚筒锚系处理绞车、2 500吨卷管盘（可一次装载2 500吨海缆）等一系列国际先进的技术和装备，能在各种复杂的海况下安全进行深水水下施工作业。

2018年9月15日，上海打捞局的新型深潜水工作母船在青岛武船建造基地正式开工建造，预计2020年建成交付，标志着我国即将拥有世界上最先进的新型深潜水工作母船。

该船设计船长约177.1米，型宽约33米，型深约14.4米，吃水约7.5米，载重量约1.3万吨，续航力为10 000海里，自持力约60天。具备配备固定式24人双钟饱和潜水系统，能够实施500米饱和潜水作业；配备6 000米水深ROV，具备在6 000米水深条件下进行各种应急救助、抢险打捞和海洋工程作业能力，兼具深水软硬管卷筒式铺设、深水升沉补偿起重作业等核心深水施工能力。其作业能力强、环境适应性好、安全性能高。

潜水工作船的关键设备

潜水工作船的关键设备无疑就是那些支持潜水的系统和设备了，其中包括一些通用设备如吊放系统、月池系统、定位系统、直升机平台等，以及一些潜水用特殊装备如甲板减压舱、潜水钟、储气系统、热水系统等。此外，还有因任务目标不同而有所区别的装备器具，有军用的、科研用的以及水下工程用的等。此处仅以常规的民用潜水工程作业为例，对潜水工作船上的主要潜水作业系统和设备做简单介绍。

甲板减压舱

甲板减压舱就是专门为潜水员提供高压环境的特制舱室，有加压和减压的功能，也有称为加压舱，在饱和潜水中又习惯叫作生活舱或居住舱，也有根据使用需求配备的医疗加压舱。减压舱的外形多为卧式圆柱形，看着就像一粒躺着的巨大金属胶囊。其内部又被分隔为潜水员长时间居留的主舱（用于饱和潜水的一般有卧室和起居室）和供人员调压出入的过渡舱

潜水钟收放系统

饱和潜水钟和
潜水员监控台

高压救生艇

过渡舱

饱和潜水钟

饱和潜水生
活舱监控台

饱和潜水生活舱

气体储存、管理、
输送、回收系统

生命支持系统

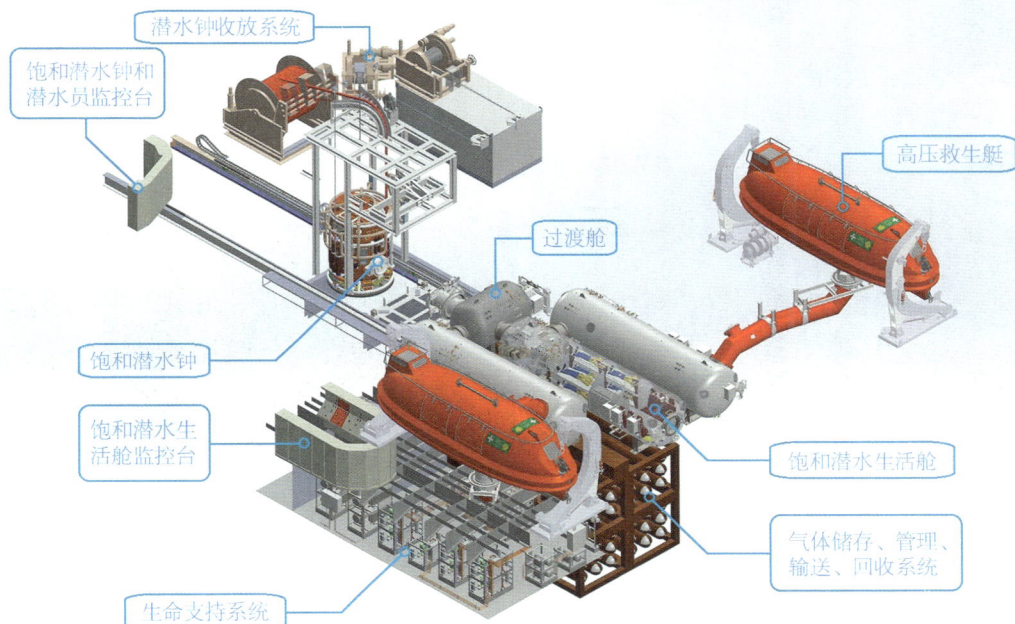

> 图227 饱和潜水系统示意图

（通常装设有气压吹除式抽水马桶、盥洗池、淋浴喷头等设备）。

减压舱内外配备有各种设备和装置以满足各种工作和生活需求，包括观察窗、传物筒、阀门、压力表、压力控制装置、空调系统、供排气系统、监测系统、监护系统、通信系统、报警系统、灭火系统等。饱和潜水用的居住舱还会根据需要设置特殊的生命支持系统，用于保证密闭环境中的温度、湿度、气体成分、所需压力等达到额定指标，从而使舱内的潜水员能维持正常生活并保持有效工作能力。

减压舱加压的原理就是通过管路将压缩的空气、氧气或氦氧混合气体输送到舱内以形成一定的高压环境，减压则是将这些压缩气体从舱内释出。不过不论是加压还是减压，这个过程必定是循序渐进的，所需要的时间视工作水深和时间而定。

除了潜水工作船上有减压舱，在一些潜水训练研究中心或潜水医疗中心里也有配备，可供潜水员加压锻炼、模拟潜水试验、治疗潜水病等。当然，这些加压舱

> 图228　饱和潜水生活舱组

> 图229　生活舱内部

工作船和水下的钟形压力容器，有点像电梯，一般用于水下作业，也有仅用于观察的潜水钟（内部常压）。潜水钟通过缆绳和绞车实现下降或上升，但不同于深潜器，潜水钟的升降操作主要依靠船上人员而不是钟内的潜水员。

从结构上看，潜水钟主要分为开式和闭式两种。

开式潜水钟

开式潜水钟又叫湿式潜水钟，底部开口，通过开口处的外部水压力将空气"困在"钟内的上部，以形成一个进不了水的密封空间，从而使潜水员的头和肩部处在干燥环境中，增加了其在减压阶段的舒适度。钟体外部配有应急气瓶，在紧急情况下供潜水员使用。这种潜水钟主要用于水深60米以内的中、浅深度潜水作业，目前

由于用途不同，其结构和设备等也会有所不同。

潜水钟

潜水钟就是一种接送人员往返于潜水

> 图230 开式潜水钟

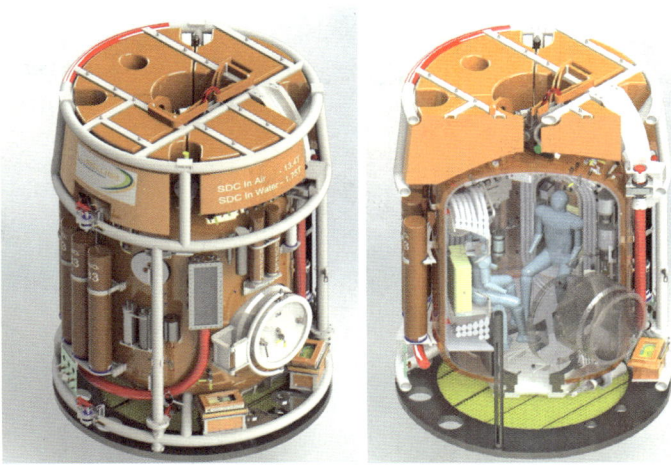

> 图231 闭式潜水钟（左）及其内部情况（右）

已发展到百米左右。

闭式潜水钟

闭式潜水钟通常为圆柱形或球形的全封闭结构，通过底部的舱口进入水中，就像一个小型加压舱，因此它又叫作潜水加压舱或人员运转舱，可用于速返潜水和饱和潜水。

闭式潜水钟可以通过底部舱口或侧面舱口与船上的加压舱系统连接，内部压力保持相同，以便潜水员能够安全转移。在水下作业时，底部舱口是开着的，等上升时需关上舱口盖密封以保持内部压力。闭式潜水钟内包含有加减压系统、生命支持系统、电力系统、通信系统、热水系统等，外部设有保护支架、应急气瓶等。

虽然该类潜水钟在饱和潜水中仅仅起到接送人员往返的作用，但它却是饱和潜水系统中的重要组成部分之一。此外，若潜水时间相对较短（速返潜水），便可在钟内直接进行减压，其方式与在加（减）压舱内完全相同。

生命支持系统

生命支持系统包括供气、监控等一系列用于支持潜水员生命的系统和设备。主要包括：气体压缩、混合与储存设施；加

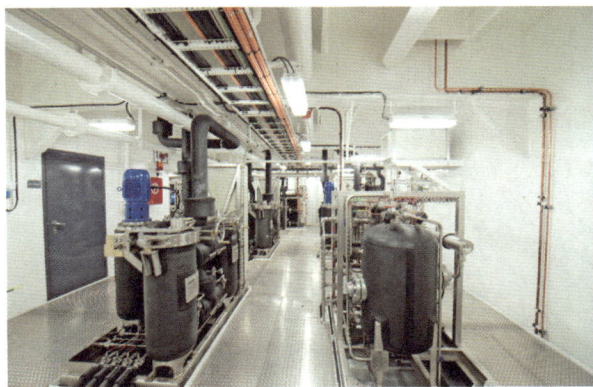

> 图232 设在外部的居住舱生命支持系统设备

> 图233　气体储存设施

> 图234　监控室

压舱内部环境控制系统，可控制温度、湿度以及气体过滤（去除二氧化碳和水蒸气）等；各种仪表、控制、监测和通信设备；灭火系统；卫生系统等。

　　居住舱的生命支持系统主要任务是将舱内的环境保持在允许范围内，以保证潜水员的健康和舒适，包括监控温度、湿度、呼吸气体质量和卫生状况，以及设备功能是否正常等。目前一些比较先进的饱和潜水系统采用的都是外部控制法，即在

加压舱外设置控制设备和系统，从而使舱内更整洁，优化了生活条件并有助于清洁和控制细菌。

　　潜水钟的生命支持系统提供和监测呼吸气体的主要供应情况，控制站负责监测潜水员的位置并与其保持通信。主要的呼吸气体、电力、热水和通信信号都是通过潜水钟脐带缆传输，这条脐带缆由许多软管和电缆组成，并通过潜水员脐带缆向外延伸到潜水员身上，可谓是潜水员的"生命线"。

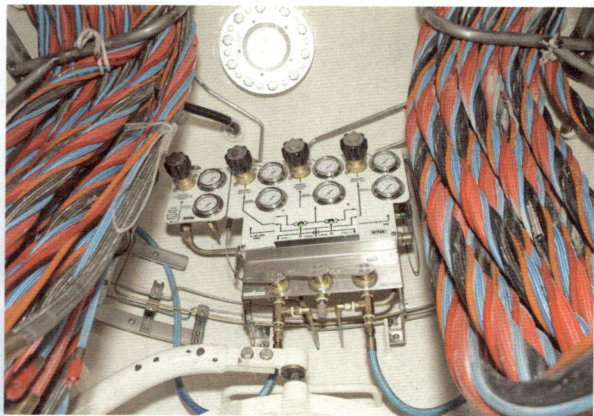

> 图235　潜水钟内悬挂的脐带缆

热水系统

　　深海的水是冰冷的（比如欧洲北海100多米的海底只有4摄氏度），在这样的环境下，特别是当潜水员呼吸氦气时，由于氦的热传导系数更大，所以身体的热量会传递得更快，潜水员的体温可能会因此迅速降低，这对健康非常不利，体温过低能在30分钟内致命，当然也一定会降低工作效率。热水系统就是为了改善这种情况

而存在的。

热水系统会加热过滤后的海水（一般为30摄氏度左右），然后通过潜水钟和潜水员脐带缆将其泵送给潜水员。通常这些热水在使用前还会顺便加热下呼吸气体，之后再流经潜水员的防护服为其"送温暖"。

高压逃生系统

如果潜水工作船发生火灾或者下沉，正处于高压环境下的潜水员该如何逃生呢？肯定不是直接逃出来，那样的危险程度不会比火灾低。这时就要用到高压逃生系统了。该系统包括高压救生艇、高压逃生模块或救援室，其中的压力和潜水员所承受的压力相同，潜水员可以从加压舱通过特殊通道直接进入逃生设备，以安全地进行紧急疏散。高压救生艇是独立的，由其内部的人员操作，并且可以在海上自给自足。

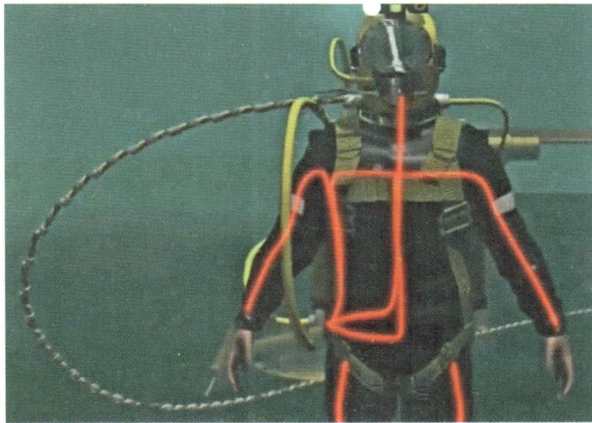

> 图236 热水流经潜水服示意图

> 图237 高压救生艇及其内部

潜水工作船的发展趋势

潜入水中探索海洋、征服海洋是人类自古以来的愿望，但由于人类生理条件的限制和技术上的原因而困难重重。工业革命以后，在现代科学技术的支撑下，人类才真正借助潜水器潜入水中。潜水器在不断地进步发展，从潜水艇、ROV、深潜器到正在研发中的水中基地（如深海空间站之类），潜水技术和装备已经到达了相当的高度。

但到目前为止，潜水工程还不能成为一个封闭的自我循环系统，它需要系统外的支持，如水面母船的支持，因而潜水支持和救援船就成为潜水系统必备的载体。潜水器具的不断发展进步，对母船的要求也就"水涨船高"。那就需要紧紧跟踪潜水装备和技术的发展趋势，适时研究、改进潜水支持母船的性能和技术，以满足潜水装备日新月异的需要，为开发海洋做出贡献。

越来越深

随着油气勘探开发不断向深远海发展，未来的水下作业深度肯定也越来越深。考虑到短时间内不太可能出现能够替代人类灵巧双手的深潜器、机械臂，那么在进行一些复杂的水下工程或打捞救助作业时，必然还是需要潜水员冲锋陷阵，因此匹配相应技术和装备的潜水工作船也会随之应运而生。

> 图238　一些精细操作是机械无法替代的，必须要有匹配的技术和装备

越来越安全

潜水作业实际上是一种高危工作，一个疏忽就可能导致悲剧发生。而其危险性也是和工作水深成正比的，这就需要在征服更深海底的同时，安全系数也必须跟着提升，母船的安全性也是潜水作业安全保障的根本。如今，潜水工作船上所配备的动力定位系统的安全冗余级别，相应区域的消防、逃生等设计上考虑得也越来越周到，随着船用相关装备的技术提升，应用先进装备或措施的新型潜水工作船的设计建造也会发展起来。

> 图239 英国JFT公司长度约2.2米的可折叠式高压担架，相当于一个便携式高压舱

越来越舒适

潜水是一项真正"压力大"的工作，潜水员过得越是舒心，其工作效率也必然会越高，同时也会降低其疲劳工作可能带来的风险，潜水员也会更乐意去条件更好的船上工作。更加舒适的船型可不是随便说说的，在茫茫大海上，再大的船也不过是"一叶扁舟"，何况每一艘船的每一处空间都是"寸土寸金"，可不能随意浪费。

随着人类认知和科学水平的发展，船型规模更适宜、深海运动响应更小、为潜水员提供更舒适的作业场所等要求是潜水工作船设计师们努力和追寻的方向。

> 图240 舒适的居住舱室（上）和餐厅（下）

越来越能干

　　这里的能干指的是多功能和适用性。就和其他很多工程船一样，多功能化也在成为潜水工作船的一种发展趋势。为了适应海洋油气开发对水下施工技术要求和指标日益提高的趋势，比潜水工作船功能更为强大的离岸建设船也已研发投产。

　　船上还装备着饱和潜水系统，饱和潜水作业是开展多数工程作业的关键支持系统，充分发挥潜水作业功能，服务于海洋开发建设的更多环节。它接任务时的选择肯定非常广，船东肯定也更青睐于这种哪儿都能去、什么都能干的"多面手"。

> 图241　上海打捞局在建的新型500米饱和潜水支持船效果图

第 7 章

海上造船师

——浮船坞

1992年，香港远洋轮船有限公司［现中远（香港）航运有限公司］总经理高志明到东方海外有限公司联系业务，恰遇该公司董事长董建华（就是后来的中国香港特别行政区第一任行政长官）。一见面，董建华就热情地握着高志明的手说道："高先生，谢谢你！"高志明当时有些疑惑，便问："董先生为何谢我啊？"董建华说："我们公司有艘集装箱船，本来要到日本修理，你的大坞建成后，我们就到南通去修理了。同样的工程，在南通比在日本节省100万美元，而且质量相当好。所以，我要谢谢你！"

董先生所说的"大坞"是什么呢？那就是本章的主角——浮船坞了。让董先生在1992年省下100万美元的功臣，就是我国首座15万吨级浮船坞——"南通"号。当这艘我国自行设计建造的浮船坞在1991年12月建成时，轰动了当时的航运界，因为从此以后，再也不用为在中国找不到修理大吨位船的地方而发愁了，可谓意义非比寻常。

> 图242　一艘集装箱船正在"南通"号浮船坞内维修

浮船坞概述

对于大中型舰船修造企业而言，船坞是必不可少的修造船主要基础设施之一。船坞分为干船坞和浮船坞：干船坞即传统意义上建造在濒海陆地上的船坞，三面接陆一面临水；浮船坞则是一种浮于水上，且可以移动的船坞，也属于工程船的一种，简称浮坞。

浮船坞主要由左右两侧的坞墙和底部箱形浮体组成，其他主要构件还包括飞桥、辅助装置和辅助机械、起吊设备、锚泊装置以及动力装置等。浮船坞的两端是开放的，因此从正面或背后看上去，浮船坞就像一个"凹"字形，"凹"字形的两边就是坞墙，底部就是浮体，中间缺掉的那块地方能容下整艘待修造的船；从侧面看则像是一堵长方形的高墙，整体形象看起来就像一个矩形水槽。

浮船坞能像干船坞一样干一些修造船的活，尤其适合那些必须将船体举出水面才能进行的舰船水下部分的检查、保养和维修工作。比如水下部分壳板的更换、油漆和污物清除，船舱、螺旋桨、舵或其他装置的拆换修理等工程。此外，它还可用于打捞沉船、引渡吃水较深的舰船通过浅水区等作业。

相比干船坞，浮船坞除了造价较低、不占土地外，其适应性也更强。不论潮涨潮落，只要最大沉深得到满足，水位的变化对浮船坞本身和修理工作没有影响，待修舰船可以随时进坞；而干船坞却不行，必须等涨潮后水位足够高了才行。另外，浮船坞灵活机动性也较好，或自航、或靠拖船主动接近待修舰船，缩短了舰船入坞前花在路上的时间。这就像抢救伤病员一样，早一刻抢救则多一分生还的机会。

不过浮船坞也为这些优点付出了一些代价，那就是结构相对复杂，要具备大型舰船的基本特性如浮性、稳性、不沉性等，此外其上的设备设施也更复杂，因此浮船坞的使用、管理、维护等要求就相对较高。

从浮船坞多年以来在世界各地的表现可以看出，其对舰船的维修保障具有非常重要的意义。尤其是对那些海军大国、强国而言，这种海上浮动维修平台若是数量充足，那么对于舰艇的维修保障都有着不可替代的作用。也许就是那么一艘比敌方早维修好、早投入战场的舰艇，就能打破整个战局的平衡，力挽狂澜，成为压死骆驼的最后一根稻草。

> 图243　浮船坞的整体效果图（左上）、侧视图（左下）和正视图（右）

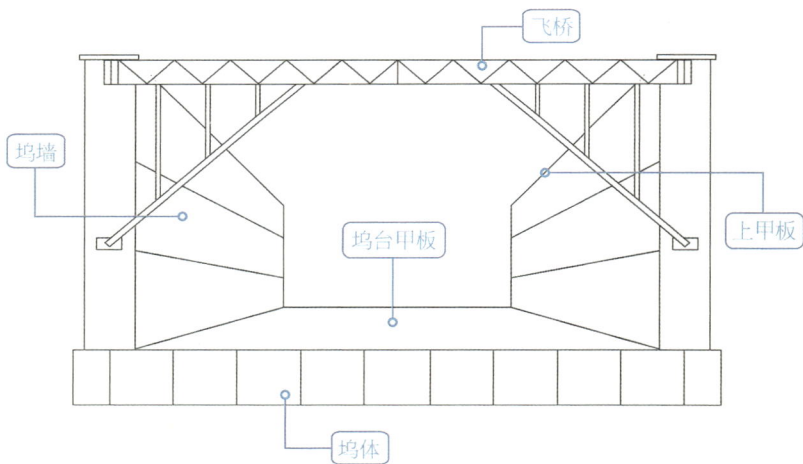

飞桥

坞墙

坞台甲板

上甲板

坞体

> 图244　浮船坞结构示意图

浮船坞的分类

看似长相简单的浮船坞，真要细分起来，其家庭成员还真不少。比如按船体结构分有整体式、分段式、浮箱式等；按用途又可分为大修用、小修用、运输用等。此外还可以按船体材料分为木质、金属、混凝土、混合型等；按举力分为小（举力4 000吨以下）、中（举力4 000～15 000吨）、大（举力15 000吨以上）；按航行状态分为自航式和非自航式；按动力可分为岸电和坞上自设电站；从排水方式上可分为压缩空气和水泵等。此处主要介绍按船体结构来分的几类浮船坞。

整体式浮船坞

该型浮船坞的坞墙和浮体为连续、整体式结构，坞墙又与浮体刚性连接做成一体。由于是一个整体形式的通长体，因此对于总纵强度要求较高。整体式浮船坞在维修自身水下部分时，可在一侧的压载舱内注水以使其倾向一侧，此时另一侧的水下部分就会翘起来露出水面，之后就可以进行维修了。两侧轮流，就像跷跷板一样。

分段式浮船坞

该型浮船坞也叫分体式浮船坞，是由若干分段连接而成的浮船坞，这些分段可以看成是一个个独立的"短小型"整体式浮船坞，也可以想象成把整体式浮船坞切成了几段。

分段之间没有永久性的连接，而是采用如螺栓等可拆卸的连接方式，可以按所需进坞舰船的大小使用部分或全部分段，灵活性较强。此外，每个分段的长度均小于坞体宽度，因此就能将其像待修舰船那样放在剩余分段上，以便进行自修、维护和运输。不过由于分段式浮船坞不具有纵

> 图245 整体式浮船坞

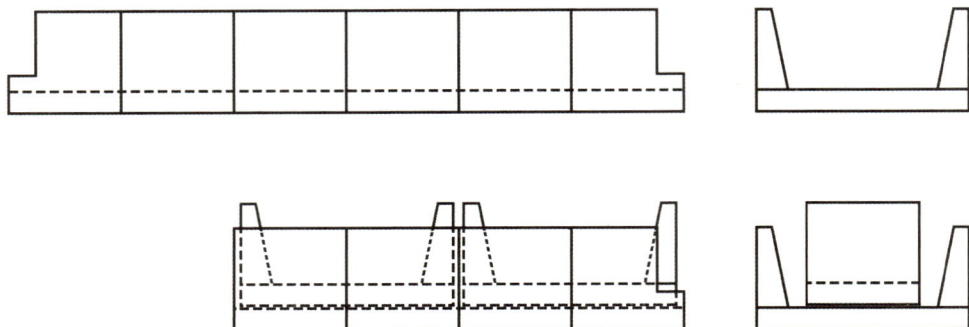

> 图246   分段式浮船坞

向刚度，纵向弯矩是由被修舰船的船体承受，因此并不适合修理船体较长的大型舰船、纵向强度不够的舰船或损坏部位是纵向的舰船。

三分段式浮船坞

　　该型浮船坞是分段式浮船坞的改进型，将浮船坞分为首、中、尾三段，分段间用焊接或用接板相连，又称子母坞。中间较长的一段称为母坞，两端为子坞。借助于两个子坞可将母坞抬出水面，两个子坞可由母坞分别抬出修理。这样一来，该型浮船坞就能像分段式浮船坞一样实现自我维修，同时还具备了一定的纵向刚度。

浮箱式浮船坞

　　该型浮船坞也叫舟桥式浮船坞，或者半分段式浮船坞。坞墙为连续、整体的结构，可保证一定纵向刚度，水下浮体则是由几个浮箱组成。这些浮箱各自独立存在，通常使用螺栓与坞墙连接，可单独从坞墙下分离出来以便进行自身的维修。

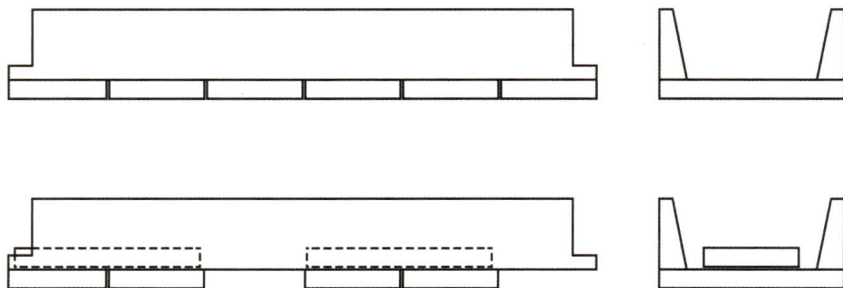

> 图247   浮箱式浮船坞

浮船坞的工作特点和船型特征

工作特点

浮船坞的工作原理和半潜船相类似。以修理舰船为例，当舰船要进入浮船坞修理时，其主要步骤如下：

首先，依次打开各浮船坞压载舱的阀门，在压载舱内注水，使浮船坞逐渐下沉至一定深度，使坞内水深大于待进坞船吃水深度，以便该船安全入坞。深度不够的结果就是撞船，类似汽车底盘太低就会与"道牙子"发生卡、擦、碰、撞等。

其次，用牵引设备将待修船牵引进坞内。

再次，将待修船对准中心轴线后，四面系缆固定。

最后，利用压缩空气或水泵排出浮船坞压载舱内的水，使浮船坞上浮至抬船甲板顶面露出水面。在此过程中待修船也将坐落在事先预设并布置在抬船甲板上的坞墩上，这样一来待修船也随之抬出水面。之后维修人员便可开始修理工作了。

舰船修理完毕出坞时，操作程序与入坞相反。先让浮船坞压载舱里灌满水，使浮船坞下沉到一定深度，修好的舰船达到自漂浮状态且与坞内甲板分离达到足够的

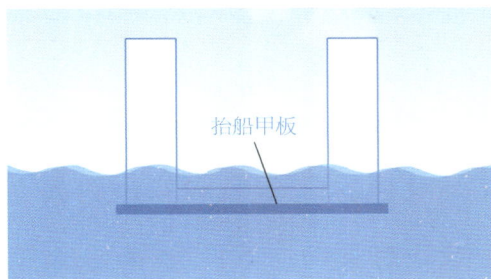

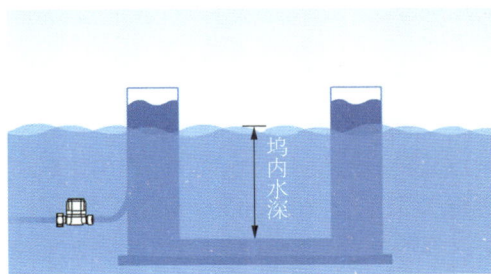

> 图248 压载舱注水下沉至一定深度

> 图249 将待修船牵引进浮船坞

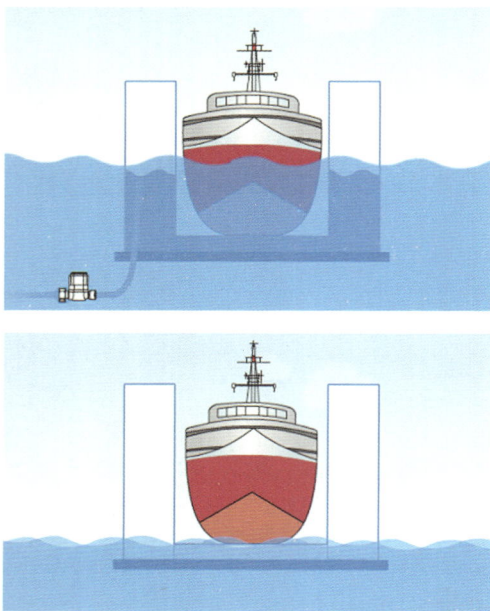

> 图250 排除压载舱的水使浮船坞和待修船浮出水面

已对齐的轨道从船台上移至浮船坞内；接着，浮船坞依靠自身动力（自航式）或借助拖船（非自航式）来到水深、朝向合适的水域；最后，步骤和修理作业一样，浮船坞注水下沉，再将其上的舰船浮起拖出。

此外，有些浮船坞的坞墙可以折叠收放或拆除，舰船就能横向移入坞内。

由于浮船坞下水灵活性好、效率高、安全性较好（下水舰船受到的冲击和振动很小），因此成了现代军舰的主要下水方式之一。

安全距离后，再将修好的舰船牵引出浮船坞或让其自行驶出。随后浮船坞的压载舱再将水排出，浮船坞便又上浮至正常吃水。

浮船坞引渡舰船的过程基本就和维修一样，辅助下水则略有不同。下水时，浮船坞通过调节压载水将抬船甲板顶面调整到和船台齐平；之后，建好的舰船通过

> 图251 美国"圣安东尼奥"级船坞运输舰入坞坐墩图

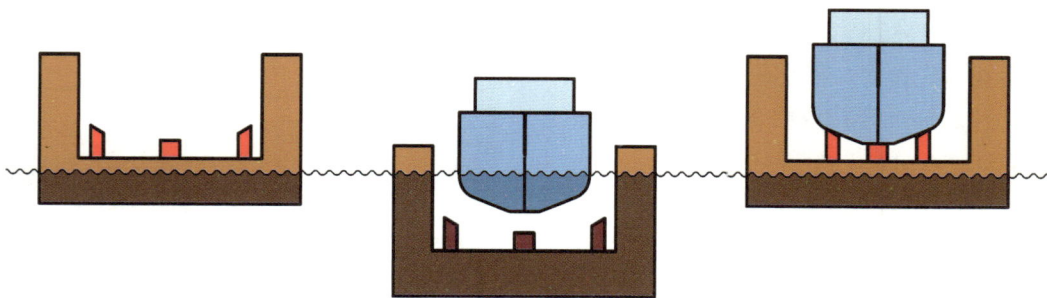

> 图252 船在浮船坞上坐墩过程示意图

船型特征

作为一种可容纳整艘待修舰船的水上浮式工程船,除了与众不同的造型外,浮船坞还有许多其他技术特征。

第一,就是要具备足够大的尺度、空间和排水量,以容纳待修舰船以及修

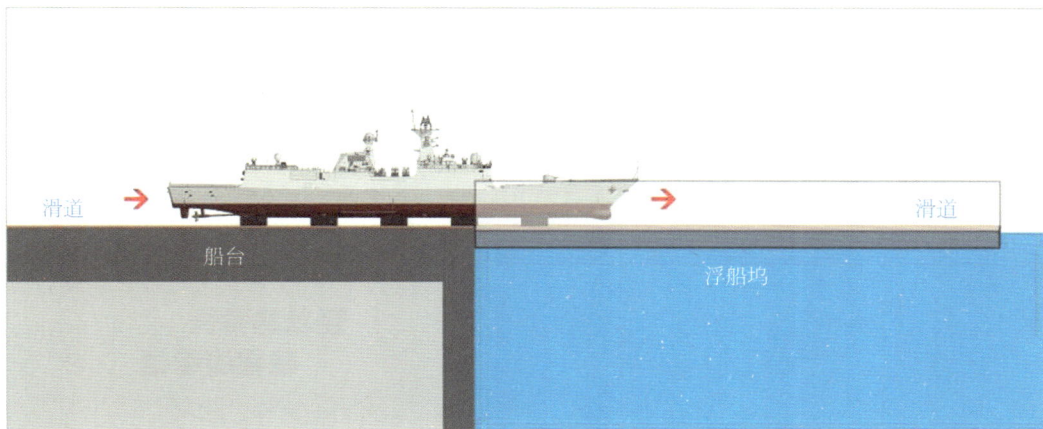

> 图253 浮船坞协助舰船下水示意图(纵向入坞)

> 图254 "美国"号两栖攻击舰横向平移入坞(浮船坞近岸侧的坞墙已被拆除)

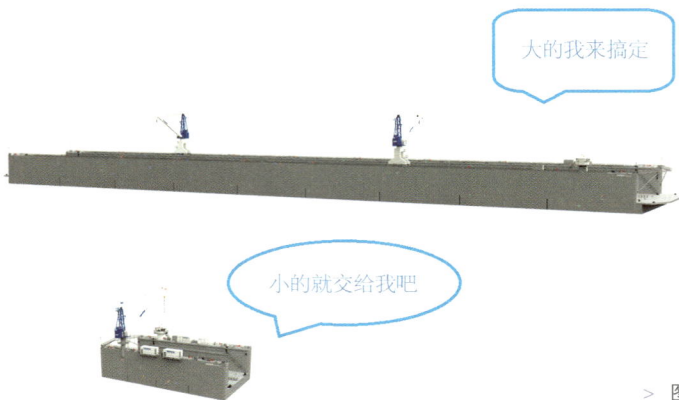

> 图255　大型浮船坞和小型浮船坞各有千秋

> 图256　浮船坞需要"又稳又壮"

理用的设施。当然，也不是说越大越好，这都要根据自身的使命任务和服务水域水深等要求而定。比如有些是专门用于小型舰船修造的，就无须拥有庞大的体型，否则就是大材小用。不但因为用料多而提升了建造成本，使用时还会因为体型大而消耗更多的人力、物力，从而增加了运营成本。此外"大个子"占地也多。

第二，浮船坞的稳性一定要好。除了

和普通舰船一样是为了确保自身安全和舒适，另外也和其工作性质有关。若是摇摇晃晃的，则无法好好修船了。而且当待修船入坞时这么晃一下，搞不好就是"嘭"的一声来点"亲密接触"了。

第三，浮船坞必须要足够"强壮"——总纵强度、横向强度、局部强度要达标。当浮船坞背起待修舰船时，如果这些强度不够，那么不但自身会被压得变形（超出规定范围），还会连累待修舰船也跟着变形。因此不强壮的浮船坞不是一艘好浮船坞。

浮船坞的发展历程

浮船坞在舰船界也属于"老革命"了，早在16世纪就已经有人提出类似的设想。浮船坞真正兴起的时间是200多年前的19世纪初，当时有不少人提出了各种浮船坞的设想并获得专利。但限于当时的技术水平和需求，这些浮船坞和现代的浮船坞差别较大，均为木质结构，样子也五花八门。

> 图257 费城海军造船厂浮船坞设想图

1851年，第一艘分段式浮船坞出现在美国费城，其建造和使用者就是当时美国最重要的海军船厂之一——费城海军造船厂（目前该船厂已经变成了一个工业园区）。1868年，因预见了金属舰船的未来市场，英国造出了世界上第一艘铁质的浮船坞。

到了20世纪初，民用浮船坞在尺度和载重能力方面得到了大力发展，而军用浮船坞却因拖航困难被搁置。直到1934年，首艘使用柴电动力的2 200吨级自航式浮船坞——"ARD-1"号（辅助修船坞1号）出现。经过一系列测试后，美国政府表示很满意，并决定再建造一艘50 000吨级、能容下当时所有舰船的浮船坞（之后由于成本过高，项目被取消）。

进入20世纪40年代，受第二次世界大战（简称二战）的影响，美国、苏联等世界主要海洋国家开始大量使用浮船坞。仅1941年，美国海军就一口气订购了27艘浮船坞，1943—1944年间平均每个月交付一艘以上。由于那个时期钢材属于稀缺资源，混凝土浮船坞也趁着这个机会诞生了。鼎盛时期，美国拥有150余艘浮船坞，它们为二战胜利立下了汗马功劳，是美国二战时期的无名功臣。

苏联也曾拥有常规和特殊型（针对某些特定舰船和特殊用途）浮船坞100余座，排水量850～80 000吨不等，对保障苏联海军舰艇的维修及技术服务、维持舰艇的在航率发挥了重要的作用。

随着二战、冷战等成为过眼云烟，许

> 图258　带有试验性质的"ARD-1"号浮船坞正在通过巴拿马运河

> 图259　美国"宾夕法尼亚"号战列舰正停在"ABSD-3"号浮船坞上

> 图260　正借助浮船坞下水的美国DDG-1000驱逐舰

> 图261　BAE系统公司美国圣地亚哥修船厂中正在作业的中国制造的浮船坞

多浮船坞已经光荣退役，但浮船坞依旧在世界主要海洋国家中有着广泛的使用。美国海军中拥有科幻风外形的DDG-1000驱逐舰就是借助浮船坞下水的，有趣的是这艘浮船坞还是中国于2000年向美国出口的。此外，为了满足业务需求，2017年时美国还向中国订购了一艘55 000吨举力的浮船坞用于舰船修造。

俄罗斯也同样在很多地方依赖浮船坞，比如航母和潜艇的维修等。为了进一步增强海军的舰艇维修保障能力，俄罗斯不仅自己努力设计新型浮船坞，还于2016年6月，在习近平总书记和普京总统的共同见证下，与中国签订了一份合作协议，

> 图262 正在浮船坞内维护的俄罗斯"库兹涅佐夫"号航母

> 图263 俄罗斯PD-50浮船坞之中待修的阿库拉级核潜艇（左）和世界最大的台风级核潜艇（右）

向我国订购了一艘40 000吨举力的浮船坞。

除了美国和俄罗斯，英国、德国等国也曾有过不少浮船坞。英国皇家海军最多时曾配有70艘浮船坞，德国则在1954—1976年间建造过32艘各型浮船坞。

我国浮船坞的发展状况

20世纪60—70年代，随着我国万吨级远洋船舶的发展，作为修船配套设施的大中型浮船坞也紧跟脚步随之发展，70年代正是我国第一个浮船坞建造高潮。60年代末，在南斯拉夫以高昂的价格推销其浮船坞宣告失败后（当时我国少量的干船坞应付不了大量待修船舶，但又奇缺外汇），位于上海的船舶工作者注意到了这种浮在水面上的船坞。1970年12月，

> 图264 "大连"号浮船坞

> 图265 "中海峨眉山"号浮船坞

在多方支援下，原上海海运局立新船厂王家渡航修站（现上海立丰船厂）将2艘万吨级废钢船解体改装后，建成了国内首艘能进万吨级船舶的整体式钢质浮船坞，达到了"沉得下、浮得起、翻不了、折不断"的要求。这艘"7021"号浮船坞长134米、外宽35米、内宽24米，举力为6500吨，其整个施工过程都属于"摸着石头过河"，它的投产不仅有效缓解了当时上海地区船舶坞修能力不足的问题，同时也揭开了我国自行设计建造浮船坞的新篇章。

在"7021"号之后，广大造船人再接再厉，一系列大中型浮船坞成员相继诞生，其中就包括了在100多家单位（船厂、设备厂、设计院及海运局、打捞局）的通力协作之下于1974年建成的我国第一艘25 000吨级浮船坞——"黄山"号。

该浮船坞总长190米，总宽38.5米，总高15.8米，最大沉深时吃水13.2米（此时排水量为36 789吨），浮体由9个浮箱组成，举力达到13 000吨。该浮船坞的自动化和电气化程度较高，船坞的浮沉是由中央指挥台操纵，坞上设有电站以及机工、电工、木工等车间。

当"黄山"号抬船试验时成功将25 000吨的"郑州"号货船抬起，意味着我国在原本薄弱的20 000吨以上大型船舶维修保养领域上取得了一场"伟大的胜利"。

有意思的是，也许浮船坞这种和半潜船类似的抬船方式都能让人联想到"力拔山兮气盖世"和"愚公移山"这两个和"山"有关的词句，又鉴于我国山河锦绣，名川大山数不胜数，当然也就不会只有"黄山"独领风骚。

除了"黄山"号外，那个时代还相继诞生了举力9 000吨的"华山"号、举力13 000吨的"长山"号、举力6 500吨的"钟山"号和"庐山"号等。这些大中型

> 图266　交付给俄罗斯红星造船厂的40 000吨举力浮船坞

> 图267　"7021"号浮船坞

浮船坞的入列，满足了我国当时万吨级及以下船舶的坞修需要。

到了20世纪90年代，随着国内外经济和贸易的发展，世界航运业也开始回暖，从而带动修船业进入了又一个发展高潮期。在此期间，我国先后诞生了多艘大型浮船坞以适应越来越大型化的船舶修造需求，包括举力16 000吨的"飞龙山"号、举力22 000吨的"浦东"号、举力26 000吨的"衡山"号、举力28 000吨的"泰山"号、举力30 000吨的"华东"号等大型浮船坞。

其中，总长257米、型宽51.9米、型深18.5米的"衡山"号是国内首创利用超大型油船（VLCC）改建而来。改建的好处有不少，首先是有效利用了旧船的原材料，节约了初始投资成本，同时也减少了废船拆解所带来的环境破坏，还能缩短建造周期。当该船于1994年12月13日首次接修了10万吨的"亚洲天使"号散货船时，意味着我国修船业缺少10万吨级浮船坞的空白已被成功填补。

进入21世纪后，我国修造船业开启了迅猛发展的模式，各种超大型浮船坞陆续出现，不断刷新着世界纪录。2006年5月10日，30万吨级的超大型浮船坞"大连"号正式投产。

这艘总长340米、型宽76米、型深27米的浮船坞是一艘整体式钢质浮船坞。75 000吨的举力可让其承担30万吨级油船、散货船、六型全集装箱船和其他大型海上工程建筑物的坞修工程；也能用于大型舰船和海洋工程的对接、改建和制造。

2018年11月30日，已累计承接450多艘大型船舶修改装及建造任务的"大连"号，在中国造船人的神来之笔下又"变胖"了——在浮船坞漂浮状态下，"大连"号的整体坞墙分别向左右两侧

> 图268 "黄山"号浮船坞

> 图269 "长山"号浮船坞

> 图270 "背着"南昌舰的"钟山"号浮船坞

各推移了5米，使坞体宽度增加至86米，从而让其能"背起"那些更宽的大型船舶。而在此之前，世界上还没有类似的浮船坞改装成功经验。

2006年10月，20万吨级的"中海九华山"号浮船坞顺利建成。这艘长300米、

> 图271   我国首艘10万吨级浮船坞"衡山"号

> 图272   "大连"号迎来加宽后的第一位客人"大明湖"号油船

内宽50米的浮船坞是利用退役的大型油船改建而成，是我国提倡节约型社会，按照循环经济的要求，在再制造产业中又一成功的案例。其能承担20万吨级以下各类船舶的升举、收放及坞修等工作。

2008年11月29日，当时世界上最大的浮船坞——40万吨级的"中海峨眉山"号正式投产。该浮船坞总长410米，型宽82米（超过4个足球场的面积之和），型深28米（差不多10层楼那么高），耗用钢材超过4万吨。

不过"大块头有大力气"，"中海峨眉山"号的举力高达85 000吨，可承修10 000箱以上的集装箱船和当时世界上最大的油船和散货船。为了适应自己的大体量，"中海峨眉山"号采用了超大排量的进排水泵、阀门遥控等先进技术，实现了中央控制室遥控操作，结构合理，自动化程度高。

2016年2月29日，我国首艘自主研发建造的自航式浮船坞——"华船1"号像"移动长城"般缓缓驶出珠江口，引来

> 图273　"中海九华山"号浮船坞

过往船舶上的人们一片惊叹。技术人员介绍，这艘海上"巨无霸"的任务就是在大洋中执行维修保障，让大型舰船"轻伤不下火线，重伤不进船厂"成为现实。它标志着大型舰船修理实现由岸基定点保障向远海机动保障的突破，开启了大型船舶海上坞修新纪元。

玩电子游戏的都知道，若要保障前线受伤（受损）作战单位的生命、恢复其作战能力，只有两条路可以选择。其一就是回到基地进行修整，但这样一来可能就会延误战机，让敌方乘虚而入，甚至在回基地的路上就因为各种原因而"壮烈牺牲"。

其二就是身边跟随一个"医生"，随时随地可进行"治疗"，从而保障作战单位的生命力和前线作战续航力。"华船1"号是一个具有机动性的"战地医生"性质的浮船坞；而需要拖带的普通浮船坞则因为机动性太差，满足不了现代战争的快节奏要求，基本只能充当"基地医生"。1982年的马岛海战中，英国皇家海军的"谢菲尔德"号导弹驱逐舰被阿根廷"超军旗"战机发射的"飞鱼"导弹击成重伤后，就是在拖带回航的过程中沉没的。若当时英军有一艘自航式浮船坞，那这样的情况或许就可以避免了。

> 图274　"中海峨眉山"号浮船坞上一艘建造中的FPSO正在艏艉段合拢定位

"华船1"号自航式浮船坞全长168米，宽48米，可在三级海况下正常航行，加上其巨大的举力，满足了我国大部分主战舰艇的坞修需求，比如大型导弹驱护舰、2万吨级补给舰、两栖战舰、核潜艇和6 000～20 000吨的军辅舰船等。

根据舰船的使命任务和修理特点，"华船1"号设有临时指挥室，室内预留有供电台、通信设备使用的电源及接口，必要时可配置电台、通信等指挥设备作为临时指挥所使用。

坞的两侧设有引船小车、工作操控室、特装维修工作间、机加工车间、电气维修间、钳工修理车间、机械修理车间、武备维修保障分队工作间等。此外还交错分布着4台固定式起重机，工作范围覆盖整个抬船甲板，主要负责对一些设备的安装、拆除与更换，以及物资的补给和舱室的维修等。

同时，"华船1"号上还设有故障分

> 图275　"华船1"号自航式浮船坞

析中心，战场上抢修受损舰艇若遇到技术难题，可联通信息化综合保障网络，与千里之外的维修人员和专家进行远程遥控指挥修理任务，确保以最快的速度恢复舰艇的战斗力。此外，船坞还装有航行指挥系统、救生系统和机枪座，用于防空、防海盗。

此外，我国还先后向多个发达国家出口了不少世界水准的浮船坞。除了前面提到的美国，2010年，我国还向韩国三星集团出口了4艘50万吨级的浮船坞，这型浮船坞长度为449.2米，宽度为84米，举力超过100 000吨，再次刷新了世界最大浮船坞的建造纪录，进一步巩固了我国在浮船坞建造领域的领先地位。

2016年6月25日，一艘40 000吨举力的浮船坞建造合作协议成功签署，并于当年12月14日开工。该浮船坞总长280米，型宽62米，已于2018年6月交付。建成后用于俄罗斯红星造船厂的升级改造，以提高海洋工程设施建造能力，同时也将大大提升俄罗斯远东地区的造船实力，为俄罗斯船舶与海洋工程设施建造提供有力保障。

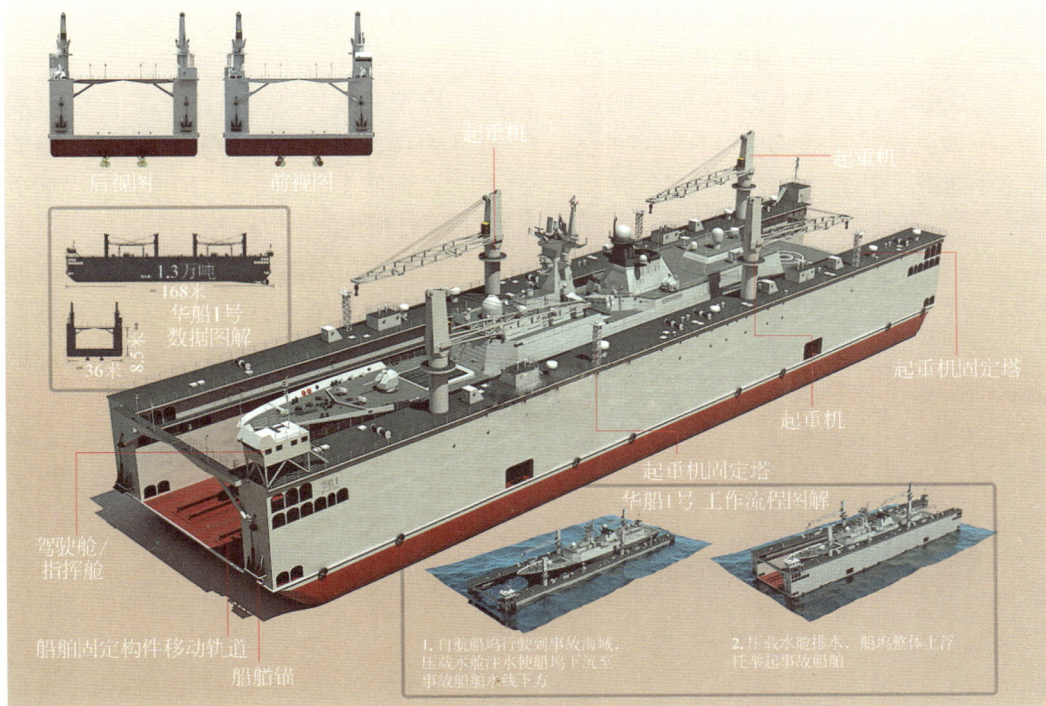

> 图276 "华船1"号自航式浮船坞多视图

浮船坞的关键设备

现代建造的浮船坞有较高的自动化和电气化程度，船坞的浮沉由中央指挥台操纵，坞上设有电站。此外，还有一些浮船坞常用的如系缆、锚泊、起重、动力和照明等各种设备和生活设施；同时，船上还可配备金属加工和焊接等工场，以及机工、电工、木工等车间，还包括专门用来坞修作业的多种气体管路，如压缩空气、氧气、乙炔、蒸汽、冲洗淡水等。如此一来，就组成了一个独立的小型施工单位。

下面就先将浮船坞中最有特色的注、排水系统做一个简单的介绍。

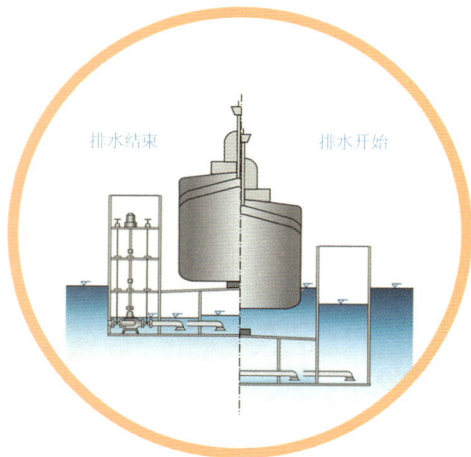

> 图277　浮船坞注、排水系统示意图

注、排水系统是"浮船坞"三个字中"浮"字最主要的支撑者之一，和前面介绍过的半潜运输船压排载系统相类似，功能也是向压载水舱中注、排水以实现浮船坞下沉、上浮至指定吃水。不同的是对压载的速率要求相对低一些，对调载纵向及横向浮态的能力要求都比较高。该系统由管路、控制阀和压载水泵组成，压载水泵的流量一般为每小时数千立方米。

除了需要控制浮船坞上浮下潜的注、排水系统，浮船坞的"稳"也是非常重要的，这在前文已有提到，因此第二个要讲的就是浮船坞的泊定设备。

根据浮船坞使用水域的地质环境和风浪流等自然环境力的情况不同，浮船坞可采用不同的泊定方法，主要包括锚泊泊定和抱桩泊定。

锚泊泊定是用锚和锚链来泊定，在空间狭小的水域一般是通过外在坞墙上固定的锚链，绕过坞底与另一侧的锚相连，看起来有点像是双手抱胸的动作。当然，如果空间充足，也可以采用常规船的锚泊泊定方式。

抱桩泊定是由系坞柱和锁环组成。在浮船坞要靠泊的建筑外墩上制作一个固定

的系坞柱，一般由钢板卷曲制作而成。浮船坞外坞墙侧面上设有两只锁环，锁环套在系坞柱上泊定。锁环为可打开型式，内环设有垫木圈，与系坞柱之间留有适当间隙，以减少冲击和用于摩擦损耗。当然，也有其他类似的型式，但原理大同小异。此外还有系坞柱和锁环反过来装的，即系坞柱放在浮船坞侧面。

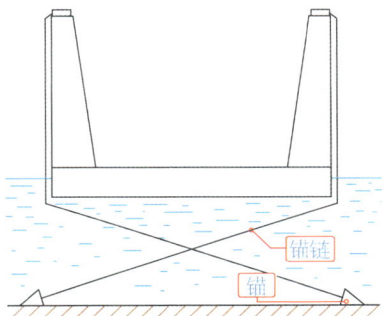

> 图278　浮船坞锚泊泊定示意图

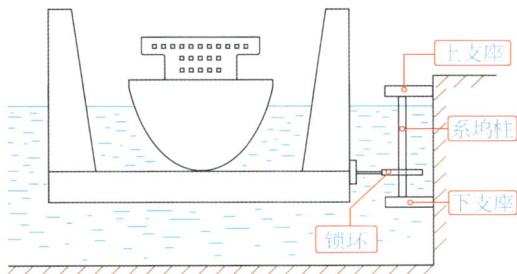

> 图279　浮船坞抱桩泊定示意图

浮船坞的发展趋势

　　世界主要海洋国家的浮船坞使用实践表明，浮船坞对保障和完成舰船的维修具有重要意义。作为海上浮动的船舶维修建造平台，浮船坞具有明显的优点。对海军大国而言，拥有足够数量的浮船坞，不论是保障舰船平时的计划修理，还是保障战时的紧急战损修理，都有着极其重要的意义。

　　从浮船坞的发展轨迹来看，大型化、自航式、带膳宿、多功能是未来浮船坞的发展趋势。其中，大型化是为了适应日益大型化的其他各类军、民用船型；自航式则是灵活性和机动性以及战时关键的及时性的体现；带膳宿是为了拥有更强的自持力以执行远洋任务；多功能则是指除了修造船外，浮船坞或许可以利用其类似半潜船的特性，执行一些大型运输任务，或是搭载不同模块，变身为后勤补给、救助打捞等角色。

第8章

海上风电场的建设工匠
——风机安装船

2018 年元旦刚过，一则在风电行业的年终统计消息就流传开来：截至 2017 年底，全球累计海上风电容量将达到 17 500 兆瓦，中国市场份额达到 22%。根据我国风电"十三五"规划，到 2020 年，海上风电将开工建设 1 000 万千瓦，力争并网容量达到 500 万千瓦。对此，各省市积极响应，仅广东省在其《广东省海上风电发展规划（2017—2030 年）（修编）》中就提到，到 2020 年底，将开工建设海上风电装机容量 1 200 万千瓦以上，其中建成 200 万千瓦以上。目前东南沿海地区的各省（市）海上风电装机呈现出高速增长的态势。

"生态兴则文明兴，生态衰则文明衰"，中国正在不遗余力地推进生态文明建设，开展防污治污、建设绿色中国的一系列环保工作。如今，当驾车走过一些跨海大桥，都会看到很多在大海中伫立着随风转动的风车。前面提到的这则消息也印证了我国是目前全球风力发电增长最快的应用市场。

石油被誉为"黑金"，水力被称作"白煤"（无烟煤），风力则被叫作"蓝天白煤"。风能是一种可再生的清洁能源，取之不尽、用之不竭。在当今能源供应紧

> 图280　夕阳下的如东海上风电场

张以及绿色环保的主旋律下，风能发电已经越来越受到人们的重视。虽然海上风电开发成本比陆上风电高出20%～50%，但因其效率相对陆上风电更高且不受地形限制等优势，因此在近二十年来呈现出一种加速发展的态势。

2006年时全球海上风机装机功率约为900兆瓦（1兆瓦＝1 000千瓦），2017年时已达到18 814兆瓦。若按照江苏盐城的大丰海上风电场300兆瓦装机容量、7.97亿千瓦时年上网电量的发电能力来等效计算，目前全球的海上风机至少可满足3 100万户家庭的用电需求。

2016年9月8日，英国Burbo Bank海上风电场里当时世界最大容量的海上风电机组——8兆瓦的丹麦MHI Vestas公司V164型风机安装成功。这是该风机首次应用于商业项目，也是Burbo Bank海上风电场扩建项目的首台机组，同时还标志着世界海上风电正式进入8兆瓦时代。

该扩建项目离岸6千米，2017年时完成了总计32台8兆瓦风机的安装工作，总装机容量256兆瓦，并网发电后可供23万户英国家庭用电。该8兆瓦风机的高度达到195米，超过了英国地标建筑"小黄瓜"

小 贴 士

海上风电和陆上风电的比较

风机运行是否良好，关键要看风力的大小，而海上风力普遍比陆上大，这是海上风力发电的最大优势所在。陆上地形高低起伏，对风速产生减缓作用，而海上就不存在这种问题，海面比较平整，风阻小、平均风速高。

第一，由于风机的发电功率与风速的三次方成正比，假设海上风速比陆上高20%，同等发电容量下，海上风机的发电量就能比陆上高70%。

第二，海上风机的利用率也更高。如果陆上风机的年年发电利用小时数是2 000小时，海上风机就能达到3 000多小时。

第三，由于土地资源的稀缺性，陆上风电受耕地、林地等方面的限制较大，而海上建设风场就不存在这些问题。

波音747-8
长76米

直径164米

高195米

高180米

0.45兆瓦
风机　2兆瓦
风机　2.3兆瓦
风机　2.3兆瓦
风机　3.6兆瓦
风机　6兆瓦
风机　8兆瓦
风机

英国地标建筑the Gherkin

> 图281　风机高度比较图

> 图282　整装待发中的"Sea Installer"号风机安装船

（the Gherkin，高度180米）；风机叶片长度也达到了80米，超过了波音747-8型飞机的长度76米。

　　运输并安装这么一个"大家伙"的"能人"，就是丹麦A2SEA公司的专业海上风机安装船——"Sea Installer"号。该船是当时世界上最先进的第三代风机安装船，每次作业可携带4套这样的8兆瓦风机。而关键是，这艘曾获得过国际海洋工程领域"海洋可再生能源奖"的船是中国制造的，这是我国先进造船技术的综合体现。

风机安装船概述

风机安装船，顾名思义，就是用来运输和安装海上风机、建设海上风电场的工程船。

海上风电场建设刚起步的时候，其实并没有现在那种专业的风机安装船。当时风机的安装主要借用其他工程船，比如起重船、自升式驳船、自升式起重平台等，或者是一些用其他船舶改装而来的用于风机安装的船。

不过随着海上风电行业的高速发展，海上风机的功率变得越来越大，风机也随之越"长"越高、越大，再加上风电场有着离岸越来越远的发展趋势，于是那些"兼职"的风机安装船就变得越来越力不从心，尤其是那些装载能力小、抗风浪能力弱的安装船。

这种局面的出现让人们意识到海上风电场的建设还是需要一支"术业有专攻"的队伍来完成。于是拥有更强起重能力、更大装载空间，甚至能自航自升的专业风机安装船就这样诞生了。目前先进的专业风机安装船一次能装载10台风机并驶往目标海域完成安装工作，工作效率可谓大大提升。

> 图283 作业中的风机安装船

风机安装船的分类

就如前面所提到的，能进行海上风机运输和安装的船型有不少，包括一些常规的工程船如起重船、起重平台等，以及专门设计的风机安装船。海上风电安装经历了从近岸滩涂到沿海、远海的发展历程。风机的发电功率也越来越大，海上风机的基础型式也经历了多次演变。

一般行业内通常把风机安装船划分为四个阶段，即第一代的起重船型、第二代的自升平台型、第三代的自航自升桩腿式船型和第四代的自航自升桁架式船型（可适应50米以上更深的作业水深）。

起重船型

用于风机安装的起重船有小型、大型，有单体、双体，但通常都具备自航能力，否则工作效率会大打折扣。使用起重船安装海上风机的优点就在于船源较多、使用费不高、灵活机动，可在不同位置的风机间转移、速度快、操纵性好，过浅水域也可通过带坐底功能的驳船来完成相应的作业。

> 图284　正在进行东海大桥海上风电场建设的"四航奋进"号起重船

不过，非专用于风机安装作业的起重船易受天气、波浪等自然条件的影响，工作地点也基本局限在近岸水域，特别是一些小型的起重船。

大型起重船的表现相对较好，但使用成本高。其动力定位能力可支持离岸较远的深海区域作业。

但从整体上来看，这一类船的风机安装作业效率并不高，随着专业风机安装船的迅速发展，"兼职"的起重船正逐渐被淘汰。

🌱 自升平台型

传统的自升平台配备了较大起吊能力的起重机，一般考虑为700～800吨，虽然此时还没有出现绕桩吊，但起重能力已经大幅提升了。自升平台一般配备有4～8根桩腿，通过拖船拖带到达现场后，将桩腿插入海底支撑并固定作业平台，再通过液压升降装置调整作业平台完全或部分露出水面，形成不受波浪影响的稳定作业面，再利用平台上的起重机完成对风机的吊装。

自升平台的甲板作业面相对宽大而开阔，易于装载风机，并且其结构相对简单、造价相对较低、工作稳定性较好。这类船型还适合于桩基的安装，可一体化解决风机安装的更多问题。对于单桩式基础的安装，只需在平台上再配备一套打桩机

> 图285　船身因桩腿的支撑而悬空的"龙源振华"号风机安装船的四桩腿自升平台（左）正在安装风机

即可。

不过自升平台通常没有自航设备，需要依靠拖船将其拖到指定位置，机动性差，并且是要在平静海况下才能拖曳，导致其在现场不同风机点之间转场的时间较长，操纵不便，这是其安装效率不高的主要原因，也影响了经济性。此外，若遇到极端恶劣天气，也不能便捷地撤离现场。

自航自升桩腿式船型

自航自升桩腿式安装船型兼具自升平台和浮式船舶的优点，专门为风机安装而设计。与之前的船型相比，该船型具备了一定的航速和操纵性，除了能自己航行到工作地点外，还能在暴风雨来临前快速撤离到安全区域。船上配备专门用于风机安装的大型起重机，起重能力达到了800～1 200吨。此外还配备有打桩设备。

这一代船型明显的外部特征是桩腿采用板壳式，驱动方式为液压插销式，优势是结构简单、支持能力强、使用寿命相对较长，可以提供稳定工作平台的自升装置则让该船型能在相对恶劣的海况下工作。

此外，该船型具有较大的甲板空间，可变载荷在3 000～6 000吨，可一次携带多套风机和施工设备。由于多数船配备了主推进螺旋桨和侧推螺旋桨，其自航航速一般为8～10节。有些船还具有动力定位能力，可不依赖拖船或锚泊定位的传统作业方式，单独完成海上作业，缩短了作业周期，提高了作业效率。

可以说，这种集机动性、稳定性、高效性于一身的"独立自主"的安装船才是真正意义上的风机安装船。不过，能力高的同时也造就了该型风机安装船的高成本，比如2011年建造的"Taillevent"号，其造价就高达2.75亿美元。

自航自升桁架式船型

第四代的风机安装船船型基本要求、现有风机的安装要求与第三代相当。但为

> 图286 长138.55米、宽40.8米、起重能力1 000吨的"Taillevent"号第三代风机安装船运载了8套风机组件前往目的海域安装

> 图287　采用桁架桩腿、绕桩式起重机的第四代风机安装船"Seajacks Scylla"号

了更适应深水大型桩基的安装作业，配备的绕桩式起重机的起重能力增加到了1 200～1 500吨，再度提升了作业适应性和灵活性。

这一代的外在特征是桩腿采用桁架式，驱动方式为齿轮齿条式，优势是结构重量轻、升降速度快，宽敞的甲板空间和轻量化后的船体重量使得第四代船型的可变载荷达到了8 000吨以上，可一次装载更多的风机和设备。

相对第三代，自航航速也有所提高，一般为10～13节，动力定位能力成了标准配置。为了单独、安全、高效地完成海上风电安装工程，船型在设计上对各系统的作业效率和安全性进行了大幅改进提升。

小贴士

自升式平台

自升式平台就是一种可以自己升降的海上施工平台，由上部结构、桩腿及升降机构等组成。作业时，可自由升降的桩腿将下降插入海底，上部结构则会升起到水面以上一定高度，这样就不会受到波浪的影响。移动时，桩腿先升起，此时上部结构没有了支撑就会像船一样浮于水面，然后依靠拖船拖航至另一作业点。该类平台比较适用于水深较浅的海域，若水深太深，那么它的"腿"就够不到海底了。

风机安装船的工作特点和船型特征

工作特点

海上风机的安装有点像是在"搭积木"，这些"积木"主要包括基础、塔筒（塔架）、机舱、叶片等部分，其"拼装"方法大致可以分成整装和散拼（整体安装和分体安装）两种。至于到底要采用何种安装方式，这取决于水深、海况、风机尺度、风机安装船的起重能力和适用性等。

理论上来说，整装应该是在岸上将包括基础在内的各个风机部件组装完毕并调试后，整个运往或拖往指定海域进行就位和固定。不过这种方式虽然已在多年前就有研究，但却一直没有实际应用。目前所说的整装是指基础上方的风机部分（塔筒、机舱、叶片）在岸上组装并调试好后，再运往指定地点安装到已经先一步安装好的基础之上。

风机的基础就是承载风机的基座，主要类型有单桩式、群桩式、导管架式、重力式、吸入式沉箱、浮式等，主要通过驳船、打桩船、起重船、半潜安装船、自升平台、自航自升安装船等实现安装。

风机上部的整装一般由多艘工程船联合进行。比较典型的方式就是由平甲板驳船、半潜驳等船型（已预先准备好固定风机用的支架）将已经组装好的风机整个运至安装点，再由自升平台或起重船从驳船上将整机吊装到基础上。英国的 Beatrice 海上风电场和我国第一座示范性海上风电场——上海东海大桥100兆瓦海上风电场，采用的就是这种整体安装方法。不过这种方法对于安装船的起重能力有着较高的要求。

散拼是目前海上风电场建设中应用最广泛、技术最成熟的方式，已经经历了数十年的发展。对于起重船、自升平台等非专业的风机安装船，这种方式基本上仍然需要多船种配合。而对于专业的自航自升风机安装船来说，由于该船型集运输和安装功能于一身，因此都能单独完成任务。

先来介绍一下运输，像风机这样类似长条状、高重心的物件在人们的印象中都是躺平了运输才有安全感，因此早期的风机部件也正是这样运到场地后再竖起来安装的。然而，这种方法已被证明效率非常低。现在风机的塔筒多是竖直起来进行运输，就像本章图片中所展示的那样。如此一来，吊装时会方便很多，而叶片则是堆

> 图288 几种常规的海上风机基础

> 图289 吊放中的风机基础

> 图290 海上风机的整装方式

> 图291 塔筒、机舱、已事先拼装好的三叶片构成三个部件

> 图292　分体式安装第一步——塔吊安装

> 图293　分体式安装第二步——机舱吊装

> 图294　分体式安装第三步——叶片吊装

叠在一起运输。

　　在实际操作过程中，根据不同"积木拼搭"方式，散拼还拥有多个分支。例如完全分散型，即塔筒（有的塔筒分为多段）、机舱和三片叶片之间都是分开的，相当于有五个部分；又如机舱和两片叶片事先组装好，那么加上剩下的一片叶片以及塔筒，就可以算是三个部件；还有的是将三片叶片先拼装好，和机舱、塔筒构成三个部件。

　　安装的顺序则都是由下往上，先塔

> 图295　正在机舱里进行安装工作的技术人员

筒、再机舱（无论是否已预先安装叶片），最后是叶片。当然，安装时不仅要依靠机械设备，还需要很多工作人员的帮助才能完成，有的负责指挥，有的负责调试，有的负责紧固，有的负责接线等。

船型特征

目前的第三代和第四代风机安装船均考虑集运输、自航、自升、起重、动力定位等功能于一体，独立完成海上风电设备的安装工作。一般都具有以下特点：

（1）配置有较大起重能力和起吊高度的起重机。

（2）具有较大的甲板空间，以用于运输海上风电机组的各组成部分。

（3）设置了定位或起升用桩腿，用于保证起吊和安装精度，并提升了安装作业对环境条件的适应性。

（4）作业就位和移位不需要拖轮拖行，节省了大量的拖航费用和时间。

（5）操作机动、灵活，可避开不良海况条件，安全可靠。

（6）体现多用途功能，通用性好，可做很多其他工程，如海上设备吊装、平台建造、海上维修等。

风机安装船的发展历程

自1991年丹麦在洛兰岛附近的低水位海域建成了世界上第一个海上风电场Vindeby后，风机安装船开始起步发展。到现在，发展过程可以分为三个阶段，第三代和第四代暂作为一个阶段。

海上风电场的发展初期，基本选择在潮涧带、浅滩开展建设，水深在0～10米，安装的是发电规模有限、单机发电功率在3兆瓦以下、最大轮毂安装高度不超过80米的风机。一般采用散件安装或分体安装，对起重机的要求很低，很少有考虑专用的风机安装船，往往利用已有的起重船兼顾作业，甚至采用驳船上配备甲板履带吊也可参与作业。

因此，第一阶段的风机安装船是以起重船、驳船或定制的起重型风机安装船为代表，由起重型安装船和拖船、驳船等进行联合作业。

处于该阶段的风电安装公司投资建设的第一代风机安装船基本为这种起重型

表3 三个阶段的风机安装船功能比较

功　　能	第一阶段 （第一代）	第二阶段 （第二代）	第三阶段 （第三代和第四代）
高起重能力	●（部分）	●	●
高甲板载荷能力	●（部分）	●	●
大工作甲板	●	●	●
自升能力		●	●
直升机甲板		●	●
带居住舱室区		●	●
自航能力			●
动力定位能力			●

> 图296 通过甲板的履带吊进行分体式风机安装作业

> 图297 "Thor"号风机安装船

式，起重能力300吨左右，常采用坐滩作业，具备自航功能的船型还可在不同风机位置间转移。不过这种起重式风机安装船极其依赖天气和波浪条件，对控制工期非常不利，现已较少使用。

随着人们对风电安装和海上风能理解的深入和相关技术的发展，风机发电规模也增加了很多，单台风机达到了3～5兆瓦，轮毂安装高度也达到了100米。此时，3兆瓦以下的小型风机基本考虑整体安装，

3兆瓦以上的风机也考虑采用更少组装步骤的分体安装，第一代船型面对这些变化已经无能为力了。

新规划风电场的作业水深增加至20米左右，作业海况变差，海上风电场的安装船型自然而然就出现了将传统受风浪环境影响小的自升平台与使用需求相结合的型式。因此第二阶段的风机安装船概括来说就是具有自升功能的驳船或平台，但不具有自航功能。

目前，自升平台仍是海上风电安装的主力。德国 Hochtief Solutions 公司设计的"Thor"号属于典型的第二代风机安装船，2010年建成，采用圆柱形桩腿，液压升降装置，船长93米，型宽40米，吃水7.5米，露天甲板面积1 850平方米，载重量2 500吨，桩腿长82米，直径3.7米。

随着风机的不断大型化以及离岸化，欧洲风电跨入了一个新的作业区域，欧洲行业内有个形象的比喻为"水深30米，离岸30千米"。此时随着技术的发展，风机发电规模继续增加，单台风机达到了6兆瓦，轮毂安装高度达110米。

起重能力和起重高度的限制以及海况的复杂化，使得传统的风机安装船无法满足需求，再加上普通的工程船并不能完整地进行整个风机的海上运输和安装，因此海上风力发电场急需一型专用的风机安装船。

作为风电行业的领先者，欧洲率先提出了兼具自升平台和航行船舶优点的专用于风机安装用途的自航自升船型。除了自航自升，较大的甲板面积则能助其一次运载并安装更多的风机，从而减少了对本地港口的依赖。能力的提升也促使了风机安装方式的改变和作业效率的提升，基本上5兆瓦以下的风机可采用整体安装，5～6兆瓦的风机采用分体安装。

我国为欧洲公司建造的"五月花"号就属于这一阶段的"排头兵"。2002年，英国 Mayflower 能源公司与中国山海关船厂签订世界上首艘专用于风机安装的"五月花"（Mayflower Resolution）号（现属于荷兰 Van Oord 集团所有，已改名为 MPI Resolution）风机安装船建造合同，并于2004年开始运营。

"五月花"号船长130米，型宽38米，型深8米，最大装载能力达7 200吨，可以一次运载10台3.5兆瓦的风机，允许的风机塔架最大高度和叶片最大直径均为100米，一年能够安装的风机超过200台。

该船拥有6根桩腿，能够在安装海上风机时升至离海面3～46米的距离。"五月花"号在英国 North Hoyle、Kenith Flats

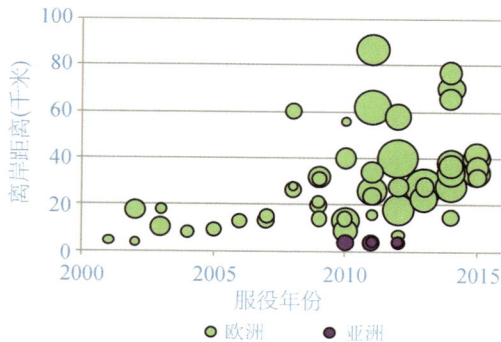

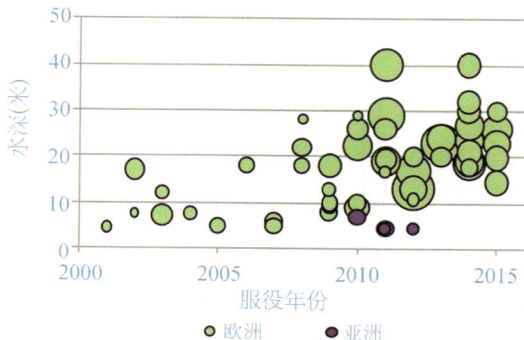

> 图298 欧洲和亚洲海上风电场离岸距离和水深的发展近况（正逐步向深远海发展）

> 图299 正在进行风机安装作业的"五月花"号风机安装船

等诸多风电场进行过安装作业。

到这里,第三阶段其实还没有完。欧洲海上风电市场的政策随着产业的发展逐步升级,出于对减少近岸沿海环境影响的目的,要求新增的远海风电场离岸距离和水深进一步增加。新的风电场设置区域被欧洲称为"水深60米,离岸60千米"作业线。

更远的海上风电的发电总规模变化不大,但要求能够适应风机大型化发展的需求。这就促成了在第三代风机安装船基础上改良而来的第四代。

第四代船型的典型代表是"Pacific Orca"号,该船由韩国三星船厂于2012年建造,丹麦的Swire Blue Ocean公司运营,用于水深60米左右水域的风机安装作业。

该船装有6根105米长的桁架式桩腿,最大工作水深可达75米,并配有1 200吨的绕桩式起重机,甲板作业面积约4 300平方米,可一次携带12套3.6兆瓦的风机。

该船自航航速达到了13.5节，动力定位级别达到DP2级。

目前国外专业的海上风电安装公司建造的风机安装船多数属于第三代风机安装船和少量的第四代风机安装船，用于风电场的安装、维护及其他海上支持作业。

欧洲国家在海上风电领域一直扮演着"领头羊"的角色，第三代和第四代风机安装船的船东和设计公司绝大多数来自欧洲。以英国为例，在海上风机安装船产业上，通过增加补贴、设立重大科技课题等方式，引导技术升级，为稳固行业的领先地位和持续发展奠定了良好的基础。

> 图300　"Pacific Orca"号桁架式风机安装船

我国风机安装船的发展状况

我国最初的海上风机安装船绝大多数并非为海上风电机组的安装而特别设计。比如2010年我国在上海东海大桥建成的第一个海上风电场，暨我国第一个海上风力发电示范基地，装机总容量为102兆瓦，其建设时所用的安装船就是"四航奋进"号、武桥重工集团股份有限公司的2×1 200吨起重船等非专业的起重船。

伴随着我国海上风力发电的迅猛发展，海上风电场中开始出现新建或改装的专业化和半专业化海上风机安装船，发展历程与国外相似，只是时间上相对滞后。在这段时间里，我国先后涌现出了一批较具代表性的自主研发船型，也为相应阶段的国家风电重点工程的建设做出了杰出贡献。

> 图301 "海洋36"号风机安装船

> 图302　"龙源振华1"号风机安装船

比如，早期针对我国潮涧带风电场的建设，南通市海洋水建工程有限公司和江苏龙源振华海洋工程有限公司分别建造了"海洋36"号、"龙源振华1"号两艘专门的风机安装船。这两艘船属于第一代风机安装船，采用坐滩作业模式。

2012年，我国首艘也是亚洲第一艘的专用自升式海上风电安装平台"华电1001"号建造完成。"华电1001"号船长89米，船宽39米，采用4根圆柱形桩腿，驱动方式为液压插销式，起重能力为700吨，工作水深25米。

2014年6月，我国自主研发的"龙源

振华2"号顺利交付，该自升式海上风电安装平台长76.8米，船宽42米，采用4根圆柱形桩腿，驱动方式为齿轮齿条式，起重能力为800吨，工作水深达到30米。

这两艘自升式海上风电安装平台都是我国典型的第二代风机安装船。

2017年5月18日，专门针对我国沿海各风电场的安装与运维设计建造的首座KOE01型"精铟1"号自升式风机安装船在广州南沙举行了交付仪式。这艘我国自主研发设计的第三代风机安装船总长85.8米，型宽40米，最大作业水深达45米，配备一台800吨全回转绕桩式起重机和四

> 图303 "华电1001"号自升式海上风电安装平台

> 图304 "龙源振华2"号自升式海上风电安装平台

套液压插销式连续升降系统，能够安装最新一代的7兆瓦海上风机，并且具备650吨以下单桩桩基的施工能力。

　　时隔不足半月，2017年6月1日，由同一家设计院自主研发，厦门船舶重工股份有限公司为中铁福船海洋工程有限责任公司批量建造的首制海上风电一体化作业移动平台"福船三峡"号也顺利交船。该船总长108.5米，型宽40.8米，最大作业水深50米，可携带5兆瓦风机3套或7兆瓦风机2套，是集大型风机构件运输、起重和安装功能于一体的第三代风机安装船。

> 图305 "精铟1"号风机安装船

对于上述风机安装船研发设计的丰硕成果，我国依然没有满足，而是紧跟技术发展的步伐，再接再厉，又有了进一步的突破。2019年4月，由"精铟1"号设计、

> 图306 "福船三峡"号海上风电一体化作业移动平台

建造的原班人马为广东精铟海洋工程股份有限公司自主研制的1 200吨自升式风电安装船"海龙兴业"号顺利交付。

该船交付于最终子用户中国广核集团，是针对广东海上风电场涌浪较大、作业窗口期相对较短的特征，采用了桁架式桩腿和齿轮齿条式升降系统，设计作业水深达60米。主起重机采用绕桩吊，最大起重能力达到了1 200吨，可变载荷达到3 600吨，甲板作业面积超过3 000平方米，可以同时携带4套7兆瓦风机机组。

> 图307 "精铟2"号桁架式风机安装船效果图

风机安装船的关键设备

起重机

海上风机安装的关键设备是起重机，起重能力和起重高度决定了可以吊装风机的量级。海上风电安装涉及风机组件组装和海上吊装过程，其效率决定了海上风电

> 图308 普通的全回转式起重机（起重机和桩腿是完全分离的）

> 图309 绕桩式起重机（起重机"包裹"着桩腿）

安装效率和安全性。

目前风机安装船的起重机主要有两种形式：一种是普通的全回转式起重机；另一种是绕桩式起重机，将起重机放在平台艉部的某一个桩腿的升桩机构室上面，桩腿从起重机的中心穿过。

绕桩式起重机将起重机作业时受桩腿的影响降低到最小，充分发挥起重机的功能，同时将起重机的实际吊距损失降低到最小。

假定某一平台考虑要求具有舷外20米的吊距，如果采用绕桩式起重机，假设桩腿中心线距离舷边仅5米左右，其实际吊距达到25米就能满足要求。而普通的全回转式起重机实际吊距可能需要30米以上，一般会大幅增加起重机的设计要求和造价。

而且，由于绕桩式起重机的筒体不占用作业甲板面积，甲板的利用率也能增加很多，从总布置来看绕桩式起重机无疑是最好的选择。

此外，绕桩式起重机直接坐落于桩腿之上，可以省去部分底部筒体结构，总重量也比普通的全回转式起重机要小，平台的有效载荷也会增加。随着风电市场

对绕桩式起重机的需求日益增加，其研制技术已经比较成熟，目前国内自主设计的大型绕桩式起重机也已广泛应用。

风机吊装重心高，叶片也超长，一般单个叶片长度超过60米，且高空的吊装环境相对恶劣。分体安装是叶片在空中需要从水平变成垂直状态，不允许轻微碰撞，因此起重机上往往还需配备专用的锁具钩、稳钩装置等用于叶片空中吊装的姿态控制，以提高海上风电安装效率。

> 图310 风机安装船上专用的吊具

桩腿和桩靴

桩腿和桩靴就像人的"大腿"和"大脚"，通过它们风机安装船可以稳稳地站立在大海上，舞动起重吊臂进行海上作业，即使遇到较大的风浪也很难让它动摇。

桩腿数量及结构型式的选择要综合考虑作业水深、作业能力、船体结构型式、船体尺寸等因素，需平衡各种因素，通过最终的结构分析确定。一般对于海上风机安装船来说，桩腿数量为4～6根，为壳体式桩腿或桁架式桩腿。其中，壳体式桩腿按截面形状又分为圆柱型和方箱型。

壳体式桩腿结构设计与制造相对简单，结构牢固，相比桁架式桩腿，其占用主船体的空间小，同样尺度的船体可具有更大的甲板面积。但壳体式桩腿承受的风浪流载荷相比桁架式桩腿更大，因此一般不适用于过大的作业水深。

从构造上来看，其上部桩腿结构由桩腿外壳板和加强构件组成，桩腿外部有销孔，与液压插销升降装置相匹配，能承受很大的载荷，且插销间载荷分布较均匀；下部桩腿结构可直接插入桩靴直至桩靴底部，能够直接将载荷有效传递到海床。

相对离岸较远的风电场建设，在达到一定作业水深后，并考虑所处水域的作业环境载荷，增加的风载荷和波浪载荷加剧了桩腿对船体整体结构支撑的安全性要求，往往会考虑采用桁架式桩腿。桁架式桩腿构件尺寸小，各弦杆和撑杆之间有更多的空隙，因此受风、流、波浪的影响较小。

桁架式桩腿的上部结构由弦杆、连接弦杆的水平杆和斜撑杆组成，相互之间以K、T、Y形节点为主，弦杆上有齿条；下部结构通过弦杆传递到桩靴底部，弦杆间的受力传递不像壳体式桩腿传递那样均匀，因此容易产生变形，使载荷不易

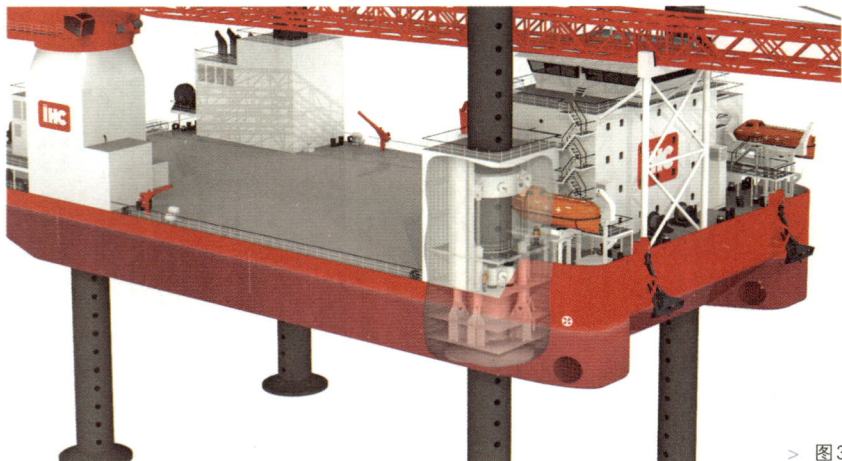

> 图311　壳体式桩腿示意图

直接传递到桩靴底部，故对桩靴结构要求更高。

桁架式桩腿由于弦杆间距较壳体式桩腿结构的直径更大，围井空间需要占用更多的船体空间，因此会损失一定的甲板面积，杆件节点较多，焊接制造相对复杂。

壳体式桩腿及桁架式桩腿均可采用齿轮齿条的升降系统，由于风机安装船的起重机作业需要特别仔细去分析集中载荷工况和受50米／秒（相当于3级强台风）极限风速的风暴载荷工况，每个小齿轮的受力不均，为避免小齿轮受力不均，还需设置锁紧装置。

目前，船舶设计师们开展桩腿的型式设计须参照特殊的规范进行，如中国船级社的《海上移动平台入级规范》的有关规定，根据风电安装过程中的关键作业工况来校核计算桩腿的结构强度。

而桩靴的大小、型式选择对海上风机安装船的设计也至关重要，因为风电安装

> 图312　桁架式桩腿示意图

施工要求提高作业效率，在不同风电桩位之间要能够较快地移动，插桩不宜过深，故桩靴的设计也要依据规范要求进行结构强度校核。

这"腿"和"脚"的设计还真没那么简单，这一"脚"的深浅还要结合实际作业海底地质条件来确定桩底压强，并综合考虑各种因素确定桩靴的形状和大小。

升降装置

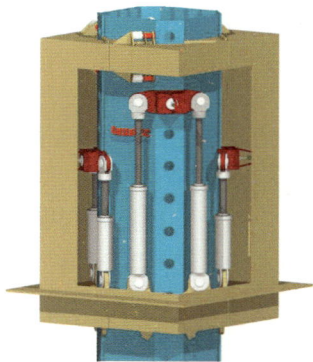

> 图313 典型的液压插销式升降装置示意图

升降装置的安全可靠是海上风机安装船安全作业的保证。自升平台常见的升降装置有液压插销式升降装置和齿轮齿条式升降装置。

液压插销式升降装置

液压插销式升降装置结构简单、支持能力强、能吸震、工作平稳可靠，但升降速度相对较慢。近年来随着技术进步，液压插销式升降装置的构造有了新的发展，其升降速度和升降能力均得到很大的提升。由于油缸的寿命较长，所以液压插销式升降装置的整体使用寿命也较长，通常只需要更换少量非核心系统的易损件。

液压插销式升降装置造价相对便宜，可明显降低平台的整体造价，因此对于具有频繁升降作业需求、作业水深在50米以内的自航自升风机安装船来说，采用液压插销式升降装置是最好的选择。

齿轮齿条式升降装置

齿轮齿条式升降装置在自升式油气钻井平台中已被广泛采用，主要是因为该装

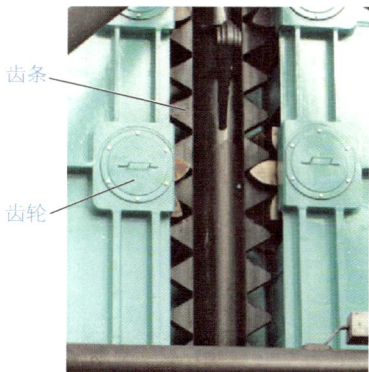

齿条

齿轮

> 图314 典型的齿轮齿条式升降装置

置与桁架式桩腿配合较好，适用于相对较深的水域作业。齿轮齿条式升降装置的优点是工作连续制，可保证船体升降平稳、速度快、易操作、同步性好，所以适用于水深50米以上的第四代风机安装船。

齿轮齿条式升降装置也不是完美无缺的，其最大的缺点是齿轮寿命受限。虽然新型齿轮齿条式升降装置设计寿命已经提高了近3倍，但仍然不利于风电安装作业频繁升降船体的要求。

风机安装船的发展趋势

海上风电的历史从诞生至今不过短短30年，却经历大跨越式的技术革新。风机安装船也以迅猛之势更新换代，令人目不暇接。人们已经对海上风电的发展充满了期待和梦想，那么未来的海上风电及相匹配的风机安装船将会呈现怎样的景象呢？

风机安装船从浅滩走向深蓝，这种适应水深的变化能力增强是有目共睹的趋势，然而背后的核心是风机装备的大型化、高效化、环境适应性更强、远距离输电技术的成熟等源动力的技术驱动。

针对未来海上风电场开发设计专用的风电安装装备是十分必要的，可以根据已经出现的一些研究方向对海上风机安装船的发展趋势进行一些基本预测。

适用于深水的大功率漂浮式风机安装作业

众所周知，深海的水域范围越广，风能资源也就越丰富，风速也相对稳定，且与海上航线等发生冲突的概率大大降低。随着海上风电场建设逐步向深水推进，与海洋油气平台的发展趋势相类似，风机的基础结构也必将摒弃传统的固定式基座方案，选用适宜的漂浮式基础。目前已有各种各样的风机漂浮式基础申请了专利，或是做出了演示样机（为验证设计或方案的合理性和正确性，或生产的可行性而制作的样品，用于验证功能和技术指标的演示产品样机）。

2017年10月，全球首个商业化运行的大型海上漂浮式风电项目——海温德苏格兰（Hywind Scotland）漂浮式风电场已在英国海域投入运行。这个风电场拥有5台6兆瓦风机，每座风机通过长达100余米的漂浮式基础与3条连接海底的锚索固定。在其投入运营的几个月中，无论是在安全性还是发电效率上，都表现得非常不错，超出了人们的预期。在安装运输方面，这5台漂浮式风机是利用半潜式起重船先在岸边进行各部件的组装，之后整体运往目的地进行最后的安装调试。由于数量较少且离岸也不算太远，因此在安装成本和效率方面并没有过多考虑。相信未来如果漂浮式风机在深远海大量应用，应该会出现更有效、更有针对性的风机安装船。海温德苏格兰漂浮式风电场位于彼得黑德东面25千米、水深100米左右的海上。其每个

> 图315 各式漂浮式风机

漂浮式风机由3个吸力锚定位，互相之间有电缆连接，最终电缆连到岸上。

　　漂浮式风机发电场的研制已经揭开了序幕，我国的相关研究也已提上日程。当然，漂浮式风机发电的方案还有很多技术难关要攻克。随着风机本身的大型化、输电系统的高效化、漂浮式基础的性价比合理化等，相信在不远的将来，我国也会拥有自主研发、创新突破的新型海上发电装备，为之配套的风机安装船也在加快研发进程。

主起重机能力越来越大以及主甲板可利用面积越来越大

　　海上风机功率越来越大，到目前已经有8兆瓦的海上风机研制成功，相应的尺寸已经超过了120米，叶片直径也超过了150米，重量更是超越以往。

　　深远海的海上安装采用一体化吊装方案将为节省成本、提高效率带来益处；同样为提高安装效率，风机安装船需要一次可运载更多数量的风机设备，风机安装船的主甲板面积需求进一步加大。

　　因此，既要求安装设备起重机吊装能力更大，又要求主甲板作业面积更大，要适应这些数量更多、个头又大又重的"大家伙"，那么越大的起吊能力对应的风机

> 图316 海温德苏格兰漂浮式风电场

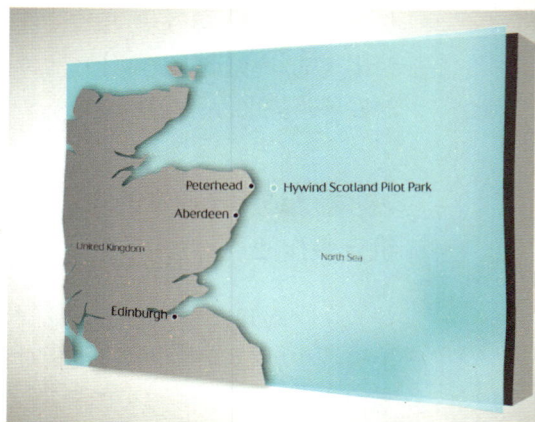

> 图317 海温德苏格兰漂浮式风电场位置示意图

安装船会是什么样？或许可以从欧洲一些公司的构想中一窥端倪。

被称为"Alfa Lift"的新型概念风机安装船，结合了前文介绍的半潜运输船和起重船等主要特点，由挪威OHT公司订购，已在我国招商局重工开工建造。

该船定位就是未来海洋风电市场的运输、安装。设计方案结合了半潜运输船宽大甲板面的优势，1万余平方米的甲板区可以一次运输10个1 500吨的超大型导管架，或是11个2 000吨的大口径单桩结构及其连接件，而船上配备的起重机的起重能力更是达到了3 000吨。

这艘船能否达成设计的预期尚不可知，但未来风机安装船为满足在深海中安装大型化的风机作业，就需要大型化的起重机，并且提供大面积的作业平台，这是一个可以预见的趋势。

> 图318　OHT公司拟建的48 000载重吨半潜式重吊运输安装船（一）

> 图319　OHT公司拟建的48 000载重吨半潜式重吊运输安装船（二）

> 图320　挪威乌斯坦公司拥有大型起重机和大面积作业平台的新一代自航自升式风机安装船——J102

参考文献

1. 张太佶.认识海洋开发装备和工程船[M].北京：国防工业出版社，2015.

2. 水上大力士——起重船[J].舰船知识，2008（4）：79-81.

3. 秦顺全，张瑞霞，李军堂.海上风电场基础形式及配套施工技术[J].中国工程科学，2010，12（11）：35-39，52.

4. 康为夏，闵兵，李含苹.大型起重船的发展与市场前景[J].船舶，2009，20（6）：13-17.

5. 张志明，徐丹铮，张超，等.大型起重船船型开发的若干技术问题初探[J].船舶，2005（1）：10-15.

6. GB/T 8843-2002，工程船术语[S].

7. 饱和潜水：潜水员与深海高压的较量[N].南方日报，2015-02.

8. 顾靖华.潜水钟的概况及发展趋势[J].海军医学杂志，2011，32（4）：281-284.

9. 陆悦铭."半潜船"的前世今生[J].中国海事，2017（3）：75-77.

10. 廉静静，杨晓.半潜船及其在海洋工程中的应用[J].世界海运，2016，39（12）：9-14.

11. 钟文军，刘菊娥，王琮，等.大型回转起重船技术特点与发展研究[J].船舶与海洋工程，2012（1）：69-75.

12. 赵波.海缆船的现状与展望[J].航海技术，2016（3）：74-77.

13. 991Ⅱ型布缆船简介[J].船舶工程，1978（1）：1-7，83，2.

14. 张太佶.中型布缆船的更新代船型初探[J].船舶，2008（2）：1-7.

15. 何劲松.解码中国海军首艘万吨级自航式浮船坞"华船一号"[J].兵器知识，2016（5）：14-16.

16. 张海亚，郑晨.海上风电安装船的发展趋势研究[J].船舶工程，2016，38（1）：1-7，30.

17. 李朝阳，姚海，于蓓莉.重型全回转起重船：海洋资源开发利器[J].上海信息化，2017（12）：28-30.

18. 张炳发，季圣国，李朝阳.新型全回转浮式起重机的人字架放倒设计[J].起重运输机械，2016（11）：32-34.

19. 任会礼，李江波.运架梁起重船起重架结构有限元分析[J].建筑机械，2006（23）：84-86，89.

20. 卢晶.一种大型浮吊的扒杆建造工艺[C]//中国海洋工程学会.第十五届中国海洋（岸）工程学术讨论会论文集

（下）.中国海洋工程学会：中国海洋学会海洋工程分会，2011：4.

21. 胡广.电缆船的现状与发展［J］.广东造船，2007（3）：48-53.

22. 郭宏，屈衍，李博，等.国内外脐带缆技术研究现状及在我国的应用展望［J］.中国海上油气，2012，24（1）：74-78.

23. 周卓亮，蔡洁.50 000吨半潜船压缩空气压载系统设计研究［J］.船舶，2013，24（5）：57-62.

24. 陈一昌.我国修船业的成长与发展［C］//中国造船工程学会.纪念中国造船工程学会成立60周年中国船舶工业发展论坛论文集.北京：中国造船工程学会，2003：167-174.

25. 于超，张昭.全国饱和潜水再创新纪录330.2米［N］.解放军报，2015-01-11.

26. 张崧，谭家华.海上风电场风机安装概述［J］.中国海洋平台，2009，24（3）：35-41.

27. 古奥.舰船维修的海上浮动平台　浮船坞漫谈［J］.舰载武器，2009（11）：80-84.

28. 高志明."南通"号的故事［J］.中国远洋航务，2017（1）：92-94.

29. 陈晓华，张莹.大型浮船坞牵引力计算分析［J］.船舶，2017，28（1）：68-73.

30. 浮船坞专辑［J］.船舶设计通讯，1993.

后 记

新中国成立以来，我国舰船与海洋工程装备从小到大，由弱变强，实现了跨越式发展，为捍卫我国海疆和保障国民经济的发展作出了巨大贡献。为了使广大青少年和公众读者了解到我国舰船研制的艰难历程和取得的成就，中国船舶及海洋工程设计研究院、上海市船舶与海洋工程学会、上海交通大学及上海科学技术出版社密切携手，编纂出版"国之重器——舰船科普丛书"，向中华人民共和国建国70周年献礼。

此套丛书编写得到曾恒一院士、潘镜芙院士以及80多位新老科学家的响应和支持，为其顺利出版奠定了基础。丛书编纂中，注重原创，努力将科学性、权威性、严谨性贯穿始终，把技术性、知识性、趣味性融于一体，把舰与船的专业知识从学术殿堂驶达青少年和公众读者的心田。

上海市船舶与海洋工程学会理事长邢文华、中国船舶及海洋工程设计研究院党委书记卢霖、江南造船（集团）有限责任公司董事长林鸥、沪东中华造船（集团）有限公司纪委书记胡敬东等领导对这套丛书的编撰出版予以多方支持和鼓励，并明确指示：该丛书的编撰是一项系统工程，

要求高、时间紧、工作量大，要发挥科技人员的参与意识和普及"国之重器"科学知识的积极性，努力把丛书编好，使它成为一部向广大青少年和公众读者科学普及舰船知识，弘扬海洋文化，开展国防教育的好丛书。

100多位从事舰船及海洋工程科研、设计、建造的专家和老、中、青三代科技工作者参与了丛书的编写。撰写者大多是肩负科研任务的一线科研工作者，只能利用业余时间进行编写；他们不是专业的科普作者，但要完成从建造者到教育者、从设计员到讲解员的角色转换；学术著作可以精尖高深，科普文章却要浅显易懂，要像对学生上课一样，心口相传，绘声绘色，这对他们而言绝非易事。但面对困难，他们不曾退缩。在大家的心中，参与丛书编撰不仅是对投身舰船科研、设计、建造实践的重塑，更是为了中国造船事业后继有人、薪火相传。从领受编撰任务的那一天起，他们酝酿推敲、遴选谋篇、不辞辛劳、不舍昼夜，把对科学的爱、对祖国的情凝练成书香墨宝。

历经2年，这部丛书终于与读者见面了。丛书的编撰得到众多单位支持，并成立丛书专家委员会，严格遵循资料汇

总、提纲拟制、内容撰写、审查把关、全稿统筹的编纂规律，先后多次召开书稿初审会、复审会和终审会，确保内容准确、权威。

因此，"国之重器——舰船科普丛书"具有以下特点：

一是广泛性。丛书涵盖了当今世界主要舰（船）种，内容包括舰船的诞生、发展历程、关键系统设备和发展前景等，是目前已出版舰船科普丛书中较齐全、较系统的一套科普丛书。

二是原创性。目前市场上有关舰船方面的科普图书屡见不鲜，但引进的多，原创的少，而这套丛书立足于国内舰船研制历程，经过精心策划，历经2年的努力原创而成。

三是权威性。丛书由中国船舶及海洋工程设计研究院、上海市船舶与海洋工程学会和上海交通大学主编，联合江南造船（集团）有限责任公司、沪东中华造船（集团）有限公司、上海外高桥造船有限公司、中国海洋石油集团有限公司等单位，还成立了由曾恒一院士、潘镜芙院士领衔的专家委员会对丛书内容进行专业技术上的把关，保证了此书的科学性和权威性。

四是充满情怀。习近平总书记指出：科技创新、科学普及是实现国家创新发展的两翼，要把科学普及放在与科技创新同等重要的位置。丛书正是基于这一精神向全民，特别是青少年介绍舰船科技知识，弘扬科学精神，传播科学思想和科学方法，激发爱国热情，使全民关心、热爱、支持国防建设和舰船事业的发展，为实现强军梦、强国梦尽一份心力。

五是集体创作。老、中、青100多位科技工作者参加丛书编撰，每分册从提纲到初稿、定稿，均经众人讨论、修改，所以说丛书是集体创作的成果。

丛书编写过程中参考了一些书籍和报刊，引用了一些观点和图片，在此表示诚挚谢意。

在丛书出版发行之际，向各位专家、全体编撰人员，以及关心、支持丛书编撰出版的有关单位和个人表示崇高的敬意。

对于书中不妥之处，希望广大读者予以指正。

张　毅

2018 年 8 月

目　录

第一章　建筑给水系统

第一节　建筑给水系统概述

一、建筑给水系统的分类

完善的建筑给水系统是能够以充足的水量、合格的水质和适当的水压向居住建筑、公共建筑或工业企业建筑等各类建筑内部的生活、生产以及消防用水设施供水的一整套构筑物(泵房、储水池等)、设备(水泵、气压罐等)、管路系统(引入管、干管、支管等)及其附件(阀门、管道倒流防止器等)的总称。

建筑给水系统的室内给水系统,可分为生活给水系统、生产给水系统和消防给水系统。

(一)生活给水系统

生活给水系统是为人们日常生活提供饮用、烹调、洗涤、盥洗、沐浴等用水的给水系统。根据供水用途的差异可进一步分为:饮用水给水系统、杂用水给水系统和建筑中水系统。生活给水系统除要满足用水设施对水量和水压的要求外,还应符合国家规定的《生活饮用水水质标准》。

(二)生产给水系统

生产给水系统是为产品制造、设备冷却、原料和成品洗涤等生产加工过程供水的给水系统。由于采用的工艺流程不同,生产同类产品的企业对水量、水压、水质的要求可能存在较大差异。

(三)消防给水系统

消防给水系统是向建筑内部以水作为灭火剂的消防设施供水的给水系统。包括消火栓给水系统、自动喷水灭火系统。

同时具备两种以上给水用途的建筑,应该根据用水对象对水质、水量、水压的具体要求,通过技术经济、安全等方面综合比较,确定采用独立设置的给水系统或共用给水系统。共用给水系统有生产、生活共用给水系统,生活、消防共用给水系统,生产、消防共用给水系统,生活、生产、消防共用给水系统。共用方式包括共用储水池、共用水箱、共用水泵、共用管路系统等。

二、建筑给水系统的组成

(一)引入管

引入管是指将室外给水管引入建筑物的管段,它与进户管(入户管)有区别,后者是指住宅内生活给水管道进入住户至水表的管段。对居住小区而言,引入管则是由市政管道引入至小区给水管网的管段。

(二)水表节点

水表节点是安装在引入管上的水表及其前后设置的阀门和泄水装置的总称,水表用于计量建筑物的用水量。

(三)管道系统

管道系统的作用是将由引入管引入建筑物内的水输送到各用水点,根据安装位置和所起作用不同,可分为干管、立管、支管。

(四)给水附件

给水附件包括在给水系统中起控制流量大小、限制流动方向、调节压力变化、保障系统正常运行的各类配件如水龙头、闸阀、止回阀、减压阀、安全阀、排气阀、水锤消除器等。

(五)升压设备

升压设备用于为给水系统提供适当的水压,常用的升压设备有水泵、气压给水设备、变频调速给水设备。

(六)储水和水量调节构筑物

储水池、水箱是给水系统中的储水和水量调节构筑物,它们在系统中起流量调节、储存消防用水和事故备用水的作用。水箱还具有稳定水压的功能。

（七）消防和其他设备

建筑物内部应按照规定设置消火栓、自动喷水灭火设备；水质有特殊要求时须设深度处理设备。

三、建筑内部给水方式选择原则

给水方式是指建筑内部给水系统的给水方案。给水方式必须依据用户对水质、水压和水量的要求，结合室外管网所能提供的水质、水量和水压情况、卫生器具及消防设备在建筑物内的分布、用户对供水安全可靠性的要求等因素，经技术经济比较或经综合评判来确定。

建筑内部给水方式选择应按以下原则进行：

第一，在满足用户要求的前提下，应力求给水系统简单，管道长度短，以降低工程造价和运行管理费用；

第二，应充分利用室外管网水压直接供水，当室外管网水压不能满足建筑物用水要求时，应考虑下面几层利用外网水压直接供水，上面数层采用加压供水；

第三，供水应安全可靠、管理维修方便；

第四，当两种及两种以上用水的水质接近时，应尽量采用共用给水系统；

第五，生产给水系统应优先设置循环给水系统或重复利用给水系统；

第六，生产、生活、消防给水系统中的管道、配件和附件所承受的水压，均不得大于产品标准规定的允许工作压力；

第七，高层建筑生活给水系统的竖向分区，应根据使用要求、材料设备性能、维修管理、建筑层数等条件，结合室外给水管网的水压合理确定；

第八，建筑物内部的生活给水系统，当卫生器具给水系统配件处的静水压力超过规定时，宜采用减压措施。

四、常见给水方式的基本类型

（一）直接给水方式

建筑物内部只设有给水管道系统，不设增压及储水设备，室内给水管道系统与室外供水管网直接相连，利用室外管网压力直接向室内给水系统供水。这是最简单、经济的给水方式。

直接给水方式适用于室外管网水量和水压充足，能够全天保证室内用户用水要求的地区。它的优点是给水系统简单，投资少，安装维修方便，充分利用室外管网水压，供水较为安全可靠。缺点是系统内部无储备水量，当室外管网停水时，室内系统立即断水。

（二）单设水箱给水方式

建筑物内部设有管道系统和屋顶水箱（亦称高位水箱），且室内给水系统与室外给水管网直接连接。当室外管网压力能够满足室内用水需要时，则由室外管网直接向室内管网供水，并向水箱充水，以储备一定水量。当高峰用水时，室外管网压力不足，由水箱向室内系统补充供水。为了防止水箱中的水回流至室外管网，在引入管上要设置止回阀。

这种给水方式适用于室外管网水压周期性不足及室内用水要求水压稳定，并且允许设置水箱的建筑物。它的优点是系统比较简单，投资较省；充分利用室外管网的压力供水，节省电耗；系统具有一定的储备水量，供水的安全可靠性较好。缺点是系统设置了高位水箱，增加了建筑物的结构荷载，并给建筑物的立面处理带来一定困难。当水压较长时间持续不足时，须增大水箱容积，并有可能出现断水情况。

在室外管网水压周期性不足的多层建筑中，也可以采用下层直接供水、上层水箱给水的方式，即建筑物下面几层由室外管网直接供水，建筑物上面几层用水箱向室内系统补充供水的给水方式。这样可以减小水箱的容积。

（三）水泵水箱联合给水方式

当室外给水管网水压经常不足、室内用水不均匀、室外管网允许水泵直接吸水而建筑物允许设置水箱时，常采用水泵水箱联合给水方式。

水泵从储水池吸水，经加压后送入水箱。因水泵供水量大于系统用水量，水箱水位上升，至最高水位时停泵，此后由水箱向系统供水，水箱水位下降，至最低水位时水泵重新启动。

这种给水方式由水泵和水箱联合工作，水泵及时向水箱充水，可以减小水箱容积。同时，在水箱的调节下，水泵能稳定在高效点工作，节省电耗。在高位水箱上采用水位继电器控制水泵启动，易于实现管理自动化。储水池和水箱能够储备一定水量，增强供水的安全可靠性。

（四）气压给水方式

利用密闭压力水罐取代水泵水箱联合给水方式中的高位水箱，形成气压给水方式。

水泵从储水池吸水，水送至给水管网的同时，多余的水进入气压水罐，将罐内的气体压缩，罐内压力上升，至最大工作压力时，水泵停止工作。此后，利用罐内气体的压力将水送至给水管网，罐内压力随之下降，至最小工作压力时，水泵重新启动，如此周而复始实现连续供水。

这种给水方式适用于室外管网水压经常不能满足建筑内给水管网所需的水压,室内用水不均匀,不宜设置高位水箱的建筑(如隐蔽的国防工程、地震区建筑、建筑艺术要求较高的建筑等)。它的优点是设备可设在建筑物的任何高度上,便于隐蔽,安装方便,水质不易受污染,投资省,建设周期短,便于实现自动化等。但是,给水压力波动较大,能量浪费严重。

(五)变频调速给水方式

水泵扬程随流量减少而增大,管路水头损失随流量减少而减少,当用水量下降时,水泵扬程在恒速条件下得不到充分利用,为达到节能的目的,可采用变频调速给水方式。

变频调速水泵工作原理为:当给水系统中流量发生变化时,扬程也随之发生变化,压力传感器不断向微机控制器输入水泵出水管压力的信号,当测得的压力值大于设计给水量对应的压力值时,则微机控制器向变频调速器发出降低电流频率的信号,从而使水泵转速降低,水泵出水量减少,水泵出水管压力下降,反之亦然。

(六)分区给水方式

在多层建筑物中,当室外给水管网的压力只能满足建筑物下面几层供水要求时,为了充分利用室外管网水压,可将建筑物供水系统划分为上、下两区。下区由室外管网直接供水,上区由升压、储水设备供水。可将两区的1根或几根立管相互连通,在连接处装设阀门,以备下区进水管发生故障或外网水压不足时,打开阀门由高区水箱向低区供水。

对于建筑高度较大的高层建筑,由升压、储水设备供水的区域如果采用同一个给水系统,建筑低层管道系统的静水压力会很大,因而就会产生以下弊端:

第一,必须采用高压管材、零件及配水器材,使设备材料费用增加;

第二,容易产生水锤及水锤噪声,配水龙头、阀门等附件易被磨损,使用寿命缩短;

第三,低层水龙头的流出水头过大,不仅使水流形成射流喷溅,影响使用,而且管道内流速增加,以致产生流水噪声、振动噪声。

为了降低管道中的静水压力,消除或减轻上述弊端,当建筑物达到一定高度时,给水系统需作竖向分区,即在建筑物的垂直方向按一定高度依次分为若干个供水区域,每个供水区域分别组成各自独立的给水系统。

高层建筑给水系统的竖向分区,应根据使用设备材料性能、维护管理条件、建筑层数和室外给水管网水压等合理确定。如果分区压力过小,则分区数较多,给水设备、给水管道系统以及相应的土建投资将增加,维护管理也不方便。如果分区压力过大,就会出现水压过大、噪声大、用水设备和给水附件易损坏等不良现象。根据我国目前水暖产品所能承受的压力情况,各分区最低卫生器具配水点处的静水压不宜大于 **0.45MPa**,特殊情况下不宜大于 **0.55MPa**。

五、高层建筑给水方式

根据各分区之间的相互关系,高层建筑给水方式可分为串联给水方式、并联给水方式和减压给水方式。设计时应根据工程的实际情况,按照供水安全可靠、技术先进、经济合理的原则确定给水方式。

(一)串联给水方式

串联给水方式是指各分区均设有水泵和水箱,上区的水泵从下区的水箱中抽水的给水方式。这种给水方式的优点是各区水泵的扬程和流量按本区需要设计,使用效率高,能源消耗较小,且水泵压力均衡,扬程较小,水锤影响小;另外,不需要高压泵和高压管道,设备和管路较简单,投资较省。其缺点为水泵分散布置,维护管理不方便;水泵和水箱占用楼层的使用面积较大;水泵设在楼层,振动的噪声干扰较大。因此,需防振动、防噪声、防漏水;工作不可靠,若下区发生故障,则其上部数区供水都会受影响。这种给水方式适用于允许分区设置水箱和水泵的各类高层建筑,建筑高度超过 **100m** 的建筑宜采用这种给水方式。

(二)并联给水方式

并联给水方式是指各分区独立设置水箱和水泵,水泵集中布置在建筑底层或地下室,各区水泵独立向各区的水箱供水的给水方式。这种给水方式的优点为各区独立运行,互不干扰,供水安全可靠,水泵集中布置,便于维护管理,水泵效率高,能源消耗较小,水箱分散设置,各区水箱容积小,有利于结构设计。其缺点为管材耗用较多,且需要高压水泵和管道,设备费用增加,水箱占用楼层的使用面积,影响经济效益。由于这种给水方式优点较显著,因而在允许分区设置水箱的各类高度不超过 **100m** 的高层建筑中被广泛采用。

采用这种给水方式供水,水泵宜采用相同型号不同级数的多级水泵,并应尽可能利用外网水压直接向下层供水。

对于分区不多的高层建筑,当电价较低时,也可以采用并联单管供水方式。这种给水方式所用的设备、管道较少,投资较节省,维护管理也较方便。但低区压力损耗过大,能源消耗较大,供水可靠性也不如前者。采用这种给水方式供水,低区水箱进水管上宜设减压阀,以防浮球阀损坏并起到减缓水锤的作用。

并联给水方式也可采用气压给水设备或变频调速给水设备并联工作。

(三)减压给水方式

减压给水方式分为减压水箱给水方式和减压阀给水方式。这两种给水方式的共同点是建筑物的用水由设置在底层的水泵一次提升至屋顶总水箱,再由此水箱依次向下区减压供水。

减压水箱给水方式是通过各区减压水箱实现减压供水。优点是水泵台数少,管道简单,投资较省,设备布置集中,维护管理简单。缺点是下区供水受上区供水限制,供水可靠性不如并联供水方式。另外,建筑内全部用水均要经水泵提升至屋顶总水箱,不仅能源消耗较大,而且水箱容积大,对建筑的结构和抗地震不利。这种方式适用于允许分区设置水箱、电力供应充足、电价较低的各类高层建筑。采用这种给水方式供水,中间水箱进水管上最好安装减压阀,以防浮球阀损坏并起到减缓水锤的作用。

减压阀给水方式是利用减压阀替代减压水箱,这种方式与减压水箱给水方式相比,最大优点是节省了建筑的使用面积。

第二节　给水管材、附件与水表

一、常用给水管材

建筑给水管种类繁多,根据材质的不同大体可分为 **3** 大类:金属管、塑料管、复合管。金属管包括镀锌钢管、不锈钢管、铜管等;塑料管包括硬聚氯乙烯(**PVC-U**)管、聚乙烯(**PE**)管、交联聚乙烯(**PEX**)管、聚丙烯(**PP**)管、聚丁烯(**PB**)管、丙烯腈-丁二烯-苯乙烯(**ABS**)管等;复合管包括铝塑复合(**PAP**)管、钢塑复合(**SP**)管等。其中聚乙烯管、聚丙烯管、铝塑复合管为目前建筑给水推荐使用的管材。

(一)金属管

1.镀锌钢管

镀锌钢管一度是我国生活饮用水采用的主要管材,由于其内壁易生锈、结垢,且易滋生细菌、微生物等有害杂质,使自来水在输送途中造成"二次污染",甚至在饮用水中出现大量"军团菌"存在的现象,根据国家有关规定,镀锌钢管已被定为淘汰产品,在城镇新建住宅生活给水系统中禁用镀锌钢管,并根据当地实际情况逐步限时禁用热镀锌管;目前,镀锌钢管主要用于水消防系统。镀锌钢管的优点在于耐腐蚀性好、抗风化性能强、防火性能好、造型美观、质量稳定等;管道可采用焊接、螺纹连接、法兰连接或卡箍连接等连接方式。

2.不锈钢管

不锈钢管具有机械强度高、坚固、韧性好、耐腐蚀性好、热膨胀系数低、卫生性能好、可回收利用、外表亮丽大方、安装维护方便、经久耐用等优点,适用于建筑给水特别是管道直饮水及热水系统中。管道可采用焊接、螺纹连接、卡压式、卡套式等多种连接方式。

3.铜管

铜管包括拉制铜管、挤制铜管、拉制黄铜管、挤制黄铜管,是传统的给水管材,具有耐温、延展性好、承压能力强、化学性质稳定、线性膨胀系数小等优点。铜管公称压力 2.0MPa,冷、热水均适用,因为一次性投入较高,一般在高档宾馆等建筑中采用。铜管可采用螺纹连接、焊接及法兰连接等连接方式。

(二)塑料管

1.硬聚氯乙烯(PVC-U)管

硬聚氯乙烯管是由聚氯乙烯树脂与稳定剂、润滑剂等配合后用热压法挤压成型、最早得到开发应用的塑料管材,其使用温度为 5℃～45℃,不适用于热水输送,常见规格为 Dx15～Dx400;公称压力为 0.6～1.0MPa。优点是耐腐蚀性好、抗衰老性强、粘接方便、价格低、产品规格全、质地坚硬,符合输送纯净饮用水标准;缺点为维修麻烦、无韧性,环境温度低于 5℃时脆化,高于 45℃时软化,长期使用有 PVC-U 单体和添加剂渗出。该管材为早期替代镀锌钢管的管材,现已不推广使用。硬聚氯乙烯管通常采用承插连接,也可采用橡胶密封圈柔性连接、螺纹连接或法兰连接等连接方式。

2.聚乙烯(PE)管

聚乙烯管包括高密度聚乙烯(HDPE)管和低密度聚乙烯(LDPE)管。聚乙烯管的特点是重量轻、韧性好、耐腐蚀、可盘绕、耐低温性能好、运输及施工方便、具有良好的柔性和抗蠕变性能,在建筑给水中得到广泛应用。目前国内产品的规格在 Dx16～Dx160,最大可达 Dx400。聚乙烯管道的连接可采用电熔、热熔、橡胶圈柔性连接,工程上主要采用熔接。

3.交联聚乙烯(PEX)管

交联聚乙烯是通过化学方法,使普通聚乙烯的线性分子结构改性成三维交联网状结构。交联聚乙烯管具有强度高、韧性好、抗老化(使用寿命达 50 年以上)、温度适应范围广(-70℃～110℃)、无毒、不滋生细菌、安装维修方便、价格适中等优点。管径≤25mm 的管道与管件采用卡套式连接,管径≥32mm 的管道与管件采用卡箍式连接。

4.聚丙烯(PP)管

普通聚丙烯材质有一显著的缺点,即耐低温性差,在 5℃ 以下因脆性太大而难以正常使用。通过共聚合的方式可以使聚丙烯性能得到改善。改性聚丙烯管有三种:均聚聚丙烯

（PP-H）管、嵌段共聚聚丙烯（PP-B）管、无规共聚聚丙烯（PP-R）管。由于 PP-B、PP-R 的适用范围涵盖了 PP-H，故 PP-H 逐步退出了管材市场。PP-B、PP-R 的物理特性基本相似，应用范围大致相同。

PP-R 管的优点为强度高、韧性好、无毒、温度适应范围广（5℃～95℃）、耐腐蚀、抗老化、保温效果好、不结垢、沿程阻力小、施工安装方便。目前国内产品规格在 $D_N20～D_N110$，不仅可用于冷、热水系统，而且可用于纯净饮用水系统。管道之间采用热熔连接，管道与金属管件通过带金属嵌件的聚丙烯管件采用丝扣或法兰连接。

5.聚丁烯（PB）管

聚丁烯管是用高分子树脂制成的高密度塑料管，管材质软、耐磨、耐热、抗冻、无毒无害、耐久性好、重量轻、施工安装简单，公称压力可达 1.6MPa，能在-20℃～95℃安全使用，适用于冷、热水系统。管道与管件的连接方式有三种，即铜接头夹紧式连接、热熔式插接、电熔合连接。

6.丙烯腈-丁二烯-苯乙烯（ABS）管

ABS 管材是丙烯腈、丁二烯、苯乙烯的三元共聚物，丙烯腈提供了良好的耐蚀性、表面硬度；丁二烯作为一种橡胶体提供了韧性；苯乙烯提供了优良的加工性能。

三种组合的共同作用使 ABS 管强度大，韧性高，能承受冲击。ABS 管材的工作压力为 1.0MPa，冷水管常用规格为 Dx15～Dx50，使用温度为-40℃～60℃；热水管规格不全，使用温度为-40℃～95℃。管材连接方式为粘接。

（三）复合管

1.铝塑复合（PAP）管

铝塑复合管是通过挤出成型工艺而制造出的新型复合管材，它由聚乙烯（或交联聚乙烯）层—胶粘剂层—铝层—胶粘剂层—聚乙烯层（或交联聚乙烯）五层结构构成。既保持了聚乙烯管和铝管的优点，又避免了各自的缺点。可以弯曲，弯曲半径等于 5 倍直径；耐温差性能强，使用温度范围为-100℃～110℃；耐高压，工作压力可以达到 1.0MPa 以上。管件连接主要是夹紧式铜接头，可用于室内冷、热水系统，目前市场上供货的规格在 Dx14～Dx32。

2.钢塑复合（SP）管

钢塑复合管是在钢管内壁衬（涂）一定厚度的塑料层复合而成，依据复合管基材不同，可分为衬塑复合管和涂塑复合管两种。衬塑钢管是以镀锌无缝钢管、焊接钢管为基管，内壁去除焊筋后，衬入与镀锌管内等径的食品级聚乙烯（PE）管材，聚乙烯衬层厚度要求符合相关规定标准，最后加压加热一定时间后成型的一种传统镀锌管的升级型产品；涂塑钢管是以普通碳素钢管为基材，将高分子 PE 粉末熔融后均匀地涂敷在钢管内壁，经塑化后，形成光滑、致密的塑料涂层的钢塑复合管。

钢塑复合管兼备了金属管材的强度高、耐高压、能承受较强的外来冲击力和塑料管材的耐腐蚀、不结垢、导热系数低、流体阻力小等优点。钢塑复合管可采用沟槽式、法兰式或螺纹式连接方式，同原有的镀锌管系统完全相容，应用方便，但要在工厂预制，不宜在施工现场切割。

选用给水管材时，首先应了解各类管材的特性指标，如耐温耐压能力、线性膨胀系数、抗冲击能力、热传导系数及保温性能、管径范围、卫生性能等，然后根据建筑装饰标准、输送水的温度及水质要求、使用场合、敷设方式等进行技术经济比较后确定，须遵循的原则是：安全可靠、卫生环保、经济合理、水力条件好、便于施工维护。

埋地给水管道采用的管材，应具有耐腐蚀和能承受相应地面荷载的能力。可采用塑料给水管、有衬里的铸铁给水管、经可靠防腐处理的钢管。室内的给水管道，应选用耐腐蚀和安装连接方便可靠的管材，可采用塑料给水管、塑料和金属复合管、铜管、不锈钢管及经可靠防腐处理的钢管。

二、管道附件

给水管道附件是安装在管道及设备上的具有启闭或调节功能、保障系统正常运行的装置，分为配水附件、控制附件与其他附件3类。

（一）配水附件

配水附件是指为各类卫生洁具或受水器分配或调节水流的各式水龙头（或阀件），是使用最为频繁的管道附件，产品应符合节水、耐用、开关灵便、美观等要求。

1. 旋启式水龙头

普遍用于洗涤盆、污水盆、盥洗槽等卫生器具的配水，由于密封橡胶垫磨损容易造成滴、漏现象，我国已明令限期禁用普通旋启式水龙头，以陶瓷芯片水龙头代之。

2. 旋塞式水龙头

手柄旋转90°即完全开启，可在短时间内获得较大流量；由于启闭迅速容易产生水击，一般设在浴池、洗衣房、开水间等压力不大的给水设备上。因水流直线流动，阻力较小。

3. 陶瓷芯片水龙头

采用精密的陶瓷片作为密封材料，由动片和定片组成，通过手柄的水平旋转或上下提压造成动片与定片的相对位移，从而达到启闭水源的目的，使用方便，但水流阻力较大。陶瓷芯片硬度极高，优质陶瓷阀芯使用10年也不会漏水。新型陶瓷芯片水龙头大多有流畅的造型和不同的颜色，有的水龙头表面镀钛金、镀铬、烤漆、烤瓷等；造型除常见的流线型、鸭舌形外还有球形、细长的圆锥形、倒三角形等,使水龙头具有了装饰功能。

4. 混合水龙头

安装在洗面盆、浴盆等卫生器具上,通过控制冷、热水流量调节水温,作用相当于两个水龙头,使用时将手柄上下移动控制流量,左右偏转调节水温。

5. 延时自闭水龙头

主要用于酒店及商场等公共场所的洗手间,使用时将按钮下压,每次开启持续一定时间后,靠水的压力及弹簧的增压而自动关闭水流,能够有效避免"长流水"现象,避免浪费。

6. 自动控制水龙头

根据光电效应、电容效应、电磁感应等原理,自动控制水龙头的启闭,常用于建筑装饰标准较高的盥洗、淋浴、饮水等的水流控制,具有防止交叉感染、提高卫生水平及舒适程度的功能。

(二)控制附件

控制附件是用于调节水量、水压、关断水流、控制水流方向和水位的各式阀门。控制附件应符合性能稳定、操作方便、便于自动控制、精度高等要求。

1. 闸阀

闸阀是指关闭件(闸板)由阀杆带动,沿阀座密封面作升降运动的阀门,一般用于口径 $D_N \geqslant 70mm$ 的管路。闸阀具有流体阻力小、开闭所需外力较小、介质的流向不受限制等优点;但外形尺寸和开启高度都较大、安装所需空间较大、水中有杂质落入阀座后,闸阀不能关闭严密、关闭过程中密封面间的相对摩擦容易引起擦伤现象。在要求水流阻力小的部位(如水泵吸水管上),宜采用闸板阀。

2. 截止阀

截止阀是指关闭件(阀瓣)由阀杆带动,沿阀座(密封面)轴线作升降运动的阀门。截止阀具有开启高度小、关闭严密、在开闭过程中密封面的摩擦力比闸阀小、耐磨等优点;但截止阀的水头损失较大,由于开闭力矩较大,结构长度较长,一般用于 $D_N \leqslant 200mm$ 的管道中。需调节流量、水压时,宜采用截止阀;在水流需双向流动的管段上不得使用截止阀。

3. 球阀

球阀是指启闭件(球体)绕垂直于通路的轴线旋转的阀门。球阀在管路中用来做切断、分配和改变介质的流动方向,适用于安装空间小的场所。球阀具有流体阻力小、结构简单、体积小、重量轻、开闭迅速等优点,但容易产生水击。

4. 蝶阀

蝶阀是指启闭件(蝶板)绕固定轴旋转的阀门。蝶阀具有操作力矩小、开闭时间短、安装空间小、重量轻等优点;蝶阀的主要缺点是蝶板占据一定的过水断面,增大水头损失,且易挂积杂物和纤维。

5. 止回阀

止回阀是指启闭件(阀瓣或阀芯)借介质作用力,自动阻止介质逆流的阀门。一般安装在引入管、密闭的水加热器或用水设备的进水管、水泵出水管、进出水管合用一条管道的水箱(塔、池)的出水管段上。根据启闭件动作方式的不同,可进一步分为旋启式止回阀、升降式止回阀、消声止回阀、缓闭止回阀等类型。

止回阀的开启压力与止回阀关闭状态时的密封性能有关,关闭状态密封性好的,开启压力就大,反之就小。开启压力一般大于开启后水流正常流动时的局部水头损失。

速闭消声止回阀和阻尼缓闭止回阀都有削弱停泵水锤的作用,但两者削弱停泵水锤的机理不同,一般速闭消声止回阀用于小口径水泵,阻尼缓闭止回阀用于大口径水泵。

止回阀的阀瓣或阀芯,在水流停止流动时,应能在重力或弹簧力作用下自行关闭,也就是说重力或弹簧力的作用方向与阀瓣或阀芯的关闭运动的方向应一致,才能使阀瓣或阀芯关闭。一般来说,卧式升降式止回阀和阻尼缓闭止回阀只能安装在水平管上,立式升降式止回阀不能安装在水平管上,其他的止回阀均可安装在水平管上或水流方向自下而上的立管上。由于水流方向自上而下的立管上的阀瓣不能自行关闭,起不到止回作用,故不应安装止回阀。

6. 浮球阀

浮球阀广泛用于工矿企业、民用建筑中各种水箱、水池、水塔的进水管路中,通过浮球的调节作用来维持水箱(池、塔)的水位。当水箱(池、塔)充水到既定水位时,浮球随水位浮起,关闭进水口,防止流溢,当水位下降时,浮球下落,进水口开启。为保障进水的可靠性,一般采用两个浮球阀并联安装的方法,浮球阀前应安装检修用的阀门。

7. 减压阀

给水管网的压力高于配水点允许的最高使用压力时,应设置减压阀,给水系统中常用的减压阀有比例式减压阀和可调式减压阀两种。比例式减压阀用于阀后压力允许波动的场合,垂直安装,减压比不宜大于 **3∶1**;可调式减压阀用于阀后压力要求稳定的场合,水平安装,阀前与阀后的最大压差不应大于 **0.4MPa**。

供水保证率要求高,停水会引起重大经济损失的给水管道上设置减压阀时,宜采用两个减压阀,并联设置,一用一备工作,但不得设置旁通管。减压阀后配水件处的最大压力应按减压阀失效情况下进行校核,其压力不应大于配水件的产品标准规定的试验压力。减压阀前宜设置管道过滤器。

8. 泄压阀

泄压阀与水泵配套使用,主要安装在供水系统中的泄水旁路上,可保证供水系统的水压不超过主阀上导阀的设定值,确保供水管路、阀门及其他设备的安全。当给水管网存在短时超压工况,且短时超压会引起使用不安全时,应设置泄压阀。泄压阀的泄流量大,应连接管道排入非生活用水水池,当直接排放时,应有消能措施。

9. 安全阀

安全阀可以防止系统内压力超过预定的安全值,它利用介质本身的力量排出额定数量的流体,不需借助任何外力,当压力恢复正常后,阀门再行关闭并阻止介质继续流出。安全阀的泄流量很小,主要用于释放压力容器因超温引起的超压。

10. 多功能阀

多功能阀兼有电动阀、止回阀和水锤消除器的功能,一般装在口径较大的水泵出水管路的水平管段上。

11. 紧急关闭阀

紧急关闭阀用于生活小区中消防用水与生活用水并联的供水系统中,当消防用水时,阀门自动紧急关闭,切断生活用水,保证消防用水;当消防结束时,阀门自动打开,恢复生活供水。

(三)其他附件

在给水系统的适当位置,经常需要安装一些保障系统正常运行、延长设备使用寿命、改善系统工作性能的附件,如排气阀、橡胶接头、伸缩器、管道过滤器、倒流防止器、水锤消除器等。

1. 排气阀

排气阀用于排除集积在管中的空气,以提高管线的使用效率。在间歇性使用的给水管网末端和最高点、自动补气式气压给水系统配水管网的最高点、给水管网有明显起伏可能积聚空气的管段的峰点应设置自动排气阀。

2. 橡胶接头

橡胶接头由织物增强的橡胶件与活接头或金属法兰组成,用于降低管道振动及噪声,补偿因各种因素引起的水平位移、轴向位移、角度偏移。

3. 伸缩器

伸缩器可在一定的范围内轴向伸缩,也能在一定的角度范围内克服因管道对接不同轴而产生的偏移。它既能极大地方便各种管道、水泵、水表、阀门的安装与拆卸,也可补偿管道因温差引起的伸缩变形,进而代替 U 形管。

4. 管道过滤器

管道过滤器用于除去液体中少量固体颗粒,安装在水泵吸水管、水加热器进水管、换热装置的循环冷却水进水管上,以及进水总表、住宅进户水表、减压阀、自动水位控制阀、温度调节阀等阀件前,保护设备免受杂质的冲刷、磨损、淤积和堵塞,保证设备正常运行,延长设备的使用寿命。

5. 倒流防止器

倒流防止器也称防污隔断阀,由两个止回阀中间加一个排水器组成,用于防止生活饮用水管道发生回流污染。倒流防止器与止回阀的区别在于:止回阀只是引导水流单向流动的阀门,不是防止倒流污染的有效装置;管道倒流防止器具有止回阀的功能,而止回阀却不具备管道倒流防止器的功能,设有管道倒流防止器后,不需再设止回阀。

6. 水锤消除器

水锤消除器在高层建筑物内用于消除因阀门或水泵快速开、闭所引起管路中压力骤然升高的水锤危害,减少水锤压力对管路及设备的破坏,可安装在水平、垂直,甚至倾斜的管路中。

三、水表

水表用于计量建筑物的用水量,通常设置在建筑物的引入管、住宅和公寓建筑的分户配水支管、公用建筑物内需计量水量的水管上,具有累计功能的流量计可以替代水表。

(一)水表的类型

根据工作原理可将水表分为流速式和容积式两类。容积式水表要求通过的水质良好,精密度高,但构造复杂,我国很少使用,在建筑给水系统中普遍使用的是流速式水表。流速式水表是根据管径一定时,水流速度与流量成正比的原理制成的。流速式水表按叶轮构造不同可进一步分为旋翼式、螺翼式和复式三种;按水流方向不同可分为立式和水平式两种;按计数机件所处状态不同可分为干式和湿式两种;按使用介质温度不同可分为冷水表和热水表两种。远传式水表、**IC**卡智能水表是现代计算机技术、电子信息技术、通信技术与水表计量技术结合的产物。

(二)水表的性能参数

水表性能参数包括过载流量、常用流量、分界流量、最小流量和始动流量,具体参数如下:

1. 过载流量

也称最大流量,只允许短时间流经水表的流量,为水表使用的上限值;旋翼式水表通过最大流量时的水头损失为**100kPa**,螺翼式水表通过最大流量时的水头损失为**10kPa**。

2. 常用流量

也称公称流量或额定流量,是水表允许长期使用的流量。

3. 分界流量

水表误差限度改变时的流量。

4. 最小流量

水表开始准确指示的流量值,为水表使用的下限值。

5. 始动流量

也称启动流量,是水表开始连续指示的流量值。

用水量均匀的生活给水系统的水表,应以给水设计流量选定水表的常用流量;用水量不均匀的生活给水系统的水表,应以设计流量选定水表的过载流量;在消防时除生活用水外尚需通过消防流量的水表,应以生活用水的设计流量叠加消防流量进行校核,校核流量不应大于水表的过载流量。

(三)水表的选用

选用水表时,应根据用水量及其变化幅度、水质、水温、水压、水流方向、管道口径、安装场所等因素经过比较后确定。

旋翼式水表一般为小口径($\leq D_N$ 50mm)水表,叶轮转轴与水流方向垂直,水流阻力较大,始动流量和计量范围较小,适用于用水量及逐时变化幅度都比较小的用户;螺翼式水表一般为大口径($> D_N$ 50mm)水表,叶轮转轴与水流方向平行,水流阻力较小,始动流量和计量范围较大,适用于用水量大的用户;对流量变化幅度非常大的用户,应选用复式水表。干式水表的计数机件与水隔离,计量精度较差,适用于水质浊度较大的场合;湿式水表的计数机件浸泡在水中,构造简单,精度较高,但要求水质纯净。水温≤**40℃**时选用冷水表,水温>**40℃**时选用热水表。安装在住户室内的分户水表应选用远传式水表或**IC**卡智能水表。

(四)水表的设置方式

住宅的分户水表宜相对集中读数,宜设置于户外观察方便、不冻结、不被任何液体及杂质所淹没和不易受损坏的地方。

1. 传统设置方式

传统设置方式是最简单的设置方式,即在厨房或卫生间用水比较集中处设置给水立管,每户设置水平支管,安装阀门、分户水表,再将水送到各用水点。这种设置方式管道系统简单,管道短,耗材少,沿程阻力小,但必须入户抄表,给用户和抄表工作带来很大的麻烦,目前已被远传计量方式和**IC**卡计量方式取代。

2. 首层集中设置方式

首层集中设置方式将分户水表集中设置在首层管道井或室外水表井,每户有独立的进户管、立管。这种设置方式适用于多层建筑,便于抄表,减轻抄表人员的劳动强度,维修方便,但增加了施工难度,管材耗量大,需特定空间布置,上部几层水头损失较大,北方寒冷地区要注意管道保温。

3. 分层设置方式

分层设置方式将给水立管设于楼梯平台处,墙体预留 500mm×300mm×220mm 的分户水表箱安装孔洞。分层设置方式虽不能彻底解决抄表麻烦,但节省管材,水头损失小,适用于多层及高层住宅,但厨、卫分散的建筑设置不宜采用。暗敷在墙槽、楼板面层上的管道要杜绝出现接头,以防止出现渗、漏水现象。

4. 远传计量设置方式

远传计量设置方式是在传统设置方式的基础上,将普通水表改成远传水表。远传水表又称一次水表,可发出传感信号,通过电缆线被采集到数据采集箱(又称二次水表),采集箱上的数码管可以显示一系列相关信息,并如实记录水表运行状态,当远传信号线遭到破坏,系统自动启动报警记录,保证系统运行安全。这种设置方式使给水管道布置灵活,设计简化,节省了大量管材,工作人员在办公室就可以通过电脑获得所需数据及用户用表状态,管理方便,但需预埋信号管线,投资较大,特别适用于多层及高层住宅,是今后的发展方向。

5. IC 卡计量设置方式

IC 卡计量设置方式使水作为商品实现了先付费再使用的消费原则,在传统水表位置上换成 IC 卡智能水表,无须敷设线管及线路维护,安装使用方便。用户将已充值的 IC 卡插入水表存储器,通过电磁阀来控制水的通断,用水时 IC 卡上的金额会自动被扣除。

第三节　建筑给水升压设备

一、水泵

(一)常用水泵

水泵是给水系统中的主要升压设备,除了直接给水方式和单设水箱给水方式以外,其他给水方式都需要使用水泵。在建筑给水系统中,较多采用离心式水泵,主要有单级单吸卧式离心泵、单级双吸卧式离心泵、分段多级卧式离心泵、分段多级立式离心泵、管道泵、自吸泵、潜水泵等。

离心式水泵的共同特点是结构简单、体积小、效率高、流量和扬程在一定范围内可调。单吸式水泵流量较小,适用于用水量小的给水系统,双吸式水泵流量较大,适用于用水量大的给水系统;单级泵扬程较低,一般用于低层或多层建筑,多级泵扬程较高,通常用于高层建筑;立式泵占地面积较小,在泵房面积紧张时适用,卧式泵占地面积较大,多用于泵房面积宽松的场合;管道泵一般为小口径泵,进出口直径相同,并位于同一中心线上,可以像阀门一样安装于管路之中,灵活方便,不必设置基础,紧凑美观,占地面积小,带防护罩的管道泵可设置在室外;自吸泵除了在安装或维修后的第一次启动时需要灌水外,以后再次启动均不需要灌水,适用于从地下储水池吸水、不宜降低泵房地面标高而且水泵机组频繁启动的场合;潜水泵不需灌水、启动快、运行噪声小、不需设置泵房,但维修不方便。

(二)水泵选择

水泵选择的主要依据是给水系统所需要的水量和水压。选择的原则是在满足给水系统所需的水压与水量条件下,水泵的工况点位于水泵特性曲线的高效段。

1. 水泵流量

建筑给水系统无水箱时,应按设计秒流量确定水泵流量;建筑物内采用高位水箱调节的生活给水系统时,水泵的最大出水量不应小于最大小时用水量。生活、生产采用调速水泵的出水量应按设计秒流量确定。生活、生产和消防共用调速水泵,在消防时其流量除保证消防用水总量外,还应满足关于生活、生产用水量的要求。

对于用水量变化较大的给水系统,应采用水泵并联、大小泵交替工作等方式适应用水量的变化,实现系统的节能运行。

2. 水泵扬程

水泵扬程应满足最不利配水点或消火栓所需水压和水量,具体分两种情况:

(1)水泵直接由室外管网吸水时,水泵扬程按式(1-1)确定:

$$H_b = H_1 + H_2 + H_3 + H_4 - H_0 \tag{1-1}$$

式中:H_b——水泵扬程,**kPa**;

　　　H_1——最不利配水点与引入管起点的静压差,**kPa**;

　　　H_2——设计流量下计算管路的总水头损失,**kPa**;

　　　H_3——最不利点配水附件的最低工作压力,**kPa**;

　　　H_4——水表的水头损失,**kPa**;

　　　H_0——室外给水管网所能提供的最小压力,**kPa**。

此外,还应以室外管网的最大水压校核系统是否超压。

（2）水泵从贮水池吸水时，总扬程按式（1-2）确定：

$$H_b = H_1 + H_2 + H_3 + H_4 \qquad (1-2)$$

式中：H_1——最不利配水点与贮水池最低工作水位的静压差，kPa。

其他符号意义同前。

（三）水泵设置

1. 管路敷设

吸水管路和压水管路是泵房的重要组成部分，正确设计、合理布置与安装，对于保证水泵的安全运行，节省投资，减少电耗有很大的关系。

水泵压水管内水流速度可采用 1.5～2.0m/s，所选水泵扬程较大时采用上限值，反之采用下限值。

水泵宜自灌吸水，每台水泵宜设置单独从水池吸水的吸水管。吸水管长度应尽可能短、管件要少、水头损失要小；吸入式水泵的吸水管应有向水泵方向上升且大于 0.005 的坡度；如吸水管的水平管段变径时，偏心异径管的安装要求管顶平接；吸水管内的流速宜采用 1.0～1.2m/s；吸水管口应设置向下的喇叭口，喇叭口低于水池最低水位不宜小于 0.5m，达不到此要求时，应采取防止空气被吸入的措施。吸水管喇叭口至池底的净距，不应小于 0.8 倍吸水管管径，且不应小于 0.1m；吸水管喇叭口边缘与池壁的净距，不宜小于 1.5 倍吸水管管径；吸水管与吸水管之间的净距，不宜小于 3.5 倍吸水管管径（管径以相邻两者的平均值计）。

当每台水泵单独从水池吸水有困难时，可单独从吸水总管上自灌吸水，吸水总管应符合下列规定。

（1）吸水总管伸入水池的引水管不宜少于两条（水池有独立的两个及以上的分格，每格有 1 条引水管，可视为有两条及以上引水管），当 1 条引水管发生故障时，其余引水管仍能通过全部设计流量，每条引水管上应设闸门。

（2）引水管应设向下的喇叭口，喇叭口的设置也应符合单独从水池吸水的吸水管喇叭口的相应规定，但喇叭口低于水池最低水位的距离不宜小于 0.3m。

（3）吸水总管内的流速应小于 1.2m/s。

（4）水泵吸水管与吸水总管的连接，应采用管顶平接，或高出管顶连接。

泵房内管道管外底距地面或管沟底面的距离，当管径≤150mm 时，不应<0.2m；当管径≥200mm 时，不应小于 0.25m。

2. 管路附件

每台水泵的出水管上，应装设压力表、止回阀和阀门（符合多功能阀安装条件的出水管，可用多功能阀取代止回阀和阀门),必要时应设置水锤消除装置。自灌式吸水的水泵吸水管上应装设阀门,并宜装设管道过滤器。

水泵吸水管上的阀门平时常开,仅在检修时关闭,宜选用手动阀门;出水管上的阀门启闭比较频繁,应选用电动、液动或气动阀门。为减小水泵运行时振动所产生的噪声,每台水泵的吸水管、压水管上应设橡胶接头或其他减振装置。自灌式吸水的水泵吸水管上应安装真空压力表,吸入式水泵的吸水管上应安装真空表。出水管可能滞留空气的管段上方应设排气阀。

水泵直接从室外给水管网吸水时,应在吸水管上装设阀门和压力表,并应绕水泵设旁通管,旁通管上应装设阀门和止回阀。

3. 水泵基础

水泵机组基础应牢固地浇筑在坚实的地基上。水泵块状基础的尺寸,按下列方法确定。

(1)带底座的水泵机组基础尺寸

基础长度＝底座长度+(0.15~0.20)m；

基础宽度＝底座宽度方向最大螺栓孔间距+(0.15~0.20)m。

(2)无底座水泵机组基础尺寸

根据水泵和电机地脚螺栓孔沿长度和宽度方向的最大间距,另外加0.4~0.5m来确定其基础长度和宽度。

(3)基础高度

基础高度＝地脚螺栓长度+(0.15~0.20)m；

地脚螺栓长度一般可按螺栓直径的20~30倍取用或按计算确定；

基础高度还可按基础质量等于2.5~4.0倍的机组质量进行校核,但高度不得小于0.5m；基础高出地板面不得少于0.1m,埋深不得小于邻近地沟的深度。

4. 机组设置

生活加压给水系统的水泵机组应设备用泵,备用泵的供水能力不应小于最大一台运行水泵的供水能力。生产给水系统的水泵备用机组,应按工艺要求确定。每组消防水泵应有1台不小于主要消防泵的备用机组。不允许断水的给水系统的水泵,应有不间断的动力供应。水泵宜自动切换交替运行。

水泵机组的布置应保证机组工作可靠,运行安全、卫生条件好、装卸及维修和管理方便,且管道总长度最短,接头配件最少,并考虑泵房有扩建的余地。

当水泵中心线高出吸水井或贮水池水面时,均需设引水装置启动水泵。自吸式水泵以水池最低水位计的允许安装高度,应根据当地的大气压力、最高水温时的饱和蒸气压、水泵的汽蚀余量和吸水管路的水头损失,经计算确定,并应有不小于0.3m的安全余量。

民用建筑物内设置的水泵机组,宜设在吸水池的侧面或下方。

水泵机组的布置,应符合表1-1的规定:

表1-1　水泵机组外轮廓面与墙和相邻机组间的间距

电动机额定功率(kW)	机组外轮廓面与墙面之间最小间距(m)	相邻机组外轮廓面之间最小间距(m)
≤22	0.8	0.4
>25～55	1.0	0.8
≥55,≤160	1.2	1.2

5. 泵房

泵房不得设在有防震和安静要求的建筑物或房间附近;设在建筑物内的给水泵房,应采用下列减振防噪措施:

(1)应选用低噪声水泵机组;

(2)吸水管和出水管上应设置减振装置;

(3)水泵机组的基础应设置减振装置;

(4)管道支架、吊架和管道穿墙、楼板处,应采取防止固体传声的措施;

(5)必要时,泵房的墙壁和天花板应采取隔音吸音处理。

消防专用水泵因平时很少使用,可不受上述要求限制。

泵房内宜有检修水泵的场地,检修场地尺寸宜按水泵或电机外形尺寸四周有不小于**0.7m**的通道确定。泵房内宜设置手动起重设备。

设置水泵的房间,应设排水设施,通风良好,不得结冻。泵房的大门应保证能使搬运的机件进出,应比最大件宽**0.5m**。

二、气压给水设备

气压给水设备利用密闭压力罐内的压缩空气,将罐中的水送到管网中各配水点,其作用相当于水塔或高位水箱,可以调节和贮存一定水量并保持所需的压力,是应用较为广泛的升压设备。由于气压给水设备的供水压力由罐内压缩空气维持,故罐体的安装高度可不受限制,因而在不宜设置水塔和高位水箱的场所,如在隐蔽的国防工程、地震区的建筑物、建筑艺术要求较高以及消防要求较高的建筑物中都可采用。这种设备的优点是投资少,建设速度快,容易拆迁,设置地点灵活,维护管理简便,水质不易受到二次污染,具有一定的消除水锤作用。其缺点是调节能力小(一般调节水量仅占总容积的**20%～30%**),运行费用高,耗用钢材较多。

（一）分类

气压给水设备可按输水压力稳定性和罐内气水接触方式进行分类。按气压给水设备输水压力稳定性不同,可分为变压式和定压式。按气压给水设备罐内气水接触方式不同,可分为补气式和隔膜式。

1. 变压式气压给水设备

单罐变压式气压给水设备的工作过程为:罐内空气的起始压力高于管网所需的设计压力,水在压缩空气的作用下被送至配水管网。随着水量的减少,水位下降,罐内的空气体积增大,压力逐渐减小,当压力小到设定压力的下限值时,在压力继电器作用下,水泵自动启动,将水压入罐内,同时供向配水管网。随着罐内水位上升,空气被压缩,压力回升,当压力达到设定压力的上限值时,压力继电器切断电路,水泵停止工作,如此循环往复。变压式气压给水设备的供水压力变化幅度较大,对给水附件的寿命有一定的影响,不适于用水量大和要求水压稳定的用水对象,使用受到一定限制,常用在中小型给水系统中。

2. 定压式气压给水设备

对于需要保持管网压力稳定的给水系统,可采用定压式气压给水设备。目前常见的做法是在气水共罐的单罐变压式气压给水设备的供水管上,安装压力调节阀,将出水压力控制在要求范围内,使供水压力相对稳定。也可在气与水不共罐的双罐变压式气压给水设备的压缩空气连通管上安装压力调节阀,将调节阀出口的气压控制在要求范围内,以使供水压力稳定。

3. 补气式气压给水设备

补气式气压给水设备中气与水在气压水罐中直接接触,设备运行过程中,部分气体溶于水中,随着空气量的减少,罐内压力下降,不能满足供水需要,为保证给水系统的运行工况,需设补气调压装置。补气的方法很多,在允许停水的给水系统中,可采用开启罐顶进气阀,泄空罐内存水的简单补气法;在不允许停水的给水系统中,可采用空气压缩机补气,也可通过在水泵吸水管上安装补气阀、在水泵出水管上安装水射器或补气罐等方法补气。以上方法属余量补气,多余的补气量需通过排气装置排出。有条件时,宜采用限量补气法,使补气量等于需气量,如当气压水罐内气量达到需气量时,补气装置停止从外界吸气,自行平衡,达到限量补气的目的,可省去排气装置。

4. 隔膜式气压给水设备

隔膜式气压给水设备在气压水罐中设置弹性隔膜,将气与水分离,不但水质不易污染,气体也不会溶入水中,故不需设补气调压装置。隔膜主要有帽形、囊形两类,囊形隔膜又有球囊、梨囊、斗囊、筒囊、折囊、胆囊之分。两类隔膜均固定在罐体法兰盘上,囊形隔膜可缩小气压水罐固定隔膜的法兰,气密性好,调节容积大,且隔膜受力合理,不易损坏,优于帽形隔膜。

(二)容积计算

根据玻意耳-马略特定律,气压给水装置的储罐内,空气的压力和体积的关系为:

$$V_0 P_0 = V_1 P_1 = V_2 P_2 \tag{1-3}$$

$$V_x = V_1 - V_2 = V_z \frac{P_0}{P_1} - V_z \frac{P_0}{P_2} = V_z \frac{P_0}{P_1}\left(1 - \frac{P_1}{P_2}\right) \tag{1-4}$$

式中: V_z ——气压罐的总容积;

V_1 ——气压罐最低工作压力时的空气容积;

V_2 ——气压罐最高工作压力时的空气容积;

V_x ——气压罐的调节容积;

P_0 ——气压罐未充水时罐内空气的绝对压强;

P_1 ——以绝对压强计的最低工作压力;

P_2 ——以绝对压强计的最高工作压力。

由式(1-4)可得:

$$V_z = \frac{P_1}{P_0} \frac{V_x}{1 - \alpha_b} = \frac{V_z}{V_1} \frac{V_x}{1 - \alpha_b} = \beta \frac{V_x}{1 - \alpha_b} \tag{1-5}$$

式中: β ——容积附加系数,气压罐总容积与最低工作压力时空气容积的比值;

α_b ——最低工作压力与最高工作压力的比值。

气压罐调节容积与用水量、水泵出水量之间满足以下关系:

$$t_1 = \frac{V_x}{q_b - Q} \tag{1-6}$$

$$t_2 = \frac{V_x}{Q} \tag{1-7}$$

$$T = t_1 + t_2 = \frac{V_x}{q_b - Q} + \frac{V_x}{Q} = \frac{V_x q_b}{Q(q_b - Q)} \tag{1-8}$$

$$V_x = \frac{TQ(q_b - Q)}{q_b} = \frac{Q(q_b - Q)}{q_b N} \tag{1-9}$$

式中: t_1 ——水泵运行时段;

t_2 ——水泵停止工作时段;

T ——水泵的工作周期;

N ——水泵每小时启动次数;

Q——用水量；

q_b——水泵出水量。

当用水量等于水泵出水量的一半时，按式（1-9）计算所需气压罐的最大调节容积：

$$V_x = C \frac{q_b}{4N} \qquad\qquad (1-10)$$

式中：C——安全系数。

（三）设置要求

气压水罐内的最低工作压力，应满足管网最不利处的配水点所需水压；气压水罐内的最高工作压力，不得使管网最大水压处配水点的水压大于 **0.55MPa**；水泵（或泵组）的流量（以气压水罐内的平均压力计，其对应的水泵扬程的流量），不应小于给水系统最大小时用水量的 **1.2** 倍；水泵在 **1** 小时内的启动次数，宜采用 **6～8** 次；安全系数宜取 **1.0～1.3**；气压水罐内的最小工作压力与最大工作压力比（以绝对压力计），宜采用 **0.65～0.85**；气压水罐的水容积应等于或大于调节容量；气压水罐的容积附加系数，补气式卧式水罐宜采用 **1.25**，补气式立式水罐宜采用 **1.10**；隔膜式气压水罐取 **1.05**。

补气式气压罐应设置在空气清洁的场所。利用空气压缩机补气时，小型的气压给水设备可采用手摇式空气压缩机；大中型气压给水设备一般采用电动空气压缩机。空气压缩机的工作压力应略大于气压水罐的最大工作压力，一般可选用小型空气压缩机。压缩空气管道一般采用焊接钢管。

气压给水设备的工作间应有排水设施，采光和通风良好，环境少灰尘，无腐蚀性气体，且不致冻结，环境温度为 **5℃～40℃**，相对湿度不大于 **85%**。罐顶至建筑结构最低点的距离不得小于 **1.0m**；罐与罐之间及罐壁与墙面的净距离不宜小于 **0.7m**。

三、变频调速给水设备

（一）工作原理

基于 **PLC** 和变频器的变频调速供水技术，相对于传统的技术而言具有节能效益明显、控制和保护功能完善、可实现机组的软启动软停机、输入电压范围宽、电磁冲击小、水泵电机运行组合切换灵活方便等优越性，目前广泛应用于水厂送水泵站、二次加压站、工业锅炉给水、小区和建筑供水、其他工业供水等领域。

变频调速给水设备主要由微机控制器、变频调速器、水泵机组、压力传感器（或电接点压力表）四部分组成。压力传感器对系统某点的压力进行检测，并将压力信号转换成电信号，输出电信号的变化与压力变化相协调。变频调速器采用大功率晶体管逆变器和微机控制脉宽技术,根据需要改变电源的输出频率,从而改变水泵电机的转速。微机控制器内装有单片机,可根据压力传感器的信号按事先编排好的程序进行分析、处理,并输出一定的电压信号控制变频调速器的频率。

变频调速给水设备的控制方式有恒压变量与变压变量两种。恒压变量控制方式在水泵出水管上安装电接点压力表或压力传感器取样,当用水减少时,管网压力增大,电接点压力表或压力传感器将取样压力信号转换为电信号与设定的压力信号进行比较,指令变频调速器降低电源输出频率,水泵电机转速下降,反之亦然。变压变量控制方式是将压力传感器设置在给水管网末端,系统通过自动调节使管网末端水压保持恒定,而水泵出水口压力则随着供水量变化依管路特性曲线而改变。另一种变压变量控制方式是在水泵出水管上设置流量计和压力传感器,并将管网特性参数、各水泵性能参数等输入计算机,计算机根据实测流量对管网进行水力计算,在满足最不利点压力条件下计算出水泵扬程,并将计算值与压力传感器的实测值进行比较,控制变频调速器调整水泵转速。由于变压变量控制方式的实施存在较大难度,工程实际中较多采用恒压变量控制方式。

(二)优化运行

变频调速给水方式具有节能的优点,但如果选泵或运行调度不当,就会影响节能效果。

第二章 建筑排水系统

第一节 建筑排水系统基础知识

一、排水系统的分类、体制和组成

(一)排水系统的分类

建筑内部排水系统的任务是把建筑内的生活污水、工业废水和屋面雨、雪水收集起来,有组织地、及时地、畅通地排至室外排水管网、处理构筑物或水体。按系统排除的污、废水种类的不同,可将建筑内排水系统分为以下几类。

1. 粪便污水排水系统

排除大便器(槽)、小便器(槽)以及与此相似的卫生设备排出的污水。

2. 生活废水排水系统

排除洗涤盆(池)、淋浴设备、洗脸盆、化验盆等卫生器具排出的洗涤废水。

3. 生活污水排水系统

排除粪便污水和生活废水的排水系统。

4. 生产污水排水系统

排除生产过程中被污染较重的工业废水的排水系统。生产污水需经过处理后才允许回用或排放,如含酚污水,含氰污水,酸、碱污水等。

5. 生产废水排水系统

排除生产过程中只有轻度污染或水温提高,只需经过简单处理即可循环或重复使用的较洁净的工业废水的排水系统,如冷却废水、洗涤废水等。

6. 屋面雨水排水系统

排除降落在屋面的雨、雪水的排水系统。

(二)排水体制选择

1. 排水体制

建筑内部排水体制分为分流制和合流制两种,分别称为建筑内部分流排水和建筑内部合流排水。

建筑内部分流排水是指居住建筑和公共建筑中的粪便污水和生活废水;工业建筑中的生产污水和生产废水各自由单独的排水管道系统排出。

建筑内部合流排水是指建筑中两种或两种以上的污水、废水合用一套排水管道系统排除。建筑物宜设置独立的屋面雨水排水系统,迅速、及时地将雨水排至室外雨水管渠或地面。

2. 排水体制选择

建筑内部排水体制确定时,应根据污水性质、污染程度,结合建筑外部排水系统体制、有利于综合利用、污水的处理和中水开发等方面的因素考虑。

(1)下列情况宜采用建筑内部分流排水体制

①建筑物使用性质对卫生标准要求较高时;

②生活废水量较大,且环卫部门要求生活污水须经化粪池处理后才能排入城镇排水管道时;

③生活废水需回收利用时。

(2)下列情况宜采用建筑内部合流排水体制

①职工食堂、营业餐厅的厨房含有大量油脂的洗涤废水;

②机械自动洗车台冲洗水;

③含有大量致病菌、放射性元素超过排放标准的医院污水;

④水温超过 **40℃**的锅炉、水加热器等加热设备排水;

⑤用作回用水水源的生活排水;

⑥实验室有害有毒废水。

(三)排水系统的组成

建筑内部排水系统的任务是迅速通畅地将污水排到室外,并能保持系统气压稳定,同时将管道系统内有毒有害气体排到一定空间而保证室内环境卫生。完整的排水系统可由以下部分组成。

1. 卫生器具和生产设备受水器

卫生器具是建筑内部排水系统的起点,用以满足人们日常生活或生产过程中各种卫生要求,并收集和排出污废水的设备。

2. 排水管道

排水管道包括器具排水管(连接卫生器具和横支管的一段短管,除坐式大便器外,其间含有一个存水弯)、横支管、立管、埋地干管和排出管。

3. 通气管道

建筑内部排水系统是水气两相流动,当卫生器具排水时,需向排水管道内补给空气,以减小气压变化,防止卫生器具水封破坏,使水流通畅,同时也需将排水管道内的有毒有害气体排放到一定空间的大气中去,补充新鲜空气,减缓金属管道的腐蚀。

4. 清通设备

为疏通建筑内部排水管道,保障排水畅通,常需设检查口、清扫口、带清扫门的 **90°** 弯头或三通、室内埋地横干管上的检查井等。

5. 抽升设备

工业与民用建筑的地下室、人防建筑物、高层建筑地下技术层、地下铁道、立交桥等地下建筑物的污废水不能自流排至室外时,常需设抽升设备。

6. 污水局部处理构筑物

当建筑内部污水未经处理不能排入其他管道或市政排水管网和水体时,需设污水局部处理构筑物。

二、卫生器具及其设备和布置

卫生器具是建筑内部排水系统的重要组成部分,随着建筑标准的不断提高,人们对建筑卫生器具的功能要求和质量要求越来越高,卫生器具一般采用不透水、无气孔、表面光滑、耐腐蚀、耐磨损、耐冷热、便于清扫、有一定强度的材料制成,如陶瓷、搪瓷生铁、塑料、复合材料等,卫生器具正向着冲洗功能强、节水消声、设备配套、便于控制、使用方便、造型新颖、色彩协调方面发展。

(一)卫生器具

1. 便溺器具

便溺器具设置在卫生间和公共厕所,用来收集粪便污水。便溺器具包括便器和冲洗设备。

(1)大便器

大便器是排除粪便的卫生器具,常用的大便器有坐式大便器、蹲式大便器和大便槽三种。

①坐式大便器,按冲洗的水力原理可分为冲洗式和虹吸式两种。

冲洗式坐便器环绕便器上口是一圈开有很多小孔口的冲水槽。冲洗开始时,水进入冲洗槽,经小孔沿便器表面冲下,便器内水面涌高,将粪便冲出存水弯边缘。冲洗式坐便器的缺点是受污面积大、水面面积小,每次冲洗不一定能保证将污物冲洗干净。

虹吸式坐便器是靠虹吸作用,把粪便全部吸出。在冲洗槽进水口处有一个冲水缺口,部分水从缺口处冲射下来,加快虹吸作用,但虹吸式坐便器在突出冲洗能力强的同时,会造成流速过大而产生较大噪声。为改变这些问题,出现了两种新类型坐便器:一种为喷射虹吸式坐便器,一种为旋涡虹吸式坐便器。

②蹲式大便器一般用于普通住宅、集体宿舍、公共建筑物的公用厕所、防止接触传染的医院内厕所。蹲式大便器的压力冲洗水经大便器周边的配水孔,将大便器冲洗干净,蹲式大便器比坐式大便器的卫生条件好。蹲式大便器不带存水弯,设计安装时需另外配置存水弯。

③大便槽用于学校、火车站、汽车站、码头、游乐场所及其他标准较低的公共厕所,可代替成排的蹲式大便器,常用瓷砖贴面,造价低。大便槽一般宽200~300mm,起端槽深350mm,槽的末端设有高出槽底150mm的挡水坎,槽底坡度不小于0.015,排水口设存水弯。

(2)小便器

小便器用于公共建筑的男厕所内,有的住宅卫生间内也需设置。小便器有挂式、立式和小便槽三类,其中立式小便器用于标准高的建筑,小便槽用于工业企业、公共建筑和集体宿舍等建筑的卫生间。

(3)冲洗设备

手动冲洗:用户需要手动操作阀门或按钮来冲洗便器。

自动冲洗:通过传感器或定时器自动进行冲洗,减少接触和水资源浪费。

2. 盥洗器具

(1)洗脸盆

洗脸盆一般用于洗脸、洗手、洗头等,常设置在盥洗室、浴室、卫生间和理发室,也用于公共洗手间或厕所内洗手、医院各治疗间洗器皿和医生洗手等。洗脸盆的高度及深度应适宜,盥洗不用弯腰较省力,使用时不溅水,可用流动水比较卫生,也可作为不流动水盥洗,灵活性较好。洗脸盆有长方形、椭圆形和三角形,安装方式有墙架式、台式和柱脚式。

(2)净身盆

净身盆与大便器配套安装,供便溺后洗下身用,适合妇女或痔疮患者使用。一般用于标准较高的旅馆客房卫生间,也用于医院、疗养院、工厂的妇女卫生室内。

(3)盥洗台

盥洗台有单面和双面之分,常设置在同时有多人使用的地方,如集体宿舍、教学楼、车站、码头、工厂生活间内。通常采用砖砌抹面、水磨石或瓷砖贴面现场建造而成。

3. 沐浴器具

(1)浴盆

浴盆设在住宅、宾馆、医院等卫生间或公共浴室,供人们清洁身体。浴盆配有冷热水或混合水嘴,并配有淋浴设备。浴盆有长方形、方形和任意形;规格有大型(1830mm×810mm×440mm)、中型(1680～1520mm×750mm×410～350mm)、小型(1200mm×650mm×360mm);材质有陶瓷、搪瓷钢板、塑料、复合材料等,材质为亚克力的浴盆与肌肤接触的感觉较舒适;根据功能要求有裙板式、扶手式、防滑式、坐浴式和普通式;浴盆的色彩种类很丰富。

随着人们生活水平提高而不断增加的需求,具有保健功能的盆型也在逐步普及,如浴盆装有水力按摩装置,旋涡泵使浴水在池内搅动循环,进水口附带吸入空气,气水混合的水流对人体进行按摩,且水流方向和冲力均可调节,能加强血液循环,松弛肌肉,消除疲劳,促进新陈代谢。蒸汽浴也越来越被人们所接受。

(2)淋浴器

淋浴器多用于工厂、学校、机关、部队的公共浴室和体育场馆内。淋浴器占地面积小,清洁卫生,避免疾病传染,耗水量小,设备费用低。有成品淋浴器,也可现场制作安装。

在建筑标准较高的建筑内的淋浴间内,也可采用光电式淋浴器,利用光电打出光束,使用时人体挡住光束,淋浴器即出水,人体离开时即停水。在医院或疗养院为防止疾病传染可采用脚踏式淋浴器。

4. 洗涤器具

(1)洗涤盆

洗涤盆常设置在厨房或公共食堂内,用来洗涤碗碟、蔬菜等。医院的诊室、治疗室等处也需设置。洗涤盆有单格和双格之分,双格洗涤盆一格洗涤,另一格泄水。洗涤盆规格尺寸有大小之分,材质多为陶瓷,或砖砌后瓷砖贴面,质量较高的为不锈钢制品。

(2)化验盆

化验盆设置在工厂、科研机关和学校的化验室或实验室内,根据需要,可安装单联、双联、三联鹅颈水嘴。

(3)污水盆

污水盆又称污水池,常设置在公共建筑的厕所、盥洗室内,供洗涤拖把、打扫卫生或倾倒污水等,多为砖砌后瓷砖贴面现场制作安装。

(二)卫生器具的冲洗装置

确定卫生器具冲洗装置时,应首先考虑节水型产品,在公共场所设置的卫生器具,应选用定时自闭式冲洗阀和限流节水型装置。

1. 大便器冲洗装置

(1)坐式大便器冲洗装置

坐式大便器冲洗装置常用低水箱冲洗和直接连接管道进行冲洗。低水箱与坐体又有整体和分体之分,采用管道连接时必须设延时自闭式冲洗阀。

(2)蹲式大便器冲洗装置

蹲式大便器冲洗装置有高位水箱和直接连接给水管加延时自闭式冲洗阀,为节约冲洗水量,有条件时尽量设置自动冲洗水箱。延时自闭式冲洗阀安装同坐式大便器。

(3)大便槽冲洗装置

大便槽冲洗装置常在大便槽起端设置自动冲洗水箱,或采用延时自闭式冲洗阀。

2. 小便器冲洗装置

(1)小便器冲洗装置

小便器冲洗装置常采用按钮式延时自闭式冲洗阀、感应式冲洗阀等自动冲洗装置,既满足冲洗要求,又节约冲洗水量。

(2)小便槽冲洗装置

小便槽冲洗装置常采用孔径为 **2mm** 的多孔管冲洗,与墙成 **45°** 角安装,可设置高位水箱或手动阀。为克服铁锈水污染贴面的问题,除给水系统选用优质管材外,多孔管常采用塑料管。

(三)卫生器具的设置和布置

住宅和不同功能的公共建筑中卫生器具的设置数量和质量,将直接体现出建筑物的质量标准。卫生器具除满足使用功能要求外,其材质、造型、色彩需与所在房间协调,力求做到舒适、方便、实用。在布置时应充分考虑节约建筑面积,以及为排水系统管道布置留有余地。因此,卫生器具的设置和布置是建筑排水系统设计中一个重要的组成部分。

1. 卫生器具的设置

卫生器具的设置主要解决不同建筑内应设置卫生器具的种类和数量两个问题。

(1)工业建筑内卫生器具的设置

工业建筑内卫生器具的设置应根据工业企业设计卫生标准并结合建筑设计的要求确定。

①卫生特征 1 级、2 级的车间应设车间浴室;卫生特征 3 级的车间宜在车间附近或在厂区设置集中浴室;可能发生化学性灼伤及经皮肤吸收引起急性中毒的工作地点或车间,应设事故淋浴,并应保证不断水。

②女浴室和卫生特征 1 级、2 级的车间浴室,不得设浴池。

③女工卫生室的等候间应设洗手设备及洗涤池;处理间内应设温水箱及冲洗器。

(2)民用建筑内卫生器具的设置

民用建筑分为住宅和公共建筑,住宅分为普通住宅和高级住宅。公共建筑卫生器具设置主要区别在于客房卫生间和公共卫生间。

①普通住宅卫生器具的设置。普通住宅通常需在卫生间和厨房设置必需的卫生器具，每套住宅至少应配置便器、洗浴器、洗面器三件卫生洁具。厨房内应设置洗涤盆（单格或双格）和隔油具。

②高级住宅卫生器具的设置。高级住宅包括别墅,一般都建有两个卫生间。在小卫生间内通常只设置一个蹲式大便器,在大卫生间内设浴盆、洗脸盆、坐式大便器和净身盆;如果只建有一个面积较大的卫生间时,在卫生间内若设置了坐式大便器,则需考虑增设小便器和污水盆。厨房内应设两个单格洗涤盆、隔油具,有的还须设置小型贮水设备。

③公共建筑内卫生器具的设置。客房卫生间内应设浴盆、洗脸盆、坐式大便器和净身盆。考虑到使用方便,还应附设浴巾毛巾架、洗漱用具置物架、化妆板、衣帽钩、洗浴液盒、手纸盒、化妆镜、浴帘、剃须插座、烘手器、浴霸等。

公共建筑内的公共卫生间内常设便溺用卫生器具、洗脸盆或盥洗槽、污水盆等。需要时可增设镜片、烘手器、洗手液盒等。

④公共浴室卫生器具的设置。浴室内一般设有淋浴间、盆浴间,有的淋浴间还设有浴池,但女淋浴间不宜设浴池。淋浴间分为隔断的单间淋浴室和无隔断的通间淋浴室。单间淋浴室内常设有淋浴盆、洗脸盆和躺床。公共淋浴间内应设置冲脚池、洗脸盆及置放洗浴用品的平台。

公共浴室内洗浴器具的数量,一般可根据洗浴器具的负荷能力估算,浴盆 2 人/（h·个）,单间淋浴器 2～3 人/（h·个）,通间淋浴器 4～5 人/（h·个）,带隔断的单间淋浴器 4～5 人/（h·个）,洗脸盆 10～15 人/个。其平面布置既要紧凑,又要合理,应设置出入淋浴间不会相互干扰的通道。通间淋浴室应尽量避免淋浴者之间相互溅水而影响卫生,淋浴器中心距为 900～1100mm。

2. 卫生器具设置定额

不同建筑内卫生间由于使用情况不同,设置卫生器具的数量也不相同,除住宅和客房卫生间在设计时可统一设置外,各种用途的工业和民用建筑内公共卫生间卫生器具设置定额可按相关标准分别设置。

3. 卫生器具布置

卫生器具的布置,应根据厨房、卫生间、公共厕所的平面位置、房间面积大小、建筑质量标准、有无管道竖井或管槽、卫生器具数量及单件尺寸等,既要满足使用方便、容易清洁、占房间面积小的要求,还要充分考虑为管道布置提供良好的水力条件,尽量做到管道少转弯、管线短、排水通畅。即卫生器具应顺着一面墙布置,如卫生间、厨房相邻,应在该墙两侧设置卫生器具,有管道竖井时,卫生器具应紧靠管道竖井的墙面布置,这样会减少排水横管的转弯或减少管道的接入根数。

卫生器具的布置应在厨房、卫生间、公共厕所等的建筑平面图（大样图）上用定位尺寸加以明确。

三、排水管材与附件

（一）金属管材及管件

建筑内部排水管道应采用建筑排水塑料管或柔性接口机制排水铸铁管及相应管件。当连续排水温度大于 **40℃** 时，应采用金属排水管或耐热型塑料排水管。压力排水管道可采用耐压塑料管、金属管或钢塑复合管。

1. 铸铁管

（1）排水铸铁管

排水铸铁管是建筑内部排水系统目前常用的管材，有排水铸铁承插口直管、排水铸铁双承直管，管径在 **50～200mm**。其管件有弯管、管箍、弯头、三通、四通、瓶口大小头（锥形大小头）、存水弯、检查口等。

（2）柔性抗震排水铸铁管

柔性抗震排水铸铁管随着高层和超高层建筑的迅速兴起，一般以石棉水泥或青铅为填料的刚性接头排水铸铁管已不能适应高层建筑因各种因素引起的变形，尤其是有抗震设防要求的地区，对重力排水管道的抗震设防，成为最应重视的问题。

高耸构筑物和建筑高度超过 **100m** 的建筑物，排水立管应采用柔性接口；排水立管在 **50m** 以上，或在抗震设防 **8** 度地区的高层建筑，应在立管上每隔二层设置柔性接口；在抗震设防 **9** 度的地区，立管和横管均应设置柔性接口。其他建筑在条件许可时，也可采用柔性接口。

2. 钢管

当排水管道管径小于 **50mm** 时，宜采用钢管，主要用于洗脸盆、小便器、浴盆等卫生器具与排水横支管间的连接短管，管径一般为 **32mm**、**40mm**、**50mm**。工厂车间内振动较大的地点也可采用钢管代替铸铁管，但应注意分清其排出的工业废水是否对金属管道有腐蚀性。

（二）排水塑料管

在建筑内使用的排水塑料管是硬聚氯乙烯塑料管（**PVC-U 管**）。具有重量轻、耐腐蚀、不结垢、内壁光滑、水流阻力小、外表美观、容易切割、便于安装、节省投资和节能等优点。但塑料管也有缺点，如强度低、耐温差（使用温度在 **-5℃～50℃**）、线性膨胀量大、立管产生噪声、易老化、防火性能差等。

在使用塑料排水管道时，应注意以下几个问题：

第一，塑料排水管道的水力条件比铸铁管好，泄流能力大，确定管径时，应使用塑料排水管的参数进行水力计算或查相应的水力计算表；

第二，受环境温度或污水温度变化引起的伸缩长度；

第三，消除塑料排水管道受温度影响引起的伸缩量，通常采用设置伸缩节的办法予以解决，排水立管和排水横支管上伸缩节的设置和安装应符合相关规定。当排水管道采用橡胶密封配件或在室内采用埋地敷设时，可不设伸缩节。

（三）附件

1. 存水弯

存水弯的作用是在其内形成一定高度的水封，通常为 **50～100mm**，阻止排水系统中的有毒有害气体或虫类进入室内，保证室内的环境卫生。当构造内无存水弯的卫生器具与生活污水管道或其他可能产生有害气体的排水管道连接时，必须在排水口以下设存水弯。存水弯的水封深度不得小于 **50mm**，严禁采用活动机械密封替代水封。医疗卫生机构内门诊、病房、化验室、试验室等不在同一房间内的卫生器具不得共用存水弯。卫生器具排水管段上不得重复设置水封。存水弯的类型主要有 **S** 形和 **P** 形两种。

S 形存水弯常用在排水支管与排水横管垂直连接部位。

P 形存水弯常用在排水支管与排水横管和排水立管不在同一平面位置而需连接的部位。

需要把存水弯设在地面以上时，为满足美观要求，存水弯还有不同类型，如瓶式存水弯、存水盒等。

2. 检查口和清扫口

检查口和清扫口属于清通设备，为了保障室内排水管道排水畅通，方便堵塞时可以及时疏通，在排水立管和横管上都应设清通设备。

（1）检查口

检查口设置在立管上，铸铁排水立管上检查口之间的距离不宜大于 **10m**，塑料排水立管宜每 **6** 层设置一个检查口。但在立管的最底层和设有卫生器具的 **2** 层以上建筑物的最高层应设检查口，当立管水平拐弯或有乙字弯管时应在该层立管拐弯处和乙字弯管上部设检查口。检查口设置高度一般距地面 **1m** 为宜，并应高于该层卫生器具上边缘 **0.15m**。

（2）清扫口

清扫口一般设置在横管上，横管上连接的卫生器具较多时，起点应设清扫口（有时用可清掏的地漏代替）。在连接 2 个及 2 个以上的大便器或 3 个及 3 个以上的卫生器具的污水横管、水流转角小于 135°的铸铁排水横管上，均应设置清扫口。在连接 4 个及 4 个以上的大便器塑料排水横管上宜设置清扫口。排水横管起点的清扫口与其端部相垂直的墙面的距离不得小于 0.2m；排水管起点设置堵头代替清扫口时，堵头与墙面应有不小于 0.4m 的距离。当排水横管悬吊在转换层或地下室顶板下设置清扫口有困难时，可用检查口替代清扫口。

在管径小于 100mm 的排水管道上设置清扫口，其尺寸应与管道同径；管径大于或等于 100mm 的排水管道上设置清扫口，应采用 100mm 直径清扫口。铸铁排水管道上的清扫口应为铜质；塑料排水管道上的清扫口应与管道相同材质。

3. 地漏

地漏是一种特殊的排水装置，一般设置在经常有水溅落的地面、有水需要排除的地面和经常需要清洗的地面（如淋浴间、盥洗室、厕所、卫生间等）。布置洗浴器和洗衣机的部位应设置地漏，并要求布置洗衣机的部位宜采用能防止溢流和干涸的专用地漏或洗衣机排水存水弯，排水管道不得接入室内雨水管道。地漏应设置在易溅水的卫生器具附近的最低处，其地漏算子应低于地面 5～10mm，带有水封的地漏，其水封深度不得小于 50mm，直通式地漏下必须设置存水弯，严禁采用钟罩式（扣碗式）地漏。

（1）普通地漏

普通地漏水封深度较浅，如果只用于排除溅落水时，注意经常注水，以免水封受蒸发破坏。这种地漏有圆形和方形两种可供选择，材质为铸铁、塑料、黄铜、不锈钢、镀铬算子。

（2）多通道地漏

多通道地漏有一通道、二通道、三通道等多种形式，而且通道位置可不同，使用方便，多通道可连接多根排水管，故主要用于卫生间内设有洗脸盆、洗手盆、浴盆和洗衣机时。这种地漏设有塑料球可封住通向地面的通道，以防止出现不同卫生器具排水可能造成的地漏反冒现象。

（3）存水盒地漏

存水盒地漏的盖为盒状，并设有防水翼环，可随不同地面做法需要调节安装高度，施工时将翼环放在结构板上。这种地漏还附有单侧通道和双侧通道，供按实际情况选用。

（4）双算杯式地漏

双算杯式地漏内部水封盒用塑料制作，形如杯子，便于清洗，比较卫生，排泄量大，排水快，采用双算有利于拦截污物。这种地漏另附塑料密封盖，完工后去除，以避免施工时发生泥砂石等杂物堵塞现象。

（5）防回流地漏

防回流地漏适用于地下室，或用于电梯井排水和地下通道排水，这种地漏设有防回流装置,可防止污水倒流。

4. 其他附件

（1）隔油具

厨房或配餐间的含油脂污水,在排入排水管道之前应先通过隔油具进行初步的隔油处理。隔油具一般装设在洗涤池下面,可供几个洗涤池共用。经隔油具处理后的水排至室外后仍应经隔油池处理。

（2）滤毛器和集污器

滤毛器和集污器常设在理发室、游泳池和浴室内,挟带着毛发或絮状物的污水先通过滤毛器或集污器后排入管道,避免堵塞管道。

（3）吸气阀

吸气阀在使用 **PVC-U** 管材的排水系统中,当无法设通气管时为保持排水管道系统内压力平衡,可在排水横支管上装设吸气阀。

四、排水管道的布置与敷设

（一）排水管道布置与敷设的原则

建筑内部排水系统管道的布置与敷设直接影响着人们的日常生活和生产,为创造良好的环境,应遵循以下原则:第一,排水通畅,水力条件好（自卫生器具至排水管的距离应最短,管道转弯应最少）;第二,使用安全可靠,防止污染,不影响室内环境卫生;第三,管线简单,工程造价低;第四,施工安装方便,易于维护管理;第五,占地面积小、美观;第六,兼顾到给水管道、热水管道、供热通风管道、燃气管道、电力照明线路、通信线路和共用天线等的布置和敷设要求。

（二）排水管道的布置

建筑物内排水管道的布置应符合以下要求:第一,自卫生器具至排出管的距离应最短,管道转弯应最少;第二,排水立管应靠近排水量最大和杂质最多的排水点;第三,排水管道不得布置在遇水引起燃烧、爆炸或损坏原料、产品和设备的上面;第四,排水管道不得布置在生产工艺或卫生有特殊要求的生产厂房内,以及食品的贵重商品库、通风小室、电气机房和电梯机房内;第五,排水横管不得布置在食堂、饮食业的主副食操作烹调和备餐的上方,若实在无法避免,应采取防护措施;第六,排水管道不得穿越卧室、病房等对卫生、安静要求较高的房间,并不宜靠近与卧室相邻的内墙;第七,排水管道不得穿越生活饮用水池部位的上方;第八,厨房间和卫生间的排水立管应分别设置。

排水管道不得穿过沉降缝、伸缩缝、变形缝、烟道和风道,当受条件限制必须穿过沉降缝、伸缩缝和变形缝时,应采取相应的技术措施;排水埋地管道,不得布置在可能受重压易损坏处或穿越生产设备基础,特殊情况下应与有关专业人员协商处理。

塑料排水立管应避免布置在易受机械撞击处,如不能避免时,应采取保护措施;同时应避免布置在热源附近,如不能避免,且管道表面受热温度大于 60℃ 时,应采取隔热措施。塑料排水立管与家用灶具边净距不得小于 0.4m。

住宅卫生间的卫生器具排水管要求不穿越楼板、规范强制规定建筑内部某些部位不得布置管道而受条件限制时,卫生器具排水横支管应设置同层排水。而住宅卫生间同层排水形式应根据卫生间空间、卫生器具布置、室外环境气温等因素,经技术和经济等情况比较后确定。

同层排水设计应符合以下要求:第一,地漏设置应满足规范要求;第二,排水管道管径、坡度和最大设计充满度应符合规定;第三,器具排水横支管布置标高不得造成排水滞留、地漏冒溢;第四,埋设于填层中的管道不得采用橡胶圈密封接口;第五,当排水横支管设置在沟槽内时,回填材料、面层应能承载器具、设备的荷载;第六,卫生间地坪应采取可靠的防渗漏措施。

建筑塑料排水管在穿越楼层、防火墙、管道井壁时,应根据建筑物性质、管径和设置条件,以及穿越部位防火等级等要求设置阻火圈或防火套管。

(三)排水管道的敷设

排水管道一般应在地下或楼板填层中埋设或在地面上、楼板下明设,住宅的污水排水横管宜设于本层套内(即同层排水),若必须敷设在下一层的套内空间时,其清扫口应设于本层,并应进行夏季管道外壁结露验算,采取相应的防止结露的措施。当建筑或工艺有特殊要求时,排水管道可在管道竖井、管槽、管沟或吊顶、架空层内暗设,排水立管与墙、柱应有 25～35mm 净距,便于安装和检修。在气温较高、全年不结冻的地区,也可设置在建筑物外墙,但应征得建筑专业人员同意。

卫生器具排水管与排水横支管垂直连接时,宜采用 90° 斜三通;横管与横管、横管与立管连接,宜采用 45° 三通或 45° 四通和 90° 斜三通或 90° 斜四通,或直角顺水三通和直角顺水四通;当排水支管接入横干管、排水立管接入横干管时,应在横干管管顶或其两侧各 45° 范围内采用 45° 斜三通接入;排水立管应避免轴线偏置,若需轴线偏置,宜用乙字管或两个 45° 弯头连接。

当排水立管采用内螺旋管时,排水立管底部宜采用长弯变径接头,且排出管管径宜放大一号。排水立管与排出管端部的连接,宜采用两个 45° 弯头或弯曲半径不小于 4 倍管径的 90° 弯头或 90° 变径弯头。排出管至室外第一个检查井的距离不宜小于 3m,检查井至污水立管或排出管上清扫口的距离不应大于规定值。

生活饮用水贮水箱(池)的泄水管和溢流管,开水器、热水器排水,医疗灭菌消毒设备的排水,蒸发式冷却器、空调设备冷凝水的排水,贮存食品或饮料的冷藏库房的地面排水和冷风机溶霜水盘的排水不得与污废水管道直接连接,应采取间接排水的方式,设备间接排水宜排入邻近的洗涤盆、地漏。如不可能时,可设置排水明沟、排水漏斗或容器。

凡生活废水中含有大量悬浮物或沉淀物需经常冲洗;设备排水支管很多,用管道连接有困难;设备排水点的位置不固定;地面需要经常冲洗的情况,可采用有盖的排水沟排除。室内排水沟与室外排水管道连接处,应设水封装置。

排出管穿过承重墙或基础处,应预留洞口,且管顶上部净空不得小于建筑物沉降量,一般不宜小于 **0.15m**。当排水管穿过地下室外墙或地下构筑物的墙壁处,应采取防水措施。

当建筑物沉降,可能导致排出管倒坡时,应采取防沉降措施,比如,在排出管外墙一侧设置柔性接头;在排出管外墙处,从基础标高砌筑过渡检查井。

排水管道在穿越楼层设套管且管底部架空时,应在立管底部设支墩或其他固定措施。

地下室立管与排水横管转弯处也应设置支墩或固定措施。

五、排水通气管系统

(一)排水通气管系统的作用与类型

1. 排水通气管系统的作用

建筑内部排水管道内呈水气两相流动,要尽可能迅速安全地将污废水排到室外,必须设通气管系统。排水通气管系统的作用是将排水管道内散发的有毒有害气体排放到一定空间的大气中去,以满足卫生要求;通气管向排水管道内补给空气,减少气压波动幅度,防止水封破坏;增加系统排水能力;通气管经常补充新鲜空气,可减轻金属管道内壁受废气的腐蚀,延长管道使用寿命。

2. 排水通气管系统的类型

(1)伸顶通气管

排水立管与最上层排水横支管连接处向上垂直延伸至室外作通气用的管道。

(2)专用通气立管

仅与排水立管相连接,为排水立管内空气流通而设置的垂直通气管道。

(3)主通气立管

连接环形通气管和排水立管,并为排水横支管和排水立管内空气流通而设置的专用于通气的立管道。

（4）副通气立管

仅与环形通气管相连接，使排水横支管内空气流通而设置的专用于通气的管道。

（5）结合通气管

排水立管与通气立管的连接管段。

（6）环形通气管

在多个卫生器具的排水横支管上，从最始端卫生器具的下游端接至通气立管的一段通气管段。

（7）器具通气管

卫生器具存水弯出口端接至主通气管的管段。

（8）汇合通气管

连接数根通气立管或排水立管顶端通气部分，并延伸至室外大气的通气管段。

（二）排水通气管的设置条件、布置和敷设要求

1. 通气管的设置条件

（1）伸顶通气管

生活排水管道或散发有害气体的生产污水管道的立管顶端，均应设置伸顶通气管。当遇特殊情况，伸顶通气管无法伸出屋面时，可设置侧墙通气，而侧墙通气管口的布置和敷设应符合通气管布置和敷设的要求；在室内设置成汇合通气管后应在侧墙伸出延伸至屋面以上；当以上两种设置方式都无条件实施时，可设置自循环通气管道系统。

（2）专用通气立管

生活排水立管所承担的卫生器具排水设计流量超过最大排水能力时，应设置专用通气立管；建筑标准要求较高的多层住宅、公共建筑、10层及10层以上高层建筑卫生间的生活污水立管应设置专用通气管；若不设置专用通气管时，可采用特殊配件单立管排水系统。

（3）主通气立管或副通气立管

建筑物各层的排水横支管上设有环形通气管时，应设置连接各层环形通气管的主通气立管或副通气立管。

（4）结合通气管

凡设有专用通气立管或主通气立管时，应设置连接排水管与专用通气管或主通气管的结合通气管。

（5）环形通气管

连接4个及4个以上卫生器具并与立管的距离大于12m的排水横支管、连接6个及6个以上大便器的污水横支管，以及设有器具通气管的排水管道上应设置环形通气管。

（6）器具通气管

对卫生、安静要求较高的建筑物内,生活排水管道宜设置器具通气管。

（7）汇合通气管

不允许设置伸顶通气管或不可能单独伸出屋面时,可设置将数根伸顶通气管连接后排到室外的汇合通气管。

2. 通气管的布置和敷设

通气管的管材,可采用柔性接口排水铸铁管、塑料管等。

伸顶通气管高出屋面不得小于 0.3m（屋面有隔热层时,应从隔热层板面算起）,且必须大于最大积雪厚度,通气管顶端应装设风帽或网罩。经常有人停留的平屋面上,通气管口应高出屋面 2m,当伸顶通气管为金属管材时,并应根据防雷要求考虑防雷装置。通气管口不宜设在屋檐檐口、阳台和雨篷等的下面,若通气管口周围 4m 以内有门窗时,通气管口应高出窗顶 0.6m 或引向无门窗一侧。通气管不得接纳器具污水、废水和雨水,不得接至风道和烟道上。

专用通气立管和主通气立管的上端可在最高卫生器具上边缘以上不小于 0.15m 或检查口以上与排水立管通气部分以斜三通连接,下端应在最低排水横支管以下与排水立管以斜三通连接。

结合通气管宜每层或隔层与专用通气管、排水立管连接,与立通气立管、排水立管连接不宜多于 8 层;结合通气管上端可在卫生器具上边缘以上不小于 0.15m 处与通气立管以斜三通连接,下端宜在排水横支管以下与排水立管以斜三通连接,结合通气管可采用 H 形管件替代,其 H 管与通气管的连接点应设在卫生器具上边缘以上不小于 0.15m 处。当污水立管与废水立管合用一根通气管时,H 形管件可隔层分别与污水立管和废水立管连接,且最低排水横支管连接点以下应安装结合通气管。

器具通气管应设在存水弯出口端。环形通气管应在横支管上最始端卫生器具下游端接出,并应在排水支管中心线以上与排水支管呈垂直或 45° 连接。器具通气管和环形通气管应在卫生器具上边缘以上不少于 0.15m 处,并按不小于 0.01 的上升坡度与通气立管相连接。自循环通气系统,当采取专用通气立管与排水立管连接时,其顶端应在卫生器具上边缘以上不小于 0.15m 处采用两个 90° 弯头相连,通气立管与排水立管采用结合通气管或 H 管相连,其每层设置的要求如前述;当采取环形通气管与排水横支管连接时,通气立管顶端应在卫生器具上边缘以上不小于 0.15m 处采用两个 90° 弯头相连,每层排水支管下游端接出环形通气管,应在高出卫生器具上边缘不小于 0.15m 与通气立管相连,横支管连接卫生器具较多且横支管较长并满足设置环形通气管的条件时,应在横支管上按通气管和排水管的连接规定布置和敷设。

建筑物设置自循环通气的排水系统时,宜在其室外接户管的起始检查井上设置管径不小于 100mm 的通气管;当通气管延伸至建筑物外墙时,通气管口周围 4m 以内有门窗时,通气管口应高出窗顶 0.6m 或引向无门窗一侧;当设置在其他隐蔽部位时,应高出地面不小于 2m。

第二节 建筑雨水排水系统

一、建筑雨水排水系统的划分与选择

(一)屋面雨水排水系统的分类

建筑雨水排水系统是建筑物给排水系统的重要组成部分,它的任务是及时排除降落在建筑物屋面的雨水、雪水,避免形成屋顶积水对屋顶造成威胁,或造成雨水溢流、屋顶漏水等水患事故,以保证人们正常生活和生产活动。屋面雨水排水系统按雨水管道的位置分为外排水系统和内排水系统。

1. 外排水系统

按屋面有无天沟,外排水系统可以分为檐沟外排水系统、天沟外排水系统。

(1)檐沟外排水系统

檐沟外排水系统由檐沟和雨落管组成。降落到屋面的雨水沿屋面集流到檐沟,然后流入隔一定距离沿外墙设置的雨落管排至地面或雨水口。雨落管多用镀锌铁皮管或塑料管,镀锌铁皮管为方形,断面尺寸一般为 80mm×100mm 或 80mm×120mm,塑料管管径为 75mm 或 100mm。根据降雨量和管道的通水能力确定一根雨落管服务的屋面面积,再根据屋面形状和面积确定雨落管间距。根据经验,民用建筑雨落管间距为 8~12m,工业建筑雨落管间距为 18~24m。檐沟排水系统适用于普通住宅、一般公共建筑和小型单跨厂房。

(2)天沟外排水系统

天沟外排水系统由天沟、雨水斗和排水立管组成。天沟设置在两跨中间并坡向端墙,雨水斗沿外墙布置。降落到屋面上的雨水沿坡向天沟的屋面汇集到天沟,沿天沟流至建筑物两端(山墙、女儿墙),入雨水斗,经排水立管排至地面或雨水井。天沟外排水系统适用于长度不超过 100m 的多跨工业厂房。

天沟的排水断面形式根据屋面情况而定,一般为矩形和梯形。天沟坡度不宜太大,以免天沟起端屋顶垫层过厚而增加结构的荷重,但也不宜太小,以免天沟抹面时局部出现倒坡,雨水在天沟中积聚,造成屋顶漏水,所以天沟坡度一般在 0.003~0.006。

天沟内的排水分水线应设置在建筑物的伸缩缝、变形缝、沉降缝处,天沟的长度应根据地区暴雨强度、建筑物跨度、天沟断面形式等进行水力计算确定,一般不要超过50m。为了排水安全,防止天沟末端积水太深,在天沟顶端设置溢流口,溢流口比天沟上檐低50～100mm。

采用天沟外排水方式,在屋面不设雨水斗,排水安全可靠,不会因施工不善造成屋面漏水或检查井冒水,且节省管材,施工简便,有利于厂房内空间利用,也可减小厂区雨水管道的埋深。但因天沟有一定的坡度,而且较长,排水立管在山墙外,也存在着屋面垫层厚、结构负荷增大的问题,使得晴天屋面堆积灰尘多,雨天天沟排水不畅,在寒冷地区排水立管有被冻裂的可能。屋面集水优先考虑天沟形式。

2. 内排水系统

内排水是指建筑物内部有雨水管道的雨水排水系统,屋面雨水斗排水系统属于内排水系统,降落到屋面上的雨水,沿屋面流入雨水斗,经连接管、悬吊管,进入排水立管,再经排出管流入雨水检查井,或经埋地干管排至室外雨水管道。寒冷地区尽量采用内排水系统。

在实际设计时,应根据建筑物的类型、建筑结构形式、屋面面积大小、当地气候条件及生产生活的要求,经过技术经济比较来选择排水方式。一般情况下,应尽量采用外排水系统或将两种排水系统综合考虑。对于跨度大、特别长的多跨工业厂房,在屋面设天沟有困难的锯齿形或壳形屋面厂房及屋面有天窗的厂房,应考虑采用内排水系统。对于建筑立面要求高的建筑,大屋面建筑及寒冷地区的建筑,在墙外设置雨水排水立管有困难时,也可考虑采用内排水系统。

3. 按雨水斗的数量分类

内排水系统按雨水斗的数量可分为单斗和多斗雨水排水系统两类。单斗雨水排水系统一般不设悬吊管,多斗雨水排水系统中悬吊管将雨水斗和排水立管连接起来。对于单斗雨水排水系统的水力工况,人们已经进行了一些实验研究,并获得了初步的认识,实际工程也证实了所得的设计计算方法和取用参数比较可靠。但对多斗雨水排水系统的研究较少,尚未得出定论。所以,在实际中宜优先采用单斗雨水排水系统。

4. 按排除雨水的安全程度分类

按排除雨水的安全程度,内排水系统分为敞开式和密闭式两种排水系统。前者利用重力排水,雨水经排出管进入普通检查井。但由于设计和施工的原因,当暴雨发生时,会出现检查井冒水现象,造成危害。敞开式内排水系统也有在室内设悬吊管、埋地管和室外检查井的做法,这种做法虽可避免室内冒水现象,但管材耗量大且悬吊管外壁易结露。

密闭式内排水系统利用压力排水,埋地管在检查井内用密闭的三通连接。当雨水排水不畅时,室内不会发生冒水现象。其缺点是不能接纳生产废水,须另设生产废水排水系统。

不允许室内地面冒水的建筑应采用密闭系统或外排水系统,不得采用敞开式内排水雨水系统。

5. 按设计流态分类

根据雨水在管道中的设计流态,建筑雨水排水系统可以分为压力流(虹吸式)雨水排水系统和重力流雨水排水系统。

压力流(虹吸式)雨水排水系统是近年在欧洲发展起来的,我国建筑给排水设计规范中的名称是压力流雨水系统,国际上的名称是虹吸式雨水系统。系统在设计中有意造成悬吊管内负压抽吸流动,被形象地命名为 **siphonicsystem**,即虹吸式系统。

重力流雨水系统指使用 **65** 型、**87** 型雨水斗的系统,设计流态是半有压流态,系统的流量负荷、管材、管道布置等考虑了水流压力的作用。

檐沟外排水宜按重力流系统设计;天沟外排水宜按压力流系统设计;高层建筑屋面雨水排水宜按重力流系统设计;工业厂房、库房、公共建筑的大型屋面雨水排水宜按压力流系统设计。

压力流系统的设计流态是水的满流,再提高系统的流量须升高屋面水位,但升高的水位与原有总水头(建筑高度)相比仍然很小,系统的流量增加亦很小,超重现期雨水须由溢流设施排除;重力流系统在确定系统的负荷时,预留了排放超设计重现期雨水的余量,比如 $D_N 100$ 雨水斗排水能力的试验数据是 $25\sim35L/s$(斗前水位 **10cm**),设计数据只取 **12L/s**,悬吊管和立管的余量也大致如此。

(二)建筑雨水排水系统的选择

1. 选用原则

(1)选择的雨水排水系统应尽量迅速、及时地将屋面雨水排至室外地面或沟渠。屋面雨水指以小于建筑物设计使用年限为重现期的降雨。

(2)工业建筑地面和屋面冒水泛水曾给我国的工厂造成过巨大的经济损失。雨水从屋面溢流口溢流不符合第一款的精神,属于非正常排水,应尽量减少或避免。

(3)本着既安全又经济的原则选择系统。安全的含义:室内地面不冒水、屋面溢水频率低、管道不漏水冒水。经济的含义:在满足安全的前提下,系统造价低、寿命长。

(4)选择雨水系统时不宜轻易增加溢水频率。

2. 选用次序

(1)根据安全性大小,各雨水系统的先后排列次序为:密闭式系统→敞开式系统;外排水系统→内排水系统;重力流系统→压力流系统。

(2)根据经济性优劣,各雨水系统的先后排列次序为:压力流系统→重力流系统。

（三）建筑雨水排水系统的组成与设置

外排水系统的组成与设置见前文所述。内排水系统由以下几部分组成：

1. 雨水斗

屋面排水系统应设置雨水斗。不同设计排水流态、排水特征的屋面雨水排水系统应选用相应的雨水斗。雨水斗设有整流格栅装置，格栅进水孔的有效面积是雨水斗下连接管面积的 **2～2.5 倍**，能迅速排除屋面雨水。格栅还具有整流作用，避免形成过大的漩涡，稳定斗前水位，减少掺气，并拦隔树叶等杂物。整流格栅可以拆卸，以便清理格栅上的杂物。

2. 连接管

连接管是连接雨水斗和悬吊管的一段竖向短管。连接管一般与雨水斗同径，但不宜小于 **100mm**，连接管应牢固地固定在建筑物的承重结构上，下端用斜三通与悬吊管连接。

3. 悬吊管

悬吊管连接雨水斗和排水立管，是雨水内排水系统中架空布置的横向管道。其管径不小于连接管管径，也不应大于 **300mm**。

4. 立管

雨水立管承接悬吊管或雨水斗流来的雨水，重力流屋面雨水排水系统立管管径不得小于悬吊管管径，压力流雨水排水系统立管管径应经计算确定，可小于上游横管管径。

5. 排出管

排出管是立管和检查井间的一段有较大坡度的横向管道，其管径不得小于立管管径。排出管与下游埋地管在检查井中宜采用管顶平接，水流转角不得小于 **135°**。

6. 埋地管

埋地管敷设于室内地下，承接立管的雨水，并将其排至室外雨水管道。埋地管最小管径为 **200mm**，最大不超过 **600mm**。埋地管一般采用混凝土管、钢筋混凝土管或陶土管。

7. 附属构筑物

常见的附属构筑物有检查井、排气井和检查口井，用于雨水管道的清扫、检修、排气。检查井适用于敞开式内排水系统，设置在排出管与埋地管连接处，埋地管转弯、变径及超过 **30m** 的直线管路上。检查井井深不小于 **0.7m**，井内采用管顶平接，井底设流槽，流槽应高出管顶 **200mm**。埋地管起端几个检查井与排出管间应设排气井。水流从排出管流入排气井，与溢流墙碰撞消能，流速减小，气水分离，水流经格栅稳压后平稳流入检查井，气体由放气管排出。密闭内排水系统的埋地管上设检查口，将检查口放在检查井内，便于清通检修，称检查口井。

二、雨水系统设计

(一)系统设置

1. 雨水斗

屋面排水系统应设置雨水斗,雨水斗应有权威机构测试的水力设计参数,如排水能力(流量)、对应的斗前水深等。未经测试的雨水斗不得使用在屋面上。重力流系统的雨水斗应采用**87**型和**65**型,压力流系统的雨水斗应采用淹没式雨水斗,雨水斗不得在系统之间借用。

雨水斗的设置位置应根据屋面汇水情况并结合建筑结构承载、管系敷设等因素确定。雨水斗可设于天沟内或屋面坡底面上,压力流系统雨水斗应设于天沟内,但 $D_N 50$ 的雨水斗可直接埋设于屋面。寒冷地区雨水斗宜设在冬季易受室内温度影响的屋顶范围内。

雨水斗的设计排水负荷应根据各种雨水斗的特性并结合屋面排水条件等情况设计确定。设置雨水斗的原则是雨水斗的服务面积应与雨水斗的排水能力相适应。雨水斗间距的确定应能使建筑专业实现屋面设计坡度,还应考虑建筑结构特点使立管沿墙柱布置,以固定立管。

重力流系统、压力流系统接入同一悬吊管的雨水斗应在同一标高层屋面上。当系统的设计流量小于立管的负荷能力时,可将不同高度的雨水斗接入同一立管,但最低雨水斗距立管底端的高度,应大于最高雨水斗距立管底端高度的**2/3**。具有 **1** 个以上立管的重力流系统承接不同高度屋面上的雨水斗时,最低斗的几何高度应不小于最高斗几何高度的**2/3**,几何高度以系统的排出横管在建筑外墙处的标高为基准。

内排水系统设置雨水斗时应以伸缩缝、沉降缝和防火墙作为天沟分水线,各自自成排水系统。在不能以伸缩缝或沉降缝为屋面雨水分水线时,应在缝的两侧各设雨水斗。如果分水线两侧两个雨水斗需连接在同一根立管或悬吊管上时,应采用伸缩接头并保证密封不漏水。

当采用多斗排水系统时,雨水斗宜相对立管对称布置。一根悬吊管上连接的雨水斗不得多于 **4** 个,接有多斗悬吊管的立管顶端不得设置雨水斗。

2. 天沟与溢流设置

天沟不应跨越建筑物的伸缩缝或沉降缝。天沟坡度不宜小于 **0.003**,单斗的天沟长度不宜大于 **50m**。天沟的净宽度和深度应按雨水斗的要求确定,**65** 型和 **87** 型雨水斗的天沟最小净宽度为: $D_N 100,300mm$; $D_N 150,350mm$。

建筑屋面雨水排水工程应设置溢流口、溢流堰、溢流管系等溢流设施。溢流排水不得危害建筑设施和行人安全。

一般建筑的重力流屋面雨水排水工程与溢流设施的总排水能力不应小于 **10** 年重现期的雨水量。重要公共建筑、高层建筑的屋面雨水排水工程与溢流设施的总排水能力不应小于 **50** 年重现期的雨水量。

溢流口底面应水平,口上不得设格栅。屋面天沟排水时溢流口宜设于天沟末端,屋面坡底排水时溢流口设于坡底一侧。

3. 悬吊管及其他横管(包括排出管)

重力流系统的悬吊管及其他横管的坡度不小于 **0.005**;压力流系统大部分排水时间是在非满流状态下运行,悬吊管宜设 **0.003** 的排空坡度。悬吊管与雨水斗出口的高差应大于 **1.0m**。重力流系统的悬吊管管径不得小于雨水斗连接管的管径。

悬吊管采用铸铁管,用铁箍、吊卡固定在建筑物的桁架或梁上。在管道可能受振动或生产工艺有特殊要求时,可采用钢管,焊接连接。在悬吊管的端头和长度大于 **15m** 的悬吊管上,应设检查口或带法兰盘的三通,其间距不宜大于 **20m**,且应布置在便于维修操作处。悬吊管与立管间宜采用 **45°** 三通或 **90°** 斜三通连接。

雨水系统的悬吊管尽量对正立管布置。悬吊管及其他横管跨越建筑的伸缩缝,应设置伸缩器或金属软管。排出管宜就近引出室外。

4. 立管

一根立管连接的悬吊管根数不多于 **2** 根。建筑屋面各汇水范围内,雨水排水立管不宜少于 **2** 根。立管尽量少转弯,不在管井中的雨水立管宜沿墙、柱安装。立管的管材和接口与悬吊管相同,在距地面 **1m** 处设检查口。有埋地排出管的屋面雨水排出管系,立管底部应设清扫口。高层建筑的立管底部应设托架。

各雨水立管宜单独排出室外。当受建筑条件限制,一个以上的立管必须接入同一排出横管时,宜设置各立管出口与排出横管连接。寒冷地区,立管应布置在室内。

5. 管材与附件

重力流排水系统多层建筑宜采用建筑排水塑料管,高层建筑宜采用承压塑料管、金属管。压力流排水系统宜采用内壁较光滑的带内衬的承压排水铸铁管、承压塑料管和钢塑复合管等,其管材工作压力应大于建筑物净高度产生的静水压。用于压力流排水的塑料管,其管材抗变形压力应大于 **0.15MPa**。立管受日照强烈,材质宜为金属。

(二)建筑物雨水系统水力要求

1. 重力流雨水系统要求

(1)单斗系统

单斗系统的雨水斗、连接管、悬吊管、立管、排出横管的口径均相同。

（2）多斗系统的雨水斗

悬吊管上具有 1 个以上雨水斗的多斗系统中,最远端雨水斗的设计流量不得超过规定的数值。当其他斗与立管的距离逐渐变小时,泄流量会依次递增。为更接近实际,设计中宜考虑这部分附加量,将距立管较近的雨水斗划分的汇水面积增大些,即设计流量加大些。建议以最远为基准,其他各斗的设计流量依次比上游斗递增 10%,但到第 5 个斗时,设计流量不宜再增加。

（3）多斗系统的悬吊管

多斗悬吊管的排水能力的充满度 h/D 不大于 0.8。悬吊管的管径根据各雨水斗流量之和确定,并宜保持管径不变。

（4）排出管和其他横管

排出管(又称出户管)和其他横管(如管道层的汇合管等)可近似按悬吊管的方法计算,取横管起点和末点的高差,H 为横管起点压力,可取 1。排出管的管径根据系统的总流量确定,并且从起点始不宜变径。排出管在出建筑外墙时流速若大于 1.8m/s,管径应放大。

2. 压力流雨水系统要求

（1）雨水斗

雨水斗的名义口径一般有三种:D50、D75 和 D100。各口径斗的排水能力因型号和制造商而异,需根据生产厂家提供的资料选取。

（2）管道计算公式

管道水头损失按海澄–威廉公式计算,也可采用柯尔勃洛克公式。压力流雨水系统的雨水斗和管道一般由专业设备商配套供应,选用水头损失计算公式时需参考供货商的意见。

（3）悬吊管和立管的管径确定

悬吊管和立管的管径选择计算应同时满足下列条件:

①悬吊管最小流速不宜小于 1m/s,立管最小流速不宜小于 2.2m/s。管道最大流速宜小于 6m/s,不得大于 10m/s。

②系统的总水头损失(从最远斗到排出口)与出口处的速度水头之和(mH_2O),不得大于雨水管进、出口的几何高差 H。

③系统中的各个雨水斗到系统出口的水头损失之间的差值,不大于 10kPa,否则,应调整管径重算。同时,各节点的压力的差值不大于 10kPa 或 5kPa。

④系统中的最大负压绝对值应小于:金属管:80kPa;塑料管:视产品的力学性能而定,但不得大于 70kPa。如果管道水力计算中负压值超出以上规定,应调整管径(放大悬吊管管径或缩小立管管径)重算。

⑤系统高度(雨水斗顶面和系统出口的几何高差)H 和立管管径的关系应满足:立管管

径 $D_N \leqslant 75$，$H \geqslant 3m$；$D_N \geqslant 90$，$H \geqslant 5m$。如不满足，可增加立管根数，减少管径。

（4）系统出口及下游管道

系统出口处的下游管径应放大，流速应控制在 **1.8m/s** 内。

系统出口的设置位置确定方法为：当只有一个立管或者多个立管，但雨水斗在同一高度时，可设在外墙处；当两个及以上的立管接入同一排出管，且雨水斗设置高度不同时，则各立管分别设出口，出口设在与排出管连接点的上游，先放大管径再汇合。

3. 溢流口要求

溢流口的功能主要是（雨水系统）事故排水和超量雨水排除。按最不利情况考虑，溢流口的排水能力应不小于 **50** 年重现期的雨水量。

4. 天沟外排水设计要求

天沟外排水设计计算主要是配合土建要求，设计天沟的形式和断面尺寸，确定天沟汇水长度。为了增大天沟泄流量，天沟断面形式多采用水力半径大、湿周小的宽而浅的矩形或梯形，具体尺寸应由计算确定。为了排水安全可靠，天沟应有不小于 **100mm** 的保护高度，天沟起点水深不小于 **80mm**。对于粉尘较多的厂房，考虑到积灰占去部分容积，应适当增大天沟断面，以保证天沟排水畅通。

第三章　建筑给排水系统设计

第一节　建筑给水系统设计

一、给水管道的布置与敷设

（一）管道布置

1. 给水管道的布置方式

（1）按供水可靠度不同可分为枝状和环状两种形式

枝状管网单向供水,可靠性差,但节省管材,造价低;环状管网双向甚至多向供水,可靠性高,但管线长,造价高。

（2）按水平干管位置不同可分为上行下给、下行上给和中分式三种形式

上行下给供水方式的干管设在顶层天花板下、吊顶内或技术夹层中,由上向下供水,适用于设置高位水箱的建筑;下行上给供水方式的干管埋地、设在底层或地下室中,由下向上供水,适用于利用市政管网直接供水或增压设备位于底层但不设高位水箱的建筑;中分式供水方式的干管设在中间技术夹层或某中间层的吊顶内,由中间向上、下两个方向供水,适用于屋顶用作露天茶座、舞厅并设有中间技术夹层的建筑。

2. 给水管道的布置原则

给水管道布置直接关系到给水系统的工程投资、运行费用、供水可靠性、安装维护、操作使用,甚至会影响到生产和建筑物的使用。因此,在管道布置时,不仅需要与供暖、通风、燃气、电力、通信等其他管线的布置相互协调,还要重点考虑以下几个因素:

（1）经济合理

室内生活给水管道宜布置成枝状管网,单向供水。为减少工程量,降低造价,缩短管网向最不利点输水的管道长度,减少管路水头损失,节省运行费用,给水管道布置时应力求长度最短,当建筑物内卫生器具布置不均匀时,引入管应从建筑物用水量最大处引入;当建筑物内卫生器具布置比较均匀时,引入管从建筑物中部引入。给水干管、立管应尽量靠近用

水量最大设备处,以减少管道转输流量,使大口径管道长度最短。

(2)供水可靠、运行安全

当建筑物不允许间断供水时,引入管要设置两条或两条以上,并应由市政管网的不同侧引入,在室内将管道连成环状或贯通状双向供水。如不可能时,可由同侧引入,但两根引入管间距不得小于15m,并应在接管点间设置阀门。如条件不可能满足,可采取设储水池(箱)或增设第二水源等安全供水措施。给水干管应尽可能靠近不允许间断供水的用水点,以提高供水可靠性。

当管道埋地时,应当避免被重物压坏或被设备震坏;管道不得穿越生产设备基础,在特殊情况下必须穿越时,应采取有效的保护措施;为避免管道腐蚀,管道不允许布置在烟道、风道和排水沟内。生活给水管道不宜与输送易燃、可燃或有害液体或气体的管道同管廊(沟)敷设。

室内给水管道不宜穿过伸缩缝、沉降缝,必须穿过时,应采取保护措施。常用的保护措施有:软性接头法,即用橡胶软管或金属波纹管连接沉降缝或伸缩缝两边的管道;丝扣弯头法,在建筑沉降过程中,两边的沉降差由丝扣弯头的旋转来补偿,仅适用于小管径的管道;活动支架法,在沉降缝两侧设支架,使管道只能垂直位移,以适应沉降、伸缩的应力。

(3)便于安装维修及操作使用

布置给水管道时,其周围要留有一定的空间,以满足安装、维修的要求。

(4)不影响生产和建筑物的使用

室内给水管道不允许穿过橱窗、壁柜、吊柜等木装修处;不能布置在妨碍生产操作和交通运输处;不应穿越变配电房、电梯机房、通信机房、大中型计算机房、计算机网络中心、音像库房等遇水会损坏设备和引发事故的房间,并应避免在生产设备上方通过;工厂车间内的给水管道不得布置在遇水会引起燃烧、爆炸的原料、产品和设备的上面;给水管道应避免穿越人防地下室,必须穿越时应按人防工程要求设置防爆阀门。

(二)管道敷设

1. 敷设方式

给水管道的敷设,根据建筑对卫生、美观方面的要求,一般分为明设和暗设两类。

(1)明设

管道沿墙、梁、柱、天花板下暴露敷设。其优点是造价低,施工安装和维护修理均较方便。缺点是由于管道表面积灰、产生凝结水等影响环境卫生,而且管道外露影响房屋内部的美观。一般装修标准不高的民用建筑和大部分生产车间均采用明设方式。

（2）暗设

将管道直接埋地或埋设在墙槽、楼板找平层中，或隐蔽敷设在地下室、技术夹层、管道井、管沟或吊顶内。管道暗设卫生条件好，美观，对于标准较高的高层建筑、宾馆、实验室等均采用暗设；在工业企业中，针对某些生产工艺要求，如精密仪器或电子元件车间要求室内洁净无尘时，也采用暗设。暗设的缺点是造价高，施工复杂，维修困难。

2. 敷设要求

室外给水管道的覆土深度，应根据土壤冰冻深度、车辆荷载、管道材质及管道交叉等因素确定。管顶最小覆土深度不得小于土壤冰冻线以下 **0.15m**，行车道下的管线覆土深度不宜小于 **0.7m**。

明设的给水管道应设在不显眼处，并尽可能呈直线走向，与墙、梁、柱平行敷设；给水管道暗设时，不得直接敷设在建筑物结构层内；干管和立管应敷设在吊顶、管井、管龛内，支管宜敷设在楼（地）面的找平层内或沿墙敷设在管槽内；敷设在找平层或管槽内的给水支管宜采用塑料、金属与塑料复合管材或耐腐蚀的金属管材，外径不宜大于 **25mm**；敷设在找平层或管槽内采用卡套式或卡环式接口连接的管材，宜采用分水器向各卫生器具配水，中途不得有连接配件，两端接口应明露。室内冷、热水管上、下平行敷设时，冷水管应在热水管下方，垂直平行敷设时，冷水管应在热水管右侧。

在给水管道穿越屋面、地下室或地下构筑物的外墙、钢筋混凝土水池（箱）的壁板或底板处，应设置防水套管。明设的给水立管穿越楼板时，应采取防水措施。管道在空间敷设时，必须采取固定措施，以保证施工方便和供水安全。可用管卡、吊环、托架等固定管道。管道在穿过建筑物内墙、基础及楼板时均应预留孔洞口，暗设管道在墙中敷设时，也应预留墙槽。

3. 防护措施

为保证给水管道在较长年限内正常工作，除应加强维护管理外，在布置和敷设过程中还需要采取以下防护措施。

（1）防腐

明设和暗设的金属管道都要采取防腐措施，通常的防腐做法是首先对管道除锈，使之露出金属光泽，然后在管外壁刷涂防腐涂料。明设的焊接钢管和铸铁管外刷防锈漆 **1** 道、银粉面漆 **2** 道，镀锌钢管外刷银粉面漆 **2** 道；暗设和埋地管道均刷沥青漆 **2** 道。

防腐层应采用具有足够的耐压强度、良好的防水性、绝缘性和化学稳定性、能与被保护管道牢固黏结、无毒的材料。

（2）防冻、防露

对设在最低温度低于零摄氏度以下场所的给水管道和设备，如寒冷地区的屋顶水箱、冬季不采暖的房间、地下室、管井、管沟中的管道以及敷设在受室外冷空气影响的门厅、过道等处的管道,应当在涂刷底漆后,做保温层进行保温防冻。保温层的外壳,应密封防渗。

在环境温度较高、空气湿度较大的房间(如厨房、洗衣房、某些生产车间)或管道内水温低于环境温度时,管道及设备的外壁可能产生凝结水,会引起管道或设备腐蚀,影响使用及环境卫生,导致建筑装饰和室内物品受到损害,必须采取防结露措施。

(3)防高温

在室外明设的给水管道,应避免受阳光直接照射,塑料给水管还应有有效保护措施;室内塑料给水管道不得与水加热器或热水炉直接连接,应有不小于 **0.4m** 的金属管段过渡;塑料给水管道不得布置在灶台边缘,塑料给水立管距灶台边缘不得小于 **0.4m**,距燃气热水器边缘不宜小于 **0.2m**。

给水管道因水温变化而引起伸缩,必须予以补偿。塑料管的线性膨胀系数是钢管的**7～10 倍**,必须予以重视。伸缩补偿装置应按管段的直线长度、管材的线性膨胀系数、环境温度和水温的变化幅度、管道节点允许位移量等因素计算确定,但应尽量利用管道自身的折角补偿温度变形。

(4)防振

当管道中水流速度过大时,启闭水龙头、阀门易出现水锤现象,引起管道、附件的振动,不但会损坏管道附件造成漏水,还会产生噪声。所以在设计时应控制管道的水流速度,在系统中尽量减少使用电磁阀或速闭型水栓。住宅建筑进户管的阀门后装设可曲挠橡胶接头进行隔振;并可在管道支架、管卡内衬垫减振材料,减少噪声的扩散。

二、给水所需水量及水压

(一)用水定额

用水定额是对不同的用水对象,在一定时期内制定相对合理的单位用水量的数值,是国家根据各个地区的人民生活水平、消防和生产用水情况,经调查统计而制定的,主要有生活用水定额、生产用水定额、消防用水定额。用水定额是确定设计用水量的主要参数之一,合理选定用水定额直接关系到给水系统的规模及工程造价。

1. 生活用水定额及小时变化系数

生活用水定额是指每个用水单位(如每人每日、每床位每日、每顾客每次、每平方米营业面积等)用于生活目的所消耗的水量,一般以升为单位。根据建筑物的类型具体分为住宅最高日生活用水定额、集体宿舍、旅馆和公共建筑生活用水定额及工业企业建筑生活、淋浴用水定额等。

生活用水量每日都发生着变化,在一日之内用水量也是不均匀的。最高日用水时间内最大一小时的用水量称为最大时用水量,最高日最大时用水量与平均时用水量的比值称为小时变化系数。

2. 生产用水定额

工业生产种类繁多,即使同类生产,也会由于工艺不同致使用水量有很大差异,设计时可参阅有关设计规范和规定或由工艺方面提供用水资料。

3. 消防用水量

消防用水量是指用以扑灭火灾的消防设施所需水量,一般划分为室外、室内消防用水量。室内消防用水量包括消火栓用水量和自动喷水灭火系统的消防用水量。

生活用水量是通过各种卫生器具和用水设备消耗的,卫生器具的供水能力与所连接的管道直径、配水阀前的工作压力有关。给水额定流量是卫生器具配水出口在单位时间内流出的规定的水量,为保证卫生器具能够满足使用要求,对各种卫生器具连接管的直径和最低工作压力都有相应规定。

(二)给水系统所需水压

给水系统中相对于水源点(如直接给水方式的引入管、增压给水方式的水泵出水管、高位水箱)而言,静扬程(配水点位置标高减去水源点位置标高)、总水头损失、卫生器具最低工作压力三者之和最大的配水点称为最不利点。

对于居住建筑的生活给水系统,在进行方案的初步设计时,可根据建筑层数估算自室外地面算起系统所需的水压。一般 1 层建筑物为 **100kPa**;2 层建筑物为 **120kPa**;3 层及 3 层以上建筑物,每增加 1 层,水压增加 **40kPa**。对采用竖向分区供水方案的高层建筑,也可根据已知的室外给水管网能够保证的最低水压,按上述标准初步确定由市政管网直接供水的范围。

竖向分区的高层建筑生活给水系统,各分区最不利配水点的水压,都应满足用水水压要求;并且各分区最低卫生器具配水点处的静水压不宜大于 **0.45MPa**,特殊情况下不宜大于 **0.55MPa**;对于水压大于 **0.35MPa** 的入户管(或配水横管),宜设减压或调压设施。

三、给水设计流量与管道水力计算

(一)设计流量

给水设计流量是给水系统中的设备和管道在使用过程中可能出现的最大流量,它不仅是确定设备规格和管道直径的主要依据,也是计算管道水头损失,进而确定给水系统所需压力的主要依据。因此,设计流量的确定应符合建筑内部的用水规律。根据给水系统中是否存在调节构筑物以及调节构筑物所处位置不同,设计流量可能是最大用水小时的平均秒流量或是卫生器具按配水最不利情况组合流出的最大短时流量,又称设计秒流量。

一般情况下,室内配水管网、气压给水设备、变频调速给水设备、不设高位水箱的增压水泵采用设计秒流量;设有高位水箱的增压水泵采用最大小时平均秒流量;当建筑物内的生活用水全部由室外管网直接供水时,引入管的设计流量采用设计秒流量;当建筑物内的生活用水全部经储水池后自行加压供给时,引入管的设计流量采用最大用水小时平均秒流量;当建筑物内的生活用水既有室外管网直接供水,又有自行加压供水时,引入管的设计流量等于直接供水部分的设计秒流量加上加压部分的最大用水小时平均秒流量。

1. 最大用水小时平均秒流量

最大用水小时平均秒流量可根据国家制定的生活用水定额、用水单位数、小时变化系数和用水时数来确定。

生活用水定额随建筑物类型、卫生器具的设置标准、用水对象不同而不同。由于我国幅员辽阔,气候条件、生活习惯、水资源状况、经济收入水平存在较大差异,即使是相同的建筑物类型、卫生器具设置标准和用水对象,用水定额仍可在一定范围内有不同取值,设计时应根据具体情况合理确定用水量。一般在气候炎热、水资源丰富、经济发达地区可取上限值,反之宜取下限值。

2. 设计秒流量

对于建筑内给水管道设计秒流量的确定方法,世界各国都进行了大量的研究,归纳起来有三类:一是经验法,按卫生器具数量确定管径,或以卫生器具全部给水流量与假定设计流量间的经验数据确定管径,简捷方便,但精确度较差,不能区别建筑物的不同类型、不同标准、不同用途和卫生器具的种类、使用情况、所在层数和位置。二是平方根法,以单阀水嘴在额定工作压力时的流量 0.20L/s 作为一个理想器具的给水当量,其他类型的卫生器具配水龙头的流量按比例换算成相应的器具给水当量,设计秒流量与卫生器具给水当量总数的平方根成正比,建筑物用途不同比例系数不同,当量数增大到一定程度后,流量增加极少,导致计算结果偏小。三是概率法,假设管道系统中主要卫生器具的使用可以被视为纯粹的随机事件。该方法以建筑物用水高峰期间记录的一次放水时间和放水间隔时间作为频率分析的依据。通过统计这些数据,可以估算出在给水系统中同时使用多个卫生器具的概率,从而确定系统的设计负荷。这种方法能够更准确地反映实际使用情况,有助于提高给水系统的设计合理性。

（1）住宅建筑

根据住宅建筑用水时间长、用水设备使用情况不集中的特点,对其设计秒流量的计算方法进行了修改,开始采用以概率法为基础的计算方法,具体按下列步骤进行计算。

①根据住宅配置的卫生器具给水当量、使用人数、用水定额、使用时数及小时变化系数,

计算最大用水时卫生器具给水当量平均出流概率。

②根据计算管段上的卫生器具给水当量总数,计算得出该管段的卫生器具给水当量的同时出流概率。

③根据计算管段上的卫生器具给水当量同时出流概率,计算管段的设计秒流量。

④有两条或两条以上具有不同最大用水时卫生器具给水当量平均出流概率的给水支管的给水干管,计算该管段的最大时卫生器具给水当量平均出流概率。

（2）用水分散型公共建筑

由于缺乏基础资料,公共建筑不具备用概率法建立设计秒流量公式的条件,对于用水分散型的公共建筑,如集体宿舍、旅馆、宾馆、医院、疗养院、幼儿园、养老院、办公楼、商场、客运站、会展中心、中小学教学楼、公共厕所等建筑的生活给水设计秒流量仍采用平方根法计算。

（3）用水集中型公共建筑

对于用水集中型公共建筑,如工业企业的生活间、公共浴室、职工食堂或营业餐馆的厨房、体育场馆运动员休息室、剧院的化妆间、普通理化实验室等建筑的生活给水管道的设计秒流量,应根据卫生器具给水额定流量、同类型卫生器具数和卫生器具的同时给水百分数来计算。

（二）设计流速

当管段的流量确定后,流速的大小将直接影响到管道系统技术、经济的合理性。流速过大易产生水锤,引起噪声,损坏管道或附件,并将增加管道的水头损失,提高建筑内给水系统所需的压力和增压设备的运行费用;流速过小,会使管道直径变大,增加工程投资。设计时应综合考虑以上因素,将给水管道流速控制在适当的范围内。

（三）管网水力计算

室内给水管网的水力计算,就是在满足各配水点用水要求的前提下,确定给水管道的直径及管路的水头损失,复核室外给水管网是否满足所需压力,对于设置升压设备和高位水箱的给水系统,需要根据计算结果选择设备型号和确定水箱安装高度。

1. 确定管径

住宅的入户管,公称直径不宜小于**20mm**。

2. 局部水头损失

生活给水管道的配水管的局部水头损失,宜按管道的连接方式,采用管（配）件当量长度法计算。当管道的管（配）件当量长度资料不足时,可根据下列管件的连接状况,按管网的沿程水头损失的百分数取值:

（1）管（配）件内径与管道内径一致,采用三通分水时,取 **25%～30%**;采用分水器分水时,取 **15%～20%**。

（2）管（配）件内径略大于管道内径,采用三通分水时,取 **50%～60%**;采用分水器分水时,取 **30%～35%**。

（3）管（配）件内径略小于管道内径,管（配）件的插口插入管口内连接,采用三通分水时,取 **70%～80%**;采用分水器分水时,取 **35%～40%**。

水表的局部水头损失,应按选用产品所给定的压力损失值计算。在未确定具体产品时,可按下列情况选用:住宅入户管上的水表,宜取 **0.01MPa**;建筑物或小区引入管上的水表,在生活用水工况时,宜取 **0.03MPa**;在校核消防工况时,宜取 **0.05MPa**。

比例式减压阀的水头损失,阀后动水压宜按阀后静水压的 **80%～90%** 采用;管道过滤器的局部水头损失,宜取 **0.01MPa**;管道倒流防止器的局部水头损失,宜取 **0.025～0.04 MPa**。

3. 水力计算方法步骤

（1）根据建筑平面图和确定的给水方式,绘出给水管道平面布置图及轴测图,列出水力计算表,以便将每步计算结果填入表内,使计算有条不紊地进行;

（2）根据轴测图选择最不利配水点,确定计算管路。若在轴测图中难以判定最不利配水点,则应同时选择几条计算管路,分别计算各管路所需压力,其最大值为建筑内给水系统所需的压力;

（3）根据建筑的性质选用设计秒流量公式,计算各管段的设计秒流量;

（4）以流量变化处为节点,从配水最不利点开始,进行节点编号,将计算管路划分成计算管段,并标出两节点间计算管段的长度;

（5）确定各管段直径;

（6）计算沿程水头损失、局部水头损失、管路总水头损失;

（7）确定给水系统所需压力、选择增压设备、确定水箱设置高度;

（8）确定非计算管路各管段的管径。

四、水量调节与水质防护

（一）水量调节设备

1. 储水池

对于采用水箱水泵联合给水方式、气压给水方式或变频调速给水方式的建筑给水系统,从节能的角度考虑,在水量能够得到保证的前提下,水泵宜直接从市政管网吸水,以充分利用市政管网的水压。但是,供水管理部门通常不允许建筑内部给水系统的水泵直接从市政管网吸水,以免管网压力剧烈波动或大幅度下降,影响其他用户使用。从另一方面来看,为提高供水可靠性,避免在用水高峰期市政管网供水能力不足时出现无法满足设计秒流量的现象,减少因市政管网或引入管检修造成的停水影响,建筑给水系统一般都设有储水池。

(1)储水池有效容积

储水池的有效容积与水源的供水能力和用水量变化情况以及用水可靠性要求有关,包括调节水量、消防储备水量和生产事故备用水量三部分。

对于用于生活饮用水的储水池,应与其他用水的水池分开设置,并应考虑其他用水的储备水量和消防储备水量,当计算资料不足时,有效容积宜按最高日用水量的**20%~25%**确定。

(2)储水池设置要求

储水池应设在通风良好、不结冻的房间内;为防止渗漏造成损害和避免噪声影响,储水池不宜毗邻电气用房和居住用房或在其下方;储水池外壁与建筑本体结构墙面或其他池壁之间的净距,应满足施工或装配的需要,无管道的侧面,净距不宜小于**0.7m**;安装有管道的侧面,净距不宜小于**1.0m**,且管道外壁与建筑本体墙面之间的通道宽度不宜小于**0.6m**;设有人孔的池顶,顶板面与上面建筑本体板底的净空不应小于**0.8m**。

储水池的设置高度应利于水泵自吸抽水,池内宜设有水泵吸水坑,吸水坑的大小和深度,应满足水泵吸水管的安装要求。生活、消防合用储水池应有保证消防储备水量不被动用的措施。

储水池应设进出水管、溢流管、泄水管和水位信号装置。当利用城市给水管网压力直接进水时,应设置自动水位控制阀,控制阀直径与进水管管径相同,当采用浮球阀时不宜少于两个,且进水管标高应一致,浮球阀前应设检修用的控制阀。溢流管宜采用水平喇叭口集水,喇叭口下的垂直管段不宜小于**4**倍溢流管管径。溢流管的管径,应按能排泄储水池的最大入流量确定,并宜比进水管大一级。泄水管的管径,应按水池(箱)泄空时间和泄水受体排泄能力确定,当储水池中的水不能以重力自流泄空时,应设置移动或固定的提升装置。

容积大于**500m³**的储水池,应分成容积基本相等的两格,以便清洗、检修时不中断供水。

2. 水箱

(1)水箱有效容积

高位水箱在建筑给水系统中起到稳定水压、贮存和调节水量的作用。水箱的有效容积应根据调节容积、生产事故备用水量及消防储备水量之和计算。

水箱的调节容积应根据进水(室外给水管网或水泵向水箱供水)与出水(水箱向建筑内部给水管网供水)情况,经分析后确定。

生产事故备用水量可按工艺要求确定。消防储备水量用以扑救初期火灾,一般应储存**10min**的室内消防用水量。当室内消防用水量不超过**25L/s**,经计算水箱消防储水量超过

$12m^3$时,仍可采用$12m^3$,当室内消防用水量超过$25L/s$,经计算水箱消防储水量超过$18m^3$,仍可采用$18m^3$。

（2）水箱设置要求

水箱应设置在通风良好、不结冻的房间内;为防止结冻或阳光照射水温上升导致余氯加速挥发,露天设置的水箱都应采取保温措施;高位水箱箱壁与水箱间墙壁及其他水箱之间的净距与储水池的布置要求相同,当有管道敷设时水箱底与水箱间地面板的净距不宜小于$0.8m$;水箱的设置高度(以底板面计)应满足最高层用户的用水水压要求,如达不到要求时,宜在其入户管上设置管道泵增压。

水箱进水管宜设在检修孔的下方,利用市政管网直接进水的水箱,进水管布置要求与储水池相同,当水箱采用水泵加压进水时,进水管不得设置自动水位控制阀,应设置利用水箱水位自动控制水泵开、停的装置。当水泵供给多个水箱进水时,应在水箱进水管上装设电动阀,由水位监控设备实现自动控制,电动阀应与进水管管径相同。

为避免出现较大死水区,水箱出水管宜与进水管分别设置;出水管可由水箱的侧壁或底部接出,管口应高出箱底$50mm$,以免将箱底沉淀物带入配水管网,并应装设阀门以利于检修。为防止短流,进、出水管宜分设在水箱两侧。

溢流管口应在水箱报警水位以上$50mm$处,管径应按能够排泄水箱最大入流量确定,并宜比进水管大$1\sim2$级,管顶设$1:1.5\sim1:2$喇叭口。溢流管上不允许设阀门,其出口应设网罩。

泄水管用以检修或清洗时放空水箱,管上应设阀门,管径一般比进水管小一级,不应小于$50mm$,从箱底接出,可与溢流管相连后用同一根管排水,但不能与下水管道直接连接。

为减少工程中由于自动水位控制阀失灵,水箱溢水造成水资源浪费,水箱宜设置水位监视和溢流报警装置,信息应传至监控中心。报警水位应高出最高水位$50mm$左右,小水箱可小一些,大水箱可大一些。

生活用水水箱的储水量较大时,应在箱盖上设通气管,以使水箱内空气流通,一般通气管管径$\geq 50mm$,通气管高出水箱顶$0.5m$。

（二）水质污染与防护

1. 水质污染原因

如果建筑内部给水系统设计、施工、维护、管理不当,有可能出现水质污染现象,导致建筑给水系统水质污染的常见原因有以下几点。

（1）材料方面

镀锌钢管在使用过程中容易产生铁锈,出现"赤水";PVC-U管在生产过程中由于加入了重金属添加剂,以及 **PVC** 本身残存的单体氯乙烯和一些小分子,在使用的时候转移到水中;塑料管如果采用溶剂连接,所用的胶粘剂很难保证无毒;混凝土储水池或水箱墙体中石灰类物质渗出,导致水中的 **pH** 值、**Ca**、碱度增加,混凝土中还能渗出钡、铬、镍、镉等金属污染物;金属储水设备防锈漆的脱落等都属于材料选择不当引起的水质污染现象。

(2)施工方面

地下水位较高时储水池底板防渗处理不好;储水池与水箱的溢流管、泄水管间接排水不符合要求;配水件出水口高出承接用水容器溢流边缘的空气间隙太小;布置在环境卫生条件恶劣地段的管道接口密闭不严都可能导致水质污染。

(3)系统布置方面

埋地式生活饮用水储水池与化粪池、污水处理构筑物、渗水井、垃圾堆放点等污染源没有足够的卫生防护距离;水箱与厕所、浴室、盥洗室、厨房、污水处理间等相邻;饮用水系统与其他给水系统直接连接;给水管道穿过大便槽和小便槽;给水管道与排水管道间距或相对位置不当等都是水质污染的隐患。

(4)设计方面

储水池、水箱进出水管位置不合适,在水池、水箱内形成死水区;储水池、水箱总容积过大,水流停留时间长但无二次消毒设备;直接向锅炉、热水机组、水加热器、气压水罐等有压容器或密闭容器注水的注水管上没有可靠的防止倒流污染的措施等设计缺陷都可能造成水质污染。

(5)管理方面

储水池、水箱等储水设备未定期进行水质检验,未按规范要求进行冲洗、消毒;通气管、溢流管出口网罩破损后没有及时修补;入孔盖板密封不严密;配水龙头上任意连接软管,形成淹没出流等管理不善问题,也会导致水质污染。

2. 防护措施

(1)生活饮用水不得因管道产生虹吸回流而受污染,生活饮用水管道的配水件出水口应符合下列规定:

①出水口不得被任何液体或杂质所淹没;

②出水口高出承接用水容器溢流边缘的最小空气间隙不得小于出水口直径的 **2.5** 倍;

③特殊器具不能设置最小空气间隙时,应设置管道倒流防止器或采取其他有效的隔断措施。

(2)从给水管道上直接接出下列用水管道时,应在这些用水管道上设置管道倒流防止器或其他有效的防止倒流污染的装置:

①单独接出消防用水管道(不含室外给水管道上接出的室外消火栓)时,在消防用水管

道的起端；

②从城市给水管道上直接吸水的水泵，其吸水管起端；

③当游泳池、水上游乐池、按摩池、水景观赏池、循环冷却水集水池等的充水或补水管道出口与溢流水位之间的空气间隙小于出口管径 **2.5** 倍时，在充(补)水管上；

④由城市给水管直接向锅炉、热水机组、水加热器、气压水罐等有压容器或密闭容器注水的注水管上；

⑤垃圾处理站、动物养殖场(含动物园的饲养展览区)的冲洗管道及动物饮水管道的起端；

⑥绿地等自动喷灌系统，当喷头为地下式或自动升降式时，其管道起端；

⑦从城市给水管网的不同管段接出引入管向居住小区供水，且小区供水管与城市给水管形成环状管网时，其引入管上(一般在总水表后)。

城市给水管道严禁与自备水源的供水管道直接连接。生活饮用水管道应避开毒物污染区，当条件限制不能避开时，应采取防护措施。严禁生活饮用水管道与大便器(槽)直接连接。给水管道不得穿过大便槽和小便槽，且立管离大、小便槽端部不得小于 **0.5m**。当立管位于小便槽端部≤**0.5m** 时，在小便槽端部应有建筑隔断措施。建筑物内埋地敷设的生活给水管与排水管之间的最小净距，平行埋设时不应小于 **0.5m**；交叉埋设时不应小于 **0.15m**，且给水管应在排水管的上面。

生活饮用水池(箱)应与其他用水的水池(箱)分开设置。埋地式生活饮用水储水池周围 **10m** 以内，不得有化粪池、污水处理构筑物、渗水井、垃圾堆放点等污染源；周围 **2m** 以内不得有污水管和污染物。当达不到此要求时，应采取防污染的措施。建筑物内的生活饮用水水池(箱)体，应采用独立结构形式，不得利用建筑物的本体结构作为水池(箱)的壁板、底板及顶盖。生活饮用水水池(箱)与其他用水水池(箱)并列设置时，应有各自独立的分隔墙，不得共用一幅分隔墙，隔墙之间应有排水措施。建筑物内的生活饮用水水池(箱)宜设在专用房间内，其上方的房间不应有厕所、浴室、盥洗室、厨房、污水处理间等。当生活饮用水水池(箱)内的储水，**48h** 内不能得到更新时，应设置水消毒处理装置。

(3)生活饮用水水池(箱)的构造和配管，应符合下列规定：

①人孔、通气管、溢流管应有防止昆虫爬入水池(箱)的措施；

②进水管应在水池(箱)的溢流水位以上接入，当溢流水位确定有困难时，进水管口的最低点高出溢流边缘的高度等于进水管管径，但最小不应小于 **25mm**，最大不可大于 **150mm**；当进水管口为淹没出流时，管顶应钻孔，孔径不宜小于管径的 **1/5**。孔上宜装设同径的吸气阀或其他能破坏管内产生真空的装置；

③进出水管布置不得产生水流短路，必要时对应设导流装置；

④不得接纳消防管道试压水、泄压水等回流水或溢流水；

⑤泄空管和溢流管的出口，不得直接与排水构筑物或排水管道相连接，应采取间接排水的方式；

⑥水池(箱)材质、衬砌材料和内壁涂料，不得影响水质。

⑦在非饮用水管道上接出水嘴或取水短管时，应采取防止误饮误用的措施。

第二节　建筑水景及游泳池给水排水设计

一、建筑水景设计

水景是人工建造的水上景观，由各种姿态变幻莫测、此起彼伏、有条不紊的水流组成，配有声、光、电及各种控制设施。随着城市的发展及人们审美情趣的提高，水景的应用越来越广泛，水景的艺术形式和规模也得到了很大发展。

水景水流形态分为喷泉、流水、跌水、池水、涌水等。水景的作用主要有：美化环境；润湿和净化空气，改善小区局部小气候；水景工程中的水池也可兼作其他用水的水源，如作消防贮水池、循环冷却系统的降温池或循环冷却系统的补水池等。

(一)水景的类型及选择

水景工程并没有统一的形式可以遵守，而应根据规模、环境、艺术和功能要求灵活设计。常见的水景工程大致有以下几种。

1. 固定式水景工程

固定式水景工程是指构成水景工程的主要组成部分，如喷头、管道、配水箱、水泵、水池及电气设备均为固定装置，不能随意移动。大、中型水景工程多为固定式水景工程。固定式水景工程又可以分为水池式、浅碟式、旱地式、河湖式等类型。

2. 半移动式水景工程

半移动式水景工程是指除水池等土建结构固定不动外，其余主要设备均可移动的水景工程。通常是将喷头、配水器、管道、潜水泵和水下灯组装在一起，使之定型化，使用时将成套设备置于水池内即可达到预期效果。

3. 全移动式水景工程

全移动式水景工程是指所有的水景设备包括水池在内，全部组合在一起，可以任意整体搬动的水景工程，常用在大厅、庭院内。小型的全移动式水景甚至可以摆放在桌面上。

（二）水景给水排水系统

1. 水景工程设计原则

水景工程是一门工程技术，设计时要考虑符合城市总体规划原则，满足建筑艺术和功能要求，不可盲目追求形式和规模，以免主次倒置、喧宾夺主；水景的水量密度应根据景观的主题要求确定，该密则密，该疏则疏；要尽量以少的水量和能耗，达到最佳的艺术效果；应充分利用当地的地表地物和自然景色，尽量做到顺应自然、巧借自然、美化自然和融于自然，达到经济实用、美化环境的目的。

2. 水景常用的给水系统

水景常用的给水系统分为直流式和循环式两类。

直流式给水系统是将水源来水通过管道直接与喷头连接，连续不断地喷水，喷头喷射出的水立即排放，不循环使用。该系统具有结构简单，造价低、占地面积小、维护简单等优点，但耗水量大，适用场合较少，常与假山盆景配合做小型喷泉、瀑布、孔流等，适合在小型庭院、大厅内设置。循环式是水景工程最常用的供水方式，循环式给水系统是利用循环水泵、循环管道和贮水池将水景喷头喷射的水收集后反复使用，其土建部分包括水泵房、水池、阀门井、管沟等，设备部分由水泵、补水箱、喷头、管道、阀门、灯具、供配电装置和自动控制装置等组成，具有耗水量少、运行费用低的优点，但系统较复杂，投资费用高，占地面积较大，管材用量较大，维护管理麻烦，适用于各种规模和形式的水景，一般用于较开阔的场所。

（三）水景工程给水排水系统的设计、喷头设计与水景工程计算

1. 水景工程给水排水系统的设计

水景喷泉水体宜选用下列水源：天然河、湖泊、水库水；雨水、雪水；工业循环水；再生水；地下水；海水。除滨海或海上水景喷泉工程外，应优先采用天然淡水水源，在缺水地区应优先采用再生水；天然或人工河道、湖泊、水库应经污水截留后，必要时尚需河道清淤和堤岸护坡等治理后，方可用作水景水体。

水景工程给水排水系统的设计步骤如下。

（1）根据总体规划要求选择相适应的水景形式和水池平面布置方式。

（2）选择喷头的形式、数量，以获得所要求的艺术姿态。

（3）喷头设计计算，确定喷头口径、喷头射流高度或喷射半径。

（4）计算喷头流量和喷头所需的水压 **H**。

（5）进行管道布置，并计算选择管道系统的管径、循环流量、管道的阻力以及循环水泵所需的流量和扬程，确定循环水泵的型号。

（6）水池工艺尺寸的设计和补给水、排水溢流管道的设计计算。

（7）循环水泵房的工艺尺寸设计计算。

（8）确定水景艺术姿态变化形式,确定控制方式。

2. 喷头设计

（1）常用喷头形式

目前国内采用的喷头有直流式喷头、射流式喷头、旋流式喷头、扁嘴喷头、折射喷头、环隙喷头、撞击喷头、组合式喷头等。

①直流式喷头有直流喷头、可调直流喷头、直上喷头等,类似消防喷枪,射流水柱高,适用范围广,是常用的一种喷头。

②射流式喷头有吸气喷头、雪柱喷头、雪松喷头、涌泉喷头等,喷嘴将水喷成水塔形状。射流式喷头带吸气管。

③旋流式喷头有水雾喷头、摇摆喷头、旋转喷头等,构造复杂。

④扁嘴喷头有扇形喷头、缝隙喷头等,是喷出平面或曲面水膜的喷头之一。

⑤折射喷头有喇叭喷头、半球形喷头、伞形喷头、蒲公英喷头、折花式喷头等。

⑥环隙喷头是形成水膜的一种喷头,因喷头口有环形缝隙,可使水柱的表现流量变大,以较小流量形成较大观瞻。

⑦撞击喷头靠水流相互碰撞雾化,形成水雾。

⑧组合式喷头由若干个不同形式或同一形式的喷头组装在一起构成,可喷出固定姿态或不同姿态。

（2）喷头结构设计

喷头材料应选用不易锈蚀、耐久性好、易于加工的材质。喷头常采用黄铜、青铜、不锈钢、铝合金等材料制成。对于室内小型水景,也可以采用塑料和尼龙加工喷头。

（四）水景配套设施的设计

1. 水池的平面尺寸

水池的平面尺寸除应满足喷头、管道、水泵进风口、泄水口、溢风口、吸水坑等布置要求外,还应防止水的飞溅。水池的平面尺寸应大于计算值 0.5～1.0m。

2. 水池的深度

水池的深度应按照管道、设备的布置要求确定。设有水泵吸水口时,应保证吸水管喇叭口的淹没深度不小于 0.5m。

水池的超高一般为 0.2～0.3m。不论何种形式,池底部坡度应不小于 0.01 并坡向排水口或集水井。

3. 溢水口

溢水口的作用在于维持一定的水位和进行表面清污,保持水面清洁。

常用的溢流形式有堰口式、漏斗式、管口式、联通管式等,可根据具体情况选择。

大型水池可设若干个溢水口,溢水口应均匀布置在水池中间或周边。溢水口的设置位置应不影响美观,且应便于清除积污和疏通管道。溢水口应设格栅或格网,以防止较大的漂浮物堵塞管道,格栅间隙或格网间隙网格直径应不大于管道直径的 **1/4**。

4. 泄水口

为便于清扫、检修和防止停用水水质腐败或结冰,水流应设泄水口,水池应尽量采用重力泄水,也可利用水泵的吸水口兼作泄水口,利用水泵泄水,泄水口的入口应设格栅或格网,栅条间隙或网格直径应不大于管子直径的 **1/4** 或根据水泵叶轮间隙确定。

5. 给水口

(1)为向水池充分和在运行时不断补充损失水量,大、中型水景工程应设有自动补水的给水口,以便维持水池中水位稳定。小型和特小型水景工程可设手动补充水的给水口,间断地补水。

(2)给水口的管径和数量应根据补充水流量通过计算确定。

(3)当利用自来水作补给水水源时,给水口应设有防止回流污染给水管网的措施。

(4)固定式水景喷泉工程的给水管上应安装用水计量装置。

6. 水池的防水和结构措施

(1)水池防水方法不当和质量低劣,是造成大量水资源浪费和喷水造型走形的重要原因之一,因此对于永久性水景工程,一定要重视防水工程。推荐采用钢筋混凝土结构自防水抹面或贴面方法,当地下水位较高时,也可采用水池外防水措施。

(2)所有穿越池壁和池底的管道,均应设止水环或防水套管。水池的沉降缝、伸缩缝等,应设止水带。

(3)若水池采用钢筋混凝土结构,宜将结构的纵横主配筋焊接成网,并用扁钢引至结构层外,以便用作电气设备的接地极。引出扁钢间距不宜大于 **10m**。

7. 水池的安全措施

(1)水池的水深大于 **0.5m** 时,水池外围应采取维护措施。

(2)水泉的水深大于 **0.7m** 时,池内岸边宜做缓冲台阶等。

(3)旱泉、水旱泉的地面和水泉供儿童涉水部分的池底应采取防滑措施。

(4)无护栏景观水体的近岸 **2m** 范围内和园桥、汀步附近 **2m** 范围内,水深不应大于 **0.5m**。

(5)在天然湖泊、河流等景观水体两岸应设有警戒线、警示标志等。

水景工程宜采用不锈钢等耐腐蚀管材。管道布置时力求管线简短,应按不同特性的喷头设置配水管。为保证供水水压一致和稳定,配水管宜布置成环状。小型水池可埋入池底,大型水池可设专用管廊。配水管的水头损失一般采用 **50~100Pa/m**,管内水流速不超过 **0.5m/s**。配水管道接头要求严密平滑,转弯处应采用大转弯半径的光滑弯头。每个喷头前应有不小于 **20** 倍喷管口径的直线管段;每组喷头要设调节装置,以调节射流的高度或形状。喷头由不易锈蚀、经久耐用、易于加工的材料制成。循环水泵应靠近水池,以减小管道的长度。水景工程循环水泵宜采用潜水泵,并直接设置于水池底。循环水泵宜按不同特性的喷头、喷水系统分开设置,其流量和扬程按照喷头形式、喷水高度、喷嘴直径和数量,以及管道系统的水头损失等经计算确定。

二、游泳池给水排水设计

游泳池是供人们在水中进行娱乐、健身、比赛等活动的人工建造的水池。多数游泳池建在地面,根据水温可分为一般游泳池和温水游泳池。游泳池是游泳运动专门场所,分室内、室外两种。正式比赛用池长 **50m**、宽至少 **21m**、水深 **1.8m** 以上;供游泳、跳水和水球综合使用的池,水深为 **1.3~3.5m**;设 **10m** 跳台的游泳池,水深应在 **5m** 以上。游泳池水质恶化会造成多种疾病的介水传播和流行,游泳池的水质直接关系到游泳者的身体健康。游泳池应以实用性、经济性、节约水资源、技术先进、环境优美、安全卫生、管理维护方便为原则进行设计。

(一)游泳池的类型与规格

1. 游泳池的类型

游泳池的分类方式较多,可根据游泳池的使用性质、经营方式、建造方法、有无屋盖、游泳池构造、水上项目进行分类。

(1)游泳池按使用性质分为竞赛用游泳池、公共游泳池、多用途游泳池、多功能游泳池、专用游泳池、休闲池、医疗用游泳池。

(2)游泳池按建造方法分为人工游泳池、天然游泳池。

(3)游泳池按有无屋盖分为室内游泳池、露天游泳池、半露天游泳池。

(4)游泳池按水上项目分为戏水池、造浪池、滑道跌落池、环流池、按摩池。

2. 游泳池的规格

游泳池的规格应根据所在地区的社会和经济条件、人口数量等因素确定。另外,比赛游泳池和跳水游泳池应符合"游泳比赛规则"的要求。公用游泳池的池水水面是根据实际使用人数计算确定的。

水上游乐池的设计游泳负荷应根据游乐设施的安全要求、活动功能及趣味性等确定。

一般造浪池、环流池为人均游泳水面面积 **4m²/人**，休闲池为人均游泳水面面积 **3m²/人**，按摩池为人均游泳面积 **2.5m²/人**。标准的比赛和训练游泳池，长度为 **50m**，允许误差为 **+0.03m**；宽度为 **21m**（**8** 条泳道）或 **25m**（**10** 条泳道）。跳水游泳池为 **21m×25m** 或 **25m×25m**，水深为 **5.5～6.0m**。非专业比赛游泳池的池水深度不小于 **1.35m**。

（二）游泳池的水质、水温和水量

1. 游泳池的水质

游泳池和水上游乐池初次充水和使用过程中的补充水，以及游泳池和水上游乐池饮水、淋浴等生活用水的水质，均应符合现行国家标准要求。世界级竞赛用游泳池的池水水质应符合国际游泳联合会（**FINA**）关于游泳池池水水质现行卫生标准的规定；其他游泳池和水上游乐池正常使用过程中的池水水质卫生标准应符合游泳池水质标准。

2. 游泳池的水温

游泳池的水温应根据游泳池的性质、使用对象和实际用途确定。竞赛用游泳池应符合"游泳比赛规则"的规定。

3. 游泳池的水量

游泳池初次充满水所需要的时间根据供水条件和使用要求确定，一般按 **24～48h** 计。

充水应尽量通过补充水箱或平衡水池间接进行，以防回流污染水源。游泳池运行过程中每日所需要补充的水量，由池水水面蒸发的水量、过滤设备冲洗水量（用池水反冲洗时）、游泳池排污水量、溢流水量、游泳者身体带走的水量等部分组成。

（三）游泳池的给水系统

游泳池的给水系统可分为直流给水系统、直流净化给水系统、循环净化给水系统和定期换水给水系统。由于定期供水方式具有卫生条件差、直流供水方式受水源的限制等缺点，室内游泳池一般采用循环净化方式供水，即设置独立的水净化设备，将使用过的池水抽出一部分经净化和消毒后再送回游泳池里循环使用。游泳池的循环供水方式又分顺流式、逆流式、混合式。游泳池给水系统设计、运行管理的关键是水质保障问题。

1. 直流给水系统

直流给水系统是指连续不断地向游泳池内供给符合卫生要求的水，又连续不断地将用过被弄脏了的池水排出游泳池的一种游泳池给水系统。它一般在有充沛的天然水源（如温泉水、地热井水），且水质符合标准要求的情况下方可采用，多用于温泉地区和地下有热水资源地区的温泉游泳池、医疗游泳池。对于幼儿戏水池及儿童游泳池，为保证池水卫生，也推荐采用直流给水系统。

2. 直流净化给水系统

直流净化给水系统是将天然的地面水或地下水,经过过滤净化和消毒杀菌处理达到游泳池水质标准后,经给水口连续不断地送入游泳池或水上游乐池,同时将与进水体积相同的、使用过的池水经排水口不断排出池体的一种游泳池给水系统。直流净化给水系统仅适用于水质良好、水温适宜、水量充沛的城镇。当技术经济、社会和环境效益比较合理时,或者对于仅在夏季使用的露天游泳池和水上游乐池,可采用直流净化给水系统。

3. 循环净化给水系统

(1)系统设置

循环净化给水系统是将游泳池使用过的池水,按规定的流量和流速从池内抽出,经过滤净化使池水澄清并经消毒处理,再送回游泳池重复使用的一种游泳池给水系统。该系统由游泳回水管路、净化设备、加热设备和净化水配水管路组成。其优点是耗水量较少,可保证水质卫生要求;缺点是系统较复杂,投资较大。游泳池和水上游乐池循环净化给水系统的设置,应根据池子的使用功能、卫生标准、使用者特点来确定。竞赛用游泳池、跳水游泳池、训练游泳池和公共游泳池以及儿童游泳池、幼儿戏水池均应分别设置各自独立的池水循环净化给水系统,以满足使用要求并便于管理。

(2)池水循环方式

池水循环方式是为保证游泳池的进水水流均匀分布,在池内不产生急流、涡流、死水区,且回水水流不产生短流,使池内水温和余氯均匀而设计的水流组织方式。游泳池和水上游乐池的池水循环方式有顺流式、逆流式和混合式三种。池水循环方式选择时考虑的因素主要有池水容量、池水深度、池体形状、池内设施(指活动池底板、隔板及活动池岸等)、池子使用性质、技术经济等。

①顺流式

顺流式是指将游泳池的全部循环水量,经设在池子端壁或侧壁水面以下的给水口送入池内,回水则由设在池底的回水口取回,经过净化处理后送回池内继续使用的池水循环方式。这种池水循环方式的优点是配水较为均匀,底部回水口可与排污口、泄水口合用,结构形式简单,建设费用经济;缺点是不利于池水表面排污、池内局部沉淀产生。这种池水循环方式适用于公共游泳池、露天游泳池、水上游乐池。这些池体一般水深较浅,采用顺流式池水循环方式,可节省建设施工费用和方便维护管理。

②逆流式

逆流式是指将游泳池和水上游乐池的全部循环水量,经设在池壁外侧的溢水槽收集至回水管路,送到净化设备处理后,再通过净化水配水管路送到池底的给水口或给水槽进而进入池内的池水循环方式。这种池水循环方式能够有效地去除池水表面污物和池底沉淀污物,池底均匀布置给水口,满足水流均匀、避免涡流的要求,使池水均匀、有效地交换更新。

③混流式

混流式是指将游泳池或水上游乐池全部循环水 60%～70%的水量经设在池壁外侧的溢水槽取回,其余 30%～40%的循环水量经设在池底的回水口取回,这两部分循环水量汇合后进行净化处理,然后经池底给水口送入池内继续使用的池水循环方式。这种池水循环方式除具有逆流式池水循环方式的优点外,由于池壁、池底同时回水使水流能冲刷池底的积污,卫生条件更好。

逆流式和混流式是国际游泳联合会推荐的池水循环方式。为了满足池底均匀布置给水口、方便施工安装和维修更换给水口的要求,池底应架空设置或加大池深(将配水管埋入池底垫层或埋入沟槽),因此基建投资较高、施工难度较大。竞赛用游泳池和训练游泳池应采用逆流式或混流式池水循环方式;水上游乐池的类型较多,形状不规则,布局分散,应结合具体情况选用池水循环方式。

4.定期换水给水系统

游泳池的定期换水给水系统是确保游泳者健康和安全的重要环节。一个有效的系统可以维持水质,减少细菌、病毒和藻类的生长,同时提供舒适的游泳环境。以下是对游泳池定期换水给水系统的详细描述:

(1)循环过滤系统

游泳池的循环过滤系统是其核心组成部分。它包括循环泵和过滤器,通常有砂滤器、活性炭滤器或膜过滤器等类型。循环泵将水从池中抽出,通过过滤器去除杂质和颗粒物,然后返回池中。这个循环过程可以持续进行,以保持水质。

(2)水质监测

水质监测是确保游泳池安全的关键。监测指标包括 **pH** 值、总碱度、钙硬度、氯含量等。**pH 值应保持在 7.2 到 7.6** 之间,以防止皮肤刺激和眼睛不适。氯是常用的消毒剂,其浓度需要根据游泳池的使用情况和水质检测结果进行调整。

(3)定期换水

尽管有循环过滤系统,游泳池仍需定期进行部分或全部换水。换水的频率取决于多种因素,如使用频率、游泳人数、季节变化等。换水可以是手动操作,也可以通过自动化控制系统实现。

(4)消毒和化学处理

消毒是防止细菌和病毒传播的重要措施。除了氯,还可以使用溴、臭氧或其他消毒剂。化学处理还包括使用稳定剂、**pH** 调节剂和除藻剂等,以保持水质稳定。

（5）自动化控制系统

现代游泳池越来越多地采用自动化控制系统，这些系统可以监测和调节水质参数，自动添加消毒剂和化学处理剂，甚至在必要时启动换水程序。自动化不仅提高了效率，还减少了人为错误。

（6）排水和补水

排水是换水过程中的第一步，可以通过手动或自动排水阀进行。补水可以是自来水、井水或其他水源，但必须确保水质符合游泳池使用标准。

（7）清洁和维护

定期清洁游泳池的池壁、池底和过滤系统是必要的。这包括使用清洁剂、刷子和吸尘器。维护工作还包括检查和更换过滤介质、检查泵和管道的密封性等。

游泳池的定期换水给水系统是一个复杂但至关重要的系统，它需要综合考虑水质监测、消毒、自动化控制、节水措施和法规遵守等多个方面。通过有效的管理和维护，可以确保游泳池为游泳者提供一个安全、卫生和舒适的环境。

（四）游泳池的循环系统

1. 池水净化循环周期

游泳池的池水净化循环周期是指将池水全部净化一次所需要的时间。确定池水净化循环周期的目的是限定池水中污浊物的最大允许浓度，以保证池水中的杂质、细菌含量和余氯量始终处于游泳协会和卫生防疫部门规定的允许范围内。池水净化循环周期关系到净化设备和管道的规模、池水水质卫生条件、设备性能与成本以及净化系统的效果，是一个重要的设计数据。池水净化循环周期应根据池子的使用性质、使用人数、池水容积、消毒方式、池水净化设备运行时间和除污效率等因素确定。一般竞赛用游泳池池水净化循环周期为 **4～6h**，每天循环 **4～6** 次。

2. 池水循环流量

池水循环流量是计算净化和消毒设备的重要数据，其常用的计算方法有循环周期计算法和人数负荷法。

世界很多国家普遍采用循环周期计算法计算池水循环流量。实践证明，它对保证池水的水质卫生是可行和有效的，该法的主要缺点是没有考虑到使用人数，因为池水被污染是人员在游泳或游乐过程中分泌的汗液等污物造成的，但是该因素在计算公式中没有直接体现出来。

3. 循环水泵

对于不同用途的游泳池、水上游乐池等所用的循环水泵应单独设置，以利于控制各自的循环周期和水压,当各池不同时使用时也便于调节,避免造成能源浪费。

循环水泵的设计流量不小于循环流量;扬程按照不小于送水几何高度、设备和管道阻力损失以及流出水头之和确定;工作泵不宜少于 2 台,以保证净化系统 24h 运行,即白天高负荷时 2 台泵同时工作,夜间无人游泳或游乐时只有 1 台泵运行;宜按过滤器反冲洗时工作泵和备用泵并联运行考虑备用泵的容量,并按反冲洗所需流量和扬程校核循环水泵的工况。

循环水泵应布置在池水净化设备机房内;宜靠近平衡水池、均衡池、游泳池、水上游乐池的吸水口,应设计成自灌式。水泵吸水管、出水管内水流速分别采用 1.0～1.5m/s、1.5～2.5m/s,并分别设置压力真空表和压力表。水泵机组及管道应采取必要的减振和降低噪声的技术措施。

4. 平衡水池和均衡水池

平衡水池的作用是平衡池水水位,平衡水池的最高水位应与游泳池或水上游乐池的池水表面一致。对采用顺流式循环给水系统的游泳池和水上游乐池,为保证池水有效循环,且收集溢流水、平衡池水水面、调节水量浮动、安装水泵吸水口(阀)和间接向池内补水,需要设置平衡水池。另外,循环水泵直接从泳池吸水,吸水管较长、沿程阻力大而影响水泵吸水高度,或多个游泳池或水上游乐池共用一组循环水泵而导致循环水泵无法设计成自灌式时,宜设平衡水池。平衡水池最高水面与池水水面齐平,水池内底表面在最低回水管以下 400～700mm。

均衡水池是指对采用逆流式循环给水系统的游泳池和水上游乐池,为保证循环水泵有效工作而设置低于池水水面的供循环水泵吸水的水池。均衡水池具有收集溢水回水槽中的循环回水、供循环水泵吸水、贮存过滤器反冲洗用水及均衡游泳池浮动水量,以及间接向游泳池内补水等作用。均衡水池的最高水面应低于回水管道管件和回水横管坡降所占去的总高度,即均衡水池水面设置标高应低于游泳池水面。均衡水池同样属于循环水泵的吸水池,均衡水池必须设置在循环过滤设备机房内。

平衡水池和均衡水池应采用耐腐蚀、不透水、不污染水质的材料建造,并应设检修人孔、溢水管、泄水管和水泵吸水坑。

5. 循环管道

循环管道由循环给水管和循环回水管组成,一般给水管管内水流速在 2.0m/s 以下,回水管管内水流速宜采用 0.7～1.0m/s。循环管道的材料以防腐为原则,可以采用塑料管、铜管和不锈钢管等。当循环管道采用碳钢管或球墨铸铁管时,管内壁应涂刷或内衬符合饮用水要求的防腐涂料或材料。循环管道的敷设方法应根据游泳池或水上游乐池的使用性质、建设标准确定。对室内游泳池或游乐池,应尽量沿游泳池周围设置管廊,管廊高度不小于 1.8m,并应留人孔及吊装孔。室外游泳池或水上游乐池最好设置管沟。

（五）水质净化与消毒

1. 池水的污染来源

虽然池水的水源满足生活饮用水卫生标准的规定,但在使用的过程中池水会不断地受到污染。这些污染主要包括游泳者自身的污染、化学药品残余的污染、环境的污染。

2. 水的净化

（1）预净水

为防止游泳池或水上游乐池的水夹带的固体杂质和毛发、树叶、纤维等杂物损坏循环水泵,破坏过滤器滤料层,影响过滤效果和水质,池水的回水首先进入毛发聚集器进行预净化。

毛发聚集器的设置应符合下列要求:装设在循环水泵的吸水管上;过滤筒（网）应经常清洗或更换;过滤筒孔眼的直径宜采用 **3～4mm**,过滤网眼宜采用 **10～15** 目,且应用耐腐蚀的铜、不锈钢和塑料材料制成;如有 **2** 台循环水泵,应 **2** 台泵交替运行,以便对过滤筒（网）进行交替清洗和更换。

（2）过滤

游泳池和水上游乐池的循环水具有处理水量恒定、浊度低的特点,常采用循环水泵加压一次提升的循环方式,采用压力过滤器过滤。过滤器应满足以下要求:体积小、效率高、功能稳定、能耗小、保证出水水质;操作简单、安装方便、管理费用低且利于自动控制;不宜少于 2 台;压力过滤器应设置进水、出水、冲洗、泄水和放气等配管,还应设有观察孔、检修孔、取样管和差压计。

过滤器内的滤料应该满足以下条件:比表面积大、孔隙率高、截污能力强、使用周期长;不含杂物和污泥,不含有毒和有害物质;机械强度高且化学稳定性能好;耐磨损,抗压性能好。压力过滤器的滤料组成、过滤速度和滤料层厚度需经实验确定。

压力过滤器的过滤速度是确定设备容量和保证池水水质卫生的基本数据。竞赛用游泳池、公共游泳池、教学游泳池、水上游乐池等宜采用中速过滤;家庭游泳池、宾馆游泳池等可采用高速过滤。

过滤器在工作一段时间后,滤料内会积存许多污物,使过滤速度减小,必须进行反冲洗。冲洗周期通常按照压力过滤器的水头损失和使用时间来确定。过滤器应用水进行反冲洗,有条件时宜采用气、水组合进行反冲洗。城市生活饮用水或游泳池池水都可作反冲洗水源。

3. 加药

由于游泳池和水上游乐池的水主要受人体的汗液等分泌物污染,仅使用具有物理性质的过滤不足以去除微小污物,故池水中的循环水进入过滤器之前需要投加混凝剂,把水中微小污物吸附聚集在药剂的絮凝体上,形成较大块状体经过滤去除。混凝剂宜采用氯化铝或精制硫酸铝、明矾等。混凝剂的类型应根据水源水质和当地药品供应情况确定且混凝剂宜连续定比自动投加。

pH 值对混凝效果和氯消毒有影响,而且 pH 值偏高或偏低会对游泳者或游乐者的眼睛、皮肤、头发造成损伤,或使人产生不舒适感。另外,pH 值小于 7.0 时,会对池子的材料设备产生腐蚀,应定期地投加纯碱或碳酸盐类,以调整池水的 pH 值使其在规定的范围。当 pH 值低于 7.2 时,应向池水投加碳酸钠;当 pH 值高于 7.6 时,应向池水中投加盐酸或碳酸氢钠。

总溶解固体(TDS)是单位池水中所有金属、盐类、有机物和无机物等可溶性物质的质量。如果池水中 TDS 小于 50mg/L,池水呈现轻微绿色而缺乏反应能力;TDS 浓度过高(超过 1500mg/L),会使水溶解物质的容纳力降低,悬浮物聚集在细菌和藻类周围阻碍氯靠近,影响氯的杀菌效能。池水中 TDS 浓度规定在 150~1500mg/L 内,偏小时应向池水中投加次氯酸钠,偏大时应增大新鲜水补充量降低 TDS 浓度。

当池水在夜间、雨天或阴天不循环时,含氯不足,就会产生藻类,使池水呈现黄绿色或深绿色,透明度降低,这时应定期向池水中投加硫酸铜药剂以消除藻类和防止藻类产生。硫酸铜药剂的设计投加量不大于 1mg/L,投加时间和间隔时间应根据池水透明度和气候条件确定。

4. 消毒

游泳池和水上游乐池的池水必须进行消毒杀菌处理,消毒方法和设备应满足以下要求:杀菌力强、不污染水质,并在水中有持续杀菌的功能;设备简单、运行可靠、安全,操作、管理方便,建设投资和运行费用低等。消毒方法应根据池子的使用性质确定。

(1)紫外线消毒

紫外线消毒技术在条件适宜的情况下可用于池水处理。紫外线消毒的原理主要是:紫外线照射时发生能量传递,在微生物体内引起分子化学键的断裂,阻碍核酸的复制和蛋白质的合成。紫外线消毒的效果取决于辐射强度与照射时间的乘积(辐射剂量)。池水采用紫外线消毒的优点主要有:杀菌效率高、速度快;降低消毒时氯的用量,降低池水中的余氯量;在消毒过程中不会产生有毒及有害产物,不改变消毒水的成分和性质;减少三卤甲烷(THMS)等致癌物质含量,符合国家政策导向;杀菌的广谱性高,能够杀灭军团菌。池水采用紫外线消毒的缺点是消毒效果易受水浊度的影响;紫外线不具备在水中的持续消毒能力,需配合其他长效消毒剂同时使用。

(2)氯消毒

用于游泳池和水上游乐池的氯消毒剂有氯气、次氯酸钠、氯片等。从安全、简便、有效等方面综合比较,宜优先选用次氯酸钠,投加量(以有效氯计)宜按 1~3mg/L 设计,并根据池水中的余氯量进行调整,次氯酸钠采用湿式投加,投加在过滤器之中(压力投加时)或循环水泵吸水管中(重力式投加时)。采用瓶装氯气消毒时,按 **1~3mg/L** 的投加量负压自动投加;加氯设备应设置备用机组,保持供水水源安全可靠且水压稳定,加氯设备与氯气瓶单独设置在不同房间,加氯间设置防毒、防火和防爆装置。

采用氯片消毒时,应配制成含氯浓度为 **1~3mg/L** 的氯消毒液后采用湿式投加;小型游泳池、家庭游泳池宜采用有流量调节阀门的自动投药器投加。

(3)臭氧消毒

对于世界级和国家级竞赛和训练游泳池、宾馆和会所附设的游泳池、室内休闲池及有特殊要求的其他游泳池,宜采用臭氧消毒。臭氧用于游泳池池水消毒的技术,在欧美国家应用得比较普遍,我国近年来才开始使用。对于竞赛用游泳池以及其他池水卫生要求很高、人数负荷高的游泳池和水上游乐池,宜采用循环水全部进行消毒的全流量臭氧消毒系统。由于全部循环流量与臭氧充分混合、接触反应,该系统能保证消毒效果和池水水质,但所需设备多、占地面积大、造价高。

由于臭氧是一种有毒气体,为了防止臭氧泄漏,应采用负压自动投加。而且采用全流量臭氧消毒方式时,应设置活性炭吸附过滤器或多介质滤料过滤器作为剩余臭氧吸附装置,以脱除多余的臭氧,避免池水中臭氧浓度过大对人体产生危害和腐蚀设备。由于只有溶解于水中的臭氧才有杀菌效用,因此需要设置反应罐让臭氧与水充分混合、接触、溶解,完成消毒过程。

臭氧的半衰期仅为 **30~40min**,应边生产边使用,臭氧分解时释放大量的热,空气中的臭氧浓度达到 **25%** 时容易爆炸,且浓度高于 **0.25mg/L** 时会影响人体健康,故其尾气应经过处理后排放;对臭氧发生和投加系统的自动化控制和监视、报警是确保臭氧消毒系统安全的必要条件。

由于臭氧没有持续消毒功能,为了防止新的交叉感染和应付突然增加的游泳人员造成的污染,应按允许余氧量向池内投加少量的氯,保持池水余氯符合规定。

(六)水的加热

1. 加热方式

游泳池池水的加热可采用间接加热或直接加热方式。将蒸汽接入循环水直接混合加热的加热方式,具有热效率高的优点,但是应有保证汽、水混合均匀和防噪声的措施。间接加热方式具有水温均匀、无噪声、操作和管理方便的优点。竞赛用游泳池应采用间接加热方式。

池水的初次加热时间直接影响加热设备的规模。确定池水的初次加热时间时,应考虑能源条件、热负荷和使用要求等因素。池水的初次加热时间一般宜为 **24～48h**。

国内外大多采用传统分流式加热系统加热游泳池池水。被加热的循环水量一般不少于全部循环水量的 **25%**,被加热循环水温度不宜超过 **40℃**,应有充分混合被加热水与未被加热水的有效措施。用传统分流式加热系统加热游泳池池水在实际应用过程中存在能耗大、均匀性欠佳、加热时间长、对热源的连续性要求高等问题。

现在考虑将底板加热应用于游泳池,游泳池底板加热方式类似于地板低温采暖,将盘管均匀铺设于游泳池底部,盘管内部是循环流动的高温热水,通过热传导加热池底结构,底部的池水受热后密度降低,与上部水形成密度差从而形成自然对流,在热传递过程中,主要进行了混合对流热传递。该加热方式很好地解决了传统分流式加热系统存在的问题,加热效果优于传统游泳池池水加热方式。

2. 加热设备

游泳池池水加热设备应根据热源条件、池水初次加热时间和所需热量及正常使用时循环水量和补充新鲜水加热所需热量等因素选择。一般竞赛用游泳池、大型游泳池和水上游乐池,宜采用快速式换热器;单个的短泳池和小型游泳池,可采用半容积式换热器或燃气、燃油热水机组直接加热。

加热设备的设置应符合下列要求。

(1)不同用途游泳池的加热设备宜分开设置。当必须合用加热设备时,不同游泳池和不同水温要求的游泳池,应设独立给水管道和温控装置。

(2)大型游泳池、中型游泳池和水上游乐池的加热设备数量,按不少于 **2** 台同时工作确定。

(3)每台加热设备应装设自动温度调节装置。

(七)附属装置

1. 给水口、回水口和泄水口

给水口由格栅盖、流量调节装置、扩散喇叭口及连接短管组成,是安装在游泳池池壁或池底向池内送水的配件。应采用出水流量为可调节型的给水口,给水口设置数量应满足总过水量不小于游泳池循环水量的要求,位置设置应保证池水水流均匀、不发生短流。逆流式池水循环系统应采用池底型给水口;顺流式池水循环系统应采用池壁型给水口。给水口应配有流量调节装置,形状应为喇叭口形,喇叭口面积不得小于连接管截面积的 **2** 倍,喇叭口格栅盖的格栅孔隙不得大于 **8mm**。给水口材质应与循环水管道相匹配,给水口宜选用铜、不锈钢、丙烯腈-丁二烯-苯乙烯共聚(**ABS**)塑料等耐腐蚀、不污染水质、不变形、坚固牢靠的材质制造,且应表面光洁。

回水口是安装在游泳池池底或池岸溢流回水槽内的设有格栅盖的专用配件。回水口的数量以每只回水口的流量进行计算,应满足池水循环水流量的要求。溢流回水槽内回水口的设置应符合以下要求:回水口数量应满足池水循环水流量的要求;跳水游泳池采用溢流回水时,回水口的数量还应考虑安全保护气浪运行时增加的瞬间溢水量;溢流回水槽内回水口的间距不宜大于 **3.0m**;应采用有消声措施的回水口。池底回水口的设置应符合以下要求:回水口数量应满足循环水流量的要求,每座游泳池的回水口数量不应少于 **2** 个;回水口的位置应使各给水口水流均匀一致;回水口应采用坑槽形式,坑槽顶面应设格栅盖且格栅盖与游泳池底表面相平;格栅盖板、盖座与坑槽之间应固定牢靠,紧固件应采取防止伤害游泳者的措施;回水口格栅盖板开口孔隙的宽度不应大于 **8mm**,且孔隙的水流速度不应大于 **0.2m/s**。

泄水口是安装在游泳池池底最低处,能将池水彻底泄空的排水口。泄水口的数量宜按 **4h** 排空全部池水计算确定。泄水口宜做成坑槽形式,应设在游泳池最低标高处,且泄水口格栅表面应与池底表面相平;重力泄水时,泄水管不得与排水管道直接连接;池底回水口可兼作泄水口,池底成品回水口和泄水口应为喇叭口形式,且顶面应设格栅盖。回水口及泄水口格栅盖及盖座应采用铜、不锈钢、工程塑料等耐腐蚀、不变形、不污染水质的高强度材料制造。

2. 溢水槽和溢流回水槽

溢水槽是设在顺流式游泳池岸上,紧邻池壁外侧的水槽。它以溢流方式收集池内表面溢水和吸收游泳、游乐时的水波溢水。槽内设有排水口,槽上设有组合式格栅盖。顺流式池水循环系统应沿池壁两侧或四周边设置溢水槽,且所设溢水槽应符合以下要求:溢水槽截面尺寸应按其过流量不小于游泳池设计循环流量的 **15%** 计算确定;溢水槽的最小宽度不宜小于 **200mm**;溢水槽应设排水口,且接管管径不得小于 **50mm**、间距不宜大于 **3.0m**,沟底应以 **1%** 的坡度坡向排水口。

溢流回水槽是设在逆流式、混合流式游泳池岸上,紧邻游泳池池壁外侧的水槽。逆流式池水循环系统和混合式池水循环系统,应沿池壁两侧或四周边设置池岸溢流回水槽,且所设溢流回水槽应符合以下要求:溢流回水槽截面尺寸应按其过流量不小于游泳池设计循环流量计算确定,但宽度不宜小于 **300mm**;跳水游泳池设有即时安全气垫时,溢流回水槽的深度不应小于 **300mm**;溢流回水槽内回水口数量应经计算确定;溢流回水槽槽底应以 **1%** 的坡度坡向回水口。

3. 排污

虽然游泳池有循环过滤设备,但在其池底仍然会形成沉淀物,必须及时排除。一般每天在游泳池开放前将池底清洗干净,保证池水的卫生要求。游泳池常用的排污措施有以下几种。

（1）人工排污

用棕板刷或压力水等将池底沉淀物慢慢推至泄水口，然后打开泄水阀将之排除，也可将沉淀物排至回水口。人工排污设备简单，但劳动强度大、需要时间长，只适用于小型游泳池。

（2）虹吸排污

利用虹吸排污器在池底推拉移动，将污物虹吸至排水井内。为了形成虹吸，在使用虹吸排污器前要将虹吸胶管充满水，然后将排出口一端放在比池水水面低的排水井内，也可采用真空泵吸水。虹吸排污较人工排污省力，但耗水量大（每次达游泳池容积的5%左右），且排污不彻底。

（3）水泵排污

同样利用虹吸排污器实现排污，可将虹吸胶管与岸上移动式水泵连接，利用水泵抽吸排污，也可将小型排污泵安装在污水罩上，利用泵抽升排污。水泵排污速度较快，但要人工移动虹吸排污器并对水泵进行操作，比较笨重费力。

（4）管道排污

在游泳池四周排水池内或池壁上，设置固定的排污真空管道，管道每隔一定距离设有阀门和排污口，用于连接带软管的吸污器，利用吸污器进行排污。为防止管道漏气，可将之设在水面以下。排污真空管道可与循环回水管道连接，也可设置专用真空扬液器以形成负压。管道排污节省人力且排污较彻底，但设备较复杂，需要占用一定建筑面积，投资较大。

（八）洗净与辅助设施

1. 洗净设施

（1）浸脚消毒池

为减轻游泳池的污染程度，进入水池的每位人员应对脚部进行清洗、消毒。必须在进入游泳池的入口通道上设置浸脚消毒池，并保证进入池子的人员经浸脚消毒池对脚部进行清洗、消毒，不得绕行或跳跃通过浸脚消毒池。浸脚消毒池应符合下列规定。

①池长不得小于2.0m，池宽应与通道宽度相同。

②池内的有效水深不得小于0.15m。

③池内消毒液的含氯浓度应保持在5～10mg/L。

（2）强制淋浴装置

游泳池入口通道内设置强制淋浴装置是清除游泳者身体上污物的有效措施。强制淋浴通道长度应为2.0～3.0m。强制淋浴装置的布置应符合下列规定。

①淋浴喷头在通道长度内不应少于3排。

②每排淋浴喷头间距宜为 **0.8m**,喷头数可根据入口通道宽度确定,但每排不宜少于 **3** 只。当为多孔管时,孔径不宜小于 **0.8mm**,孔间距不宜大于 **0.4m**。

③喷头或多孔管的安装高度不宜小于 **2.2m**。

④喷头或多孔管的开启,应采用光电感应自动控制,其反应时间不应超过 **0.5s**,喷水持续时间宜为 **6s**。

强制淋浴装置供水水源应为城市自来水或经净化处理的游泳池池水,水温宜为 **35～40℃**,夏季可采用常温水,水量应根据喷头数量或开孔数量通过计算确定,给水压力不得小于 **0.1MPa**。

（3）清洗水嘴

游泳池两侧的池岸应设置冲洗池岸用的清洗水嘴,每侧设置的清洗水嘴数量不宜少于 **2** 个。池岸冲洗水量应按 **1.5L/(m² · 次)**,并以每开放 **1** 场次冲洗 **1** 次进行计算,每次冲洗时间按 **30min** 计。

室内游泳池的池岸清洗水嘴宜设在看台或建筑的墙槽内,无看台的室外游泳池应设在阀门井内。

清洗水嘴的口径宜采用 D_N **25**。

（4）池底清污器

游泳池应设置消除池底积污的装置,即池底清污器。选用时,池底清污器的型号应根据池子的使用性质和规模确定。标准游泳池和休闲池宜采用全自动池底清污器,中、小型游泳池宜采用移动式真空池底清污器或电动池底清污器。

2. 辅助设施

辅助设施包括更衣室、厕所、泳后淋浴设施、休息室及器材库等。

第四章　建筑其他给排水系统

第一节　建筑中水系统

一、建筑中水系统的组成

建筑中水系统是将建筑或小区内使用后的生活污废水经适当处理后,达到规定的水质标准,回用于建筑或小区作为杂用水的供水系统。

(一)建筑中水的意义

随着工业发展,淡水用水量日益增长,由于水资源有限,再加上水体的污染,世界性的缺水现象日益严重。

建筑中水技术发展得很快,在于它能缓解严重缺水城市或地区水资源不足的矛盾,并带来明显的社会效益和经济效益。

第一,节约用水量,能有效地利用淡水资源。

第二,减小污水的排放量,减轻对水体的污染。前些年,我国污水排放量以年增长率**8.0%**(或更多)的速度增加,其中大量的污水未经处理就直接排放(近年来,城市污水处理率有所提高),使众多河流受到了不同程度的污染。如果建有完善的中水系统,市政排水管网的输送负荷、城市污水的处理负荷均可有所缓解,对自然水体的污染程度也将有所缓解,对环境的保护具有重要的作用。

第三,分质供水,节约成本。我国供水系统只是一种水质,给水管道中的水在理论上都达到了生活饮用水标准,但有些方面的用水却不需这么高的标准,如厕所的冲洗用水,道路、绿地、树木的浇洒用水,冲洗车辆用水,单独系统的消防用水,空调系统的冷却用水,建筑施工用水,水景系统(水池、喷泉)的用水等。如果将中水用于这些场合,其供水水质方面的成本将大为降低。

第四,变废为利,开辟了新水源。为了解决某些城市缺水严重的问题,利用中水作为某些用水的水源,与远程输水或海水淡化的技术方案比较,设置中水系统最为经济。

从 20 世纪 60 年代开始,日本、美国、德国、英国、南非、以色列等国相继实施了中水工程 ["中水"这一称谓来自日本,因其水质介于给水(上水)和排水(下水)之间]。有些城市已经开展了中水技术的开发并实施了中水工程,有的城市也在进行中水利用的研究与试验。如,北京地区国际贸易中心、首都机场、四川大厦、万泉公寓以及环境保护研究所、高碑店污水处理厂等都进行了实施与研究。青岛、太原、天津等城市也进行了实施与研究。今后,建筑中水技术必将在我国得到更快、更普遍的发展。

(二)中水系统的分类

中水系统是一个系统工程,是给水工程技术、排水工程技术、水处理工程技术和建筑环境工程技术的有机综合,而得以实现各部分的使用功能、节水功能及建筑环境功能的统一。按中水系统服务的范围,一般分为三类:建筑中水系统、小区中水系统和城镇中水系统。

1. 建筑中水系统

建筑中水系统是指单幢或几幢相邻建筑所形成的中水系统,根据其系统的设置情况不同可分为以下两种形式。

(1)具有完善排水设施的建筑中水系统

这种形式的中水系统是指建筑物排水管系为分流制,且具有城市二级水处理设施。中水的水源为本系统内的优质杂排水和杂排水(不含粪便污水),这种杂排水经集流处理后,仍供应本建筑内冲洗厕所、绿化、扫除、洗车、水景、空调冷却等用水。其水处理设施可设于建筑地下室或临近建筑的室外。这种系统的给水和排水都应该是双管系统,即室内饮用给水和中水供水采用不同的管网分质供水,室内杂排水和污水采用不同的管网分别排除。

(2)排水设施不完善的建筑中水系统

这种形式的中水系统是指建筑物排水管系为合流制,且没有二级水处理设施或距二级水处理设施较远。中水水源取自该建筑的排水净化池(如沉砂池、沉淀池、除油池或化粪池等)。其中,水处理构筑物根据建筑物有无地下室和气温冷暖期长短等条件设于室内或室外。这种系统室内饮用给水和中水供水也必须采用两种管系分质供水,而室内排水则不一定分流排放,应根据当地室外排水设施的现状和规划确定。

2. 小区中水系统

小区中水系统适用于城镇小区、机关大院、企业学校等建筑群。中水水源取自建筑小区内各建筑物排放的污废水。室内饮用给水和中水供水应采用双管系统分质供水。室内排水应与小区室外排水体制相对应,污水排放应按生活废水和生活污水分质、分流进行排放。

3. 城镇中水系统

城镇中水系统以城镇二级污水处理厂的出水和部分雨水作为中水水源,经提升后送到中水处理站,处理达到生活杂用水水质标准后,供城镇杂用水使用。该系统不要求室内外排水系统必须采用分流制,但城镇应设有污水处理厂,城镇和室内供水管网应为双管系统。

(三)建筑中水系统的组成

1. 中水原水系统

中水原水系统指的是收集、输送中水原水至中水处理设施的管道系统和一些附属构筑物。建筑内排水系统有污废水分流制与合流制之分,中水的原水宜采用分流制方式中的杂排水和优质杂排水作为中水水源。

2. 中水处理设施

中水处理一般将处理过程分为前处理、主要处理和后处理三个阶段。

(1)前处理阶段

此阶段主要是截留较大的漂浮物、悬浮物和杂物,分离油脂、调整 pH 值等。其处理设施有:格栅、滤网、除油池、化粪池等。

(2)主要处理阶段

此阶段主要是去除水中的有机物、无机物等。其主要处理设施有:沉淀池、混凝池、气浮池、生物接触氧化池、生物转盘等。

(3)后处理阶段

此阶段主要是针对某些中水水质要求高于杂用水时所进行的深度处理,如过滤、活性炭吸附和消毒等。其主要处理设施有:过滤池、吸附池、消毒设施等。

3. 中水管道系统

中水管道系统分为中水原水集水和中水供水两大部分。中水原水集水管道系统主要是建筑排水管道系统和必须将原水送至中水处理设施的管道系统。中水供水管道系统应单独设置,是将中水处理站处理后的水输送至各杂用水点的管网。中水供水系统的管网系统类型、供水方式、系统组成、管道敷设和水力计算与给水系统基本相同,只是在供水范围、水质、使用等方面有些限定和特殊要求。

4. 中水系统中调节、贮水设施

在中水原水管网系统中,除设置排水检查井和必要的跌水井外,还应设置控制流量的设施,如分流闸、调节池、溢流井等,当中水系统中的处理设施发生故障或集流量发生变化时,需要调节、控制流量,将分流或溢流的水量排至排水管网。

在中水供水系统中,除管网系统外,根据供水系统的具体情况,还有可能设置中水贮水池、中水加压泵站、中水气压给水设备、中水高位水箱等设施。

二、中水水源、水量和水质标准

（一）中水水源

中水水源的选用应根据原排水的水质、水量、排水状况和中水回用所需的水质、水量来确定。一般为生产冷却水和生活废水、污水，其可选择的种类和选择顺序为：冷却水→沐浴排水→盥洗排水→空调循环冷却系统排污水→冷凝水→游泳池排污水→洗衣排水→厨房排水→厕所排水。建筑屋面雨水可作为中水水源或其补充。医院排出的污水不宜作为中水水源，严禁将工业污水、传染病医院污水和放射性污水作为中水水源。

（二）中水水量

1. 中水原水水量

中水原水是指来源于并选作为中水水源、未经处理的建筑的各种排水的组合。中水原水水量指建筑组合排水（如优质杂排水、杂排水、粪便污水等）水量。我国幅员辽阔，各地区用水量差异较大，其各类建筑物的生活排水量，除可按给水量估算排水量（经验上建筑的生活污水排放量可按该建筑给水量的80%～90%确定）外，还应根据本地区多年调查积累的资料确定。

2. 中水用水量

中水用水量即指建筑内各种杂用水的总量。对于一般住宅，中水主要用于冲洗厕所、清扫、浇花用水等。对于办公楼，主要用于冲洗厕所、洗车、冷却、绿化用水等。对于室外环境方面，主要用于消防、水景、喷洒道路、浇灌花草树木等。

3. 水量平衡

水量平衡是指整个中水系统内水量的计算和均衡。即将设计的建筑或建筑群的中水原水量、中水处理水量、中水产水量、中水用水量以及调节水量、消耗水量、给水补给水量等进行计算和协调，使其达到合理、一致和平衡，在各种水量之间和时间延续上都保持协调一致。水量平衡的结果是选定建筑中水系统类别和处理工艺的重要依据。

（三）中水水质标准

1. 中水原水水质

中水原水水质视各类建筑、各种排水的污染程度不同而有所差异，应按当地的情况进行测定和统计。

2. 中水水质标准

人们使用中水,难免会产生一些疑虑,担心误饮、误用中水而影响健康,或顾虑贮存时间稍长中水会腐败变质等。为更好地利用中水,确保中水的安全使用,中水的水质必须在卫生方面安全可靠,无有害物质,在外观上没有使人产生不快的感觉,并且不会使管道设备产生结垢、腐蚀和造成维修困难等问题。

三、中水处理工艺与中水处理站

(一)中水处理工艺流程

中水处理工艺流程:

1.应当充分了解当地缺水环境背景和节水的技术条件

处理场地与环境条件是否适应拟选定的处理工艺流程,是否能够合理地排放处理过程中的污水及对污泥的处理程度;建筑环境条件是否适宜拟选的工艺流程,其生态、气味、噪声、外观是否与环境协调;当地的技术水平与管理水平是否与处理工艺相适应;投资者的投资能力以及各种流程的经济技术的比较情况等。

2.分析中水原水水质

分析取用的原水是分流制中的废水还是合流制的污水,原水的污染程度等。不管是哪种原水,都应当有实测的或相类似的水质资料。

3.中水的用途及水质要求

中水的用途对水质提出了要求,还应注意中水是否与人体直接接触以及输送中的管道、使用中水的设备对结垢与腐蚀的特殊要求,以及确定不同的深度处理措施等。

(二)中水处理技术

1. 格网、格栅

格网、格栅主要是用来阻隔、去除中水原水中的粗大杂质,使这些杂质不能堵塞管道或影响其他处理设备的性能。其栅条、网格按间隙大小分为粗、中、细 3 种,按结构形式分为固定式、旋转式和活动式(活动式中又有筐式和板框式 2 种)3 种。中水处理一般采用细格栅(网)或两道格栅(网)组合使用。当处理洗浴废水时还应加设毛发清除器。

2. 水量调节

水量调节是将不均匀的排水进行贮存调节,使处理设备能够连续、均匀、稳定地工作。其措施一般是设置调节池。工程实践证明,污水贮存停留时间最长不宜超过 **24h**。调节池的形式可以是矩形、方形或圆形,其容积应按排水的变化情况、采用的处理方法和小时处理量计算确定。

3. 沉淀

沉淀的功能是使液固分离。混凝反应后产生的较大粒状絮凝物,靠重力通过沉淀去除,大量降低水中污染物。常用的有竖流式沉淀池、斜板(管)沉淀池和气浮池。原水通过格栅(网)后,如无调节池时,应设初沉池。生物处理后的二次沉淀池和物化处理的混凝沉淀池宜采用竖流式沉淀池或斜板(管)沉淀池。

4. 生物处理

(1)接触氧化

接触氧化是在用曝气方法提供充足的氧的条件下,使污水中的有机物与附着在填料上的生物膜接触,利用微生物生命活动过程中的氧化作用,降解水中有机污染物,使水得到一定程度的净化。

(2)生物转盘

生物转盘的作用与接触氧化相同,不同之处一是生物膜附着在转盘的盘上;二是转盘时而与水接触,时而与空气接触,通过与空气的接触去获得充足的氧。中水处理中的生物转盘应采用2~3级串联式转盘。

生物处理法在国内外还有一些其他的处理形式,可参见水处理工程方面的教材。

5. 过滤

过滤主要是去除水中的悬浮和胶体等细小杂质,还能起到去除细菌、病毒、臭味等作用。过滤有多种形式,中水处理一般均采用密封性好的、定型制作的过滤器或无阀滤池。常用的滤料有石英砂、无烟煤、泡沫塑料、硅藻土、纤维球等。

6. 消毒

消毒是中水使用和生产过程中安全性得到保障的重要一环。中水虽经过消毒但不能饮用,中水的原水由于经过人的直接污染,含有大量的细菌、寄生虫和病毒等。因此,中水的消毒不仅要求杀灭细菌和病毒的效果好,同时还要提高中水的生产和使用过程整个时间上的保障性。常用的消毒剂有:氯、次氯酸钠、二氧化氯、二氯异氰尿酸钠等。另外,还有臭氧消毒和紫外线消毒等方法。

(三)中水处理装置

中水处理设施可根据有关资料、参数自行设计、建造处理构筑物。如果中水处理负荷较小时,也可直接选用成套处理装置。下面简单介绍几种中水处理装置。

1. 中水网滤设备

成品网滤器可直接装于水泵吸水管上,将经过泵而进入处理系统的水进行初滤,截流粗大固体物。其过水流量有 **20m³/h、100m³/h、200m³/h、300m³/h、400m³/h** 等 5 档。网滤器进出管直径分别为 **100mm、200mm、250mm、350mm**。

2. 曝气设备

在生物处理法中，均应进行曝气，曝气除选择合适的风机外，主要是选择曝气器，曝气方式有：穿孔管曝气、射流曝气和微孔曝气。曝气器的服务面积一般为 **3～9m²**，供气量一般为 **0.6～1.3m³/(min·个)**，适用水深 **2～8m**。

3. 组装式中水处理设备

组装式中水处理设备分为 **6** 段，即初处理器（组合内容有格栅、滤网、分流、溢流、计量）、好氧处理器（调节、贮存、曝气、氧化提升）、厌氧处理器（调节、贮存、厌氧水解、曝气回流）、浮滤器（溶气、气浮、过滤）、加药器（溶药、投加、计量）、深处理器（吸附交换供水）。处理能力有 **10m³/h、20m³/h、30m³/h、50m³/h** 等 4 种。

4. 接触氧化法处理装置

接触氧化法处理装置日产水量有 **80m³/d、160m³/d、240m³/d、320m³/d、400m³/d、480m³/d** 等 6 档，占地面积相应为 **50m²、80m²、100m²、120m²、140m²、180m²**，接触氧化曝气池的面积有 **2×3～3×8m²** 等 6 种规格。

5. 生物转盘法处理设备

生物转盘法处理设备中转盘直径有 **1.4～3.6m** 等 8 种规格，相应的转盘面积为 **290～8100m²**，设备占地面积为 **4.5～40.2m²**，设计处理能力为 **24～720t/d**。

6. 接触过滤器

接触过滤器分上进下出和下进上出两种形式，其产水量有 **5～98m³/h** 等 14 种规格，其直径为 **0.7～2.5m** 不等，进水允许浊度一般应小于 **100mg/L**，正常出水浊度一般小于 **5mg/L**。

7. BGW 型中水处理设备

BGW 型中水处理设备处理工艺采用高效生物转盘、强化消毒、波形板反应、集泥式波形斜板沉淀、分层进水过滤和自身反冲洗技术。生物转盘直径为 **2.0m**，其进水 **BOD5≤250mg/L**，出水 **BOD5≤10mg/L**；进水 **SS≤400mg/L**，出水 **SS≤10mg/L**。处理能力有 **100m³/d、200m³/d、400m³/d** 3 种。

除上述装置之外，还有厕所冲洗水循环处理装置、平板式超过滤器、**ZS** 系列中水净化器、**A/O** 系统立式污水净化槽、**WHCZ** 小型污水处理装置以及新研发的有关设备和装置等。

（四）中水处理站

1. 中水处理站的布置

中水处理站的位置应根据建筑的总体布局、中水原水的主要出口、中水的用水位置、环境卫生、便于隐蔽隔离和管理维护等综合因素确定,注意充分利用建筑空间,少占地面,最好有单独的管道和进出口,便于进出设备、排除污物等。对于单幢建筑的中水处理站可设在该建筑的最底层或建筑附近,对于建筑群的中水处理站应靠近主要集水和用水处的地下室或裙房内。小区中水处理站按规划要求独立设置,处理构筑物宜为地下式或封闭式;在可能的情况下尽量利用中水原水出口高程,使处理过程在重力流动下进行。处理产生的污物必须合理处置,不允许随意堆放。要考虑预留发展位置。

处理站除有安置处理设施的场所外,还应有值班室、化验室、贮藏室、维修间及必要的生活设施等附属房间。处理间必须有必要的通风换气设施,有保障处理工艺要求的采暖、照明和给水、排水设施。

设计处理站时,要考虑工作人员的保健和安全问题,应尽量提高处理系统的机械化、自动化程度,尽量采用自动记录仪表或远距离操作;贮存消毒剂、化学药剂的房间宜与其他房间隔开,并有直接通向室外的门。对药剂所产生的污染危害和二次危害,必须妥善处理,采取必要的安全防护措施;用氯作消毒剂产生的氢、厌氧处理产生的可燃气体等的电气设备,均应采取防爆措施。

2. 中水处理站的隔振消声与防臭

设置在建筑地下室的中水处理站,必须与主体建筑及相邻房间严密隔开,并做建筑隔音处理,以防空气传声;站内设备基座均应安装减振垫,连接设备的管道均应安装减振接头和吊架,以防固体传声。

对于防臭,首先应尽量选择产生臭气较少的工艺以及封闭性较好的处理设备,其次是对产生臭气的设备加盖、加罩防止散发或收集处理。对于无法避免散出的臭气,可考虑集中排除稀释(排出口应当高出人们活动场所 2m 以上),或者采用燃烧法、化学法、吸附法、土壤除臭法等进行除臭。

四、中水管道系统

(一)中水原水集水管道系统

原水集水管道系统一般由建筑内集水管道、室外或小区集水管道、污水泵站及有压污水管道和各处理环节之间的连接管道四部分组成。

1. 建筑内集水管道系统

建筑内集水管道系统即通常的建筑内排水管网,其支管、立管和横干管的布置与敷设,均同建筑排水设计。但其排水不是进入小区或城市排水管网,而是进入中水集水管系。分为建筑内合流制集水管道系统和建筑内分流制集水管道系统。

（1）建筑内合流制集水管道系统

合流制系统中的集水干管（收集排水横干管或排出管污水的管道）应根据处理间设置位置及处理流程的高程要求，设计成室内集水干管或室外集水干管。当设置为室内集水干管时，应考虑充分利用排水的水头，即尽可能保持较高的出流高程，便于依靠重力流向下一道处理工序。但集流干管要选择合适的位置及设置必要的水平清通口，并在进入处理间或中水调节池之前，设置超越管，以便出现事故时可以直接排放至小区或城市排水管网。

（2）建筑内分流制集水管道系统

分流制系统要求分流顺畅，这就要求与其他专业协商合作，使卫生间的位置和卫生器具的布置合理、协调。同时注意：洗浴器具与便器最好是分开设置或者分侧设置，以便用单独的支管、立管排出；洗浴器具宜上下对应设置，便于接入同一立管。

明装的污废水立管宜在不同墙角设置，以利美观。同时，污废水支管不宜交叉，以免横支管标高降低太多。

高层公共建筑的排水系统宜采用污水、废水、通气三管组合管系。集水干管与上述第1点相同。

2. 室外或小区集水管道系统

室外或小区集水管道的布置与敷设宜与相应的排水管道基本相同，最大的区别在于室外集水干管还需将所收集的原水送至室内或附近的中水处理站。

因此，除了考虑排水管布置时的一些因素以外，还应根据地形、中水处理站的位置，注意使管道尽可能较短，一般布置在建筑物排水侧的绿地或道路下；力求埋深较浅，使所集污废水能自流到中水处理站；布管时，要注意与其他如给水、排水、雨水、供热、燃气、电力、网线、通信等管系综合考虑。在平面上与给水管、雨水管、污水管的净距宜在0.5～1.5m，与其他管道的净距宜在 1.0m 以上；与其他管道垂直净距应在 0.15m 以上。还应考虑工程分期建设的安排和远期扩建的可行性。

3. 污水泵站及有压污水管道

如果由于地形或其他因素，集水干管的出水不能依靠重力流到中水处理站时，就必须设置污水泵将污水加压送至中水处理站。污水泵的数量由污水量（或中水处理能力）确定。污水泵站应根据当地的环境条件而设置。

污水泵出口至中水处理站起始进口之间的管道为有压污水管道。此段管道要求要有一定的强度，接头必须严密，严防泄漏，还应有一定的耐腐蚀性。

中水处理站内各处理环节之间的连接管道，应根据其工艺流程和处理站的布局去确定，做到既符合工艺要求，又能保障运行的可靠性。

（二）中水供水管道系统

中水供水管道系统必须独立设置。中水供水管道系统的布置和水力计算与建筑给水供水系统基本相同。

根据中水的特点应当注意的是，中水管道必须具有耐腐蚀性。因为中水中存在余氯和盐类，会产生多种生物学和电化学腐蚀，一般采用塑料管、钢塑复合管和玻璃钢管比较合适，不得采用非镀锌钢管；如遇不能采用耐腐蚀材料的管道和设备，则应做好防腐处理，并要求表面光滑，使其易于清洗、清垢；中水用水点宜采用使中水不与人直接接触的密闭器具；中水管道上不得装设取水龙头；冲洗汽车、浇洒道路与绿地的中水出口宜用有防护功能的壁式或地下式给水柱。

（三）中水系统的安全防护

应用中水可以节约水源，减少污染，具有良好的综合效益。但中水水质低于生活饮用水水质，并且与生活给水管道系统在建筑内共存，而我国现阶段还有很多人对中水了解不多，故有误用、误饮的可能。为了供水安全可靠、不致造成不应有的危害，在中水系统的设计、安装、运行、使用全过程中应特别注意其安全防护。

考虑到排水水量和水质的不稳定性，在主要处理前应设调节池，处理系统如为连续运行，其调节容积可按日处理量的 **35%～50%** 计算；若必须间歇运行时，调节容积可按处理工艺运行周期计算。

由于中水处理站的出水量与中水用水量不一致，为保证故障或检修时用水的可靠性，应在处理设施后设中水贮水池。处理系统如为连续运行时，中水贮水池的调节容积可按日处理水量的 **25%～35%** 计算；若必须间歇运行时，可按处理设备运行周期计算。为保证用水不中断及水压恒定而设有中水高位水箱时，水箱的容积应不小于日用水量的 **5%**。中水贮水箱宜用玻璃钢等耐腐蚀材料制作。

中水管道外部应按有关标准的规定涂色和标志，以便与其他管道相区别；室内中水管道在任何情况下，均严禁与生活饮用水管道相接；不在室内设置可供直接使用的中水水嘴，以免误用。若装有取水接口时，必须采取严格的防止误饮、误用的措施；若需将生活饮用水管作为补充水时，该出水口应高出中水水池（箱）最高水位 **2.5** 倍管径以上的空气隔断高度；中水管与排水管平行埋设时，其水平净距不小于 **0.5m**，交叉埋设时，中水管应置于饮水管之下、排水管之上，管道净距不小于 **0.15m**；水池、水箱、阀门、水表及给水柱、取水口等均应标有明显的"中水"字样；公共场所及绿化的中水取水口应设带锁装置；工程验收时应逐段进行检查，防止误接。

中水处理站的管理人员必须经过专门培训才能上岗,这也是保证运行安全、保证水质的重要因素。

第二节　居住小区给水、排水系统

一、居住小区给水系统的分类与组成

居住小区给水、排水工程是指城镇中居住小区、居住组团、街坊和庭院范围内的建筑外部给水、排水工程,不包括城镇工业区或中小工矿的厂区给排水工程,是建筑给水、排水管道和市政给水、排水管道的过渡管段,其服务范围不同,给水、排水不均匀系数也不相同,所以居住小区给水、排水设计流量与建筑内部和城市给水、排水设计流量的计算方法均不相同。居住小区给水、排水工程包括给水工程(生活给水、消防给水)、排水工程(污废水、雨水和小区污水处理)和中水工程。

(一)居住小区给水水源

居住小区位于市区或厂矿区供水范围内时,应采用市政或厂矿给水管网作为给水水源,以减少工程投资。若居住小区离市区或厂矿较远,不能直接利用现有供水管网,需铺设专门的输水管线时,可经过技术经济比较,确定是否自备水源。在远离城镇或厂矿的居住小区,可自备水源。在严重缺水地区,应考虑建设居住小区中水工程,用中水来冲洗厕所、浇洒绿地和道路。

(二)居住小区给水系统分类

1. 低压统一给水系统

整个给水区域的生活、生产、消防等多项用水均以同一水压和水质,用统一管网供给各用户,这种系统称为统一给水系统。在居住小区中对于多层建筑群体,生活给水和消防给水都不会需要过高的压力,因此宜采用低压统一给水系统。

2. 分压给水系统

因用户对给水水压要求不同而分成两个或两个以上系统供水,这种给水系统称为分压给水系统。在高层建筑和多层建筑混合居住小区,高层建筑和多层建筑显然所需压力差别较大,为了节能,混合区内宜采用分压给水系统。

3. 分质给水系统

因用户对水质要求不同而分成两个或两个以上给水系统,分别供水给各类用户,这种给水系统称为分质给水系统。在高层建筑和多层建筑混合居住小区，在严重缺水地区或无合格原水地区，为了充分利用当地的水资源，降低成本，将冲洗、绿化、浇洒道路等用水水质要求低的水量从生活用水量中区分出来，确立分质给水系统。

4. 调蓄增压给水系统

在高层和多层建筑混合区内，其中为低层建筑所设的给水系统，也可对高层建筑的较低楼层供水，但是高层建筑较高的部分，无论是生活给水还是消防给水都必须调蓄增压，即设有水池和水泵进行增压给水。调蓄增压给水系统又分为分散、分片和集中调蓄增压系统。根据高层建筑的数量、分布、高度、性质、管理和安全等情况，经技术经济比较后确定采用何种调蓄增压给水系统。

（三）居住小区给水方式

居住小区给水方式应根据小区内建筑物的类型、建筑高度，市政给水管网的自用水头和水量等因素综合考虑确定，做到技术先进合理，供水安全可靠，投资省，便于管理。常见的小区给水方式有以下几种类型。

1. 直接给水方式

当城镇给水管网的水量、水压能满足小区的供水要求时，应采用直接给水方式，从能耗、运行管理、供水水质及接管施工等各方面来比较，都是最理想的供水方式。

2. 有高位水箱的给水方式

当城镇给水管网的水量、水压周期性不足时，应采用该给水方式，可以在小区集中设水塔或者分散设高位水箱。该方式具有直接给水的大部分优点，但是在设计、施工和运行管理中应注意避免水的二次污染，北方地区要有一定的防冻措施。

3. 小区集中或分散加压的给水方式

当城镇给水管网的水量、水压经常性不足时，应采用小区集中或分散加压的方式，该给水方式由水泵结合水池、水塔、水箱、气压罐等供水，有多种组合方式，各有其不同的优缺点，选择时应根据当地水源条件按安全、卫生、经济原则综合确定。

（四）居住小区给水系统的组成

居住小区给水系统由以下几部分组成：

1.小区给水管网

（1）接户管，布置在建筑物周围、人行便道或绿地下，与小区支管连接，向建筑物内供水；

（2）给水支管，布置在居住组团内道路下与小区给水干管相接的给水管道；

（3）给水干管，布置在小区道路或城市道路下与城市给水管网相接的管道。

2.贮水、调节、增压设备

指贮水池、水箱、水泵、气压罐、水塔等。

3.消火栓

布置在小区道路两侧用来灭火的消防设备。

4.给水附件

保证给水系统正常工作设置的各种阀门等。

5.自备水源系统

对于严重缺水或离城镇给水管网较远的地区,可设自备水源系统,一般由取水构筑物(以地下式为多)、水泵、净水构筑物、输水管网等组成。

二、小区给水管道的布置

居住小区给水管道有小区干管、支管和接户管三类,在布置小区给水管道时,应按干管、支管、接户管的顺序进行。

小区给水管道布置原则及要求:

第一,小区干管应布置成环状或与城镇给水管道连成环状管网,小区支管和接户管可布置成枝状。

第二,小区干管宜沿用水量较大的地段布置,以最短距离向大用户供水。

第三,给水管道应沿区内道路平行于建筑物敷设,宜敷设在人行道、慢车道或草地下,并尽量减少与其他管道的交叉,如果采用塑料给水管,应符合有关规定。

第四,给水管道与其他管道平行或交叉敷设的净距,应根据管道的类型、埋深、施工检修的相互影响、管道上附属构筑物的大小和当地有关规定等确定。

第五,给水管道外壁距建筑物外墙的净距不宜小于**1.0m**,且不得影响建筑物的基础。

第六,当生活给水管道与污水管道交叉时,给水管应敷设在污水管道上面,且不应有接口重叠;当给水管道敷设在污水管道下面时,给水管的接口离污水管的水平净距不宜小于**1.0m**。

第七,给水管道的埋设深度,应根据土壤的冰冻深度、车辆荷载、管材强度及与其他管道交叉等因素确定。管顶最小覆土深度不得小于土壤冰冻线以下**0.15m**,行车道下的管线覆土深度不宜小于**0.7m**。

三、小区给水系统常用管材、配件及附属构筑物

(一)常用管材

埋地的给水管道采用的管材,应具有耐腐蚀和承受管内水压力、承受地面荷载的能力。

居住小区给水系统常用管材的选择,应根据供水水压、外部荷载、土壤性质、施工维护和材料供应等条件确定。目前,常用管材有铸铁给水管、钢管和塑料管等。

1. 铸铁给水管

铸铁给水管是居住小区给水系统中常采用的管材。它抗腐蚀性好,经久耐用,价格较钢管便宜,但质脆、不耐振动、工作压力较低、自重大。

我国生产的铸铁管分为高压(工作压力小于 980kPa)、普压(工作压力小于 735kPa)和低压(工作压力小于 441kPa)三种,通常使用的是普压管。每根铸铁管长 4～6m,管径 75～1500mm。此外还广泛使用球墨铸铁管,它具有铸铁管的耐腐蚀性和钢管的韧性。

预应力钢筋混凝土管管径一般为 400～1400mm,管长 5m,工作压力可达 0.4～1.2MPa。自应力钢筋混凝土管管径一般为 100～800mm,管长 3～4m,工作压力可达0.4～1.0 MPa。

预应力和自应力钢筋混凝土管均具有良好的抗渗性和抗裂性,施工安装方便,输水性能好,但重量大,质地脆。这两种管材的连接形式均为承插式接口,用圆形断面的橡胶圈作为接口材料,转弯和管径变化处采用特制的铸铁配件,也可用钢板制作。

2. 钢管

钢管有焊接钢管和无缝钢管两种,焊接钢管又分直缝钢管和螺旋卷焊钢管。钢管的特点是强度高、耐振动、长度大、施工方便,但不耐腐蚀、价格高。使用钢管时,应特别注意钢管的内外防腐处理。普通钢管的工作压力不超过 1.0MPa,高压管可采用无缝钢管。钢管一般采用焊接或法兰连接,小管径可用丝扣连接。在给水管网中通常只有在管径大和水压高以及穿越铁路、河谷和地震区时使用钢管。在小区给水中,特别是消防给水,当管沟敷设时,也可采用钢管。

3. 塑料管

由于塑料管具有水力条件好、耐腐蚀、重量轻、施工维护方便、不耗用钢材等优点,已得到越来越广泛的应用。目前,小区给水管网使用较多的是硬聚氯乙烯(PVC-U)管。硬聚氯乙烯(PVC-U)管以聚氯乙烯树脂为主要原料,经挤压成型,适用于输送温度不超过 45℃的水。

除此之外,还有以金属材料和塑料复合而成的钢塑复合管、铝塑复合管等,其兼有金属管和塑料管的优点,使用范围也比较广泛。

(二)给水管网附件

为了保证管网的正常运行,便于给水管网的调节和维修,管网上必须装设一些附件。常用附件有以下几种。

1. 阀门

阀门是控制水流、调节管道内的水量和水压、方便检修的重要附件。小区给水管道应在下列部位设置阀门：①小区干管从市政给水管道接出处；②小区支管从小区干管接出处；③接户管从小区支管接出处；④环状管网需调节和检修处；⑤承接消火栓的管道上。

阀门一般设置在阀门井内，阀门的口径一般和管道相同，常采用的阀门一般是蝶阀和闸阀。

2. 排气阀和泄水阀

（1）排气阀

排气阀安装在管线的隆起部位，用以初运行时或平时及检修后排出管内的空气；在产生水击时，可自动进入空气，以免形成负压。地下管线的排气阀应安装在排气阀门井内。

（2）泄水阀

在管线的最低点须安装泄水阀，用以排除水管中的沉淀物以及检修时放空存水。由管线放出的水可直接排入水体、管沟或泄水井内，再由水泵排出。

3. 室外消火栓与洒水栓

（1）室外消火栓

在城镇消火栓保护不到的建筑区域，应设室外消火栓，消火栓的设置要求应符合现行建筑设计防火规范的有关规定。

（2）洒水栓

居住小区公共绿地和道路需要洒水时，可设洒水栓。洒水栓间距不宜大于**80m**。

（三）给水管网附属构筑物

1. 给水阀门井

地下管线的阀门一般设在阀门井内。阀门井分地面操作和井内操作两种方式。阀门井适用于直径**75～1000mm**的室外手动暗杆低压阀门、管道中心埋深在**6m**以内的情况。

2. 给水管道的埋设与支墩

给水管道一般应尽量敷设在地下，只有在基岩露出或覆盖层很浅的地区，给水管才可考虑埋在地面上或浅沟敷设，此时应有防冻和其他安全措施。给水管道埋设时，对管顶、管底和转弯处等，都有一定的要求，以保证管道工作安全可靠。非冰冻地区管道的管顶埋深，主要由外部荷载、管材强度、管道交叉以及土壤地基等因素决定，金属管道的覆土深度（即管顶埋深）一般不小于**0.7m**，非金属管的覆土深度应不小于**1.0～1.2m**，以免受到动荷载的作用而影响其强度。冰冻地区管道的埋深除决定于上述因素外，还需考虑土壤的冰冻深度。一般管顶最小覆土深度不得小于冰冻线以下**0.15m**。

管底应有适当的基础,管道基础的作用是防止管底支在几个点上,甚至整个管段下沉从而引起管道破裂。根据原有土壤的情况,常用的基础有天然基础、砂基础和混凝土基础三种。当土壤压力较高和地下水位较低时,管道可直接埋在整平的天然基础上,可不做基础处理;如地基较差应做砂基础和混凝土基础;在岩石或半岩石地基处,需铺垫厚度为 **100mm** 以上的中砂或粗砂作为基础,再在上面埋管;在土壤松软的地基处,应采用混凝土基础;在土壤特别松软的流沙和沼泽地区,有时还要考虑打桩。

给水管承插接口的管线在弯头、三通及管端盖板处,均能产生向外的推力。当推力较大时,会引起接头松动甚至脱节,造成漏水。因此管径≥**400mm**,且试验压力大于 **980kPa**,或管道转弯角度大于 **5°～10°** 时,必须设置支墩以保证管道输水安全。

当管径小于 **400mm** 或转弯角度小于 **10°** 且水压力不超过 **980kPa** 时,因接口本身足以承受拉力,可不设支墩。

四、居住小区排水系统

小区排水系统的主要任务是接收小区内各建筑内外用水设备产生的污废水及小区屋面、地面雨水,并经相应的处理后排至城镇排水系统或水体。

(一)排水体制

居住小区排水体制的选择,应根据城镇排水体制、环境保护要求等因素进行综合比较,确定采用分流制或是合流制。

分流制,是指生活污水管道和雨水管道分别采用不同管道系统的排水方式;合流制,是指同一管渠内接纳生活污水和雨水的排水方式。

分流制排水系统中,雨水由雨水管渠系统收集就近排入水体或城镇雨水管渠系统;污水则由污水管道系统收集,输送到城镇或小区污水处理厂进行处理后排放。根据环境保护要求,新建居住小区应采用分流制系统。

居住小区内排水需要进行中水回用时,应设分质、分流排水系统,即粪便污水和生活废水(杂排水)分流,以便将杂排水收集作为中水原水。

(二)排水系统的组成

1. 管道系统

管道系统是指集流小区的各种污废水和雨水管道及管道系统上的附属构筑物。管道包括接户管、小区支管、小区干管;管道系统上的附属构筑物种类较多,主要包括:检查井、雨水口、溢流井、跌水井等。

2. 污废水处理设备构筑物

居住区排水系统污废水处理构筑物有:在与城镇排水连接处的化粪池,在食堂排出管处的隔油池,在锅炉排污管处的降温池等。若污水回用,根据水质采用相应中水处理设备及构筑物等。

3. 排水泵站

如果小区地势低洼,排水困难,应视具体情况设置排水泵站。

(三)排水管道的布置与敷设

排水管道布置应根据小区总体规划、道路和建筑的布置、地形标高、污水雨水流向等按管线短、埋深小、尽量自流排出的原则确定。

1. 污水管道的布置与敷设

排水管道宜沿道路和建筑物的周边呈平行布置,路线最短,减少转弯,并尽量减少相互间及与其他管线、河流及铁路间的交叉。检查井间的管段应为直线;管道与铁路、道路交叉时,应尽量垂直于路的中心线;干管应靠近主要排水建筑物,并布置在连接支管较多的一侧;管道应尽量布置在道路外侧的人行道或草地的下面。不允许平行布置在铁路的下面和乔木的下面;应尽量远离生活饮用水给水管道;污水管道与其他管道和建筑物、构筑物的水平净距、垂直距离应符合相关规定。

小区内污水管道布置的程序一般按干管、支管、接户管的顺序进行,布置干管时应考虑支管接入位置,布置支管时应考虑接户管的接入位置。

污水管道敷设应利于其安装和检修;管道损坏时,管内污水不得冲刷或侵蚀建筑物以及构筑物的基础和污染生活饮用水管道;管道不得因机械振动而被破坏,也不得因气温低而使管内水流冰冻;污水管道及合流制管道与生活给水管道交叉时,应敷设在给水管道下面;地下水位较高时,埋地污水管道和检查井应考虑防渗措施。

污水管材应根据污水性质、成分、温度、地下水侵蚀性,外部荷载、土壤情况和施工条件等因素,因地制宜就地取材。一般情况下,重力流排水管宜选用埋地塑料管、混凝土或钢筋混凝土管;排至小区污水处理装置的排水管宜采用塑料排水管;穿越管沟、河道等特殊地段或承压的管段可采用钢管或球墨铸铁管,若采用塑料管应外加金属套管(套管直径较塑料管外径大 **200mm**);当排水温度大于 **40℃**时应采用金属排水管;输送腐蚀性污水的管道可采用塑料管。

居住小区污水管与室内排出管连接处、管道交会处、转弯、跌水、管径或坡度改变处以及直线管段上一定距离应设检查井。小区内的生活排水管管径≤**150mm** 时,检查井间距不宜大于 **20m**;管径≥**200mm** 时,检查井间距不宜大于 **30m**。

2. 小区雨水管渠系统的布置

雨水管渠系统设计的基本要求是通畅、及时地排走居住小区内的暴雨径流量。根据城市规划要求,在平面布置上尽量利用自然地形坡度,以最短的距离靠重力流排入水体或城镇雨水管道。雨水管渠应平行道路敷设且布置在人行道或花草地带下,以免积水时影响交通或维修管道时破坏路面。

雨水口是收集地面雨水的构筑物,小区内雨水不能及时排除或低洼处形成积水往往是由于雨水口布置不当造成的。小区内雨水口一般根据地形、建筑物位置,沿道路布置。在道路交会处和路面最低点、建筑物单元出入口与道路交界处、建筑物雨水落管附近、小区空地和绿地的低洼处和地下坡道入口处宜布置雨水口。雨水口沿街道布置间距一般为 **20～40m**,雨水口连接管长度不超过 **25m**,每根连接管上最多连接两个雨水口。

小区雨水排水系统可选用埋地塑料管、混凝土管或钢筋混凝土管、铸铁管。居住小区内雨水管道设置检查井的位置在管道交会处、转弯、跌水、管径或坡度改变处以及直线管段上一定距离处。

(四)小区排水提升和污水处理

1. 小区排水提升

居住小区排水依靠重力自流排除有困难时,应及时考虑排水提升措施。设置排水泵房时,尽量单独建造,并且距居住建筑和公共建筑 **25m** 左右,以免污水、污物、臭气、噪声等对环境产生影响,并应有卫生防护隔离带。泵房设计应按现行的室外排水设计规范执行,排水泵房的设计流量与排水进水管的设计流量相同。污水泵房机组的设计流量按最大小时流量计算,雨水泵房机组的设计流量按雨水管道的最大进水流量计算。水泵扬程根据污、雨水提升高度和管道水头损失及自由水头计算决定。自由水头一般采用 **1.0m**。

污水泵尽量选用立式污水泵、潜水污水泵,雨水泵则应尽量选用轴流式水泵。雨水泵不得少于两台,以满足雨水流量变化时可开启不同台数进行工作的要求,同时可不考虑备用泵。污水泵的备用泵数量根据重要性、工作泵台数及型号等确定,但不得少于一台。

污水集水池的有效容积,根据污水量、水泵性能及工作情况确定。其容积一般不小于泵房内最大一台泵 **5min** 的出水量,水泵机组为自动控制时,每小时开启水泵次数不超过 **6** 次。集水池有效水深一般在 **1.5～2.0m**(以水池进水管设计水位至水池吸水坑上缘计)。

雨水集水池容积不考虑调节作用,按泵房中安装的最大一台雨水泵 **30s** 的出水量计算,集水池的设计最高水位一般以泵房雨水管道的水位标高计。

2. 小区污水排放和污水处理

（1）小区污水处理设施的设置

小区内是否设置污水处理设施，应根据城镇总体规划，按照小区污水排放的走向，由城镇排水总体规划管理部门统筹决定。设置的原则有以下几个方面。

①城镇内的居住小区污水尽量纳入城镇污水集中处理工程范围之内，城镇污水的收集系统应及时敷设到居住小区。

②城镇已建成或已确定近期要建污水处理厂，小区污水能排入污水处理厂服务范围的城镇污水管道的，小区内不应再建污水处理设施。

③城镇未建污水处理厂，小区污水在城镇规划的污水处理厂的服务范围之内，并已排入城镇管道收集系统的，小区内不需建集中的污水处理设施。是否要建分散或过渡处理设施应持慎重态度，由当地政府有关部门按国家政策权衡决策。

④小区污水因各种原因无法排入城镇污水厂服务范围的污水管道的，应坚持排放标准的，按污水排放去向设置污水处理设施，处理达标后方能排放。

⑤居住小区内某些公共建筑污水中含有毒、有害物质或某些指标达不到排放标准的，应设污水局部处理设施自行处理，达标后方能排放。

（2）小区污水处理技术

小区污水的水质属一般生活污水，所以城市污水的生物处理技术都能适用于小区污水处理。化粪池处理技术，长期以来一直在国内作为污水分散或预处理的一项主要处理设施，曾起到一定作用。居住小区内设置化粪池时，采用分散布置还是集中布置，应根据小区建筑物布置、地形坡度、基地投资、运行管理和用地条件等综合比较确定。

居住小区的规模较大，集中处理污水量达千立方米以上的规模，小区污水处理可按现行室外排水设计规范选择合适的生物处理工艺，进行污水处理构筑物的设计计算。在选择处理工艺时，应充分考虑小区设置特点，处理构筑物最好能布置在室内，对周围环境的影响应降到最低。

居住小区规模较小（组团级）或污水分散处理，处理污水设计流量小时，处理设施可采用二级生物处理要求设计的污水处理装置进行处理。目前，我国有不少厂家生产这类小型污水处理装置，采用的处理技术一般为好氧生物处理，也有厌氧/好氧生物处理。如果这类处理装置运行管理正常，能达到国家规定的二级排放标准（可向Ⅳ、Ⅴ类水域排放）。人工湿地应增加预处理，并且与绿化相结合。

第三节 特殊地区给排水管道

一、湿陷性黄土区给排水管道

(一)湿陷性黄土区特点

我国的湿陷性黄土区主要分布在陕西、甘肃、山西、河南、内蒙古、青海、宁夏、新疆和东北的部分地区,湿陷性黄土的主要特点是在天然湿度下具有很高的强度,可以承受一般建筑物或构筑物的重量,但是在一定压力下受水浸湿后,黄土结构迅速被破坏,表现出极大的不稳定性,产生显著下沉的现象,故称作湿陷性黄土。

建筑在湿陷性黄土区的建筑物或构筑物,常因给排水管道漏水而造成湿陷事故,使建筑物遭受破坏。为了避免湿陷事故的发生,保证建筑物的安全和正常使用,在设计中不仅要考虑防止管道和构筑物的地基因受水浸湿而引起沉降的可能性,还要考虑给排水管道和构筑物漏水而使附近建筑物发生湿陷的可能性。

(二)管道布置要求

第一,设计时,要充分考虑湿陷性黄土的特点,尽量使给水点、排水点集中,避免管道过长、埋设过深,从而减少漏水概率。

第二,管道布置应有利于及时发现漏水现象,以便及时维修和排除事故,为此,室内给排水管道应尽量明装,给水管由室外进入室内后,应立即翻出地面,排水支管应尽量沿墙敷设在地面上或悬吊在楼板下,厂房雨水管道应悬吊明装或采取外排水方式。

第三,当室内埋地管道较多时,可视具体情况采取综合管沟的方案。

第四,为便于检修,室内给水管道应在引入管、干管或支管上适当增加阀门。

第五,给排水管道穿越建筑物承重墙或基础时,应预留孔洞。

第六,在小区或街坊管网设计中,注意各种管道交叉排列,做好小区或街坊管网的管道综合布置。

(三)管材及管道接口

1. 管材选用

敷设在湿陷性黄土地区的给排水管道,其材料应经久耐用,管材质量应高于一般地区的要求。

（1）压力管道应采用钢管、给水铸铁管或预应力钢筋混凝土管。自流管道应采用铸铁管、离心成型钢筋混凝土管、内外上釉陶土管或耐酸陶土管。

（2）室内排水采用排水沟时，排水沟应采用钢筋混凝土结构，并做防水面层。

（3）湿陷性黄土对金属管材有一定的腐蚀作用，故对埋地铸铁管应做好防腐处理，对埋地钢管及钢配件应加强防腐处理。

2. 管道接口

给排水管道的接口必须密实，并有柔性，即使在管道有轻微的不均匀沉降时，仍能保证接口处不渗不漏。

镀锌钢管一般采用螺纹连接；焊接钢管、无缝钢管采用焊接；承插式给水铸铁管，一般采用石棉水泥接口；承插式排水铸铁管，采用石棉水泥接口；承插式钢筋混凝土管、承插式混凝土管和承插式陶土管，一般采用石棉水泥沥青玛碲脂接口，不宜采用水泥砂浆接口；钢筋混凝土或混凝土排水管，一般采用套管（套环）石棉水泥接口，不宜采用平口抹带接口；自应力水泥砂浆接口和水泥砂浆接口等刚性接口，不宜在湿陷性黄土地区采用。

（四）检漏设施

检漏设施包括检漏管沟和检漏井。一旦管道漏水，水可沿管沟排至检漏井，以便及时发现并进行检修。

1. 检漏管沟

埋设管道敷设在检漏管沟中，是目前广泛采用的方法。检漏管沟一般做成有盖板的地沟，沟内应做防水，要求不透水。

对直径较小的管道，采用检漏管沟困难时，可采用套管，套管应采用金属管或钢筋混凝土管。

检漏管沟的盖板不宜明设，若为明设时应在人孔采取措施，防止地面水流入沟中。检漏管沟的沟底应坡向检查井或集水坑，坡度不应小于 0.005，并应与管道坡度一致，以保证在发生事故时水能自流到检漏井或集水坑。

检漏管沟截面尺寸的选择，应根据管道安装与维修的要求确定，一般检漏管沟宽不宜小于 600mm，当管道多于两根以上时，应根据管道排列间距及安装检修要求确定管沟尺寸。

2. 检漏井

检漏井是与检漏管沟相连接的井室，用来检查给排水管道的事故漏水。

检漏井的设置，以能及时检查各管段的漏水为原则，应设置在管沟末端或管沟沿线分段检漏处，并应防止地面水流入，其位置应便于寻找、识别、检漏和维护。检漏井应设有深度不小于 300mm 的集水坑，可与检查井或阀门井共壁合建。但阀门井、检查井、消火栓井、水表井等均不得兼做检漏井。

二、地震区给排水管道

地震后,按受震地区地面影响和破坏程度,地震烈度共分为 **12** 度,在 **6** 度及 **6** 度以下时,一般建筑物仅有轻微破坏,不致造成危害,可不设防;但是 **7** 度及以上时,一般建筑物将遭到破坏,造成危害,必须设防;**10** 度及 **10** 度以上时,因毁坏太严重,设防费用太高或无法设防,只能结合工程情况做专门处理研究。我国仅对于 **7~9** 度地震区的建筑物编制了规范和标准。

(一)地震防震的一般规定

根据地震工作以预防为主的方针,给排水的设施要求是:在地震发生后,其震害不致使人民生命和重要生产设备遭受危害;建筑物和构筑物不需修理,或经一般修理后仍能继续使用;对管网的震害控制在局部范围内,尽量避免造成次生灾害,并便于抢修和迅速恢复使用。

(二)管道设计

1. 建筑外部管道设计要求

(1)线路的选择与布置

地震区给排水管道应尽量选择在良好的地基上,避免水平或竖向的急剧转弯;干管宜敷设成环状,并适当增设控制阀门,以便于分割供水和检查,如因实际需要,干管敷设成枝状时,宜增设连通管。

(2)管材选择

地震区给排水管材宜选择延性较好或具较好柔性、抗震性能良好的管材,例如钢管、胶圈接口的铸铁管和胶圈接口的预应力钢筋混凝土管。埋地管道应尽量采用承插式铸铁管或预应力钢筋混凝土管;架空管道可采用钢管或承插式铸铁管;过河的倒虹管以及穿过铁路或其他交通干线的管道,应采用钢管,并在两端设阀门;敷设在可液化土地段的给水管道主干管,宜采用钢管,并在两端增设阀门。

(3)管道接口方式的选择

地震区给排水管道接口的选择是管道改善抗震性能的关键,采用柔性接口是管道抗震最有效的措施。柔性接口中,胶圈接口的抗震性能较好;胶圈石棉水泥或胶圈自应力水泥接口为半柔性接口,抗震性能一般;青铅接口由于允许变形量小,不能满足抗震要求,故不能作为抗震措施中的柔性接口。

阀门、消火栓两侧管道上应设柔性接口。埋地承插式管道的主要干支线的三通、四通、大于45°弯头等附件与直线管段连接处应设柔性接口。埋地承插式管道当通过地基地质突变处,应设柔性接口。

(4)室外排水管网的设计要求

①地震区排水管道管线选择与布置应尽量选择良好的地基,宜分区布置,就近处理和分散出口。各个系统间或系统内的干线间,应适当设置连通管,以备下游管道被震坏时,作为临时排水之用。连通管不做坡度或稍有坡度,以壅水或机械提升的方法,排出被震坏的排水系统中的污废水,污水干道应设置事故排出口。

②设计烈度为8度、9度,敷设在地下水位以下的排水管道,应采用钢筋混凝土管;在可液化土地段敷设的排水管道,应采用钢筋混凝土管,并设置柔性接口。圆形排水管应设管基,其接口应尽量采用钢丝网水泥抹带接口。

2. 建筑内部管道设计要求

(1)管材和接口

一般建筑物的给水系统采用镀锌钢管或焊接钢管,接口采用螺纹接口或焊接;排水系统采用排水铸铁管,石棉水泥接口。高层建筑的排水管道当采用排水铸铁管、石棉水泥接口时,管道与设备机器连接处须加柔性接口。

(2)管道布置

管道固定应尽量使用刚性托架或支架,避免使用吊架;各种管道最好不穿过抗震缝,而在抗震缝两边各成独立系统,管道必须穿过抗震缝时,须在抗震缝的两边各装一个柔性接头;管道穿过内墙或楼板时,应设置套管,套管与管道间的缝隙,应填柔性耐火材料;管道通过建筑物的基础时,基础与管道间须留适当的空隙,并填塞柔性材料。

第五章 消火栓给水系统与施工技术

第一节 消火栓给水系统

一、室外消防给水系统

室外消防给水系统指设置在建筑物外墙中心线以外的一系列消防给水工程设施。该系统大到可以担负整个城市(镇)的消防给水任务,小到可能仅担负居住区、工矿企业等建筑小区或单体建筑物室外部分的消防给水任务。其完善与否直接关系着灭火的成败,是城市公共消防设施的重要组成部分。

(一)室外消防给水系统概述

1. 室外消防给水系统的任务

室外消防给水系统的任务:一是供消防车从该系统取水,经水泵接合器向室内消防系统供水,增补室内消防用水量的不足;二是消防车从该系统取水,供消防车、曲臂车等的带架水枪用水,以控制和扑救火灾。

室外消防给水系统应满足消防作业时各种消防用水设备对水量、水压、水质的基本要求。

2. 室外消防给水系统的组成

根据系统的类型和水源、水质等情况的不同,室外消防给水系统的组成不尽相同。有的比较复杂,像生活、生产、消防合用给水系统,而独立消防给水系统相对就比较简单,省去了水处理设施。

(1)消防水源

担任消防给水的水源分天然水源和人工水源。天然水源有地表水源和地下水源两种,人工水源指消防水池等。作为消防水源一定要保证在任何时候、任何情况下,都能提供足够的消防用水。

（2）取水设施

取水设施的作用就是保证从水源地取到所需要的水量。能取到足够且符合水质要求的水，对确保消防给水系统的正常运行非常重要。地表水，特别是河流的取水设施较复杂，地下水取水设施相对较为简单。

（3）净化水处理设施

由于用水对象不同，对水质的要求也不尽相同，城镇给水系统的水质应符合生活饮用水标准，而消防用水一般无特殊要求。因此，可根据水源地水质的污染情况，选取不同的净化水处理工艺，以生产出符合用水对象所要求水质的水。

（4）调节构筑物

调节构筑物主要有清水池和水塔，用以调节供水与用水之间的矛盾。为满足消防时的要求，这些构筑物在调节生活、生产用水的同时，还应储存足够量的消防用水。

（5）输配水设施

输配水设施包括加压水泵和输水管网两部分，负责将水厂生产的水输送至各用水点。输配水设施对消防用水有直接影响。首先，水泵的扬程应满足消防时的水压要求；其次，通过管网上的室外消火栓为消防车提供消防用水，或通过水泵接合器为建筑物提供其消防给水系统用水量。

（6）消防用水设备

消防用水设备是指设置在室外消防给水管网上的室外消火栓，通过它直接提供火场消防用水。

3. 室外消防给水系统的设置原则

室外消防给水系统是有效扑灭城市火灾的重要条件。因此，为提高城市预防和抵御火灾的整体能力，建立起与城市发展目标所匹配的、能满足综合防灾需要的城市消防安全体系，防止和减少火灾的危害，保障城市现代化建设的顺利进行，在进行城市、居住区、工厂、仓库等的规划和建筑设计时，必须同时设计消防给水系统。但对于耐火等级不低于二级，且建筑物体积≤3000m³的戊类厂房或居住区人数不超过500人且建筑物层数不超过两层的居住区，可不设置消防给水（因为上述两种情况的消防用水量不大，一般消防队第一出动力量就能控制和扑灭火灾。当设置消防给水系统有困难时，这样做比较经济，其火场的消防用水问题由当地消防队解决）。室外消防给水系统应和市政其他基础设施建设同步进行，以避免留下消防用水不足的隐患。

（二）室外消防给水系统的类型

1. 按消防给水系统水压要求分类

（1）高压消防给水系统

室外高压消防给水系统是指无论有无火警,系统管网内经常保持足够的水压和消防用水量,火场上不需使用消防车或其他移动式消防水泵加压,直接从消火栓接出水带、水枪即可实施灭火。在有可能利用地势设置高地水池或设置集中高压消防水泵房时,可采用室外高压消防给水系统。

根据实践经验,为有效扑救火灾和保证消防人员安全,采用室外高压消防给水系统时,其管道内的供水压力应能保证在生产、生活和消防用水量达到最大用水量时,布置在保护范围内任何建筑物最高处水枪的充实水柱仍不小于 **10m**。

（2）临时高压消防给水系统

临时高压消防给水系统是指系统管网内平时水压不高,发生火灾时,临时启动泵站内的高压消防水泵,使管网内的供水压力达到高压消防给水管网的供水压力要求。一般在石油化工厂或甲、乙、丙类液体,可燃气体储罐区内多采用这种给水系统。

当不具备采用高压消防给水系统条件时,一般情况下,多采用临时高压消防给水系统。

（3）低压消防给水系统

低压消防给水系统是指系统管网内平时水压较低,一般只负担提供消防用水量,火场上水枪所需的压力由消防车或其他移动式消防水泵加压产生。一般城镇和居住区多为这种给水系统。

采用低压消防给水系统时,其管道内的供水压力应保证灭火时最不利点消火栓处的水压不小于 **0.1MPa**(从室外设计地面算起)。

2. 按室外给水系统供水对象分类

（1）生活、消防合用给水系统

城镇、居住区和机关事业单位内广泛采用生活、消防合用给水系统。这种给水系统形式可以保持管网内的水经常处于流动状态,水质不易变坏,而且在投资上也比较经济,并便于日常检查和保养,消防给水较安全可靠。

采用生活、消防合用的给水系统,当生活用水达到最大小时流量时,仍应保证全部消防用水量。

（2）生产、消防合用给水系统

在某些工业企业内,采用生产、消防合用给水系统。采用这种给水系统,当生产用水量达到最大小时用水量时,仍应保证全部消防用水量,而且要求当使用消防用水时不致因水压降低而引起生产事故,生产设备检修时也不致造成消防用水中断。

由于生产用水与消防用水的水压要求往往相差很大,在使用消防用水时可能影响生产用水,另外有些工业企业对水质又有特殊要求,所以在工业企业内较少采用生产、消防合用给水系统,而较多采用生活、消防合用给水系统,并辅以独立的生产给水系统。当生产用水采用独立给水系统时,在不引起生产事故的前提下,可在生产管网上设置必要的消火栓,作为消防备用水源;或将生产给水管网与消防给水管网相连接,作为消防的第二水源,但生产用水转换成消防用水的阀门不应超过两个,以利于及时供应火场消防用水。如果不能符合上述条件,生产用水不得作为消防用水。

(3)生活、生产和消防合用给水系统

大中城镇的给水系统基本上都是生活、生产和消防合用给水系统。采用这种给水系统可以节约大量投资,比较经济实惠,符合我国国民经济的发展方针。从维护使用方面看,这种给水系统也比较安全可靠。当生活和生产用水量很大,而消防用水量不大时,宜采用这种给水系统。

生活、生产和消防合用给水系统,要求当生产、生活用水达到最大小时用水量时(淋浴用水量可按15%计算,浇洒及洗刷用水量可不计算在内),仍应保证全部消防用水量,消防用水量按最大秒流量计算。

以上三种合用给水系统,通常是建筑的室外消防给水系统为低压消防给水系统时方可采用。室外消防给水系统为高压或临时高压系统时应慎用,以免损坏生活、生产给水管道。

(4)独立的消防给水系统

当工业企业内生活、生产用水量较小而消防用水量较大,合并在一起不经济时,或者三种用水合并在一起技术上不可能实现时,亦或者是生产用水可能被易燃、可燃液体污染时,常采用独立的消防给水系统。设置有高压带架水枪、水喷雾消防设施等的消防给水系统基本上也都是独立的消防给水系统。在易燃液体和可燃气体储罐区,通常也建成独立的消防给水系统。独立的消防给水系统只在灭火时才使用,投资较大,通常建成临时高压给水系统。

3. 按管网平面布置形式分类

室外消防给水管网应布置成环状,当室外消防用水量≤15L/s时,可布置成枝状。

(1)环状消防给水管网系统

环状消防给水管网系统是指系统管网在平面布置上,干线形成若干闭合环。由于环状管网的干线彼此相通,水流四通八达,供水安全可靠,并且其供水能力比枝状管网供水能力大1.5~2.0倍。因此,在一般情况下,凡负担有消防给水任务的系统均应布置成环状管网,以确保消防用水。

（2）枝状消防给水管网系统

枝状消防给水管网系统是指系统管网在平面布置上,干线呈树枝状,分枝后干线彼此无联系。由于在枝状管网内,水流从水源地向用水对象单一方向流动,当某段管网检修或损坏时,其后方就无水,从而造成火场供水中断,因此,室外消防给水系统应限制枝状管网的使用范围。

（三）室外消防用水量

室外消防用水量是指扑救火灾所必需的总供水强度。室外消防用水量用于供消防车或移动式消防水泵直接扑灭或控制低层建筑、高层建筑低层部分的火灾。室外消防用水由市政给水管网提供(一般为低压消防给水系统)。有条件时可就近利用天然水源供室外消防用水,也可以利用建筑的室内(外)水池中的储备消防用水作为室外消防水源。

室外消防用水量应为民用建筑、厂房(仓库)、储罐(区)、堆场室外设置的消火栓、水喷雾、水幕、泡沫等灭火、冷却系统等需要同时开启时的用水量之和。

室内消防用水量应为民用建筑、厂房(仓库)室内设置的消火栓、自动喷水、泡沫等灭火系统需要同时开启时的用水量之和。

1. 同一时间内的火灾次数

同一时间内的火灾次数是指火灾延续时间内可能同时发生火灾的次数,也即需同时由室外消防给水系统提供消防用水量的起数。它与城市的规模、人口数量、建筑物的耐火性能、电气设备的使用情况、人们的消防意识、气候与季节等因素有关,且影响过程复杂,难以统筹考虑,目前仅根据城镇或居住区的人口数来确定同一时间内的火灾次数。人口越多,城镇或居住区的规模也就越大,同一时间内的火灾次数也相对越多。

2. 一次灭火用水量

我国大多数城市消防队第一出动力量到达火场时,常出两支口径 **19mm** 的水枪扑救初期火灾,每支水枪的平均出水量在 **5L/s** 以上,因此,室外消防用水量最小不应小于 **10L/s**。

一次灭火用水量指扑救该火场火灾所需的供水强度。不同的火场,所需的消防用水量不同。火势越大,扑救难度越大,需要的一次灭火用水量就越大。一次灭火用水量也和城市的大小有关,城市越大,发生大火灾的概率就越大,其用水量就越大。若采用管网来保证其消防用水量,根据我国目前国民经济水平,确有困难。因此,确定一次灭火用水量时,既要满足城镇基本安全的需要,又要考虑国民经济的发展水平。

（四）室外消防水源、消防管网和室外消火栓

1. 室外消防水源

为了节约投资，因地制宜，消防用水可由给水管网、消防水池或天然水源供给。消防给水系统的完善程度和消防给水水源的确保程度，直接影响火灾扑救效果。而扑救失利的火灾案例中，根据上海、抚顺、武汉、株洲等市火灾统计，有**81.5%**是由于缺乏消防用水而造成大火。

由于消防给水系统是目前国内外扑救高层建筑火灾的主要灭火设备，因此，周密地考虑消防给水设计，保证高层建筑灭火的需要，尤其是确保消防给水水源十分重要。

消防用水可由城市给水管网、天然水源或消防水池供给。利用天然水源时，应确保枯水期最低水位时的消防用水量，且应设置可靠的取水设施。

（1）城市给水管网供水

城镇、居住区、企业事业单位的室外消防给水，一般均采用低压给水系统，为了管理方便和节约投资，消防给水管道宜与生产、生活给水管道合用。一般情况下，消防用水由城市给水管网供给，但必须保证在生产、生活用水量达到最大时，城市给水管网应仍能满足室内外消防用水量，才可作为消防供水水源；否则，应增设第二水源。

（2）天然水源

我国地域辽阔，许多地区有天然水源，而且与建筑距离较近，当条件许可时，天然水源可作为消防用水的水源。天然水源包括存在于地壳表面暴露于大气的地表水（江、河、湖、泊、池、塘水等），也包括存在于地壳岩石裂缝或土壤空隙中的地下水（阴河、泉水等）。

当天然水源很丰富时，可利用天然水源作为消防供水水源。利用天然水源作为消防供水水源应满足下列要求：

①利用天然水源，应确保枯水期最低水位时，仍能供应消防用水。一般情况下，城镇、居住区、企事业单位的天然水源的保证率不应小于**97%**；消火栓规范则要求天然水源水量不足时，可以采取设置消防水池等措施来确保消防用水所需。

②利用天然水源作为消防水源时，应在天然水源地建立可靠的、任何季节、任何水位都能确保消防车取水的设施。

③利用天然水源作为消防水源时，为便于消防车到达火场后从天然水源地取水，应设置通向天然水源地的消防车道。道路的路面至少应用碎石或炉渣铺设，路面的宽度不宜小于**3.5m**。若为单行道，应在水源地建立回车场，其面积不宜小于**15m×15m**。

④利用天然水源作为消防水源时，应在取水设备的吸水管上加设滤水器，以阻止河、塘水中杂物等吸入管道，影响水流速度，堵塞消防用水设备。

⑤被易燃、可燃液体污染的天然水源,不能作为消防水源。

（3）消防水池

储有消防用水的水池均称为消防水池。除独立设置的消防水池外,也可以和其他用水水池合建。有下列情况之一的应设消防水池:当生产、生活用水量达到最大时,市政给水管道、进水管或天然水源不能满足室内外消防用水量;市政给水管道为枝状或只有一条进水管,且室内外消防用水量之和大于 **25L/s**。有下列情况之一的,高层建筑应设消防水池:市政给水管道和进水管或天然水源不能满足消防用水量;市政给水管道为枝状或只有一条进水管(二类居住建筑除外)。

2. 室外消防给水管网

供应消防用水的室外消防给水管网应布置成环状管网,以保证消防用水的安全,提高供水的可靠性。但在建设初期,采用环状管网有困难时,可采用枝状管网,同时应考虑将来形成环状管网的可能。一般居住区或企事业单位内,当消防用水量不超过 **15L/s** 时,为节约投资,可布置成枝状。其火场用水可由消防队采取相应措施予以保证,但高层建筑室外消防给水管道应布置成环状。

为确保环状给水管网的水源,要求向环状管网输水的进水管不应少于 **2** 条,并宜从两条市政给水管道引入。当其中 **1** 条发生故障时,其余进水管应能满足消防用水总量的供给要求。

设置室外消防给水管道的直径不应小于 D_N100。根据火场供水实践和水力试验,直径为 **100mm** 的管道只能供应一辆消防车用水。因此,在条件许可时,宜采用较大的管径,例如,上海室外消防给水管道的最小直径采用 **150mm**。

3. 室外消火栓

室外消火栓是指设置在市政给水管网和建筑物外消防给水管网上的一种供水设施,其作用是供消防车或其他移动灭火设备从市政给水管网或室外消防给水管网取水或直接接水带、水枪实施灭火。室外消火栓是城镇或建筑小区的公共消防设施,其设置对提高城市综合防灾能力,减少火灾危害有着很大的影响,应引起足够的重视。

城市、居住区应设市政消火栓;民用建筑、厂房(仓库)、储罐(区)、堆场应设室外消火栓,而高层建筑必须设置室外消火栓给水系统。

（1）室外消火栓的类型

按设置条件,室外消火栓分为地上式消火栓和地下式消火栓两种。

设置在室外低压消防给水系统管网上的消火栓,称为低压消火栓。低压消火栓供消防车取水灭火使用。设置在室外高压或临时高压消防给水系统管网上的消火栓,称为高压消火栓。高压消火栓可直接接出水龙带、水枪进行灭火,不需消防车或其他移动式消防水泵加压。

（2）室外消火栓的流量与压力

①室外低压消火栓的流量与压力

室外低压消火栓一般只供一辆消防车出水,常出两支口径为 **19mm** 的直流水枪,水枪充实水柱为 **10～15m**,则每支水枪的流量为 **5～6.5L/s**,两支水枪的流量为 **10～13L/s**,考虑接口及水带的漏水,每个低压消火栓的流量按 **10～15L/s** 计。例如,室外消防用水量为 30L/s,每个消火栓的出水量按其平均数 **13L/s** 计算,则该建筑物室外消火栓数量为 30÷13≈2.3（个）,即需采用 **3** 个消火栓（一般情况下,应设备用消火栓）。室外低压消火栓的出口压力,按照一条水带给消防车水罐上水考虑,要保证两支水枪的流量,通过计算可得,最不利点室外消火栓处的出口压力不应小于 **0.1MPa**（从室外地面算起）。

②室外高压消火栓的流量与压力

每个室外高压消火栓一般按出一支口径为 **19mm** 的直流水枪考虑,水枪充实水柱为 **10～15m**,则要求每个高压消火栓流量不小于 **5L/s**。

（3）室外消火栓的保护半径和最大布置间距

室外低压消火栓的保护半径一般按消防车串接 **9** 条水带考虑。火场上,水枪手需留约 **10m** 的机动水带,若水带沿地面的铺设系数按 **0.9** 计,则消防车往火场供水的距离为（9×20−10）×0.9＝153（m）。因此,室外低压消火栓的保护半径为 **150m**。室外高压消火栓保护半径按串接 **6** 条水带计,同理,其供水距离为（6×20−10）×0.9＝99（m）,因此,室外高压消火栓的保护半径为 **100m**。

室外消火栓的布置,应保证城市任何部位都在两个室外消火栓的保护半径之内。结合城市道路布置和街坊道路规划间距要求（约为 160m）,可得室外低压消火栓的布置间距为 **127m**;同理可得,室外高压消火栓的布置间距为 **60m**。考虑火场供水实际需要,要求室外低压消火栓的最大布置间距不应大于 **120m**;室外高压消火栓的最大布置间距不应大于 **60m**。

高层建筑的室外消火栓应沿该建筑的周围均匀布置,消火栓距高层建筑外墙的距离不宜小于 **5m**,且不宜大于 **40m**;距路边的距离不宜大于 **2m**。在该范围内的市政消火栓可计入室外消火栓的数量。

（4）室外消火栓的布置应符合的规定

①室外消火栓应沿道路设置,当道路宽度大于 **60m** 时,宜在道路两边设置消火栓,并宜靠近十字路口。

②甲、乙、丙类液体储罐区和液化石油气储罐区的消火栓应设置在防火堤或防护墙外。距罐壁 **15m** 范围内的消火栓,不应计算在该罐可使用的数量内。

③室外消火栓的间距不应大于 **120m**。

④室外消火栓的保护半径不应大于 **150m**;在市政消火栓保护半径 **150m** 以内,当室外

消防用水量≤15L/s 时,可不设置室外消火栓。

⑤室外消火栓的数量应按其保护半径和室外消防用水量等综合计算确定,每个室外消火栓的用水量应按 10~15L/s 计算;与保护对象的距离在 5~40m 范围内的市政消火栓,可计入室外消火栓的数量内。

⑥室外消火栓宜采用地上式消火栓。地上式消火栓应有 1 个 D_N 150 或 D_N 100 和 2 个 D_N 65 的栓口。采用室外地下式消火栓时,应有 D_N 100 和 D_N 65 的栓口各 1 个。寒冷地区设置的室外消火栓应有防冻措施。

⑦消火栓距路边的距离不宜大于 2m,距房屋外墙不宜小于 5m。

⑧工艺装置区内的消火栓应设置在工艺装置的周围,其间距不宜大于 60m。当工艺装置区宽度大于 120m 时,宜在该装置区内的道路边设置消火栓。

⑨建筑的室外消火栓、阀门、消防水泵接合器等设置地点应设置相应的永久性固定标识。

⑩寒冷地区设置市政消火栓、室外消火栓确有困难的,可设置水鹤等为消防车加水的设施,其保护范围可根据需要确定。

(5)室外消火栓的安装

室外消火栓的安装施工是一项关键的消防基础设施工程。首先,进行现场勘查,评估地形和地下设施,然后根据消防规范规划消火栓布局。挖掘基础坑,确保消火栓安装稳固。连接供水管道,保证接口严密无泄漏。安装消火栓本体,调整至水平,并确保操作方便。在寒冷地区,进行保温处理以防冻结。设置地面标识,便于紧急情况下快速定位。施工后进行水压测试和操作测试,确保消火栓正常工作。安装安全防护措施,如锁具,防止破坏。其次,详细记录施工和消火栓信息,便于管理和维护。正确施工对保障消火栓在紧急情况下的可靠性至关重要。

二、室内消火栓给水系统

(一)室内消火栓的设置场所及系统组成

1. 室内消火栓的设置场所

(1)存有与水接触能引起燃烧爆炸的物品的建筑物和室内没有生产、生活给水管道,室外消防用水取自储水池且建筑体积≤5000m³ 的其他建筑,可不设置室内消火栓。

(2)除上述规定外的下列建筑应设置 D_N 65 的室内消火栓。

①建筑占地面积大于 300m² 的厂房(仓库);但对于耐火等级为一、二级且可燃物较少的单层、多层丁、戊类厂房(仓库),耐火等级为三、四级且建筑体积≤3000m³ 的丁类厂房和建

筑体积≤**5000m³**的戊类厂房(仓库)、粮食仓库、金库可不设置室内消火栓。

②体积大于 **5000m²** 的车站、码头、机场的候车(船、机)楼、展览建筑、商店、旅馆建筑、病房楼、门诊楼、图书馆建筑等。

③特等、甲等剧场,超过 **800** 个座位的其他等级的剧场和电影院等;超过 **1200** 个座位的礼堂、体育馆等。

④超过 **5** 层或体积大于 **10000m³** 的办公楼、教学楼、非住宅类居住建筑等其他民用建筑。

⑤超过 **7** 层的住宅应设置室内消火栓系统;当确有困难时,可只设置干式消防竖管和不带消火栓箱的 D_N **65** 的室内消火栓。消防竖管的直径不应小于 **65mm**。

(3)国家级文物保护单位的重点砖木或木结构的古建筑,宜设置室内消火栓。

(4)设有室内消火栓的人员密集的公共建筑以及低于第 **2** 条规定规模的其他公共建筑,宜设置消防软管卷盘;建筑面积大于 **200m²** 的商业服务网点,应设置消防软管卷盘或轻便消防水龙带。

2. 室内消火栓给水系统的组成

建筑室内消火栓给水系统一般由消火栓箱、水泵接合器、消防水箱和消防水池等组成。

(1)消火栓箱

消火栓箱俗称室内消防箱,一般规格为 **800mm**(高)**×650mm**(宽)**×220mm**(厚),内置水枪、水带和消火栓以及消防卷盘等,为便于快速灭火,水枪、水带和消火栓均采用内扣式快速接口(卡口)。根据室内美观等要求,箱体形式有嵌墙暗箱、半明装箱和挂墙明箱三种。通常消火栓安装在箱体下部,出水口面向前方,水带折放在框架内,也可双层绕于水带转盘上;水枪安装于水带转盘旁边弹簧卡上。

①水枪

水枪的功能是把水带内的均匀水流转化成所需流态,喷射到火场的物体上,达到灭火、冷却或防护的目的。按出水水流状态,消防水枪可分为直流水枪、喷雾水枪、开花水枪三类;按水流是否能够调节可分为普通水枪(流量和流态均不可调)、开关水枪(流量可调)、多功能水枪(流量和流态均可调)三类。

室内消防箱内一般为直流水枪,喷嘴口径有 **13mm**、**16mm**、**19mm** 三种,是消防队员投入火场后用于直接灭火的工具。低层建筑的消火栓箱,当每支水枪最小流量小于 **3L/s** 时,一般可选用 **13mm** 或 **16mm** 口径的水枪;当流量大于 **3L/s** 时应选用 **19mm** 口径的水枪。

②水带

水带口径有 **50mm**、**65mm** 两种,水带长度一般为 **15m**、**20m**、**25m**、**30m** 四种。水带材质

有麻织和化纤两种,有衬橡胶与不衬橡胶之分,衬胶水带阻力较小。水带的长度应根据其服务半径和水力计算选定。水带与消火栓栓口的口径应完全一致。

③消火栓

消火栓是安装在室内消防给水管网上,向火场供水的带有阀门的标准接口,是室内消防供水的主要设备之一。消火栓的作用是用于截断和控制水流,发生火灾时连接水带和水枪,直接用于扑灭火灾。其进水端与消防管道相连,出水端与水带相连。消火栓有 **SN** 型直角单出口、**SN** 型 **45°** 单出口和 **SNS** 型直角双出口三种。单出口消火栓口径有 **50mm** 和 **65mm** 两种,通常选用 **SN65** 型消火栓,双阀双出口消火栓口径为 **65mm**,一般不推荐使用双出口消火栓。

④消防卷盘

消防卷盘叫法不一,有小口径自救式消火栓、自救水枪、消防水喉、消防软管卷盘、消防软管转轮、急救消火枪等叫法。它对尽早及时控制初期火灾有明显作用,也是控制建筑物内固体可燃物初期火灾的有效灭火设备,且用水量小、构造简单、价格便宜、操作方便,未经专门训练的非专业消防人员也能使用,是消火栓给水系统中一种重要的辅助灭火设备,近年来大量兴建的民用建筑中已有应用,并受到广泛欢迎。在设置消火栓有困难或不经济时,可考虑配置这类灭火设备。

消防卷盘可与消防给水管道连接,也可与生活给水管连接。在设有室内消火栓的建筑物内,若设有这类设施,一般首先使用其进行灭火,由于用水量较少,消防队不使用这种设备进行灭火,只供本单位职工使用。若还控制不了火势需使用室内消火栓时,关闭消防卷盘。消防卷盘消防用水量较少,在设计时可不计算其用水量。

(2)水泵接合器

水泵接合器是利用消防车从室外消火栓、消防水池或天然水源取水,通过水泵接合器将水加压送至室内消防管网供灭火使用的装置。其一端由室内消防给水管网底部水平干管引出,另一端设于消防车易于接近和使用的地方。一个消防水泵接合器一般供一辆消防车向室内管网送水。

①消防水泵接合器由接口、本体、连接管、止回阀、安全阀、放气管、控制管等组成。

②消防水泵连接器分为地上式、地下式、墙壁式、多用式四类。消防水泵接合器的数量应按室内消防用水量计算确定,每个消防水泵接合器的流量宜按 **10～15L/s** 计算。消防车能长期正常运转且能发挥其较大效能时的流量一般为 **10～15L/s**。

这主要是为使消防人员到达火场后消防车能及时出水,减少消防人员登高扑救、铺设水带的时间,方便向建筑内加压和供水做出的规定。

(3)消防水箱

设置常高压给水系统并能保证最不利点消火栓和自动喷水灭火系统等的水量和水压的

建筑物,或设置干式消防竖管的建筑物,可不设置消防水箱。这主要是因为干式消防竖管系统平时管道内无水,灭火时要依靠消防队向管道内加压供水;而常高压给水系统一般能满足灭火时管道内以及建筑内任一处消火栓的水量和水压要求,故可不设消防水箱。但当常高压给水系统不能满足此要求时,仍需要设置消防水箱。

设置临时高压给水系统的建筑物应设置消防水箱(包括气压水罐、水塔、分区给水系统的分区水箱)。这主要是因为临时高压给水系统给水可靠性较低,消防水箱对扑救初期火灾起着重要作用,为确保其自动供水的可靠性,消防水箱的设置应符合下列规定:

①重力自流的消防水箱应设置在建筑的最高部位。由于重力自流的水箱供水安全可靠,因此,消防水箱应尽量采用重力自流式,并设置在建筑物的顶部(最高部位),且要求能满足最不利点消火栓栓口静压要求。对于建筑高度不超过 **24m** 的多层民用建筑和工业建筑,在建筑物的最高处设置重力自流消防水箱时,其水箱设置高度应满足最高一层的消火栓栓口静压不低于 **0.07MPa**。

②消防水箱应储存 **10min** 扑救初期火灾的消防用水量。当室内消防用水量≤**25L/s**,经计算消防水箱所需消防储水量大于 **12m³** 时,仍可采用 **12m³** ;当室内消防用水量大于 **25L/s**,经计算消防水箱所需消防储水量大于 **18m³** 时,仍可采用 **18m³**。这主要是因为消防水箱是储存扑救初期火灾用水量的储水设备,一般考虑 **10min** 扑救初期火灾的用水量。但对于用水量较大的建筑物,因该建筑用水量常较大,而初期灭火时的实际出水水枪数有限,为避免消防水箱过大,而做出上述规定。

③消防用水与其他用水合用的水箱应采取消防用水不作他用的技术措施。消防水箱宜与生活(或生产)高位水箱合用,以保证箱内水质良好,防止水质腐败,并能及时检修;但应有消防用水不作他用的技术措施。例如,将生产、生活用水管置于消防水面以上,或在消防水面处的生产、生活用水的出水管上打孔,保证消防用水安全。消防用水的出水管应设在水箱的底部,保证供应消防用水。

④发生火灾后,由消防水泵供给的消防用水不应进入消防水箱。固定消防水泵启动后,消防管路内的水不应进入水箱,以维持管网内的消防水压。消防水箱的补水应由生产或生活给水管道供应。采用消防水泵直接向消防水箱补水,容易导致灭火时消防用水进入水箱,在设计时应引起注意。通常水箱消防出水管上应设置止回阀以防消防水倒流入水箱。

(4)消防水池

消防水池是人工建造的消防水源,是天然水源或市政给水管网的一种重要补充手段。消防用水宜与生活、生产用水合用水池,亦可建成独立的消防水池。

①消防水池的设置原则

第一,当生产、生活用水量达到最大时,市政给水管道、进水管道或天然水源不能满足室内外消防用水量。该条规定主要考虑市政给水管网管径太小或进水管径太小,不能保证消防用水量,或虽然有天然水源,但其水位太低、水量太少或枯水季节不能保证消防用水,为确保安全,应设消防水池。

第二,市政给水管道为枝状或只有 1 条进水管,且室内外消防用水量之和大于 25L/s。该条规定主要考虑给水管网在检修或事故时,会影响到消防用水的安全,为可靠起见,应设消防水池。

②消防水池的管道及辅助设施

消防水池的有效水深是指设计最高水位至消防水池最低有效水位之间的距离。消防水池最低有效水位是消防水泵吸水喇叭口或出水管喇叭口以上 0.6m 水位,当在消防水泵吸水管或消防水池出水管上设置防止旋流器时,最低有效水位为防止旋流器顶部以上 0.15m。

消防水池出水管,一般是消防水泵吸水管。最好在水池底部设集水坑,水泵从集水坑中取水,以减少水池无效容积。与生活、生产共用的消防水池,应有确保消防用水不被其他用水占用的技术措施。

溢流水位宜高出设计最高水位 0.05m 左右,溢水管喇叭口应与溢流水位在同一水位线上,溢水管比进水管大 2 号,溢水管上不应装有阀门。溢水管、泄水管不应与排水管直接连通,防止回流污染,并应采取防止蚊蝇、虫、鼠从溢流管进入水池的措施。

水池放空管在消防水池清洗或检修时放空储水用,设在水池集水坑底部,用阀门控制。

水池通风管,水池顶板一般比水池最高水面高出 300mm 左右,常在水池顶板上设高低两通风竖管与大气相通,使水池内外空气流通。通风管顶设管帽或弯管,既能保持通风,又能防止异物进入水池。

池顶检修孔(又称人孔),便于进入水池清洗、检修。检修孔有圆形和方形两种,最小尺寸 φ600mm(直径 600 毫米)或 600mm×600mm(边长 600 毫米)。检修孔应有密闭盖板,防止雨水、污水和异物进入水池。

为观察水池内水位变化,可设置电传水位计。

(二)室内消火栓及消防给水管道

1. 室内消火栓

建筑的室内消火栓、阀门等设置地点应设置永久性固定标志,以方便使用。目前,有些室内消防设施无标志或标志不明显,有的标志不规范或易脱落、损坏。

室内消火栓是建筑室内的主要灭火设备,消火栓设置合理与否,对建筑火灾的扑救效果影响很大。设计时应考虑在任何初期建筑火灾条件下,均可使用室内消火栓进行灭火。当一个消火栓受到火灾威胁不能使用时,相邻消火栓仍能保护该消火栓保护范围内的任何部位。因此,每个消火栓应按出 1 支水枪计算,除建筑物最上一层外,不应使用双出口消火栓。布置消火栓时,应保证相邻消火栓的水枪(不是双出口消火栓)充实水柱同时到达其保护范围内的室内任何部位。

（1）除无可燃物的设备层外,设置室内消火栓的建筑物,其各层均应设置消火栓。单元式、塔式住宅的消火栓宜设置在楼梯间的首层和各楼层休息平台上。当设 2 根消防竖管确有困难时,可设 1 根消防竖管,但必须采用双口双阀型消火栓。干式消火栓竖管应在首层靠出口部位设置便于消防车供水的快速接口和止回阀。

建筑物内不允许有些楼层设置消火栓而有些楼层不设置消火栓,如需设置消火栓,则每层均应设置。对于单元式、塔式住宅,在楼梯间可设置干式消防竖管,消火栓口设在楼梯间供消防队员接水带使用。消火栓口可隔层设置,也可在楼梯休息平台设置,栓口的公称直径均应采用 65mm。

（2）消防电梯间前室内应设置消火栓。

消防电梯间前室是消防人员进入室内扑救火灾的桥头堡,为方便消防人员向火场发起进攻或开辟通路,在消防电梯间前室应设置室内消火栓。消防电梯间前室的消火栓与室内其他消火栓一样,无特殊要求,但不计入消火栓总数。

（3）室内消火栓应设置在位置明显且易于操作的部位。栓口离地面或操作基面高度宜为 1.1m,其出水方向宜向下或与设置消火栓的墙面成 90°;栓口与消火栓箱内边缘的距离不应影响消防水带的连接。

在消火栓箱上或其附近应设置明显的标志,消火栓外表应涂红色且不应伪装成其他东西,便于现场人员及时发现和使用。为减小局部水压损失,在条件允许时,消火栓的出口宜向下或与设置消火栓的墙面成 90°。

（4）冷库内的消火栓应设置在常温穿堂或楼梯间内。

冷库内的室内消火栓应采取防止冻结损坏措施,一般设在常温穿堂和楼梯间内。冷库进入闷顶的入口处应设置消火栓,便于扑救顶部保温层的火灾。

（5）室内消火栓的间距应由计算确定。为了防止布置不合理,保证灭火使用的可靠性,规定了消火栓的最大间距。高层厂房(仓库)、高架仓库和甲、乙类厂房中室内消火栓的间距不应大于 30m;其他单层和多层建筑中室内消火栓的间距不应大于 50m。

除上述要求外,设有空气调节系统的旅馆以及重要的公共建筑等火灾危险性大、发生火灾后易产生较严重后果的建筑物,其室内消火栓的间距也不应超过 30m。

（6）同一建筑物内应采用统一规格的消火栓、水枪和水带。每条水带的长度不应大于 25m。

这主要是为了便于管理和使用。我国消防队使用的水带长度一般为 20m,有的地区采

用 **25m** 的室内消防水带,但如水带长度过长,则不便于灭火使用,故综合考虑要求建筑内设置的消防水带单根长度不应超过 **25m**。

除特殊情况或经当地的公安消防机构同意外,每个消火栓处均应设置消火栓箱,并应在箱内放置消火栓、水带和水枪。消火栓箱宜采用在紧急情况下能方便开启或破坏的箱门,如玻璃门等,不应采用锁闭的封闭金属门等开启困难的箱门。

(7)室内消火栓的布置应保证每一个防火分区同层有两支水枪的充实水柱同时到达任何部位。建筑高度≤**24m** 且体积≤**5000m³** 的多层仓库,可采用 **1** 支水枪充实水柱到达室内任何部位。

水枪的充实水柱应经计算确定,甲、乙类厂房,层数超过 **6** 层的公共建筑和层数超过 **4** 层的厂房(仓库),不应小于 **10m**;高层厂房(仓库)、高架仓库和体积大于 **25000m³** 的商店、体育馆、影剧院、会堂、展览建筑、车站、码头、机场建筑等,不应小于 **13m**;其他建筑,不宜小于 **7m**。

(8)高层厂房(仓库)和高位消防水箱静压不能满足最不利点消火栓水压要求的其他建筑,应在每个室内消火栓处设置直接启动消防水泵的按钮,并应有保护设施。

这主要是为了便于及时启动消防水泵,供应火场用水。其他建筑内当消防水箱不能满足最不利点消火栓的水压时,亦应在每个消火栓处设置远距离启动消防水泵的按钮。启动按钮应采取保护措施。例如,放在消火栓箱内或放在有玻璃保护的小壁龛内,防止误启动消防水泵。常高压消防给水系统能经常保持室内给水系统的压力和流量,可不设置室内远距离启动消防水泵的按钮。采用稳压泵稳压时,当室内消防管网压力降低时能及时启动消防水泵的,也可不设远距离启动消防水泵的按钮。

(9)室内消火栓栓口处的出水压力大于 **0.5MPa** 时,应设置减压设施;静水压力大于 **1.0MPa** 时,应采用分区给水系统。

如室内消火栓栓口处静水压力过大,再加上扑救火灾过程中,水枪的开闭产生水锤作用,可能使给水系统中的设备受到破坏。因此,消火栓栓口处的静水压力超过 **100m** 水柱时,应采用分区给水系统。

消火栓栓口处的出水压力超过 **50m** 水柱时,水枪的反作用力大,**1** 人难以操作。为此,消火栓栓口处的出水压力超过 **50m** 水柱时,应采取减压设施;但为确保水枪有必要的有效射程,减压后消火栓栓口处的出水压力不应小于 **25m** 水柱。减压措施一般可采用设置减压阀或减压孔板等方式。

(10)设有室内消火栓的建筑,如为平屋顶时,宜在平屋顶上设置试验和检查用的消火栓。

设置在平屋顶上的屋顶消火栓,主要用以检查消防水泵运转状况、供消防人员检查该建筑物内消防供水设施的性能,以及扑救邻近建筑物的火灾。屋顶消火栓的数量一般采用 **1**

个。寒冷地区可将其设置在顶层楼梯出口小间附近。

2. 室内消防管道

建筑物内的消火栓给水系统可与生活、生产给水系统合用,也可单独设置。消火栓给水系统的管材通常采用热浸镀锌钢管。

室内消防给水管道的布置应符合下列要求:

(1)室内消火栓超过 **10** 个且室外消防用水量大于 **15L/s** 时,其消防给水管道应连成环状,且至少应有 **2** 条进水管与室外管网或消防水泵连接。当其中 **1** 条进水管发生事故时,其余的进水管应仍能供应全部消防用水量。

设计时应使进水管具有充分的供水能力,确保环状管网供水安全,即任一进水管损坏时,其余进水管仍应能供应全部消防用水量。生产、生活和消防合并的给水管道的进水管,应保证在生产、生活用水量达到最大小时流量时仍能满足消防用水量;若为消防专用的进水管,应仍能保证 **100%** 的消防用水量。

在实际中还存在进水管虽然考虑了消防用水但水表仅考虑了生产、生活用水的情况,当设计对象的消防用水较大时,难以保证火灾时的消防流量和消防水压。因此,进水管上的计量设备(即水表节点)不应降低进水管的进水能力。

(2)高层厂房(仓库)应设置独立的消防给水系统。室内消防竖管应连成环状。

(3)室内消防竖管直径不应小于 $D_N 100$。

(4)室内消火栓给水管网宜与自动喷水灭火系统接点的管网分开设置;当合用消防泵时,供水管路应在报警阀前分开设置。

这是为了防止:①消火栓用水影响自动喷水灭火系统的用水;②消火栓平日漏水引起自动喷水灭火系统发生误报警。当分开设置确有困难时,自动报警阀后的管道必须与消火栓给水系统管道分开,即在报警阀后的管道上禁止设置消火栓,但可共用消防水泵,以减小其相互影响。

(5)高层厂房(仓库)、设置室内消火栓且层数超过 **4** 层的厂房(仓库)、设置室内消火栓且层数超过 **5** 层的公共建筑,其室内消火栓给水系统应设置消防水泵接合器。

消防水泵接合器应设置在室外便于消防车使用的地点,与室外消火栓或消防水池取水口的距离宜为 **15~40m**。

为充分发挥消防水泵接合器向室内管网输水的能力,水泵接合器与室内管网的连接点泵站应尽量远离固定消防泵输水管与室内管网的连接点。

当采用分区给水时,每个分区均应按规定的数量设置消防水泵接合器,且要求其阀门能在建筑物室外操作,此阀门要采取保护设施,设置明显的标志。

(6)室内消防给水管道应采用阀门分成若干独立段。对于单层厂房(仓库)和公共建筑,检修时停止使用的消火栓不应超过 **5** 个。对于多层民用建筑和其他厂房(仓库),室内消防给水管道上阀门的布置应保证检修管道时关闭的竖管不超过 **1** 根;设置的竖管超过 **3** 根时,可关闭 **2** 根。阀门应保持常开,并应有明显的启闭标志或信号。

在进行消防管道设计时,环状管网上的阀门布置应保证管网检修时,仍有必要的消防用水。单层厂房(仓库)的室内消防管网上两个阀门之间的消火栓数量不能超过 **5** 个。在给多层、高层厂房(仓库)和多层民用建筑室内消防给水管网上阀门时,要设法保证其中一条竖管检修时,其余的竖管仍能供应全部消防用水量。

(7)消防用水与其他用水合用的室内管道,当其他用水达到最大小时流量时,应仍能保证供应全部消防用水量。

(8)允许直接吸水的市政给水管网,当生产、生活用水量达到最大且仍能满足室内外消防用水量时,消防泵宜直接从市政给水管网吸水。

这样做既可节约国家投资,又对消防用水无影响。否则,凡设有室内消火栓给水系统的建筑均需要设置消防水池。我国有些城市(如上海、沈阳等)允许室内消防水泵直接从室外给水管道取水,不设调节水池。为保证消防给水系统的水压且不致因直接吸水而使城市管网产生负压,城市给水管网的最小水压不应低于 **0.1MPa**,并在系统中采取绕过消防水泵设置旁通管及必要的阀门组件等安全措施。

(9)严寒和寒冷地区非采暖的建筑,冬季极易结冰,可采用干式系统;但要求在室内进水管上应设置快速启闭装置,管道最高处设置自动排气阀,以保证火灾时消火栓能及时出水。

(三)消防增压设备、蓄水设施和稳压设备

1. 消防水泵

消防水泵是建筑消防给水系统中主要的增压设备。消防水泵包括消防主泵和稳压泵。稳压泵应与消防主泵连锁,当消防主泵启动后稳压泵自动停运。一组消防水泵应设置备用泵(建筑高度小于等于 **54m** 的住宅、室外消火栓流量小于等于 **25L/s** 的建筑物、室内消火栓流量小于等于 **10L/s** 的建筑物可不设备用泵),备用泵的工作能力不应小于消防水泵中最大一台消防水泵的工作能力,消防泵常用多级离心式水泵,其泵壳宜为球墨铸铁,叶轮宜为青铜或不锈钢。消防主泵可连锁启动(主管路上的流量开关或压力开关)、联动启动(消火栓按钮或消防控制中心远程启动),也可在泵房控制柜现场手动启动,消防主泵启动后只能现场手动停泵。

(1)消防主泵的性能

①消防水泵的性能应满足消防给水系统所需流量和压力的要求,消防水泵所配驱动器的功率应满足所选水泵流量扬程性能曲线上任何一点运行所需功率的要求。当采用电动机

驱动的消防水泵时,应采用电动机干式安装的消防水泵。

②流量扬程性能曲线应为无驼峰、无拐点的光滑曲线,零流量时的压力不应大于设计工作压力的 **140%**,且宜大于设计工作压力的 **120%**;当出流量为设计流量的 **150%** 时,其出口压力不应低于设计工作压力的 **65%**。

③消防给水同一泵组的消防水泵型号宜一致,泵轴的密封方式和材料应满足消防水泵在低流量时运转的要求,且工作泵不宜超过 **3** 台。

(2)消防主泵的安装要求

①一组消防水泵应在消防水泵房内设置流量和压力测试装置,并应符合以下规定:

第一,单台消防给水泵的流量不大于 **20L/s**、设计工作压力不大于 **0.50MPa** 时,泵组应预留测量用流量计和压力计接口,其他泵组宜设置泵组流量和压力测试装置。

第二,消防水泵流量检测装置的计量精度应为 **0.4** 级,最大量程的 **75%** 应大于最大一台消防水泵设计流量值的 **175%**。

第三,消防水泵压力检测装置的计量精度应为 **0.5** 级,最大量程的 **75%** 应大于最大一台消防水泵设计压力值的 **165%**。

第四,每台消防水泵出水管上应设置 $D_N 65$ 的试水管,并应采取排水措施。

②消防水泵吸水应符合以下规定:

第一,消防水泵应采取自灌式吸水;

第二,从市政管网直接抽水时,应在消防水泵出水管上设置有空气隔断的倒流防止器。

第三,当吸水口处无吸水井时,吸水口处应设置旋流防止器。

第四,消防水泵吸水口的淹没深度应满足消防水泵在最低水位运行时的安全要求,吸水管喇叭口在消防水池最低有效水位下的淹没深度应根据吸水管喇叭口的水流速度和水力条件确定,但不应小于 **600mm**。当采用旋流防止器时,淹没深度不应小于 **150mm**。

③消防水泵吸水管、出水管和阀门安装具体要求:

第一,一组消防水泵,吸(出)水管不应少于 **2** 条。当其中一条损坏或检修时,其余吸水管应仍能通过全部消防给水设计流量。

第二,消防水泵吸水管可设置管道过滤器,管道过滤器的过水面积应大于管道过水面积的 **4** 倍,且孔径不宜小于 **3mm**。

第三,消防水泵吸水管上应设置明杆闸阀,当采用蝶阀时,应带有自锁装置;但当设置暗杆闸门时应设有开启刻度和标志。当管径超过 $D_N 300$ 时,宜设置电动阀门。

第四,消防水泵的出水管上应设止回阀、明杆闸阀,当采用蝶阀时,应带有自锁装置,当管径大于 $D_N 300$ 时,宜设置电动阀门。

第五,消防水泵的吸水、出水管道穿越外墙时,应采用防水套管;消防水泵的吸水管穿越消防水池时,应采用柔性套管。

④消防水泵吸水管和出水管上应设置压力表,并符合以下要求:

第一,消防水泵出水管压力表的最大量程不应低于其设计工作压力的 **2** 倍,且不应低于 **1.60MPa**。

第二,消防水泵吸水管宜设置真空表、压力表或真空压力表,压力表的最大量程应根据工程具体情况确定,但不应低于 **0.70MPa**。

第三,压力表的直径不应小于 **100mm**,应采用直径不小于 **6mm** 的管道与消防水泵进出口管相接,并应设置关断阀门。

⑤消防泵、稳压泵及消防传输泵应有不间断的动力供应,并符合以下要求:

第一,双电源切换时间不大于 **2s**,一路电源与内燃机的动力切换时间不应大于 **15s**。

第二,自动直接启动或手动直接启动消防水泵时,消防水泵应在 **55s** 内投入正常运行;且应无不良噪声和振动。

第三,备用电源切换启动,消防水泵应在 **1min** 内投入正常运行;备用泵切换启动,消防水泵应在 **2min** 内投入正常运行。

第四,机械应急启动或通过报警阀组启动,消防水泵应在 **5min** 内投入正常运行。

2. 消防水池

（1）消防水池的容积

消防水池的有效容积应满足在火灾延续时间内室内(外)消防用水量的要求,消防水池的有效容积应根据计算确定。当消防水池采用两路消防供水且在火灾情况下连续补水能满足消防要求时,消防水池的有效容积不应小于 **100m³**;当仅设有消火栓系统时,消防水池的有效容积不应小于 **50m³**。高层民用建筑高压消防给水系统的高位消防水池总有效容积大于 **200m³** 时,宜设置蓄水有效容积相等且可独立使用的两格;当建筑高度大于 **100m** 时,应设置独立的两座。

（2）消防水池的设置要求

消防水池的容量超过 **500m³** 时,应分设成两个;容量超过 **1000m³** 时,应分设两座消防水池。消防水池的补水时间不宜超过 **48h**;当消防水池的容量超过 **2000m³** 时,可延长到 **96h**。供消防车取水的消防水池应设取水口,其取水口与建筑(水泵房除外)的距离不宜小于 **15m**;与甲、乙、丙类液体储罐的距离不宜小于 **40m**;与液化石油气储罐的距离不宜小于 **60m**,当有防止辐射热的保护设施时,可减小为 **40m**;供消防车取水的消防水池应保证消防车的吸水高度不大于 **6m**。消防水池应设置通气管,消防水池通气管、呼吸管和溢流水管等应采取防止虫鼠等进入消防水池的技术措施。

3. 高位消防水箱

（1）高位消防水箱的容积

高位消防水箱应储存火灾初期 **10min** 的消防用水量,应注意的是,公共建筑中的商场,除了满足高度要求外,建筑面积在 **10000～30000m²** 的商场,高位水箱的有效容积不应小于 **36m³**;建筑面积大于 **30000m²** 的商场,高位水箱的有效容积不应小于 **50m³**。

（2）高位水箱的设置高度

高位水箱的设置高度应满足室内最不利点消火栓的静水压力。建筑高度超过 **100m** 时,最不利点消火栓的静水压力不应低于 **0.15MPa**;一类高层公共建筑最不利点消火栓静水压力不应低于 **0.10MPa**;其他民用建筑最不利点消火栓的静水压力不应低于 **0.07MPa**。当高位消防水箱不能满足上述静压要求时,应设气压罐稳压装置,临时高压给水系统应设消防水箱,高位消防水箱的最低有效水位应根据出水管喇叭口和防止旋流器的淹没深度确定。当采用出水管喇叭口时,最低有效水位≥**600mm**,当采用防止旋流器时,最低有效水位≥**150mm**。

（3）高位水箱的设置场所

严寒、寒冷等冬季冰冻地区的消防水箱应设置在消防水箱间内。水箱间应通风良好,不结冰,环境温度或水温不应低于 **5℃**;低于 **5℃** 时应采取防冻措施。非严寒地区宜设置在室内,当高位消防水箱在屋顶露天设置时,水箱的人孔以及进出水管的阀门等应采取锁具或阀门箱等保护措施。

（4）高位水箱的管道布置

①进水管的管径应满足消防水箱 **8h** 充满水的要求,但管径不应小于 $D_N 32$。进水管宜设置液位阀或浮球阀,进水管应在溢流水位以上接入,进水管管口的最低点高出溢流边缘的高度应等于进水管管径,但最小不应小于 **100mm**,最大不应大于 **150mm**。当进水管为淹没出流时,应在进水管上设置防止倒流的措施或在管道上设置虹吸破坏孔和真空破坏器,虹吸破坏孔的孔径不宜小于管径的 **1/5**,且不应小于 **25mm**。但当采用生活给水系统补水时,进水管不应淹没出流。

②溢流管的直径不应小于进水管直径的 **2** 倍,且不应小于 $D_N 100$,溢流管的喇叭口直径不应小于溢流管直径的 **1.5～2.5** 倍。

③高位消防水箱出水管管径应满足消防给水设计流量的出水要求,且不应小于 $D_N 100$,高位消防水箱出水管应位于高位消防水箱最低水位以下,并应设置防止消防用水进入高位消防水箱的止回阀。

④高位消防水箱的进、出水管应设置带有指示启闭装置的阀门。

4. 气压水罐稳压装置

在消防系统中,若高位消防水箱不能满足静水压力要求时,应采用增压、稳压措施——

隔膜式气压罐稳压装置。设置稳压泵的临时高压消防给水系统,应设置防止稳压泵频繁启停的技术措施。当采用气压水罐时,其调节容积应根据稳压泵启泵次数不大于 **15** 次/**h** 计算确定,但有效容积不宜小于 **150L**。

(四)室内消防用水量与给水方式

1. 室内消防用水量

建筑的全部消防用水量应为其室内、室外消防用水量之和。

建筑物内同时设置室内消火栓系统、自动喷水灭火系统、水喷雾灭火系统、泡沫灭火系统或固定消防炮灭火系统时,其室内消防用水量应按需要同时开启的上述系统用水量之和计算;当上述多种消防系统需要同时开启时,室内消火栓用水量可减少 **50%**,但不得小于 **10L/s**。

2. 低层建筑消防给水系统的给水方式

给水方式是指建筑物消防给水系统的供水方案。系统设计时,应根据建筑物性质、建筑物高度、外网所能提供的水压和系统所需的水压等因素,选用合适的给水方式。

低层建筑室内消防给水系统的给水方式有以下三种类型:

(1)由室外给水管网直接供水的室内消火栓给水方式

当室外给水管网所提供的水量、水压,在任何时候均能满足室内消火栓给水系统所需水量、水压要求时,可以优先采用这种给水方式。该给水方式构造简单,投资较少,可充分利用外网水压,节省能源;但由于其内部无储备水量,外网一旦停水,则内部立即断水。

当选用这种给水方式且与室内生活(或生产)合用管网时,进水管上如设有水表,则所选水表应校核通过消防水量的能力,并应设置止回阀以防消防水倒流入室外给水管网。

(2)设水箱的室内消火栓给水方式

室外给水管网一日间压力变化较大,但水量能满足室内消防、生活和生产用水要求,只是水压在高峰用水时间不足,夜间用水少时能向水箱补水的,可采用这种给水方式。但管网应独立设置,水箱可以和生产、生活用水合用,但其生活或生产用水不能动用 **10min** 消防储备的水量。该给水方式供水较可靠,系统较简单,投资较少,可充分利用外网水压,节省能源;但需设高位水箱,增加了建筑结构荷载。

(3)设有消防泵和消防水箱的室内消火栓给水方式

当室外给水管网所提供的水压不能满足室内消火栓给水系统所需水压要求时,可采用这种给水方式。系统中的消防用水平时由水箱提供,生活水泵定时向水箱补充水,火灾时可启动消防水泵向系统供水。设置的水箱储备 **10min** 室内消防用水量,但水箱补水应采用生活用水泵,严禁用消防泵向水箱补水。为防止消防时消防泵出水进入水箱,在水箱进入消防管网的出水管上应设止回阀。

当室外给水管网不允许消防水泵直接抽水时,还应设置消防水池。

3. 高层建筑消防给水系统的给水方式

高层建筑消防给水系统的给水方式有以下几种类型:

(1)按给水服务范围分类

①独立的室内消火栓给水系统

即每幢高层建筑设置一个单独加压的室内消火栓给水系统,这种给水系统安全性高,但管理分散,投资较大。在地震区、人防要求较高的建筑物以及重要的建筑物内,宜采用这种独立的室内消火栓给水系统。

②区域集中的消火栓给水系统

区域集中的消火栓给水系统即数幢或数十幢高层建筑物共用一个加压泵房的消火栓给水系统。这种给水系统便于集中管理,节省投资,但在地震区可靠性较低。在有合理规划的高层建筑区,可采用区域集中的高压或临时高压消防给水系统。

(2)按建筑高度分类

根据建筑物的高度,消火栓给水系统可分为不分区给水方式和分区给水方式两种消防给水系统。

①不分区给水方式

建筑高度超过 **24m** 而不超过 **50m** 的高层建筑一旦发生火灾,消防队使用一般消防车(解放牌消防车)从室外消火栓或消防水池取水,通过水泵接合器向室内管道送水,仍可加强室内管网的供水能力,协助扑救室内火灾。因此,建筑高度不超过 **50m**,或最低消火栓处的静水压力不超过 **1.0MPa** 时,可采用不分区给水方式的给水系统。

有黄河牌或交通牌等大型消防车的地区,由于该消防车能协助扑救高度达 **80m** 的建筑的火灾,因此,当建筑高度超过 **50m** 而不超过 **80m** 时,消防给水系统也可不分区。

不分区给水方式即整幢高层建筑采用一个区供水,是高层建筑给水方式中最简单的一种。其最大优点是系统简单、设备少,但对管材及灭火设备等耐压要求很高。当高层建筑最低消火栓设备处的静水压力不超过 **1.0MP** 时,可采用这种给水方式。

②分区给水方式

第一,分区并联给水方式

高层建筑给水的最大特点是给水系统需竖向分区。由于高层建筑层数多、高度大,综合考虑我国管材质量以及材料设备性能等,如果整幢建筑物从上到下只采用一个区供水,则建筑物低层部分灭火设备处的水压将过大,会产生一些不良现象给使用带来不便,如水枪反作用力过大,水枪手难以操作使用等;破坏系统正常运行,如水箱的消防储水量在很短时间内就被用完;容易产生水击及水流噪声;使管材和器材等磨损加速,寿命缩短,因而检修频繁;

必须采用耐高压管材及配水器材;维修管理费用和水泵运转电费增高。为克服以上现象,高层建筑达到一定高度时,其消防给水系统要进行竖向分区给水。竖向分区高度一般控制在**45～55m**范围内。

当室内消火栓处的静水压力超过**1.0MPa**,且允许分区设水箱的各类高层建筑宜采用这种给水方式。

第二,分区串联给水方式

水泵分散设置在各区的技术层内,低区的水箱兼作上一区的水池。其特点是无高压水泵和高压管线,节省运行动力费,但供水可靠性差,水泵分散布置不便管理,占用建筑面积较大,防震隔音要求高,增加了结构荷载和造价。因此,这种给水方式适用于允许分区设置水箱和水泵的高层工业建筑。

第三,减压阀减压分区给水方式

消防水泵的压力不大于**2.4MPa**时,其竖向分区可采用减压阀减压分区给水方式。采用减压阀代替中间水箱的优点是:节省上层使用面积;防止噪声干扰和供水二次污染;维护管理较方便。减压阀减压分区给水方式设计中应注意以下两点:

第一,减压阀减压分区可采用比例式减压阀和可调式减压阀,减压阀的前后压力比值一般不宜大于**3∶1**。

第二,当一级减压阀减压不能满足要求时,可采用减压阀串联减压,减压阀串联减压不宜超过两级。

(五)建筑消火栓给水系统水力计算

1. 消防水压

(1)水枪喷嘴处的压力和流量计算

根据不同火灾充实水柱的要求对水枪进行水力计算,计算出水枪的喷嘴压力和流量。具体计算公式如下:

$$H_q = \frac{q_{xh}^2}{B} \tag{5-1}$$

式中:q_{xh}——水枪喷口的射流量,**L/s**;

H_q——水枪喷口造成某充实水柱所需的压力(表**5-1**),**mH₂O**;

B——水流特性系数,与水枪喷口直径有关,见表**5-2**。

表 5-1 水枪喷嘴处压力与充实水柱、流量的关系

S_k 充实水柱长度/m	不同直径水枪的压力和流量					
	13mm		16mm		19mm	
	H_q 压力/mH$_2$O	q_{xh} 流量/(L/s)	H_q 压力/mH$_2$O	q_{xh} 流量/(L/s)	H_q 压力/mH$_2$O	q_{xh} 流量/(L/s)
6	8.1	1.7	8	2.5	7.5	3.5
7	9.6	1.8	9.2	2.7	9	3.8
8	11.2	2.0	10.5	2.9	10.5	4.1
9	13	2.1	12.5	3.1	12	4.3
10	15	2.3	14	3.3	13.5	4.6
11	17	2.4	16	3.5	15	4.9
12	19	2.6	17.5	3.8	17	5.2
12.5	21.5	2.7	19.5	4.0	18.5	5.4
13	24	2.9	22	4.2	20.5	5.7
13.5	26.5	3.0	24	4.4	22.5	6.0
14	29.6	3.2	26.5	4.6	24.5	6.2
15	33	3.4	29	4.8	27	6.5
15.5	37	3.6	32	5.1	29.5	6.8
16	41.5	3.8	35.5	5.3	32.5	7.1
17	47	4.0	39.5	5.6	33.5	7.5

表 5-2 特性系数 B

水枪喷口直径/mm	13	16	19	22
B	0.346	0.793	1.577	2.836

(2)消防水带的水头损失(h_d)

消防水带的水头损失 h_d 可按下式计算：

$$h_d = A_z L_d q_{xh}^2 \tag{5-2}$$

式中：h_d ——水带的水头损失，mH$_2$O；

A_z ——水带的阻力系数，水带的阻力系数与水带的口径和水带的材质有关，可参见表 5-3；

L_d ——水带的长度，m；

q_{xh} ——水带通过的消防流量，L/s。

表 5-3　水带阻力系数 A_z 值

水带材料	水带直径/mm		
	50	65	80
麻织	0.01501	0.00430	0.00150
衬胶	0.00677	0.00172	0.00075

（3）消火栓栓口所需水压

消火栓栓口所需的水压按下列公式计算：

$$H_{xh} = h_d + H_q + H_{xk} = A_z L_d q_{xh}^2 + \frac{q_{xh}^2}{B} + H_{xk} \tag{5-3}$$

式中：H_{xh}——消火栓栓口压力，$\mathbf{mH_2O}$；

H_{xk}——消火栓栓口水头损失，按 $\mathbf{2mH_2O}$ 计算。

下一层消火栓栓口水压可按下列简化公式近似计算：

$$H_{xh}' = H_{xh} + H_x \tag{5-4}$$

式中：H_{xh}'——下一层消火栓栓口水压力，$\mathbf{mH_2O}$；

H_x——上下层消火栓栓口标高差值，$\mathbf{m}$。

下一层消火栓水枪射流量可按下列公式计算：

$$q_{xh}' = \sqrt{\frac{H_{xh}' - H_{xk}}{A_z L_d + \frac{1}{B}}} \tag{5-5}$$

式中：q_{xh}'——下一层消火栓水枪射流量，$\mathbf{L/s}$。

（4）消火栓系统所需消防水压力

当需要消防水泵加压时，消火栓系统所需消防水压力也就是消防水泵的扬程 H_b，其计算公式为：

$$H_b = H_{xh} + \sum h + H_Z \tag{5-6}$$

式中：H_b——消防水泵的扬程，$\mathbf{mH_2O}$；

H_{xh}——最不利点消火栓栓口所需的水压力，$\mathbf{mH_2O}$；

$\sum h$——最不利计算管路的总水头损失，$\mathbf{mH_2O}$；

H_Z——消防水池最低水面与最不利消火栓之间的几何高差，$\mathbf{m}$。

2. 消火栓给水管网水力计算

（1）给水管网管径和水头损失计算

①管径的确定

根据给水管道中设计流量，按下列公式，即可确定管径：

$$Q = \frac{\pi D^2}{4} v \tag{5-7}$$

$$D = \sqrt{\frac{4Q}{\pi v}} \tag{5-8}$$

式中：Q——管道设计流量，$\mathrm{m^3/s}$；

　　　D——管道的管径，m；

　　　v——管道中的流速，$\mathrm{m/s}$。

已知管段的流量后，只要确定了流速，即可求得管径。消火栓给水管道中的流速宜采用 **1.4～1.8m/s**，最大不宜超过 **2.5m/s**。

②沿程水头损失

$$h_y = il \tag{5-9}$$

式中：h_y——管段的沿程水头损失，kPa；

　　　l——计算管段长度，m；

　　　i——管道单位长度水头损失，$\mathrm{kPa/m}$。

③局部水头损失

$$h_j = \sum \xi \frac{v^2}{2g} \tag{5-10}$$

式中：h_j——管段局部水头损失总和，kPa；

　　　$\sum \xi$——管段局部阻力系数之和，按各种管件及附件构造情况有不同的数值；

　　　v——沿水流方向局部零件下游的流速，$\mathrm{m/s}$；

　　　g——重力加速度，$\mathrm{m/s^2}$。

一般情况下，室内给水管道中局部阻力损失不进行详细计算，宜按下列给水管网沿程水头损失的百分数估算：

第一，生产给水管网，生活、消防共用给水管网，生活、生产、消防共用给水管网为 **20%**；

第二，消火栓系统消防给水管网为 **10%**；

第三，生产、消防共用给水管网为 **15%**；

第四，自动喷水灭火系统管网为 **20%**。

（2）消火栓给水管道水力计算

消防管网水力计算的主要目的在于确定消防给水管网的管径、计算或校核消防水箱的设置高度、选择消防水泵。

由于建筑物发生火灾地点的随机性，以及水枪充实水柱数量的限定（即水量限定），在进行消防管网水力计算时，对于枝状管网：

①根据建筑物情况,按消防规范确定室内消火栓用水量、充实水柱长度和水枪最小出流量。

②选择最不利立管和最不利消火栓,以此确定计算管路。

③按照消防规范规定的室内消防用水量进行流量分配,低层建筑消防立管流量分配应按表5-4确定。

④表5-1综合确定最不利点消火栓的水枪射流量以及喷嘴压力。

⑤按式(5-3)计算最不利消火栓栓口压力。

⑥按式(5-4)、式(5-5)计算以下各层消火栓栓口处的实际压力以及水枪的实际射流量。

⑦确定各消防竖管实际消防流量,进而确定该建筑消火栓系统的实际用水量。

⑧在确定了消防管网中各管段的流量后,便可按流量公式 $Q = \dfrac{1}{4}\pi D^2 v$ 计算出各管段管径(同一系统消防立管管径相同,且上下不变径),进而计算各管段水头损失。通常可从钢管水力计算表中直接查得管径及单位管长沿程水头损失 i 值。注意控制消火栓给水管道中的流速,一般以 **1.4～1.8m/s** 为宜,不宜大于 **2.5m/s**。消防管道沿程水头损失的计算方法与给水管网计算相同,其局部水头损失按管道沿程水头损失的 **10%** 计。

⑨计算系统所需消防水压力(消防水泵扬程),按规范规定的应保证最不利点消火栓静水压力的要求,确定消防水箱的设置高度。

⑩消火栓出口压力校核,消火栓接口处出水水压超过 **0.5MPa** 时应考虑减压。

当有消防水箱时,应以水箱的最低水位作为起点选择计算管路,计算管径和水头损失,确定水箱的设置高度或补压设备。当设有消防水泵时,应以消防水池最低水位作为起点选择计算管路,计算管径和水头损失,确定消防水泵的扬程。

对于环状管网,由于着火点不确定,可假定某管段发生故障,仍按枝状管网进行计算。

多层建筑消防竖管的直径,应按灭火时最不利处消火栓出水要求经计算确定。最不利处一般是离水泵最远、标高最高的消火栓,但不包括屋顶消火栓。每根竖管最小流量不小于 **5L/s** 时,按最上一层消火栓出水计算;每根竖管最小流量不小于 **10L/s** 时,按最上两层消火栓出水计算;每根竖管最小流量不小于 **15L/s** 时,应按最上三层消火栓出水计算。

为保证供水灭火的需要,对于低层建筑消火栓给水管网管径不应小于 $D_N 100$,住宅消防竖管的直径不应小于 $D_N 70$。

表 5-4　建筑消防立管流量分配及出枪支数

室内消防计算流量/(L/s)	最不利点消防竖管		相邻竖管		次相邻竖管	
	最小流量/(L/s)	出水枪数/支	最小流量/(L/s)	出水枪数/支	最小流量/(L/s)	出水枪数/支
5	5	1	—	—	—	—
10	10	2	—	—	—	—
15	10	2	5	1	—	—
20	10	2	10	2	—	—
25	15	3	10	2	—	—
30	15	3	15	3	—	—
40	15	3	15	3	10	2

注:①出两支水枪的竖管,如设置双阀门双出口消火栓时,最上一层按双出口消火栓进行计算。

②出三支水枪的竖管,如设置双阀门双出口消火栓时,最上一层按双出口消火栓加相邻下一层一支水枪进行计算。

3. 消防水泵房与水泵

(1)消防水泵房

独立建造的消防水泵房,其耐火等级不应低于二级,附设在建筑中的消防水泵房应与其他部位隔开。这主要是为了保证消防水泵在火灾情况下仍能坚持工作,不受到火灾的威胁。消防水泵房宜独立建造,并采用耐火等级不低于二级的建筑物。当附设在其他建筑物内时,应采用耐火极限不低于 **2.00h** 的不燃烧体隔墙和 **1.50h** 的不燃烧体楼板与其他部位隔开。

消防水泵房在首层时,其疏散门宜直通室外;设置在地下层或楼层上时,其疏散门应靠近安全出口。消防水泵房的门应采用甲级防火门。这是为了便于在火灾情况下,操作人员能坚持工作或方便人员进入泵房及安全疏散。

(2)消防水泵

①消防水泵的出水管

第一,消防水泵房应有不少于 **2** 条的出水管直接与环状消防给水管网连接。当其中 **1** 条出水管关闭时,其余的出水管应仍能通过全部用水量。当泵房的出水管与环状管网连接时,应与环状管网的不同管段连接,主要是为提高消防水泵取水的可靠性,确保火灾时能及时向供水管道供水。

第二,出水管上应设置试验和检查用的压力表和 $D_N 65$ 的放水阀门。当存在超压可能时,出水管上应设置防超压设施。

为了便于试验和检查消防水泵,应在其出水管上安装压力表和公称直径为 **65mm** 的放水阀。应定期检查消防水泵是否能正常运转,并测试消防水泵的流量和压力。当试验用水取自消防水池时,可将试验水通过放水管流回流水池。对于高层工业建筑,消防用水量大、水压力高,选定的消防水泵流量均大于实际消防用水量。由于试验时的水泵出水量小,容易超过管网允许压力而造成事故,因此需要设防超压设施,一般可采取选用流量−扬程曲线平的水泵、出水管上设置安全阀或泄压阀、设回流泄压管等方法。

②消防水泵的吸水管

第一,一组消防水泵的吸水管不应少于 **2** 条。当其中 **1** 条关闭时,其余的吸水管应仍能通过全部用水量。本条规定是要求在水源可靠的情况下能保证消防水泵不间断供水的措施,对于高压或临时高压消防水泵,通常的做法是每台工作消防泵均应有独立的吸水管从消防水池(或市政管网)直接取水,保证不间断地供应火场用水。

第二,消防水泵应采用自灌式吸水,并应在吸水管上设置检修阀门。

第三,当消防水泵直接从环状市政给水管网吸水时,消防水泵的扬程应按市政给水管网的最低压力计算,并以市政给水管网的最高水压校核。

室外给水管网有足够的供水能力,并经供水行政主管部门同意,消防水泵可直接在室外给水管网上接管吸水,此时可不设消防水池。工程中应首选此消防增压系统。市政给水管网的供水压力会随城市用水量大小而变化,消防水泵扬程应按市政给水管网最低压力计算,以免火灾发生时消防给水压力不足。消防给水系统的承压能力,应按市政给水管网最高压力和消防水泵最高出水压力验算,校核消防水泵的效率、消防给水系统是否超出规定的工作压力等,以确保消防给水系统安全运行。

③消防水泵的备用泵

消防水泵应设置备用泵,其工作能力不应小于最大一台消防工作泵。当工厂、仓库、堆场和储罐的室外消防用水量 ≤**25L/s** 或建筑的室内消防用水量 ≤**10L/s** 时,可不设置备用泵。

本条规定是对火场用水不间断供应提出的保证措施。

④其他要求

第一,消防水泵应保证在火警后 **30s** 内启动

生产、生活用水和消防用水合用一个消防水泵房时,可能有数台水泵共用 **2** 条或 **2** 条以上吸水管。发生火灾后,生产、生活用水转为消防用水时,可能要启闭整个阀门。当消防水泵采用内燃机带动时(内燃机的储油量一般应按火灾延续时间确定),启动内燃机需要时间;当采用发电机带动时,也需要一段时间。为保证消防水泵及时启动,应采取必要的技术措施,保证消防水箱内水用完之前,消防水泵能及时启动供水。

另外,实际火场可能在较低楼层内起火,水枪的出水量远远大于计算流量,加之消防水

箱的容量较小,一般只能供应 **5～10min** 的消防用水。根据实际使用情况,更短时间内启动消防水泵也容易实现。因此,本条规定要求消防水泵应能在火警后 **30s** 内开始正式运转工作,并在火场断电时仍能正常运转。发生火灾后由消防水泵供给的水,不应再进入消防水箱。

第二,消防水泵与动力机械应直接连接

为保证消防水泵能发挥负荷运转,保证火场有必要的消防用水量和水压,消防水泵与动力机械应直接耦合,通常做法是采用联轴器连接。由于平皮带易打滑,影响消防水泵的供水能力,设计中应避免采用平皮带;如采用三角皮带,不应少于 **4** 条。

(**3**)消防水泵与水泵房选择

消防水泵目前多采用离心式水泵,它是给水系统的心脏,对系统的使用安全影响很大。在选择水泵时,要满足系统的流量和压力要求。根据水泵轴线方向,离心水泵可分为卧式泵和立式泵两种。卧式泵机组平面尺寸大、占地大,但水泵和电机各在一端,检修较方便,且重心较低,运行较平稳;立式泵机组平面尺寸小、占地小,但电机在水泵顶端,检修较麻烦,且重心较高。

选择水泵时,水泵出水量不应小于所计算的消防用水量;水泵扬程在满足消防用水量的情况下,应保证系统最不利点消防设备(如消火栓)所需水压。每组消防水泵一般采用一用一备或两用一备,多台水泵一般采用并联组合,备用水泵工作能力不应小于最大一台消防工作水泵。

消防水泵一般与生活、生产等合用泵房,泵房位置可在室外的地面、地下,也可在建筑物的地下层、首层,一般与消防水池毗邻。在串联给水系统中,高(中)区消防水泵也可以布置在楼层和屋面,并采取隔振减噪措施。

水泵基础平面尺寸应大于水泵机座尺寸,每边比水泵机座宽出 **100～150mm**,水泵基础顶面高出地面 **100～300mm**。水泵机组的基础端之间和基础端至墙面的距离一般不小于 **1.0m**,卧式水泵的电机端至墙面的距离应保证能抽出电机转子。电机容量为 **20～55kW** 时,水泵基础之间的净距离不小于 **0.8m**;电机容量大于 **55kW** 时,水泵基础之间的净距离不小于 **1.2m**。泵房内主要人行通道不小于 **1.2m**;配电盘前的宽度,低压不小于 **1.5m**,高压不小于 **2m**。

一般情况下,消防水泵是从消防水池中吸水,并采用自灌式吸水方式且吸水管上应设置阀门。吸水管应有向水泵上升的坡度,一般坡度不小于 **0.005**,其应为偏心大小头,目的是不让吸水管积气,以免形成气囊而影响过水能力。每台水泵宜设置独立的吸水管,每组水泵至少设 **2** 条吸水管。配管时,吸水管流速可按 **1.0～1.2m/s** 计算。

消防水泵组应设不少于 **2** 条的出水管与消防给水环网相连接。出水管上应装设止回阀和闸阀或蝶阀,出水管上还应装设试验和检查用的放水阀门(回水管)压力表,为防止超压可在出水管上设安全阀、泄压阀等。配管时管内流速可采用 **1.5～2.0m/s**。

安装、检修时设备最大件超过 **0.5t** 时,宜采用固定轨道手动小车、手动(电动)葫芦、桥式吊车等起重设备。泵房内的集水、排水设施及检修场地,在泵房设计时也应一起考虑。

第二节　消火栓给水系统施工技术

一、室内消防给水管网的布置

(一)基本要求

第一,向两栋或两座及以上建筑、两种及以上水灭火系统、采用设有高位消防水箱的临时高压消防给水系统、两个及以上报警阀控制的自动喷水灭火系统供水时,应采用环状给水管网。

第二,室内消火栓系统管网应布置成环状,当室外消火栓设计流量不大于 **20L/s**,且室内消火栓不超过 **10** 个时,除应采用环状给水管网外,可布置成枝状。

第三,当由室外生产、生活、消防合用系统直接供水时,合用系统除应满足室外消防给水设计流量以及生产、生活最大小时设计流量的要求外,还应满足室内消防给水系统的设计流量和压力要求。

第四,室内消防管道管径应根据系统设计流量、流速和压力要求经计算确定;室内消火栓竖管管径应根据竖管最低流量经计算确定,但不应小于 D_N100。

第五,室内消火栓环状给水管道检修时,室内消火栓竖管应保证检修管道时关闭停用的竖管不超过 **1** 根,当竖管超过 **4** 根时,可关闭不相邻的 **2** 根。室内消火栓环状给水管网每根竖管与供水横干管相接处应设置阀门。

第六,室内消火栓给水管网宜与自动喷水等其他水灭火系统的管网分开设置;当合用消防泵时,供水管路沿水流方向应在报警阀前分开设置。

第七,消防给水管道设计流速不宜大于 **2.5m/s**,自动水灭火系统管道设计流速,应符合相关规定,但任何消防管道的给水流速不应大于 **7m/s**。

(二)管道设计

第一,消防给水系统中采用的设备、器材、管材管件、阀门和配件等系统组件的产品工作压力等级,应大于消防给水系统的系统工作压力,且应保证系统在可能最大运行压力时安全可靠。

第二,低压消防给水系统的系统工作压力应根据市政给水管网和其他给水管网等的系统工作压力确定,且不应小于 **0. 60MPa**。

第三,高压和临时高压消防给水系统的系统工作压力应根据系统在供水时,可能的最大运行供水压力确定,并应符合下列规定:

首先,高位消防水池、水塔供水的高压消防给水系统的系统工作压力,应为高位消防水池、水塔最大静压;

其次,市政给水管网直接供水的高压消防给水系统的系统工作压力,应根据市政给水管网的工作压力确定;

再次,采用高位消防水箱稳压的临时高压消防给水系统的系统工作压力,应为消防水泵零流量时的压力与水泵吸水口最大静水压力之和;

最后,采用稳压泵稳压的临时高压消防给水系统的系统工作压力,应取消防水泵零流量时的压力、消防水泵吸水口最大静压二者之和与稳压泵维持系统压力两者中的较大值。

第四,消防水泵出水管上的止回阀宜采用水锤消除止回阀,当消防水泵供水高度超过 **24m** 时,应采用水锤消除器。当消防水泵出水管上设有囊式气压水罐时,可不设水锤消除设施。

(三)管道附件设置

第一,减压阀应设置在报警阀组入口前,当连接两个及以上报警阀组时,应设置备用减压阀。

第二,减压阀的进口处应设置过滤器,过滤器的孔网直径不宜小于 **4～5 目/cm²**,过流面积不应小于管道截面积的 **4** 倍。过滤器和减压阀前后应设压力表,压力表的表盘直径不应小于 **100mm**,最大量程宜为设计压力的 **2** 倍。过滤器前和减压阀后应设置控制阀门,减压阀后应设置压力试验排水阀。

第三,减压阀应设置流量检测测试接口或流量计。

第四,垂直安装的减压阀,水流方向宜向下;比例式减压阀宜垂直安装,可调式减压阀宜水平安装。

第五,减压阀和控制阀门宜有保护或锁定调节配件的装置,接减压阀的管段不应有气堵、气阻。

第六,室内消防给水系统由生活、生产给水系统管网直接供水时,应在引入管处设置倒流防止器。当消防给水系统采用有空气隔断的倒流防止器时,该倒流防止器应设置在清洁卫生的场所,其排水口应采取防止被水淹没的技术措施。

第七,在寒冷、严寒地区,室外阀门井应采取防冻措施。

第八,消防给水系统的室内外消火栓、阀门等设置位置,应设置永久性固定标识。

(四)消防排水

第一,设有消防给水系统的建设工程宜采取消防排水措施。排水措施应满足财产和消防设施安全,以及系统调试和日常维护管理等安全功能的需要。

第二,应采取消防排水措施的建筑物和场所:消防水泵房、设有消防给水系统的地下室、消防电梯的井底、仓库。

第三,室内消防排水宜排入室外雨水管道;当存有少量可燃液体时,排水管道应设置水封,并宜间接排入室外污水管道。

第四,地下室的消防排水设施宜与地下室其他地面废水排水设施共用。

第五,消防电梯的井底排水泵集水井的有效容量不应小于 $2.00m^3$,排水泵的排水量不应小于 $10L/s$。

第六,室内消防排水设施应采取防止倒灌的技术措施。

二、镀锌钢管卡箍连接

(一)安装工艺流程

镀锌钢管卡箍的安装工艺流程为:施工准备→预留孔洞→材料进场→预制加工→管道敷设。

(二)施工准备

第一,施工设计图纸和其他技术文件准备齐全,并已进行技术交底。

第二,对安装所需的管材、管件和阀门等附件以及管道支承件、紧固件等,核对其产品合格证、质量保证书、规格型号、品种和数量,并进行外观检查。

第三,施工前应了解建筑物的结构,并根据设计图纸和施工方案制订与土建工程及其他工程的配合措施。

第四,施工机具:金属锯、自动套丝机、标准螺纹规、专用绞刀、细锉、管钳、压槽机、手动液压泵、开孔机等。

(三)沟槽连接

1. 管道压槽原理

镀锌钢管的沟槽是采用专用钢管压制而成的,压槽机配轮由压轮和滚轮配对组成,沟槽宽度及端头长度均由配轮组合决定,压轮下压的深度由沟槽深度定位尺控制。其下压过程依次实现在滚轮启动和管体旋转中,旋转一周、下压一级,以保证下压过程中不破坏管体真圆度或造成沟槽深浅不一。

2. 沟槽加工

沟槽连接方式适用于公称直径≥**100mm** 的钢管连接,沟槽式接头应符合国家现行的有关产品标准,其工作压力应与管道工作压力相匹配。

镀锌钢管沟槽加工工作程序见表**5-5**。

表 5-5　镀锌钢管沟槽加工工作程序

序号	工作程序	说明
1	固定压槽机	把压槽机固定在一个宽敞的水平面上,也可固定在铁板上,必须确保压槽机稳定、可靠
2	检查压槽机	检查压槽机空运转时是否良好,发现异常情况应及时向机具维修人员反映,以便及时解决
3	架管	把管道垂直于压槽机的驱动轮挡板水平放置,使钢管和压槽机平台在同一个水平面上,管道长度超过 **0.5m** 时,要有能调整高度的支撑尾架,且把支撑尾架固定、防止摆动
4	检查压轮	检查压槽机使用的驱动轮和压轮是否与所压的管径相符
5	确定沟槽深度	旋转定位螺母,调整好压轮行程,确定沟槽深度和沟槽宽度
6	压槽	操作液压手柄使上滚轮压住钢管,然后打开电源开关,操动手压泵手柄均匀缓慢下压,每压一次手柄行程不超过 **0.2mm**,钢管转动一周,一直压到压槽机上限位螺母到位为止,然后让机械再转动两周以上,以保证壁厚均匀
7	检查	检查压好的沟槽尺寸,如不符合规定,再微调,进行第二次压槽,再一次检查沟槽尺寸,以达到规定的标准尺寸

用压槽机压槽时,管道应保持水平,且与压槽机驱动轮挡板呈**90°**,压槽时应保持持续渐进,槽深应符合表**5-6**的要求。

表 5-6　镀锌钢管沟槽标准深度及公差要求

公称直径/mm	沟槽至管端尺寸/mm	沟槽深度/mm	沟槽宽度/mm
$D_N 125$	15.9	2.11	8.74
$D_N 150$	15.9	2.16	11.91
$D_N 200$	19.1	2.34	11.91

3. 沟槽式卡箍管件安装

采用机械截管,截面应垂直轴心,允许偏差。管径不大于 **100mm** 时,偏差不大于 **1mm**;管径大于 **125mm** 时,偏差不大于 **1.5mm**。

沟槽式卡箍管件安装前,检查卡箍的规格和胶圈的规格标识是否一致,检查被连接的管道端部,不允许有裂纹、轴向皱纹和毛刺,安装胶圈前,还应除去管端密封处的泥沙和污物。

镀锌钢管沟槽连接步骤见表 5-7。

表 5-7　镀锌钢管沟槽连接步骤

序号	安装步骤	安装说明
1	上橡胶垫圈	将密封橡胶圈套入一根钢管的密封部位,注意不得损坏密封橡胶圈
2	管道连接	将另一根加工好的管道与该管对齐,两根管道之间留有一定间隙,移动胶圈,调整胶圈位置,使胶圈与两侧钢管的沟槽距离相等
3	涂润滑剂	在管道端部和橡胶圈上涂上润滑剂
4	安装卡箍	将卡箍上、下紧扣在密封橡胶圈上,并确保卡箍凸边卡进沟槽内
5	拧紧螺母	用手压紧上、下卡箍的耳部,使上、下卡箍靠紧并穿入螺栓,螺栓的根部椭圆颈进入卡箍的椭圆孔,用扳手均匀轮换同步进行拧紧螺母,确认卡箍凸边全圆周卡进沟槽内
6	检查	检查上、下卡箍的合面是否靠紧,直至不存在间隙为止

管道开孔及安装机械三通步骤见表 5-8。

表 5-8　管道开孔及安装机械三通步骤

序号	安装步骤	安装说明
1	画线	根据施工现场测量、定位,在需要开孔的部位用画线器准确地做出标志
2	固定管道与开孔机	用链条将开孔机固定于管道预定开孔位置处,用水平尺调整管道至水平
3	开孔	启动电机转动钻头,操作设置在支柱顶部的手轮,缓慢地下压转动手轮,完成钻头在钢管上的开孔作业
4	清理	清理钻落的碎片和开孔部位的残渣,用砂轮机打磨孔口的毛刺,再刷两道防锈漆
5	安装机械三通	将机械三通置于钢管孔洞上,机械三通、橡胶密封圈与孔洞间隙应保持均匀,拧紧螺栓

4. 管件安装

沟槽式连接管件备有成品同径三通、异径三通、**90°**弯头、**45°**弯头、大小头等以适应管路系统连接的不同要求,成品管件必须与管箍配套使用。

第三节 消防泵设计与报警阀安装

一、消防泵房设计与设备选择

在建筑消防中,消防泵房是最为主要的组成部分,是消防安全的基础所在,发挥着储水、供水等作用,安装着动力设备、其他附属设备等,消防泵房设计的合理与否,会直接关系到建筑安全性高低。因此,做好消防泵房设计,选择好相关设备,保障消防系统运行的可靠有着重要意义。

(一)消防泵房设计概述

1. 消防泵房的布置设计

在消防泵房的布置中,需要确保设计达到预期的功能,确保泵房正常运行且能够对建筑工程起到良好消防作用,在具体设计中,应当注意的事项包括:

(1)水泵与管线布置

需要结合水泵实际功率的大小,对水泵间距、水泵与墙体的距离等进行适当调整,避免出现空间浪费或者拥挤等不良现象;管线则要尽量合理布置,做好对间距、安装高度的控制,在确保满足功能的基础上,提高管线布置的美观性。

(2)电气设备的设计

在消防泵房中,存在大量的电气设备,比如配电柜、控制柜等,在设计时,要注意对电气设备的保护,特别是防水方面,减少消防泵房储水给电气设备运行造成的不利影响,以配电柜为例,其适宜的位置是消防泵房的门口,通道最小操作距离不能低于 **1.5m**。

(3)做好排水沟的设计

在消防泵房中,存在大量水泵,检修过程中难免会出现溢流的情况,为避免发生水在地面堆积的问题,需要做好排水沟的设计,本着水收集、不影响正常行走的原则,将排水沟设置在水泵吸水管处与水池的放空管侧,排水沟的尺寸以 **300mm×200mm** 为宜,坡度为 **0.01**,坡向是泵房集水坑,并利用潜水泵将废水排出。

(4)重视减振设计

在水泵运行中,水泵的振动会产生噪声,为避免过大噪声影响居民生活质量,通常来说,水泵基础需要使用 **C20** 混凝土浇筑,做好地脚螺栓孔预留,栓孔尺寸为 **100mm×100mm**,深度超过栓长 **50mm**,然后采取阻尼弹簧隔振器、浮动地台的方式,达到减振目标。

2. 消防水池的设计

消防水池是做消防用水储存的重要场所,需要确保储存水量的充足、水质的良好。

(1)对于水量方面的设计,由于消防用水多为处理后的水,含有较多氯离子,会对建筑结构产生一定的腐蚀作用,应当根据规范要求设计专门的水池池体,将其与建筑主体结构分离开来,水池的最低水位需要高于水泵排气孔,并要比吸水口高出 **0.6m**,容积需要根据消防需求来计算。

(2)对于水质方面的设计,消防水池的水在大多数时间是不会使用到的,导致形成死水,水质严重降低,对此,可以在消防水池中设置消毒器,台数根据消毒器功率、水池大小来确定,定期对水质进行检测与消毒,保障水质良好。此外,在消防水池进水管与吸水管设计中,需要将两者分开,预防死水产生。

(3)对于管道的设计,管道系统是消防水池水进入、排出的重要途径,在设计中,吸水总管的标高需要达到自灌要求,并比启动水位低,水泵吸水管与吸水总管间采取管顶平接的方式,管径以 **400mm** 为宜,管道与地面间需要保持一定距离,最小距离值为 **0.25m**。

(二)消防泵房的设备选择要点

1. 消防泵组的选择

在消防泵房中,水泵组是消防功能实现的基础,其采取的是单元式组装,在同一基座上安装、组合电动机或内燃机以及泵、控制器、其他设备等,使其构成整体,共同发挥作用。在消防泵组的类型上,可以根据配电方式的不同,分为自备发电(如内燃机消防泵组)、市电或其他备用电源两种(如电动机消防泵),也可以根据驱动机类型不同,分为电动机消防泵组、内燃机消防泵组。其中,电动机消防泵组的驱动机为电动机,其配电是由市电或其他备用电源提供的;内燃机消防泵组则是使用柴油或汽油作为能源,通过内燃机的运行来完成配电,启动泵组。

2. 泡沫比例混合器的选择

在消防泵房中,泡沫灭火系统应用是较为普遍的,泡沫比例混合器也是设备选择需要重点考虑的内容,在泡沫比例混合中,有负压式与正压式两种。其中,负压式泡沫比例混合是通过将混合器的进口、出口分别与泵的出口、进口连接,利用混合器节流来形成负压,将泡沫储罐中的泡沫液抽吸出来,并与泵进口水流混合到一起,形成 **3%** 或 **6%** 的泡沫混合液,达到消防设计的要求,最终由泵将混合液输出。在负压式泡沫比例混合中,混合器的吸液高度在 **1m** 以内,出口背压(泵吸入口进液压力)应低于 **0.03MPa**,预防出现泡沫液管倒灌或吸液困难的现象。

正压式泡沫比例混合采用的是正压式泡沫比例混合装置,其组成部分包括泡沫比例混合器、泡沫液灌以及其他相关附件,其基本原理为由泵向正压式泡沫比例混合装置中提供压力水源,在水源进入后,会分为两部分。一部分会流向泡沫液管,对泡沫液产生压迫作用,使泡沫液从吸液管中挤出,另一部分会流经泡沫比例混合器,并产生节流效应,导致负压形成,对泡沫液产生抽吸作用力,在挤压、抽吸的共同作用下,泡沫液会与水之间混合为符合规范要求的混合液,直接输出。

在正压式泡沫比例混合中,泵进口压力并没有特殊要求,对高差、压力、流量变化有较好的适应能力,组装方式为单元式,简单方便,唯一的要求是泵提供的水源压力需要控制在 **0.6～1.2MPa** 范围内,以确保泡沫液混合比的稳定。

综上,近些年来,建筑火灾事故时有发生,不仅造成了巨大的经济损失,还给群众生命安全带来严重威胁,建筑消防安全得到人们越来越多的重视。消防泵房作为建筑消防系统的核心部分,加强对消防泵房设计的研究,从各个方面来提高设计水平,并做好消防泵组、泡沫比例混合器等重要设备的选择,提高消防泵房的可靠性,是促进消防安全进步的重要措施,有着重要现实意义。

二、报警阀组安装

(一)报警阀组的安装要求

1. 报警阀组的安装程序及位置

报警阀组的安装应在供水管网试压、冲洗合格后进行。安装时先安装水源控制阀、报警阀,然后再进行报警阀辅助管道的连接。水源控制阀、报警阀与配水干管的连接,应使水流方向一致。报警阀组安装的位置应符合设计要求;当设计无要求时,报警阀组应安装在便于操作的明显位置,距室内地面的安装高度宜为 **1.2m**;两侧与墙的距离不应小于 **0.5m**;正面与墙的距离不应小于 **1.2m**,报警阀组凸出部位之间的距离不应小于 **0.5m**。安装报警阀组的室内地面应有排水设施。

2. 湿式报警阀组的安装

湿式报警阀组的安装应符合下列要求:

(1)应使报警阀前后的管道中能顺利充水;压力波动时,水力警铃不应发生误报警。

(2)报警水流通路上的过滤器应安装在延迟器前面,而且是便于排渣操作的位置。

3. 干式报警阀组的安装

干式报警阀组的安装应符合下列要求:

(1)应安装在不发生冰冻的场所。

(2)安装完成后,应向报警阀气室注入高度为 **50～100mm** 的清水。

（3）充气连接管接口应在报警阀气室充注水位以上部位，且充气连接管的直径不应小于15mm；止回阀、截止阀应安装在充气连接管上。

（4）气源设备的安装应符合设计要求和国家现行有关标准的规定。

（5）安全排气阀应安装在气源与报警阀之间，且应靠近报警阀。

（6）加速器应安装在靠近报警阀的位置，且应有防止水进入加速器的措施。

（7）低气压预报警装置应安装在配水干管一侧。

（8）压力表应安装在报警阀充水一侧和充气一侧、空气压缩机的气泵和储气罐上，以及加速器上。

4. 雨淋阀组的安装

雨淋阀组的安装应符合下列要求：

（1）雨淋阀组可采用电动开启、传动管开启或手动开启，开启控制装置的安装应安全可靠，水传动管的安装应符合湿式系统的有关要求。

（2）预作用系统雨淋阀组后的管道若需充气，其安装应按干式报警阀组的有关要求进行。

（3）雨淋阀组的观测仪表和操作阀门的安装位置应符合设计要求，并应便于观测和操作。

（4）雨淋阀组手动开启装置的安装位置应符合设计要求，且在发生火灾时能安全开启和便于操作。

（5）压力表应安装在雨淋阀的水源一侧。

（二）报警阀组附件的安装要求

报警阀组附件的安装应符合下列要求：

第一，压力表应安装在报警阀上便于观测的位置。

第二，排水管和试验阀应安装在便于操作的位置。

第三，水源控制阀应安装在易于安装、便于操作处，控制阀应有明显的启闭标志和可靠的锁定装置。

第四，在报警阀与管网之间的供水干管上，应安装由控制阀、检测供水压力、流量用的仪表及排水管道组成的系统流量压力检测装置，其过水能力应与系统过水能力一致；干式报警阀组、雨淋报警阀组应安装检测时水流不进入系统管网的信号控制阀门。

（三）其他组件安装

第一，水流指示器的安装应符合下列要求：

一是水流指示器的安装应在管道试压和冲洗合格后进行，水流指示器的规格、型号应符合设计要求。

二是水流指示器应使电器元件部位竖直安装在水平管道上侧,其动作方向应和水流方向一致;安装后的水流指示器的浆片、膜片应动作灵活,不应与管壁发生碰撞。

第二,控制阀的规格、型号和安装位置均应符合设计要求;安装方向应正确,控制阀内应清洁、无堵塞、无渗漏;主要控制阀应加设启闭标志;隐蔽处的控制阀应在明显处设有指示其位置的标志。

第三,压力开关应竖直安装在通往水力警铃的管道上,且不应在安装中拆装改动。管网上压力控制装置的安装应符合设计要求。

第四,水力警铃应安装在公共通道或值班室附近的外墙上,且应安装检修测试用的阀门。水力警铃和报警阀的连接应采用热镀锌钢管,当镀锌钢管的规格为 D_N 20 时,其长度不宜大于 **20m**;安装后的水力警铃启动时,警铃声强度应不小于 **20dB**。

第五,末端试水装置和试水阀的安装位置应便于检查、试验,并应有相应排水能力的排水设施。

第六,信号阀应安装在水流指示器前的管道上,与水流指示器之间的距离不宜小于 **300mm**。

第七,排气阀的安装位置应在系统管网试压和冲洗合格后进行;排气阀应安装在配水干管顶端、配水管的末端,且应确保无渗漏。

第八,节流管和减压孔板的安装应符合设计要求。

第九,压力开关、信号阀、水流指示器的引出线应用防水套管锁定。

第十,减压阀的安装应符合下列要求:

一是减压阀安装应在供水管网试压、冲洗合格后进行。

二是减压阀安装前应进行检查,检查其型号、规格是否与设计相符;阀外控制管路及导向阀各连接件不应有松动;外观应无机械损伤,并应清除阀内异物。

三是减压阀水流方向应与供水管网水流方向一致。

四是应在进水侧安装过滤器,并宜在其前后安装控制阀。

五是可调式减压阀宜安装在水平管路上,阀盖朝上安装。

六是比例式减压阀宜垂直安装;当水平安装时,单呼吸孔减压阀其孔口应向下,双呼吸孔减压阀其孔口应呈水平位置。

七是安装自身不带压力表的减压阀时,应在其前后相邻部位安装压力表。

第六章 自喷给水系统与施工技术

第一节 自喷给水系统

一、概述

(一)自动喷水灭火系统的发展

自动喷水灭火系统,是当今世界上公认的最为有效的自救灭火设施,是应用最广泛、用量最大的自动灭火系统。国内外应用实践证明,该系统具有安全可靠、经济实用、灭火成功率高等优点。

自动喷水灭火系统是一种在发生火灾时,能自动打开喷头喷水灭火同时发出火警信号的消防灭火设施。自动喷水灭火系统扑救初期火灾的效率在97%以上,具有工作性能稳定、适应范围广、安全可靠、控火灭火成功率高、维护简便等优点,能有效抑制轰燃的发生,使火灾在初期阶段就被有效控制和扑灭。

在自动喷水灭火系统发展的一百多年中,科学家们一直在不断研究开发新技术、新设备与新材料,使该系统获得持续发展和水平的不断提高。改革开放以来,我国建筑业迅速发展,兴建了一大批高层建筑、大空间建筑及地下建筑等内部空间条件复杂、功能多样的建筑物,系统的设计不断遇到新情况、新问题。只有积极合理地应用新技术、新设备与新材料,才能使系统的设计技术适应社会进步与发展的需求。系统采用的新技术、新设备与新材料,不仅要具备足够的成熟度,还要符合可靠适用、经济合理,并满足与系统相配套、与规范合理衔接等要求,以避免出现偏差或错误。

自动喷水灭火系统经过长期的实践和不断的改进与创新,其灭火效能已为许多统计资料所证实;但是,也逐渐暴露出常规类型的系统不能有效扑救高堆垛仓库火灾的难点问题。自20世纪70年代中期开始,美国工厂联合保险研究所(FMRC)为扑灭和控制高堆垛仓库火灾做了大量的试验和研究工作。从理论上确定了"快速响应、早期抑制"火灾的三要素:一是喷头感应火灾的灵敏程度,二是喷头动作时燃烧物表面需要的灭火喷水强度,三是实际送达燃烧物表面的喷水强度。根据采用早期抑制快速响应喷头自动喷水灭火系统的特点,在条件许可的前提下,应采用湿式系统;如果条件不许可,可采用干式系统或预作用系统,但系统充水时间应符合干式系统或预作用系统的设计要求。

(二)自动喷水灭火系统危险等级划分原则

自动喷水系统设置场所火灾危险等级可划分为四级,分别为轻、中(其中又分为Ⅰ级和Ⅱ级)、严重(其中又分为Ⅰ级和Ⅱ级)及仓库(其中又分为Ⅰ级、Ⅱ级和Ⅲ级)危险级。当建筑物内各场所的火灾危险性及灭火难度存在较大差异时,宜按各场所的实际情况确定系统选型与火灾危险等级。

1. 轻危险级

一般是指下述情况的设置场所,即可燃物品较少、可燃性低和火灾发热量较低、外部增援和疏散人员较容易。

2. 中危险级

一般是指下列情况的设置场所,即内部可燃物数量为中等,可燃性也为中等,火灾初期不会引起剧烈燃烧的场所。大部分民用建筑和工业厂房划分为中危险级。根据此类场所种类多、范围广的特点,又划分为中Ⅰ级和中Ⅱ级。商场内物品密集、人员密集,发生火灾的频率较高,容易酿成大火造成群死群伤和高额财产损失的严重后果,因此将大规模商场列入中Ⅱ级。

3. 严重危险级

一般是指火灾危险性大,且可燃物品数量多,火灾时容易引起猛烈燃烧并可能迅速蔓延的场所。除摄影棚、舞台葡萄架下部外,还包括存在较多数量易燃固体、液体物品工厂的备料和生产车间。

4. 仓库火灾危险等级的划分

仓库火灾危险等级的划分,参考了美国消防协会标准《自动喷水灭火系统安装标准》NFPA 13 并结合我国国情,简化为Ⅰ、Ⅱ、Ⅲ级仓库,其中,仓库危险级Ⅰ级与 NFPA 13 的 1、2 类货品相一致,仓库危险级Ⅱ级与 3、4 类货品一致,仓库危险级Ⅲ级为 A 组塑料、橡胶制品等。

判断设置自动喷水灭火系统建筑物的火灾危险性等级,是选择系统类型和确定设计基本数据的基础。自动喷水灭火系统危险等级划分的原则,应根据其用途、容纳物品的火灾荷载及室内空间条件等因素,在分析火灾特点和热气流驱动喷头开放及喷水到位的难易程度后确定,见表 **6-1**。

表 6-1　自动喷水灭火系统设置场所火灾危险等级举例

火灾危险等级		设置场所举例
轻危险级		建筑高度为 **24m** 及以下的旅馆、办公楼;仅在走道设置闭式系统的建筑等
中危险级	I 级	(1)高层民用建筑:旅馆、办公楼、综合楼、邮政楼、金融电信楼、指挥调度楼、广播电视楼(塔)等 (2)公共建筑(含单多高层):医院、疗养院;图书馆(书库除外)、档案馆、展览馆(厅);影剧院、音乐厅和礼堂(舞台除外)及其他娱乐场所;火车站、飞机场及码头的建筑;总建筑面积小于 **5000m²** 的商场、总建筑面积小于 **1000m²** 的地下商场等 (3)文化遗产建筑:木结构古建筑、国家文物保护单位等 (4)工业建筑:食品、家用电器、玻璃制品等工厂的备料与生产车间等;冷藏库、钢屋架等建筑构件
	II 级	(1)民用建筑:书库、舞台(葡萄架除外)、汽车停车场(库)、总建筑面积 **5000m²** 及以上的商场、总建筑面积 **1000m²** 及以上的地下商场,净空高度不超过 **8m**、物品高度不超过 **3.5m** 的自选商场等 (2)工业建筑:棉毛麻丝及化纤的纺织、织物及制品、木材木器及胶合板、谷物加工、烟草及制品、饮用酒(啤酒除外)、皮革及制品、造纸及纸制品、制药等工厂的备料与生产车间等
严重危险级	I 级	印刷厂、酒精制品、可燃液体制品等工厂的备料与车间,净空高度不超过 **8m**、物品高度超过 **3.5m** 的自选商场等
	II 级	易燃液体喷雾操作区域,固体易燃物品、可燃的气溶胶制品,溶剂清选、喷涂、油漆、沥青制品等工厂的备料及生产车间、摄影棚、舞台葡萄架下部
仓库危险级	I 级	食品、烟酒;木箱、纸箱包装的不燃难燃物品等
	II 级	木材、纸、皮革、谷物及制品、棉毛麻丝化纤及制品、家用电器、电缆、**B** 组塑料与橡胶及其制品、钢塑混合材料制品、各种塑料瓶盒包装的不燃物品及各类物品混杂储存的仓库等
	III 级	**A** 组塑料与橡胶及其制品,沥青制品等

注:A 组:丙烯腈—丁二烯—苯乙烯共聚物,缩醛、聚甲基丙烯酸甲酯、玻璃纤维增强聚酯、热塑性聚酯、聚丁二烯、聚碳酸酯、聚乙烯、聚丙烯、聚苯乙烯、聚氨基甲酸酯、高增塑聚氯乙烯、苯乙烯—丙烯腈等;丁基橡胶、乙丙橡胶、发泡类天然橡胶、腈橡胶、聚酯合成橡胶、丁苯橡胶等。

B 组:醋酸纤维素、醋酸丁酸纤维素、乙基纤维素、氟塑料、锦纶、三聚氰胺甲醛、酚醛塑料、硬聚氯乙烯、聚偏二氟乙烯、聚偏氟乙烯、聚氟乙烯、脲甲醛等;氯丁橡胶、不发泡类天然橡胶、硅橡胶等。

建筑物自身的特征对自动喷水系统扑救的难易程度也有影响。层高和面积较大的建筑物,火灾形成的热气流不容易在屋面下积聚,烟气不容易接触或淹没喷头,使喷头的温升缓慢、动作时间推迟,从而使喷头出水时间延迟,导致火灾蔓延,系统灭火难度增加。当建筑物的层高较高时,喷头洒水穿越热气流区域的距离增大,被吹跑或汽化的水量增加,削弱了系统的灭火能力。建筑构件、室内装饰和灯具等都会影响喷头的布置和阻挡喷头均匀布水。

在系统设计时应运用火灾理论分析具体建筑物的性质、火灾危险性大小、火灾发生频率、可燃物数量、单位时间内释放的热量、火灾蔓延速度以及扑救难易程度等因素,从而确定其危险等级和设计参数。

(三)自动喷水灭火系统的设置原则

自动喷水灭火系统不仅在高层建筑、公共建筑、工业厂房和仓库中得到推广应用,而且发达国家已在住宅建筑中安装使用。应该说,建设投资不是制约自动喷水灭火系统应用的主要因素,国外安装自动喷水灭火系统的建筑物,在投保时享受一定的优惠条件,一般在该系统安装后的几年时间内,因优惠而少缴的保险费就够安装系统的费用了。一般在一年半到三年的时间内,就可以抵消建设资金。随着我国社会主义市场经济的不断完善和发展,安装自动喷水灭火系统的一次投资,在短期内亦可收回。设置自动喷水灭火系统,不仅可以减少火灾损失,而且可减少消防总开支。所以为减少人类面临的频发火灾,应提高自动喷水灭火系统的普及率。

1. 应设置闭式系统的建筑及部位

(1)低层建筑

除另有规定和不宜用水保护或灭火的场所外,下列场所应设置自动灭火系统,并宜采用闭式自动喷水灭火系统:

① ≥50000 纱锭的棉纺厂的开包、清花车间;≥5000 锭的麻纺厂的分级、梳麻车间;火柴厂的烤梗、筛选部位;泡沫塑料厂的预发、成型、切片、压花部位;占地面积大于 $1500m^2$ 的木器厂房;占地面积大于 $1500m^2$ 或总建筑面积大于 $3000m^2$ 的单层、多层制鞋、制衣、玩具及电子等厂房;高层丙类厂房;飞机发动机试验台的准备部位;建筑面积大于 $500m^2$ 的丙类地下厂房。

②每座占地面积大于 $1000m^2$ 的棉、毛、丝、麻、化纤、毛皮及其制品的仓库;每座占地面积大于 $600m^2$ 的火柴仓库;邮政楼中建筑面积大于 $500m^2$ 的空邮袋库;建筑面积大于 $500m^2$ 的可燃物品地下仓库;可燃、难燃物品的高架仓库和高层仓库(冷库除外)。

③特等、甲等或超过 1500 个座位的其他等级的剧院;超过 2000 个座位的会堂或礼堂;超过 3000 个座位的体育馆;超过 5000 人的体育场的室内人员休息室与器材间等。

④任一楼层建筑面积大于 $1500m^2$ 或总建筑面积大于 $3000m^2$ 的展览建筑、商店、旅馆建

筑,以及医院中同样建筑规模的病房楼、门诊楼、手术部;建筑面积大于500m²的地下商店。

⑤设置有送回风道(管)的集中空气调节系统且总建筑面积大于3000m²的办公楼等。

⑥设置在地下、半地下或地上四层及四层以上或设置在建筑的首层、二层和三层且任一层建筑面积大于300m²的地上歌舞娱乐放映游艺场所(游泳场所除外)。

⑦藏书量超过50万册的图书馆。

(2)高层建筑

①建筑高度超过100m的高层建筑及其裙房,除游泳池、溜冰场、建筑面积小于5m²的卫生间、不设集中空调且户门为甲级防火门的住宅的户内用房和不宜用水扑救的部位外,均应设自动喷水灭火系统。

②建筑高度不超过100m的一类高层建筑及其裙房,除游泳池、溜冰场、建筑面积小于5m²的卫生间、普通住宅、设集中空调的住宅的户内用房和不宜用水扑救的部位外,均应设自动喷水灭火系统。

③二类高层公共建筑的下列部位应设自动喷水灭火系统:

第一,公共活动用房;

第二,走道、办公室和旅馆的客房;

第三,自动扶梯底部;

第四,可燃物品库房。

④高层建筑中的歌舞娱乐放映游艺场所、空调机房、公共餐厅、公共厨房以及经常有人停留或可燃物较多的地下室、半地下室房间等,应设自动喷水灭火系统。

⑤燃油、燃气的锅炉房、柴油发电机房宜设自动喷水灭火系统。

(3)人防工程

符合下列条件的人防工程及部位应设置闭式系统:

①建筑面积大于1000m²的人防工程。

②大于800个座位的电影院、礼堂的观众厅且吊顶下表面至观众席地坪高度不超过8m时,舞台使用面积超过200m²时。

③采用防火卷帘代替防火墙或防火门,当防火卷帘不符合防火墙耐火极限的判定条件时。

④歌舞娱乐放映游艺场所。

⑤建筑面积大于500m²的地下商场。

(4)汽车库

Ⅰ、Ⅱ、Ⅲ类地上汽车库,停车数超过10辆的地下汽车库,机械式立体汽车库或复式汽车库以及采用垂直升降梯作汽车库疏散出口的汽车库,Ⅰ类修车库等均应设置闭式自动喷水灭火系统。

2. 应设置开式系统的建筑及部位

（1）低层建筑

对低层建筑有以下规定：

①下列部位宜设置水幕系统。

第一，特等、甲等或超过 1500 个座位的其他等级的剧院和超过 2000 个座位的会堂或礼堂的舞台口，以及与舞台相连的侧台、后台的门窗洞口。

第二，应设防火墙等防火分隔物而无法设置的局部开口部位。

第三，需要冷却保护的防火卷帘或防火幕的上部。

②下列场所应设置雨淋喷水灭火系统：

第一，火柴厂的氯酸钾压碾厂房；建筑面积大于 100m² 生产和使用硝化棉、喷漆棉、火胶棉、赛璐珞胶片、硝化纤维的厂房。

第二，建筑面积超过 60m² 或储存量超过 2t 的硝化棉、喷漆棉、火胶棉、赛璐珞胶片、硝化纤维的仓库。

第三，日装瓶数量超过 3000 瓶的液化石油气储配站的灌瓶间、实瓶库。

第四，特等、甲等或超过 1500 个座位的其他等级的剧院和超过 2000 个座位的会堂舞台的葡萄架下部。

第五，建筑面积 ≥400m² 的演播室，建筑面积 ≥500m² 的电影摄影棚。

第六，乒乓球厂的轧坯、切片、磨球、分球检验部位。

③下列场所应设置自动灭火系统，且宜采用水喷雾灭火系统：

第一，单台容量在 40MV·A 及以上的厂矿企业油浸电力变压器、单台容量在 90MV·A 及以上的电厂油浸电力变压器，或单台容量在 125MV·A 及以上的独立变电所油浸电力变压器。

第二，飞机发动机试验台的试车部位。

（2）高层建筑

对高层建筑有以下规定：

①超过 800 个座位的剧院、礼堂的舞台口宜设防火幕或水幕分隔。

②可燃油油浸电力变压器、充可燃油的高压电容器和多油开关室宜设水喷雾或气体灭火系统。

二、自动喷水灭火系统组件

(一)喷头

喷头是自动喷水灭火系统的主要组件之一。自动喷水灭火系统的火灾探测性能和灭火性能主要体现在喷头上,喷头在火灾时主要有两个作用过程,首先是探测火灾、启动系统,然后在保护面积上进行布水以控制和扑灭火灾。因此,正确选用并合理布置喷头,对系统有效灭火至关重要。

1. 闭式喷头

闭式喷头的喷口由感温元件组成的释放机构封闭。当温度达到喷头的公称动作温度范围时感温元件动作,释放机构脱落,喷头开启。闭式喷头具有感温自动开启的功能,并按照规定的水量和形状洒水,主要在湿式系统、干式系统和预作用系统中使用,有时也可作为火灾探测器使用。

闭式喷头有多种类型,按热敏元件可分为玻璃球洒水喷头、易熔合金洒水喷头两类;按出水口径可分为小口径($\leqslant 11.1mm$)、标准口径($12.7mm$)、大口径($13.5mm$)、超大口径($\geqslant 15.9mm$)四类;按热敏性能可分为标准响应型、快速响应型两类;按安装方式可分为下垂型(下喷水)、直立型(上喷水)、普通型(上、下喷通用)、边墙直立型、边墙水平型、吊顶型六类;按喷头形式,分为普通型(传统型)喷头、洒水型喷头、大水滴喷头和ESER型喷头等。

闭式喷头的类别、安装特征及适用场所见表6-2。

表6-2 闭式喷头的类别、安装特征及适用场所

类别		安装特征及适用场所
闭式喷头	玻璃球洒水喷头	外形美观、体积小、重量轻、耐腐蚀,适用于宾馆等美观要求高、环境温度不低于10℃的场所
	易熔合金洒水喷头	适用环境温度低于10℃、外观要求不高、腐蚀性不大的工厂、仓库和民用建筑
	直立型洒水喷头	溅水盘朝上,直立安装在配水支管上,洒水形状为抛物体,水量的60%～80%直接洒向下方,同时还有一小部分洒向上方。适合安装在管路下面经常存在移动物体的场所、不作吊顶的场所、灰尘或其他飞扬物较多的场所,当配水支管布置在梁上时,应采用直立型喷头;多用于干式系统、预作用系统
	下垂型洒水喷头	溅水盘朝下方,向下安装在配水支管的下面,洒水形状为抛物体,全部水量洒向下方;适用于安装在各种保护场所,是使用最普遍的一种
	干式下垂型洒水喷头	由下垂型闭式喷头和一段特殊短管组成;适用于房间内安装了吊顶的干式自动喷水灭火系统或预作用系统

类别			安装特征及适用场所
	普通型洒水喷头		既可直立安装,向上喷水,又可下垂安装,向下喷水,并且布水曲线相同
	边墙型洒水喷头	直立型	喷头向上安装,垂直喷侧向布水;只适用于轻危险级和规范指定的中危险级,并无障碍物的场所。如房间中央顶部不可走管道但周边可走;保护物在喷头的侧边;天棚顶太低无法布置下垂型喷头等场所
		水平型	喷头垂直于墙面安装,水平喷侧向布水。与边墙直立型喷头相比,喷射的距离远,宽度宽。喷头的连接管水平穿越墙体,不走在被保护的房间内。只适用于轻危险级和规范指定的中危险级,并无障碍物的场所。如房间内无法走管道、天棚顶太低无法布置下垂型喷头、房间中央顶部不能走管道或布置喷头等场所
	吊顶型洒水喷头	全隐蔽型	吊顶型喷头属于装饰型喷头,安装在吊顶内的管道上,提高了喷头的装饰水平,适用于高级宾馆等装饰要求高的场所,全隐蔽型完全隐藏在顶棚里,所属的孔眼由喷头附带的盖板遮没,盖板色彩可向生产厂家预定。发生火灾时喷头的动作程序是:顶棚孔板先以低于喷头额定温度从顶棚处脱落,喷头在感受额定温度后即行动作
		半隐蔽型	半隐蔽型喷头一般只有感温元件部分暴露于顶棚或吊顶之下,在火灾发生后,当抵达额定温度时,封闭球阀的易熔环即行熔解,释放了球阀和连在一起的溅水盘和感温元件,由两根滑竿支撑着从喷头下降到喷洒位置。这种喷头的优点是,它的感温元件不受任何构件的遮蔽影响,而且采用叶片快速感温,因此它的动作时间比一般喷头至少快 5 倍
		平齐型	为普通下垂型喷头与装饰罩配合而成
特殊喷头	自动启闭洒水喷头		具有自动启闭功能,适用于降低水渍损失的场所
	快速响应喷头		响应时间指数 RTI≤50(m·s)0.5,热敏性能明显高于标准响应喷头,可在火场中提前动作,在初期小火阶段喷水灭火,可最大限度地减少人员伤亡、火灾烧损与水渍污染造成的经济损失。各种安装方式和热敏元件的闭式喷头都有快速响应喷头。适用于公共娱乐场所、中庭环廊,地下的商业及仓储用房,超出水泵接合器供水高度的楼层,医院、疗养院的病房及治疗区域,老年、少儿、残疾人的集体活动场所
	快速响应早期抑制喷头		响应时间指数 RTI≤28±8(m·s)0.5,用于保护高堆垛与高货架仓库的大流量特种洒水喷头
	大水滴洒水喷头		适用于高架库房等火灾危险等级高的场所
	扩大覆盖面洒水喷头		喷水保护面积可达 30~36m²,可降低系统造价

（1）玻璃球洒水喷头

玻璃球洒水喷头是目前我国常用的一种喷头。这种喷头由喷水口、玻璃球、框架、溅水盘、密封垫等组成,玻璃球洒水喷头技术性能参数见表 **6-3**。在玻璃球内充装一种彩色高膨胀液体,用它支撑喷水口的密封垫。室内发生火灾后,玻璃球内的液体因受热而膨胀,当达到其公称动作温度范围时,液体完全充满球内全部空间,使玻璃球炸裂成碎片,喷水口的密封垫失去支撑,阀盖脱落,压力水便喷出灭火。玻璃球洒水喷头适用于美观要求较高的公共建筑和具有腐蚀性(如碱厂)的场所。

表 6-3　玻璃球洒水喷头的技术性能参数

喷头公称口径/mm	动作温度/℃	色标
10、15、20	57	橙色
	68	红色
	79	黄色
	93	绿色
	141	蓝色
	182	紫红色
	227	黑色
	260	黑色
	343	黑色

（2）易熔合金洒水喷头

这种喷头的热敏感元件为易熔材料制成的。当室内起火温度达到易熔元件本身的设计温度时,易熔元件便熔化,释放机构脱落,压力水便喷出灭火。易熔合金洒水喷头技术性能参数见表 **6-4**。它是一种悬臂支撑型易熔元件洒水喷头。易熔合金洒水喷头适用于外观要求不高、腐蚀性不大的工厂、仓库及民用建筑。

表 6-4　易熔合金洒水喷头的技术性能参数

喷头公称口径/mm	动作温度/℃	色标
10,15,20	57～77	本色
	80～107	白色
	121～149	蓝色
	163～191	红色
	204～246	绿色
	260～302	橙色
	320～343	黑色

（3）直立型洒水喷头

这种喷头直立安装在供水支管上,溅水盘朝上。喷出来的水流呈抛物曲面状,将水量的**60%～80%**向下方喷洒,其余的喷向吊顶。这种喷头水量分布较均匀,火灾区的用水分配合理,灭火效率较高,适用于安装在管路下面经常存在移动物体的场所,或灰尘等其他飞扬物较多的场所。

（4）下垂型洒水喷头

这种喷头溅水盘呈平板状,安装时溅水盘向下,喷头悬吊在供水支管上。其洒水形状为抛物状,将全部水量洒向地面,具有较高的灭火效率。这种喷头适用于安装在各种保护场所,应用较为普遍。

（5）干式下垂型洒水喷头

这种喷头用于干式系统或其他充气的喷水灭火系统。它与上述几种喷头不同的是增加了一段辅助管,管内有活塞套筒和钢球。喷头未动作时钢球将辅助管封闭,水不能进入辅助管和喷头体内,这样可以避免干式系统喷水后,未动作的喷头体内积水排不出而造成冻结。当喷头动作时,套筒向下移动,钢球由喷口喷出,水就喷出来了。

（6）普通型洒水喷头

这种喷头的溅水盘呈倒伞形。喷出的水流呈球状,水量的**40%～60%**向地面喷洒,其余部分水喷向顶棚。这种喷头既可直立安装,也可下垂安装。该喷头具有保护吊顶的功能。

（7）边墙型洒水喷头

这种喷头带有定向的溅水盘,可以靠墙壁安装,喷出的水呈半抛物状,将**85%**的水量喷向喷头的前方,其余的喷向后面的墙上。边墙型洒水喷头又分立式和水平式两种,由于其溅水盘不同,安装时应区别对待。这类喷头适合安装在层高小的走廊、房间或不便在房间中央顶部布置喷头的场所。

（8）吊顶型洒水喷头

这种喷头安装于隐蔽在吊顶内的供水支管上,喷头的基座紧贴吊顶呈下垂式安装,只有热敏感元件部分暴露在吊顶外面。根据不同的安装形式,吊顶型洒水喷头分为隐蔽型、半隐蔽型和平齐型三种。吊顶型洒水喷头是一种装饰型喷头,适用于建筑美观要求较高且设有吊顶的场所,如旅馆、客厅、餐厅、办公室等。

（9）自动启闭洒水喷头

这种喷头的特点是发生火灾时能自动开启喷水,在火灾扑灭后能自动关闭,具有用水量少、水渍损失小的优点。它是通过感温元件的状态变化实现控制喷水口自动启闭的。

（10）快速响应喷头

自动喷水灭火系统中的快速响应喷头是一种特殊设计,用于在火灾初期迅速激活并提供有效覆盖。这些喷头通常具有较低的热激活温度(如 **57℃** 或 **68℃**),确保在火灾产生大量热量前即开始动作。它们采用更敏感的热感应元件,如玻璃球或易熔合金,一旦达到设定温度即破裂,释放喷水机制。快速响应喷头的设计允许它们在火灾发生时提供更早的干预,减少火灾蔓延和损害。它们广泛应用于高风险区域,如医院、学校、商业建筑和工业设施,以提高灭火效率和保障人员安全。正确安装和定期维护这些喷头对于确保其在紧急情况下的可靠性至关重要。

（11）快速响应早期抑制喷头

这种喷头的特点是通过减少热敏感元件的质量或增大热敏感元件的吸热表面积,使热敏感元件的吸热速度加快,从而缩短喷头的启动时间。它对温度的感应速度比普通喷头快 **5～10** 倍,其响应时间指数为 $RTI \leq (28\pm8)(m \cdot s)0.5$,具有洒水早、灭火快、耗水量少、水渍损失小等优点;适用保护高堆垛与高架仓库等场所。

（12）大水滴洒水喷头

大水滴洒水喷头有一个复式溅水盘,通过溅水盘使喷出的水形成具有一定比例的大、小水滴(水滴平均粒径为 **3mm**),均匀喷向保护区,其中大水滴能有效穿透火焰,直接接触着火物,降低着火物的表面温度,在高架库房等火灾危险性较高的场所应用能收到良好的效果。

（13）扩大覆盖面洒水喷头

扩大覆盖面洒水喷头喷水保护面积可达 **30～36m²**,更适合于各种大小不同的房间选用,便于系统喷头的布置,对降低系统造价有一定的意义。

2. 开式喷头

开式喷头是指不带热敏感元件且喷水口是敞开的喷头,主要应用于开式系统,这是和闭式系统的主要区别所在。开式喷头的类别、公称口径、安装特征及适用场所见表6-5。开式喷头有三种类型:洒水喷头、水幕喷头、水雾喷头,分别用于雨淋系统、水幕系统和水喷雾灭火系统。

表6-5 开式喷头的类别、公称口径、安装特征及适用场所

类别		公称口径	安装特征及适用场所
洒水喷头	双臂下垂	**10、15、20** 规格、型号、接管螺纹和外形与玻璃球闭式喷头完全相同	用于火灾蔓延速度快、闭式喷头开放后喷水不能有效覆盖起火范围的高度危险场所的雨淋系统,净空高度超过规定、闭式喷头不能及时动作的场所的雨淋系统。雨淋开式喷头既可以用于雨淋系统,也可以用于设置防火阻火型水幕带,起到控制火势、防止火灾蔓延的作用,当用于水幕系统时,称为雨淋式水幕喷头
	双臂直立		
	双臂边墙		
	单臂下垂	**10、15、20**	
水幕喷头	幕帘式 缝隙式	单缝、双缝 **6、8、10、12.7、16、19** 口径大于 **10mm** 的喷头为大型水幕喷头,口径小于 **10mm** 的叫小型水幕喷头	水幕喷头将压力水分布成一定的幕帘状、起到阻隔火焰穿透、吸热及隔热的防火分隔作用。适用于大型厂房、车间、厅堂、戏剧院、舞台及建筑物门、窗洞口部位或相邻建筑之间的防火隔断及降温。缝隙式主要用于舞台口、生产区的防火分隔及防火卷帘的冷却防护。水平缝隙式喷头其缝隙沿圆周方向布置,有较长的边长布水,可获得较宽的水幕
	幕帘式 雨淋式	**10、15、20**	用于一般水幕难以分隔的部位,可取代防火墙
	窗口式	**6、8、10、12.7、16、19**	安装在窗户的上方,其作用是增强窗扇的耐火能力,防止高温烟气穿过窗口蔓延至邻近房间,也可以用它冷却防火卷帘等防火分隔设施
	檐口式		专用于建筑檐口的水幕喷头。它可向建筑檐口喷射水幕,保护上方平面,增强檐口的耐火能力,防止相邻建筑火灾向本建筑的檐口蔓延
水雾喷头	撞击式(中速)	**5、6、7、8、9、10、12.7、15、19、22**	水雾喷头利用离心力或机械撞击力将流经喷头的水分解为细小的水雾,并以一定的喷射角将水雾喷出。对设备进行冷却防护。撞击式喷头的水流通过撞击雾化,射流速度减小,水雾流速降低,可有效地作用在液面上,不会产生大的振动,用于甲、乙、丙类可燃液体及液化石油气装置的防护冷却及开口容器中的可燃液体
	离心式(高速)		离心式水雾喷头体积小,喷射速度高,雾化均匀,雾滴直径细,贯穿力强,适用于扑救电气设备的火灾和闪点高于 **60℃** 以上的可燃液体的火灾

用于雨淋系统的开式喷头,实际上就是去掉热敏感元件和密封组件的闭式喷头。喷头构造由本体、支架、溅水盘等部分组成。按安装形式分为双臂下垂型、单臂下垂型、双臂直立型、双臂边墙型四种。

（二）报警阀

自动喷水灭火系统中报警阀的作用是开启和关闭管道系统中的水流,同时传递控制信号到控制系统,驱动水力警铃直接报警。

第一,自动喷水灭火系统应设报警阀组;保护室内钢屋架等建筑构件的闭式系统,应设独立的报警阀组;水幕系统应设独立的报警阀组或感温雨淋阀。

第二,每个报警阀组供水的最高与最低位置喷头,其高程差不宜大于**50m**。

第三,报警阀组宜设在安全及易于操作的地点,报警阀距地面的高度宜为**1.2m**。安装报警阀的部位应设有排水设施。

第四,连接报警阀进出口的控制阀应采用信号阀。当不采用信号阀时,控制阀应设锁定阀位的锁具。

根据其构造和功能分为湿式报警阀、干式报警阀、干湿两用报警阀、雨淋报警阀和预作用报警阀等。

1. 湿式报警阀

湿式报警阀主要用于湿式自动喷水灭火系统上,在其立管上安装,我国生产的湿式报警阀有座圈型和导阀型两种。

阀内设有阀瓣、阀座等组件。阀瓣铰接在阀体上,平时阀瓣上下充满水,水压强近似相等。阀瓣上面与水接触的面积大于下面与水接触的面积,阀瓣受到的水压合力向下,处于关闭状态。当水源压力出现波动或冲击时,通过补偿器(或补水单向阀)使上下腔压力保持一致,水力警铃不发生报警,压力开关不接通,阀瓣仍处于准工作状态(或称伺应状态)。闭式喷头喷水灭火时,补偿器来不及补水,阀瓣上面的水压下降,下腔的水便向洒水管网及动作喷头供水。同时,水沿着报警阀的环形槽进入报警口,流向延迟器、水力警铃,警铃发出声响报警,压力开关开启,给出电接点信号报警并启动水泵。

导阀型湿式报警阀的阀芯(或阀瓣)装有导向杆,水通过导向杆中的水压平衡小孔保持阀瓣上、下的水压平衡。喷头喷水灭火时,由于水压平衡小孔来不及补水,阀瓣上面的水压下降,导致阀瓣开启,报警阀转入工作状态。

（1）串联接入湿式系统配水干管的其他自动喷水灭火系统,应分别设置独立的报警阀组,其控制的喷头数计入湿式阀组控制的喷头总数。

（2）一个湿式报警阀组控制的喷头数不宜超过**800**只。

（3）当配水支管同时安装保护吊顶下方和上方空间的喷头时,应只将数量较多一侧的喷头计入报警阀组控制的喷头总数。

2. 干式报警阀

干式报警阀主要用于干式自动喷水灭火系统上,在其立管上安装。其工作原理与湿式报警阀基本相同;不同之处在于湿式报警阀阀板上面的总压力为管网中有压水的压强引起的,而干式报警阀则由阀前水压和阀后管中的有压气体的压强引起的。阀瓣将阀腔分成上、下两部分,与喷头相连的管路充满压缩空气,与水源相连的管路充满压力水。平时靠作用于阀瓣两侧的气压与水压的力矩差使阀瓣封闭,发生火灾时,气体一侧的压力下降,作用于水体一侧的力矩使阀瓣开启,向喷头供水灭火。一个干式报警阀组控制的喷头数不宜超过 **500** 只。

3. 干湿两用报警阀

干湿两用报警阀用于干湿两用自动喷水灭火系统。报警阀上方管道既可充有压气体,又可充水。充有压气体时与干式报警阀作用相同,充水时与湿式报警阀作用相同。

干湿两用报警阀由干式报警阀、湿式报警阀上下叠加组成,干式阀在上,湿式阀在下。干式系统时,干式报警阀起作用。干式报警阀室注水口上方及喷水管网充满压缩空气,阀瓣下方及湿式报警阀全部充满压力水。当有喷头开启时,空气从打开的喷头泄出,管道系统的气压下降,直至干式报警阀的阀瓣被下方的压力水开启,水流进入喷水管网。部分水流同时通过环形隔离室进入报警信号管,启动压力开关和水力警铃。系统进入工作状态,喷头喷水灭火。湿式系统时,干式报警阀的阀瓣被置于开启状态,只有湿式报警阀起作用,系统工作过程与湿式系统完全相同。

4. 雨淋报警阀

雨淋报警阀用于雨淋灭火系统、水喷雾系统、水幕系统等开式系统,还用于预作用系统。在自动喷水灭火系统中是除湿式报警阀外应用较多的报警阀。

阀内设有阀瓣组件、阀瓣锁定杆、驱动杆、弹簧或膜片等。隔膜阀板将雨淋阀阀体分为 **A**、**B**、**C** 共 3 个小室;**A** 室与供水干管相连;**B** 室与管网立管相连;**C** 室与传动管相连。未失火时,**A**、**C** 小室的水压使得隔膜阀平衡(水通过导向管中的水压平衡小孔,保持阀板前后水压平衡),此时隔膜阀关闭,消防水不能进入自喷管网(即 **B** 室不能通水)。当发生火灾时,传动管中有压水流失,使得 **C** 室水压降低而水压平衡小孔来不及供水补压,从而使隔膜阀阀板上、下压力不平衡,在压力差的作用下阀体向上移动(即阀门开启),此时 **B** 室与 **A** 室相通,即供水干管与供水立管相通,消防水得以持续供应,同时发出火警信号并启动消防水泵。雨淋阀带有防自动复位机构,阀瓣开启后,需人工手动复位。

雨淋阀组的电磁阀,其入口应设过滤器。并联设置雨淋阀组的雨淋系统,其雨淋阀控制腔的入口应设止回阀。

5. 预作用报警阀

预作用报警阀由湿式阀和雨淋阀上下串接而成,雨淋阀位于供水侧,湿式阀位于系统侧,其动作原理与雨淋阀相类似。平时靠供水压力为锁定机构提供动力,把阀瓣扣住,探测器或探测喷头动作后,锁定机构上作用的供水压力迅速降低,从而使阀瓣脱扣开启,供水进入消防管网。

按照自动开启方式,预作用报警阀可分为无联锁、单联锁、双联锁三种。探测器或灭火喷头其中之一动作阀组便开启称无联锁;只有探测器动作阀组便开启称单联锁;探测器和灭火喷头都动作阀组才开启称双联锁。

(1)一个预作用报警阀组控制的喷头数不宜超过 800 只;

(2)当配水支管同时安装保护吊顶下方和上方空间的喷头时,应只将数量较多一侧的喷头计入报警阀组控制的喷头总数。

(三)延迟器

延迟器是一个罐式容器,其容积为 6～10L,安装于报警阀与水力警铃(或压力开关)之间,用于防止由于水压波动原因引起报警阀开启而导致的误报。报警阀开启后,水流须经 30s 左右充满延迟器后方可冲打水力警铃。

延迟器下端为进水口,与报警阀报警口连接相通;上端为出水口,接水力警铃。当湿式报警阀因水锤或水源压力波动阀瓣被冲开时,水流由报警支管进入延迟器,因为波动时间短,进入延迟器的水量少,压力水不会推动水力警铃的轮机或作用到压力开关上,故能有效起到防止误报警的作用。

(四)火灾探测器

火灾探测器是自动喷水灭火系统的重要组成部分,常用的有感烟探测器、感温探测器。感烟探测器是利用火灾发生地点的烟雾浓度进行探测,感温探测器是通过火灾引起的温升进行探测。火灾探测器布置在房间或走道的天花板下面,其数量应根据探测器的保护面积和探测区的面积计算确定。

(五)水流报警装置

水流报警装置包括水流指示器、水力警铃和压力开关。

1. 水流指示器

水流指示器通常安装于各楼层的配水干管起点上,是自动喷水灭火系统中用于将水流信号转换成电信号的一种报警装置。当某个喷头开启喷水时,管道中的水产生流动并推动水流指示器的桨片,桨片探测到水流信号并接通延时电路 **20～30s** 之后,水流指示器将水流信号转换为电信号传至报警控制器或控制中心,告知火灾发生的区域。水流指示器类型有叶片式、阀板式等。目前,世界上应用最广泛的是叶片式水流指示器。

(1)除报警阀组控制的喷头只保护不超过防火分区面积的同层场所外,每个防火分区、每个楼层均应设水流指示器。

(2)仓库内顶板下喷头与货架内喷头应分别设置水流指示器。

(3)当水流指示器入口前设置控制阀时,应采用信号阀。

2. 水力警铃

水力警铃安装在报警阀的报警管路上,是一种水力驱动的机械装置。当自动喷水灭火系统启动灭火,消防用水的流量大于或等于一个喷头的流量时,压力水流沿报警支管进入水力警铃驱动叶轮,带动铃锤敲击铃盖,发出报警声响。水力警铃不得由电动报警器取代。

水力警铃的工作压力不应小于 **0.05MPa**,并应符合以下要求:

(1)应设在有人值班的地点附近;

(2)与报警阀连接的管道,其管径应为 **20mm**,总长不宜大于 **20m**。

3. 压力开关

压力开关是自动喷水灭火系统的自动报警和自动控制部件,当系统启动,报警支管中的压力达到压力开关的动作压力时,触点就会自动闭合或断开,将水流信号转化为电信号,输送至消防控制中心或直接控制和启动消防水泵、电子报警系统或其他电气设备。压力开关应垂直安装在水力警铃前,如报警管路上安装了延迟器,则压力开关应安装在延迟器之后。

(1)雨淋系统和防火分隔水幕的水流报警装置宜采用压力开关。

(2)应采用压力开关控制稳压泵,并应能调节启停压力。

(六)末端试水装置

末端水验装置用来测试系统能否在开放一只喷头的最不利条件下可靠报警并正常启动,是对自动喷水灭火系统中每个水流指示器作用范围内,供水最不利处设置的检验水压、检测水流指示器以及报警与自动喷水灭火系统、水泵联动装置可靠性的检测装置。

第一,每个报警阀组控制的最不利点喷头处,应设末端试水装置,其他防火分区、楼层均应设直径为 **25mm** 的试水阀。末端试水装置和试水阀应便于操作,且应装有足够排水能力的排水设施。

第二,末端试水装置应由试水阀、压力表以及试水接头组成。试水接头出水口的流量系数,应等同于同楼层或防火分区内的最小流量系数喷头。末端试水装置的出水,应采取孔口出流的方式排入排水管道。

三、喷头布置

(一)选择喷头的一般原则

采用闭式系统场所的最大净空高度不应大于表 6-6 的规定,仅用于保护室内钢屋架等建筑构件和设置货架内置喷头的闭式系统,不受此表规定的限制。

表 6-6　采用闭式系统场所的最大净空高度

设置场所	采用闭式系统场所的最大净空高度/m
民用建筑和工业厂房	8
仓库	9
采用早期抑制快速响应喷头的仓库	13.5
非仓库类高大净空场所	12

在无吊顶的场所应采用直立喷头,在有吊顶的场所应采用下垂型喷头或吊顶型喷头;顶板为水平面的轻危险级、中危险级 I 级居室和办公室,可采用边墙型喷头。

干式系统、预作用系统应采用直立型喷头或干式下垂型喷头。

自动喷水-泡沫联用系统应采用洒水喷头。

易受碰撞的部位,应采用带保护罩的喷头或吊顶型喷头。

水幕系统的喷头选型应符合下列规定:

(1)防火分隔水幕应采用开式洒水喷头或水幕喷头;

(2)防护冷却水幕应采用水幕喷头。

以下四种场所宜采用快速响应喷头:

第一,公共娱乐场所、中庭环廊;

第二,医院、疗养院的病房及治疗区域,老年、少儿、残疾人的集体活动场所;

第三,超出水泵接合器供水高度的楼层;

第四,地下的商业及仓储用房。

采用标准喷头时,当保护场所的喷水强度 $\geq 12\text{L}/(\text{min} \cdot \text{m}^2)$ 或者经计算喷头的工作压力大于 0.15MPa 时,宜采用流量系数大的标准喷头。

扩展覆盖面喷头仅用于天花板或吊顶平滑无障碍物的轻危险等级或中危险 I 级的场所,其喷水强度不应低于表 6-7 的要求,且保护面积的间距应是经过特殊认证的。

表 6-7 民用建筑和工业厂房的系统设计基本参数

火灾危险等级		净空高度/m	喷水强度/ [L/(min·m²)]	作用面积/m²	喷头工作 压力/MPa
轻危险级		≤8	4	160	0.1
中危险级	I		6		
	II		8		
严重危险级	I		12	260	
	II		16		

注:系统最不利点处喷头工作压力不应低于 **0.05MPa**。

同一隔间内应采用热敏性能、流量系数相同的喷头,但当局部有热源时,允许采用温度等级高的喷头;在宾馆客房的小走廊允许采用流量系数小的喷头。

每个雨淋阀控制的喷水区域内,应采用相同流量系数的喷头。

自动喷水灭火系统应有备用喷头,其数量不应少于总数的 **1%**,且每种型号均不得少于 **10** 只。

闭式系统的喷头,其公称动作温度宜高于环境最高温度 **30℃**。

在有些不宜接受热量的部位可采用温度等级较低的喷头,如公称动作温度 **57℃** 的喷头。在局部温度较高的部位,可采用温度等级较高的喷头。加热器区域内应使用高温度等级喷头,危险区域内的喷头应为中温度等级。距不保温的蒸汽主管、加热盘管和散热器一侧 **0.30m** 以内或位于其上 **0.76m** 以内的喷头应为中温度等级。大型房间内距低压蒸汽自动放气阀 **2.10m** 以内的喷头应为高温度等级。位于玻璃或塑料天窗下受日光直晒的喷头应为中温度等级。不通风的封闭房间内,在不隔热的屋顶下布置的喷头或不通风的阁楼内的喷头应为中温度等级。不通风橱窗内靠近顶棚装有高功率照明设备时,喷头的采用应为中温度等级。保护商业用烹调设备和通风装置的喷头应为高温度等级或超高温度等级,具体温标需经测温确定。

用于保护钢屋架的闭式喷头,宜采用公称动作温度 **141℃** 的喷洒头。

(二)喷头布置原则

喷头的布置应满足喷头的水力特性和布水特性的要求,并应均匀洒水和满足设计喷水强度的要求。

喷头的布置形式应根据天花板、吊顶的装饰要求,布置成正方形、矩形、平行四边形等形式。喷头的布置应不超出其最大保护面积以及喷头最大和最小间距。最大面积一般由规范或认证确定,而最小面积一般由最低工作压力和最小间距确定。

喷头应设在顶板或吊顶下易于接触到火灾热气流并有利于均匀喷洒水量的位置,应防止障碍物屏障热气流和破坏洒水分布。

1. 直立、下垂型标准喷头布置

直立、下垂型标准喷头的保护面积和间距见表 6-8。喷头的最小间距不宜小于 **2.4m**,喷头到墙边的最小距离为 **100mm**,喷头到墙边的最大距离为喷头最大距离的一半。

标准直立、下垂型喷头溅水盘与顶板的距离不应小于 **75mm**,且不应大于 **150mm**(吊顶型、吊顶下安装的喷头除外)。当在梁或其他障碍物下方的平面上布置喷头时,溅水盘与顶板的距离不应大于 **300mm**,同时,溅水盘与梁等障碍物底面的垂直距离不应小于 **25mm**,不应大于 **100mm**。当在梁间布置喷头时,应符合表 6-9 的规定。确有困难时,溅水盘与顶板的距离不应大于 **550mm**。梁间布置的喷头,喷头溅水盘与顶板距离达到 **550mm** 仍不能符合表 6-9 规定时,应在梁底面的下方增设喷头。密肋梁板下方的喷头,溅水盘与密肋梁板底面的垂直距离不应小于 **25mm**,不应大于 **100mm**。在净空高度不超过 **8m** 的场所中,间距不超过 **4m×4m** 布置的十字梁,可在梁间布置 **1** 只喷头,但喷水强度仍应符合表 6-7 的规定。

直立型喷头的安装,其框架臂应与配水支管的方向一致,其他直立型喷头也应符合该规定。

表 6-8　直立、下垂型标准喷头的保护面积和间距

喷水强度/ [L/(min·m²)]	正方形布置 的边长/m	矩形或平行四边形 布置的长边边长/m	一只喷头的最大 保护面积/m²	喷头与端墙的 最大距离/m
4	4.4	4.5	20.0	2.2
6	3.6	4.0	12.5	1.8
8	3.4	3.6	11.5	1.7
≥12	3.0	3.6	9.0	1.5

注:①仅在走道上布置单排喷头的闭式系统,其喷头间距应按走道地面不留漏喷空白点确定。

②货架内置喷头的间距不应小于 **2m**,且不应大于 **3m**。

③喷水强度大于 8L/min·m² 时,宜采用流量系数 K>80 的喷头。

表 6-9　喷头与梁、通风管道的距离

喷头溅水盘与梁或通风管道的底面的最大垂直距离/m		喷头与梁、通风管道的 水平距离/m
标准喷头	其他喷头	
0	0	a<0.3
0.06	0.04	0.3≤a<0.6
0.14	0.14	0.6≤a<0.9
0.24	0.25	0.9≤a<1.2
0.35	0.38	1.2≤a<1.5

续表

喷头溅水盘与梁或通风管道的底面的最大垂直距离/m		喷头与梁、通风管道的水平距离/m
标准喷头	其他喷头	
0.45	0.55	1.5≤a<1.8
>0.45	>0.55	a=1.8

2. 边墙型标准喷头的布置

边墙型标准喷头的最大保护跨度与间距见表 **6-10**。两排相对喷头应交错布置;室内跨度大于两排相对喷头的最大保护跨度时,应在两排相对喷头中间增设一排喷头。

表 6-10　边墙型标准喷头的最大保护跨度与间距

设置场所火灾危险等级	轻危险级	中危险级 I 级
配水支管上喷头的最大间距/m	3.6	3.0
单排喷头的最大保护跨度/m	3.6	3.0
两排相对喷头的最大保护跨度/m	7.2	6.0

直立式边墙型喷头,其溅水盘与顶板的距离不应小于 **100mm**,且不应大于 **150mm**,与背墙的距离不应小于 **50mm**,并不应大于 **110mm**。水平式边墙型喷头溅水盘与顶板的距离不应小于 **150mm**,且不应大于 **300mm**。

边墙型扩展覆盖喷头的最大保护跨度、配水支管上的喷头间距、喷头与两侧端墙的距离,应按喷头工作压力下能够喷湿对面墙和邻近端墙距溅水盘 **1.2m** 以下的墙面确定,且保护面积内的喷水强度应符合表 **6-7** 的规定。

3. 直立、下垂型扩展覆盖喷头的布置

直立、下垂型扩展覆盖面喷头的保护面积和间距见表 **6-11**,其他要求同标准喷头。应用该喷头时应根据认证的保护面积和间距进行喷头布置,表 **6-11** 中数据是可能的最大数据。

表 6-11　直立、下垂型扩展覆盖面喷头的保护面积和间距

轻危险等级		中危险级 I 级	
最大保护面积/m²	最大间距/m	最大保护面积/m²	最大间距/m
37.2	6.1	37.2	6.1
30.1	5.5	30.1	5.5
23.8	4.9	23.8	4.9
—	—	18.2	4.3
—	—	13.4	3.7

4. 边墙型扩展覆盖面喷头的布置

边墙型扩展覆盖面喷头的保护面积和间距见表 **6-12**,其他要求同标准边墙型喷头。应用该喷头时应根据认证的保护面积和间距进行喷头布置,表 **6-12** 中数据是可能的最大数据。

表 6-12　边墙型扩展覆盖面喷头的保护面积和间距

轻危险等级		中危险级 I 级	
最大保护面积/m²	最大间距/m	最大保护面积/m²	最大间距/m
37.2	8.5	37.2	7.3

5. 图书馆、档案馆、商场、仓库喷头的布置

图书馆、档案馆、商场、仓库中的通道上方宜设有喷头。喷头与被保护对象的水平间距不应小于 0.3m；喷头溅水盘与保护对象的最小垂直距离不应小于表 6-13 的规定。

表 6-13　溅水盘与被保护对象的最小垂直距离

喷头类型	最小垂直距离/m	喷头类型	最小垂直距离/m
标准喷头	0.45	其他喷头	0.90

6. 其他

（1）喷头上方如有孔洞、缝隙，应在喷头的上方设置集热板；在管道等有孔隙的遮挡物下面设置喷头时，喷头上方应设置集热板；集热挡水板应为正方形或圆形金属板，其平面面积不宜小于 0.12m²，周围弯边的下沿，宜与喷头的溅水盘平齐。

（2）当局部场所设置自动喷水灭火系统时，与相邻不设自动喷水灭火系统场所连通的走道或连通开口的外侧，应设喷头。

（3）设置自动喷水灭火系统的建筑，当吊顶上闷顶、技术夹层内的净空高度大于800mm，且内部有可燃物时，应在闷顶或技术夹层内设置喷头。

（4）当屋面坡度大于 16.7% 时，可认为斜屋面或顶板；顶板或吊顶为斜面时，喷头应垂直于斜面，并应按斜面距离确定喷头间距。坡度较大屋顶脊处应设一排喷头。喷头溅水盘至屋脊的垂直距离 h，当屋顶坡度≥1/3 时，h 不应大于 0.8m；当屋顶坡度小于 1/3 时，h 不应大于 0.6m。

（5）防火分隔水幕的喷头布置，应保证水幕的宽度不小于 6m。采用水幕喷头时，喷头不应小于 3 排；采用开式洒水喷头时，喷头不应少于 2 排。防护冷却水幕的喷头宜布置成单排。

（6）早期抑制快速响应喷头的溅水盘与顶板的距离，应符合表 6-14 的规定。

表 6-14　早期抑制快速响应喷头的溅水盘与顶板的距离

喷头安装方式	直立型		下垂型	
	不应小于	不应大于	不应小于	不应大于
溅水盘与顶板的距离/mm	100	150	150	360

（三）喷头与障碍物的关系

喷头的布置应符合喷头布置原则的要求，当喷头附近有障碍物时应满足下列要求：

第一,标准直立、下垂型喷头、**ESFR**喷头、大水滴喷头、扩展覆盖面喷头与梁和通风管的距离宜符合表**6-9**的要求。

第二,标准直立、下垂型喷头溅水盘以下**0.45m**范围内,其他直立型、下垂型喷头的溅水盘以下**0.9m**范围内,如有屋架等间断障碍物或管道时,喷头与邻近障碍物的最小水平距离宜符合表**6-15**的规定。

表6-15　喷头与邻近障碍物的最小水平距离

单位:mm

喷头类型	喷头与邻近障碍物的最小水平距离 a	
标准覆盖面洒水喷头、	**c、e**或**d≤0.2**	**3c**或**3e(c**与**e**取大值)或**3d**
特殊应用喷头	**c、e**或**d>0.2**	**0.6**

第三,位于直立、下垂型喷头下方,且在其最大保护面积内的通风管道、排管、桥架等水平障碍物,当其宽度大于**1.2m**时,应在障碍物下方增设喷头。

第四,直立型、下垂型喷头与不到顶隔墙的水平距离,不得大于喷头溅水盘与不到顶隔墙顶面垂直距离的**2**倍。

第五,靠墙障碍物横截面边长大于等于**750mm**时,障碍物下应设喷头;靠墙障碍物的横截面边长小于**750mm**时,喷头与靠墙障碍物的距离应符合式(**6-1**):

$$a \geqslant (e - 200) + b \tag{6-1}$$

式中:a——喷头与障碍物侧面的水平间距,**mm**;

　　　b——喷头溅水盘与障碍物底面的垂直间距,**mm**;

　　　e——障碍物横截面的边长,**mm**,$e<750$。

边墙型喷头两侧的**1m**与正前方**2m**范围内,顶板或吊顶下不应有阻挡喷水的障碍物。

四、自动喷水灭火系统设计计算

(一)设计计算基本参数

第一,民用建筑和工业厂房的系统设计基本参数不应低于表**6-16**的规定。

表 6-16　民用建筑和工业厂房的系统设计基本参数

火灾危险等级		净空高度/m	喷水强度/ [L/(min·m²)]	作用面积/m²	喷头工作压力/ MPa
轻危险级		≤8	4	160	0.1
中危险级	I		6		
	II		8		
严重危险级	I		12	260	
	II		16		

注:系统最不利点处喷头工作压力不应低于 0.05MPa。

第二,非仓库类高大净空场所设置自动喷水灭火系统时,湿式系统的设计基本参数不应低于表 6-17 的规定。

表 6-17　非仓库类高大净空场所的湿式系统设计基本参数

适用场所	净空高度/m	喷水强度/ [L/(min·m²)]	作用面积/m²	喷头选型	喷头最大间距/m
中庭、影剧院、音乐厅、单一功能体育馆等	8~12	6	260	K=80	3
会展中心、多功能体育馆、自选商场等	8~12	12	300	K=115	

注:①喷头溅水盘与顶板的距离应符合喷头的安装规定。

②最大储物高度超过 3.5m 的自选商场应按 16L/(min·m²) 确定喷水强度。

③表中"~"两侧的数据,左侧为"大于"、右侧为"不大于"。

第三,仅在走道设置单排喷头的闭式系统,其作用面积应按最大疏散距离所对应的走道面积确定。

第四,装设网格、栅板类通透性吊顶的场所,系统的喷水强度应按表 6-18 规定值的 1.3 倍确定。

表 6-18　堆垛储物仓库的系统设计基本参数

火灾危险等级	储物高度/m	喷水强度/ [L/(min·m²)]	作用面积/m²	持续喷水时间/h
仓库危险级 I 级	3.0~3.5	8	160	1.0
	3.5~4.5	8	200	1.5
	4.5~6.0	10		
	6.0~7.5	14		

火灾危险等级	储物高度/m	喷水强度/ [L/(min·m²)]	作用面积/m²	持续喷水时间/h
仓库危险级 Ⅱ级	3.0~3.5	10	00	2.0
	3.5~4.5	12		
	4.5~6.0	16		
	6.0~7.5	22		

注:本表及表6-20、表6-21适用于室内最大净空高度不超过9.0m的仓库。

第五,干式系统与雨淋系统的作用面积应符合下列规定:

一是干式系统的作用面积应按表6-16规定值的1.3倍确定。

二是雨淋系统中每个雨淋阀控制的喷水面积不宜大于表6-16中的作用面积。

第六,设置自动喷水灭火系统的仓库,系统设计基本参数应符合下列规定:

一是堆垛储物仓库的系统设计基本参数不应低于表6-18、表6-19的规定;

二是货架储物仓库的系统设计基本参数不应低于表6-20~表6-22的规定;

三是当Ⅰ级、Ⅱ级仓库中混杂储存Ⅲ级仓库的货品时,不应低于表6-23的规定。

表6-19　分类堆垛储物的Ⅲ级仓库的系统设计基本参数

最大储物高度/m	最大净空高度/m	喷水强度/[L/(min·m²)]			
		A	B	C	D
1.5	7.5	8.0			
3.5	4.5	16.0	16.0	12.0	12.0
	6.0	24.5	22.0	20.5	16.5
	9.5	32.5	28.5	24.5	18.5
4.5	6.0	20.5	18.5	16.5	12.0
	7.5	32.5	28.5	24.5	18.5
6.0	7.5	24.5	22.5	18.5	14.5
	9.0	36.5	34.5	28.5	22.5
7.5	9.0	30.5	28.5	22.5	18.5

注:①A为袋装与无包装的发泡塑料橡胶;B为箱装的发泡塑料橡胶;C为箱装与袋装的不发泡塑料橡胶;D为无包装的不发泡塑料橡胶。

②作用面积不应小于240m²。

表 6-20　单、双排货架储物仓库的系统设计基本参数

火灾危险等级	储物高度/m	喷水强度/[L/(min·m²)]	作用面积/m²	持续喷水时间/h
仓库危险级 I 级	3.0～3.5	8	200	1.5
	3.5～4.5	12		
	4.5～6.0	18		
仓库危险级 II 级	3.0～3.5	12	240	1.5
	3.5～4.5	15	280	2.0

表 6-21　多排货架储物仓库的系统设计基本参数

火灾危险等级	储物高度/m	喷水强度/[L/(min·m²)]	作用面积/m²	持续喷水时间/h
仓库危险级 I 级	3.5～4.5	12	200	1.5
	4.5～6.0	18		
	6.0～7.5	12+1J		
仓库危险级 II 级	3.0～3.5	12	200	1.5
	3.5～4.5	18		
	4.5～6.0	12+1J		2.0
	6.0～7.5	12+2J		

表 6-22　货架储物 III 级仓库的系统设计基本参数

序号	室内最大净高/m	货架类型	储物高度/m	货顶上方净空/m	顶板下喷头喷水强度/[L/(min·m²)]	货架内置喷头		
						层数	高度/m	流量系数
1	—	单、双排	3.0～6.0	<1.5	24.5	—	—	—
2	≤6.5	单、双排	3.0～4.5		18.0	—	—	—
3	—	单、双、多排	3.0	<1.5	12.0	—	—	—
4	—	单、双、多排	3.0	1.5～3.0	18.0	—	—	—
5	—	单、双、多排	3.0～4.5	1.5～3.0	12.0	1	3.0	80
6	—	单、双、多排	4.5～6.0	<1.5	24.5	—	—	—
7	≤8.0	单、双、多排	4.5～6.0	—	24.5	—	—	—
8	—	单、双、多排	4.5～6.0	1.5～3.0	18.0	1	3.0	80
9	—	单、双、多排	6.0～7.5	<1.5	18.5	1	4.5	115
10	≤9.0	单、双、多排	6.0～7.5	—	32.5	—	—	—

注：①持续喷水时间不应低于 2h,作用面积不应小于 200m²。

②序号 5 与序号 8：货架内设置一排货架内置喷头时，喷头的间距不应大于 **3.0m**；设置两排或多排货架内置喷头时，喷头的间距不应大于 **3.0m×2.4m**。

③序号 9：货架内设置一排货架内置喷头时，喷头的间距不应大于 **2.4m**；设置两排或多排货架内置喷头时，喷头的间距不应大于 **2.4m×2.4m**。

④设置两排和多排货架内置喷头时，喷头应交错布置。

⑤货架内置喷头的最低工作压力不应低于 **0.1MPa**。

表 6-23　混杂储物仓库的系统设计基本参数

货品类别	储存方式	储物高度/m	最大净空高度/m	喷水强度/[L/(min·m²)]	作用面积/m²	持续喷水时间/h
储物中包括沥青制品或箱装 A 组塑料橡胶	堆垛与货架	≤1.5	9.0	8	160	1.5
		1.5～3.0	4.5	12	240	2.0
		1.5～3.0	6.0	16	240	2.0
		3.0～3.5	5.0			
	堆垛	3.0～3.5	8.0	16	240	2.0
	货架	1.5～3.5	9.0	8+1J	160	2.0
储物中包括袋装 A 组塑料橡胶	堆垛与货架	≤1.5	9.0	8	160	1.5
		1.5～3.0	4.5	16	240	2.0
		3.0～3.5	5.0			
	堆垛	1.5～2.5	9.0	16	240	2.0
储物中包括袋装不发泡 A 组塑料橡胶	堆垛与货架	1.5～3.0	6.0	16	240	2.0
储物中包括袋装发泡 A 组塑料橡胶	货架	1.5～3.0	6.0	8+1J	160	2.0
储物中包括轮胎或纸卷	堆垛与货架	1.5～3.5	9.0	12	240	2.0

注：①无包装的塑料橡胶视同纸袋、塑料袋包装。

②货架内置喷头应采用与顶板下喷头相同的喷水强度。用水量应按开放 6 只喷头确定。

③表中字母"**J**"表示货架内喷头，"**J**"前的数字表示货架内喷头的层数。

④货架储物仓库应采用钢制货架，并应采用通透层板，层板中通透部分的面积不应小于层板总面积的 **50%**。

⑤采用木制货架及采用封闭层板货架的仓库，应按堆垛储物仓库设计。

第六，仓库采用早期抑制快速响应喷头的系统设计基本参数不应低于表 **6-24** 的规定。

第七，货架储物仓库的最大净空高度或最大储物高度超过表 **6-18**～表 **6-24** 的规定时，应设货架内置喷头。宜在自地面起每 **4m** 高度处设置一层货架内置喷头。当喷头流量系数

$K=80$ 时,工作压力不应小于 **0.20MPa**;当 **K=115** 时,工作压力不应小于 **0.10MPa**。喷头间距不应大于 **3m**,也不宜小于 **2m**。计算喷头数量不应小于表 **6-25** 的规定。货架内置喷头上方的层间隔板应为实层板。

第八,仓库内设有自动喷水灭火系统时,宜设消防排水设施。

表 6-24　仓库采用早期抑制快速响应喷头的系统设计基本参数

储物类别	最大净空高度/m	最大储物高度/m	喷头流量系数 K	喷头最大间距/m	作用面积内开放的喷头数/只	喷头最低工作压力/MPa
Ⅰ级、Ⅱ级、沥青制品、箱装不发泡塑料	9.0	7.5	200	3.7	12	0.35
			360			0.10
	10.5	9.0	200	3.0	12	0.50
			360			0.15
	12.0	10.5	200		12	0.50
			360			0.20
	13.5	12.0	360		12	0.30
袋装不发泡塑料	9.0	7.5	200	3.7	12	0.35
			240			0.25
	9.5	7.5	200		12	0.40
			240			0.30
	12.0	10.5	200	3.0	12	0.50
			240			0.3S
箱装发泡塑料	9.0	7.5	200	3.7	12	0.35
	9.5	7.5	200		12	0.40
			240			0.30

注:早期抑制快速响应喷头在保护最大高度范围内,如有货架应为通透性层板。

表 6-25　货架内开放喷头数

仓库危险级	货架内置喷头的层数		
	1	2	>2
Ⅰ	6	12	14
Ⅱ	8	14	
Ⅲ	10		

第九,闭式自动喷水-泡沫联用系统的设计基本参数,除执行表 **6-22** 的规定外,尚应符合下列规定:

①湿式系统自喷水至喷泡沫的转换时间,按 **4L/s** 流量计算,不应大于 **3min**;

②泡沫比例混合器应在流量≥**4L/s**时,符合水与泡沫灭火剂的混合比规定;

③持续喷泡沫的时间不应小于**10min**。

第十,雨淋自动喷水-泡沫联用系统应符合下列规定:

①前期喷水后期喷泡沫的系统,喷水强度与喷泡沫强度均不应低于表**6-16**、表**6-18**~表**6-23**的规定;

②前期喷泡沫后期喷水的系统,喷泡沫强度与喷水强度均应执行现行国家标准的规定;

③持续喷泡沫时间不应小于**10min**。

第十一,水幕系统的设计基本参数应符合表**6-26**的规定。

表 6-26　水幕系统的设计基本参数

水幕类别	喷水点高度/m	喷水强度/[L/(s·m)]	喷头工作压力/MPa
防火分隔水幕	≤12	2	0.1
防护冷却水幕	≤4	0.5	

注:防护冷却水幕的喷水点高度每增加**1m**,喷水强度应增加**0.1L/(s·m)**,但超过**9m**时喷水强度仍采用**1.0L/(s·m)**。

第十二,自动喷水灭火系统的持续喷水时间,应按火灾延续时间不小于**1h**确定。

第十三,利用有压气体作为系统启动介质的干式系统、预作用系统,其配水管道内的气压值应根据报警阀的技术性能确定;利用有压气体检测管道是否严密的预作用系统,配水管道内的气压值不宜小于**0.03MPa**,且不宜大于**0.05MPa**。

(二)管网水力计算

自动喷水灭火系统管网水力计算的任务是确定管网各管段管径、计算管网所需的供水压力、确定高位水箱的设置高度和选择消防水泵。

1. 设计计算步骤

(1)判断保护对象的性质、划分危险等级和选择系统。

(2)确定作用面积和喷水强度。

(3)确定喷头的形式和保护面积。

(4)确定作用面积内的喷头数。

(5)确定作用面积的形状。

(6)确定第一个喷头的压力和流量。

(7)计算第一根支管上各喷头流量、支管各管段的水头损失,以及支管流量和压力,并计算出相同支管的流量系数。

(8)根据支管流量系数计算出配水干管各支管的流量和各管段的流量、水头损失;并计算出作用面积内的流量、压力和作用面积流量系数。

（9）计算系统供水压力或水泵扬程（包括水泵的选择等），以及灭火用水量等。

（10）确定系统水源和减压措施。

2. 作用面积形状计算

（1）作用面积内的喷头数

首先对喷头间距的规定,结合被保护区间的形状,进行喷头布置,计算出一只喷头的保护面积。一只喷头的保护面积等于同一根配水支管上相邻喷头的距离与相邻配水支管之间距离的乘积。

根据喷头的平面布置、喷头的保护面积 A_s 和系统作用面积 A 确定系统设计喷头数 N。

$$N = \frac{A}{A_s} \tag{6-2}$$

式中：N——作用面积内的喷头数量,个；

A——相应危险等级的作用面积,$\mathbf{m}^2$；

A_s——喷头的保护面积,$\mathbf{m}^2$。

（2）作用面积形状的确定

作用面积的长边的计算：

$$L_{\min} = 1.2\sqrt{A} \tag{6-3}$$

式中：$L_{\min}$——作用面积长边的最小长度,$\mathbf{m}$；

A——作用面积,$\mathbf{m}^2$。

作用面积的短边的计算：

$$B = \frac{A}{L} \tag{6-4}$$

式中：B——作用面积的短边长度,$\mathbf{m}$；

L——根据 $L_{\min}$ 确定的实际作用面积长边的最小长度,$\mathbf{m}$。

根据式（6-3）和式（6-4）计算出作用面积的长宽,再根据喷头的保护面积的长宽确定系统设计作用面积,作用面积应是喷头保护面积的整数,而且大于规范规定的设计作用面积。水力计算选定的最不利点处作用面积宜为矩形,其长边应平行于配水支管,其长度不宜小于作用面积平方根的 **1.2** 倍。

3. 自动喷水系统枝状管网水力计算

（1）第一个喷头（最不利点处的喷头）出流量

根据建筑物危险等级,查相关规定得出喷水强度 D 和单个喷头保护的面积 A_s,确定喷头的出流量和最不利点喷头的压力。喷头的出流量 q 的计算如下：

$$q = D \cdot A_s \qquad\qquad (6-5)$$

式中：q——喷头流量，L/min；

$\quad\quad D$——喷水强度，$L/(min \cdot m^2)$；

$\quad\quad A_s$——一只喷头的保护面积，m^2。

（2）第一个喷头（最不利点处的喷头）工作压力

根据喷头的流量计算公式：

$$q = K\sqrt{10P} \qquad\qquad (6-6)$$

式中：P——喷头工作压力，MPa；

$\quad\quad q$——喷头流量，L/min；

$\quad\quad K$——喷头的流量系数。

确定第一个喷头的工作压力：

$$P = 0.1\left(\frac{q}{K}\right)^2 \qquad\qquad (6-7)$$

（3）沿程水头损失和局部水头损失

每米管道的水头损失 i 应按式（6-8）计算，管道内的水流速度宜采用经济流速，必要时可超过 5m/s，但不应大于 10m/s。也可直接查水力计算表得到 i。

$$i = 0.0000107\frac{V^2}{d_i^{1.3}} \qquad\qquad (6-8)$$

式中：i——每米管道的水头损失，MPa/m；

$\quad\quad V$——管道内水的平均流速，m/s；

$\quad\quad d_i$——管道的计算内径，m，按管道的内径减 1mm 确定。

管道的沿程水头损失按式（6-9）计算：

$$h = iL \qquad\qquad (6-9)$$

式中：h——管道的沿程水头损失，MPa；

$\quad\quad L$——管道长度，m。

管道的局部水头损失宜采用当量长度法计算。管件及阀门的当量长度见表 6-27。湿式报警阀局部水头损失取 0.04MPa、水流指示器的局部水头损失取 0.02MPa，雨淋阀的局部水头损失取 0.07MPa。为了简化计算，自动喷淋给水管网局部水头损失占沿程水头损失的百分数估算为 20%。

表 6-27　管件及阀门的当量长度

管件名称	管件直径/mm											
	25	32	40	50	70	80	100	125	150	200	250	300
45°弯头	0.3	0.3	0.6	0.6	0.9	0.9	1.2	1.5	2.1	2.7	3.3	4.0
90°弯头	0.6	0.9	1.2	1.5	1.8	2.1	3.1	3.7	4.3	5.5	5.5	8.2
三通或四通	1.5	1.8	2.4	3.1	3.7	4.6	6.1	7.6	9.2	10.7	15.3	18.3
蝶阀	—	—	—	1.8	2.1	3.1	3.7	2.7	3.1	3.7	5.8	6.4
闸阀	—	—	0.3	0.3	0.3	0.3	0.6	0.6	0.9	1.2	1.5	1.8
止回阀	1.5	2.1	2.7	3.4	4.3	4.9	6.7	8.3	9.8	13.7	16.8	19.8
U 形过滤器	12.3	15.4	18.5	24.5	30.8	36.8	49.0	61.2	73.5	98.0	122.5	—
Y 形过滤器	11.2	14.0	16.8	22.4	28.0	33.6	46.2	57.4	68.6	91.0	113.4	—
异径接头	32～25	40～32	50～40	70～50	80～70	100～80	125～100	150～125	200～150	—	—	—
	0.2	0.3	0.3	0.5	0.6	0.8	1.1	1.3	1.6	—	—	—

注:异径接头的出口直径不变而入口直径提高 1 级时,当量长度应增大 0.5 倍;提高 2 级或 2 级以上时,当量长度应增大 1.0 倍。

(4)喷头折算流量系数

如果喷头到支管有局部水头损失和势能差,设计时可计算喷头到支管接点处的压力,并根据式(6-6)求出喷头折算流量系数 K。

(5)支管水力计算

根据式(6-8)和式(6-9)计算出支管各个节点的压力,根据式(6-6)计算出喷头的流量,并最终计算出支管的设计流量和压力,以及支管的流量折算系数。

在配水支管布置相同的自动喷水灭火系统中,其他支管的流量可按式(6-10)计算。

$$Q_i = Q_1 \sqrt{\frac{H_i}{H_1}} \qquad (6-10)$$

式中:H_1——第一根配水支管与配水管连接处的节点水压,MPa;

　　　Q_1——第一根配水支管的总流量,L/s;

　　　H_i——第 i 根配水支管与配水管连接处的节点水压,MPa;

　　　Q_i——第 i 根配水支管的总流量,L/s。

(6)设计流量、压力以及流量折算系数计算

把支管作为一个复合喷头,计算出作用面积内的设计流量和压力,以及作用面积的流量折算系数。

（7）系统压力计算

根据作用面积的设计流量和压力，按式（6-8）和式（6-9）计算系统所需的压力，并采用作用面积的流量折算系数来复核系统不同区域的喷水均匀性和选择水泵的供水可靠性。

根据系统的设计流量计算系统供水压力或水泵扬程（包括水泵选型）。系统的设计流量计算如下：

$$Q_s = \frac{1}{60} \sum_{i=1}^{n} q_i \tag{6-11}$$

式中：Q_s——系统设计流量，**L/s**；

　　　q_i——最不利点处作用面积内各喷头的流量，**L/min**；

　　　n——最不利点处作用面积内的喷头数。

系统设计流量应满足作用面积内的平均喷水强度不低于表 **6-22** 的规定值。最不利点处作用面积内任意 **4** 只喷头围合范围内的平均喷水强度：轻危险级、中危险级不应低于表 **6-22** 规定值的 **85%**；严重危险级和仓库危险级不应低于表 **6-22** 的规定值。设置货架内置洒水喷头的仓库，顶板下洒水喷头与货架内置洒水喷头应分别计算设计流量，并应按其设计流量之和确定系统的设计流量。建筑内设有不同类型的系统或有不同危险等级的场所时，系统的设计流量应按其设计流量的最大值确定。

消防水泵的流量不小于系统设计流量，水泵扬程根据最不利喷头的工作压力、最不利喷头与贮水池最低工作水位的高程差、设计流量下计算管路的总水头损失三者之和确定：

$$H = \sum h + P_0 + Z \tag{6-12}$$

式中：H——水泵扬程或系统入口的供水压力，**MPa**；

　　　$\sum h$——管道沿程和局部水头损失的累计值，**MPa**，湿式报警阀取值 **0.04MPa** 或按检测数据确定，水流指示器取值 **0.02MPa**，雨淋阀取值 **0.07MPa**。

第二节　自动给水系统分类及作用原理

一、自动给水系统分类

自动喷水灭火系统可用于各种建筑物中允许用水灭火的保护对象和场所，根据被保护建筑物的使用性质、环境条件和火灾发生、发展特性的不同，分为多种类型。按喷头开启形式不同，分为闭式系统和开式系统；按报警阀的形式，分为湿式系统、干式系统、干湿两用系统、预作用系统和雨淋系统等；按对保护对象的功能，分为暴露防护型（水幕或冷却等）和控灭火型。用量最多的是湿式系统,在已安装的自动喷水灭火系统中,有 **70%** 以上为湿式系统。

(一) 湿式系统

湿式自动喷水灭火系统由闭式喷头、管道系统、湿式报警阀、水流指示器、报警装置和供水设施等组成。

湿式自动喷水灭火系统是在一个充满水的管道系统上安装自动喷水闭式喷头,并与至少一个自动给水装置相连的灭火系统。火灾发生时,在火场温度作用下,闭式喷头的感温元件温度达到预定的动作温度后,喷头开启喷水灭火,此时,管网中有压水流动,水流指示器感应到并送出电信号,在报警控制器上显示,某一区域已在喷水。持续喷水造成报警阀的上部水压低于下部水压,其压力差达到一定值时,原来处于关闭状态的报警阀就会自动开启。同时,消防水通过湿式报警阀,流向自动喷洒管网供水灭火。另一部分水进入延迟器、压力开关及水力警铃设施发出火警信号。另外,根据水流指示器和压力开关的信号或消防水箱的水位信号,控制箱内控制器能自动开启消防泵,以达到持续供水的目的。

湿式自动喷水灭火系统结构简单,施工和管理维护方便,使用可靠、灭火速度快、控火效率高、建设投资少。但由于管路始终充满有压水,万一出现渗漏会损坏建筑装饰,应用也受环境温度的限制,适合安装在温度范围为 **4℃~70℃** 且能用水灭火的建筑物内。湿式系统必须安装在全年不结冰及不会出现过热危险的场所内,经常低于 **4℃** 的场所有使管内充水冰冻的危险,高于 **70℃** 的场所管内充水汽化的加剧有破坏管道的危险。因此,绝大多数的常温场所采用此类系统。该系统在喷头动作后立即喷水,其灭火成功率高于干式系统。

(二) 干式系统

干式系统是为了满足寒冷和高温场所安装自动灭火系统的需要,在湿式自动系统的基础上发展起来的。该系统由闭式喷头、管道系统、干式报警阀、水流指示器、报警装置、充气设备、排气设备和供水设备等组成。其管路和喷头内平时没有水,只处于充气状态,故称之为干式系统。当建筑物发生火灾,火点温度达到开启闭式喷头的要求时,喷头开启、排气、充水、灭火。

干式自动喷水灭火系统与湿式自动喷水灭火系统相比,特点在于采用干式报警阀组,警戒状态下配水管道内充满压缩空气等有压气体。为保持气压,需要配套设置补气设施。管网内的气压要经常保持在一定范围内,该系统在灭火时,需先排除管网中的空气,故喷头出水不如湿式系统及时。但干式系统管网中平时不充水,对建筑装饰无影响,对环境温度也无要求,适用于采暖期长或建筑物内无采暖的场所。为减少排气时间,一般要求管网的容积不

大于 **3000L**。该系统适用于有冰冻危险与环境温度有可能超过 **70℃**、使管道内的充水汽化升压的场所。

干式系统的缺点是：发生火灾时，配水管道必须经过排气充水的过程，因此推迟了开始喷水的时间，对于可能发生蔓延速度较快火灾的场所，不适合采用此种系统。

干式系统配水管道中维持的气压，根据干式报警阀入口前管道需要维持的水压，结合干式报警阀的工作性能确定。

闭式喷头开放后，配水管道有一个排气充水过程。系统开始喷水的时间，将因排气充水过程而产生滞后，因此削弱了系统的灭火能力，这一点是干式系统的固有缺陷。

干湿式喷水灭火系统，一般由闭式喷头、管道系统、充气双重作用阀（又称干湿式报警阀）、报警装置、供水设备等组成。这种系统兼具湿式和干式喷水灭火系统的性能，安装在冬季采暖期不长的建筑物内，寒冷季节为干式系统，温暖季节为湿式系统；系统形式基本与干式系统相同，主要区别是报警阀采用的是干湿式报警阀。

（三）预作用系统

预作用自动喷水灭火系统由闭式喷头、管道系统、雨淋阀、火灾探测器、报警控制装置、充气设备、控制组件和供水设施等部件组成。

预作用系统采用预作用报警阀组，并由火灾自动报警系统启动。系统将火灾自动探测报警技术和自动喷水灭火系统有机地结合在一起，雨淋阀之后的管道平时呈干式，充满低压气体。火灾发生时，由比闭式喷头更灵敏的火灾报警系统（安装在保护区的感温、感烟火灾探测器发出火警信号）联动雨淋阀和供水泵，在闭式喷头开放前完成管道充水过程，转换为湿式系统，使喷头能在开放后立即喷水。

系统的配水管道内平时不充水，发生火灾时，预作用系统既兼有湿式、干式系统的优点，又避免了湿式、干式系统的缺点；在不允许出现误喷或管道漏水的重要场所，可替代湿式系统使用；在低温或高温场所可替代干式系统使用，避免喷头开启后延迟喷水的缺点。

预作用系统采用预作用报警阀组，并由配套使用的火灾自动报警系统启动。处于戒备状态时，配水管道为不充水的空管。此时配水管道内如果维持一定气压，将有助于监测管道的严密性和寻找泄漏点。

利用火灾探测器的热敏性能优于闭式喷头的特点，由火灾报警系统开启雨淋阀后为管道充水，使系统在闭式喷头动作前转换为湿式系统。

自动喷水灭火系统新技术——重复启闭预作用系统能在扑灭火灾后自动关闭报警阀，发生复燃时又能再次开启报警阀恢复喷水，适用于灭火后必须及时停止喷水、要求减少不必要水渍损失的场所。为了防止误动作，该系统与常规预作用系统的不同之处是采用了一种既可输出火警信号,又可在环境恢复常温时输出灭火信号的感温探测器。当其感应到环境温度超出预定值时,报警并启动供水泵和打开具有复位功能的雨淋阀,为配水管道充水,并在喷头动作后喷水灭火。喷水过程中,当火场温度恢复至常温时,探测器发出关停系统的信号,在按设定条件延迟喷水一段时间后,关闭雨淋阀停止喷水。若火灾复燃、温度再次升高,系统则再次启动,直至彻底灭火。

(四)雨淋系统

雨淋系统采用开式洒水喷头、雨淋报警阀组,由配套使用的火灾自动报警系统或传动管联动雨淋阀和供水泵,由雨淋阀控制其配水管道上的全部开式喷头同时喷水灭火(注:可以作冷喷试验的雨淋系统,应设末端试水装置)。发生火灾时,火灾探测器将信号送至火灾报警控制器,压力开关、水力警铃报警,控制器输出信号打开雨淋阀,同时启动水泵,整个保护区内的喷头喷水灭火。因雨淋阀开启后所有开式洒水喷头同时喷水,故称为雨淋系统。雨淋系统出水量大、灭火及时,适用于:①火灾水平蔓延速度快、闭式喷头的开放不能及时使喷水有效覆盖着火区域的场所;②室内净空高度超过闭式系统限定的最大净空高度规定、不适合采用闭式系统的场所;③严重危险级Ⅱ级的场所。

室内物品顶面与顶板或吊顶的距离加大,将使闭式喷头在火场中的开放时间推迟,喷头动作时间的滞后使火灾得以继续蔓延,而使开放喷头的喷水难以有效覆盖火灾范围。上述情况使闭式系统的控火能力下降,而采用雨淋系统则可消除上述不利影响。雨淋系统启动后立即大面积喷水,遏制和扑救火灾的效果更好,但水渍损失大于闭式系统。

雨淋喷水灭火系统、预作用喷水灭火系统虽然都采用了雨淋阀、探测报警系统。但预作用喷水灭火系统采用闭式喷头,雨淋阀后的管道内平时充有压缩气体;而雨淋系统采用开式喷头,雨淋阀后的管道平时为空管。

雨淋系统由电气控制启动、传动管控制启动或手动控制启动。

电气控制系统保护区内的火灾自动报警系统探测到火灾后发出信号,打开控制雨淋阀的电磁阀,雨淋阀控制膜室压力下降,雨淋阀开启,压力开关动作,启动水泵向系统供水。

传动管控制启动包括湿式和干式两种。发生火灾时,湿(干)式导管上的喷头受热爆破,喷头出水(排气),雨淋阀控制膜室压力下降,雨淋阀打开,压力开关动作,启动水泵向系统供水。

中国建筑西南设计院1981年模拟"舞台幕布燃烧试验"报告指出:四个试验用开式洒水喷头呈正方形布置,间距为2.5m×2.5m,安装高度为22m;幕布尺寸为3m×12m,幕布下端距地面约2m,幕布由地面上的木垛火引燃(木垛的火灾负荷密度为50kg/m²)。幕布引燃后,开始时火焰上升速度为0.1~0.2m/s,当幕布燃烧到约1/4高度时,火焰急剧向上及左右蔓延扩大,不到 **10s** 幕布几乎全部烧完,但顶部正中安装的闭式喷头没有开放;手动开启雨淋系统时,当喷头处压力为 **0.1～0.2MPa** 时,仅 **10s** 就扑灭了幕布火灾,又历时 **1min30s～1min50s** 扑灭木垛火。试验证实了雨淋系统的灭火效果。

(五)水喷雾灭火系统

水喷雾灭火系统是利用水雾喷头在较高的水压力作用下,将水流分离成 **0.2～2.0mm** 甚至更小的细小水雾滴,喷向保护对象,通过表面冷却、窒息或冲击乳化、稀释等作用,达到灭火或防护冷却的目的。水喷雾灭火系统的应用发展,实现了用水扑救油类、电气设备类火灾,并且可克服气体灭火系统不适合在露天环境和大空间场所使用的缺点,从而使水这种灭火剂得到充分的应用。

水喷雾灭火系统在组成上与雨淋系统基本相同,所不同的是该系统使用的是一种喷雾喷头。这种喷头有螺旋状叶片,当有一定压力的水通过喷头时,叶片旋转,在离心力作用下,同时产生机械撞击作用和机械强化作用,使水形成雾状喷向被保护部位。水喷雾灭火系统由水雾喷头、管网、过滤器、雨淋阀组、给水设备、消防水源以及火灾自动探测控制设备等组成。系统的自动开启雨淋阀装置,可采用带火灾探测器的电动控制装置和带闭式喷头的传动管装置,其工作原理也与雨淋系统相同。

(六)水幕系统

水幕系统是利用水幕喷头密集喷洒所形成的水墙或水帘,起到挡烟阻火和冷却分隔物作用的一种自动喷水系统。由水幕喷头或开式洒水喷头、雨淋阀组或感温雨淋阀、管道及火灾探测控制装置等组成。通过其特殊的喷头布置方式,对简易防火分隔物进行冷却,提高其耐火性能,或阻止火焰穿过开口部位,直接作防火分隔使用。防火分隔水幕不宜用于尺寸超过 **15m**(宽)×**8m**(高)的开口(舞台口除外)。防护冷却水幕应直接将水喷向被保护对象。

水幕系统的控制和工作原理与雨淋系统相同。当发生火灾时,火灾探测器或人员发现火灾,电动或手动开启控制阀,然后系统通过水幕喷头喷水,进行阻火、隔火或冷却防火分隔物。

(七)自动喷水-泡沫联用系统

自动喷水-泡沫联用系统是指在自动喷水灭火系统中配置可供给泡沫混合液的设备后,组成既可喷水又可喷泡沫的自动喷水灭火系统。

其工作原理是系统保护区内任意一处发生火情,火源上方闭式喷头周围的温度达到喷头的动作温度时,喷头开启喷水,报警阀打开,水力警铃报警。同时,压力开关和喷水区水流指示器动作,消防水泵启动。压力水进入泡沫罐挤压泡沫胶囊,被挤压出的泡沫液经泡沫控制阀进入比例混合器,按比例(3%或6%)与压力水混合进入管网,泡沫溶液从喷头喷出灭火。

自动喷水-泡沫联用系统适用于存在较多易燃液体的场所、金属设备和构件周围发生火灾的场所。

采用这种系统的目的:

第一,强化自动喷水灭火系统的灭火能力。

第二,减少系统的运行费用。对于某些对象,如某些水溶性液体火灾,采用喷水和喷泡沫均可达到控灭火目的,单纯喷水时,虽控火效果好,但灭火时间长,火灾与水渍造成的损失较大;单纯喷泡沫时,系统的运行维护费用较高。对于另一些对象,如金属设备和构件周围发生火灾,采用泡沫灭火后,仍需进一步防护冷却,防止泡沫消泡后因金属件的温度高而使火灾复燃。水和泡沫结合,可起到优势互补的作用。

早在20世纪50年代,国际上已研制出既可喷水,又可喷蛋白泡沫混合液的自动喷水灭火系统,用于扑救A类火灾或B类火灾,以及二者共存的火灾。

蛋白和氟蛋白类泡沫混合液,形成一定发泡倍数的泡沫后,在燃烧表面形成黏稠的连续泡沫层后,在隔绝空气并封闭挥发性可燃蒸汽的作用下实现灭火。水成膜泡沫液可在燃料表面形成可以抑制燃料蒸发的水成膜,同时隔绝空气而实现灭火。

洒水喷头属于非吸气型喷头,所以供给泡沫混合液发泡的空气不足,使喷洒的泡沫混合液与洒水极为相似,虽然没有形成一定倍数的泡沫,但仍具有良好的灭火性能。

(八)组合自动喷水灭火系统

建筑物中保护局部场所的干式系统、预作用系统、雨淋系统、自动喷水-泡沫联用系统,可串联接入同一建筑物内湿式系统,并应与其配水干管连接。

允许其他系统串联接入湿式系统的配水干管,使各个其他系统从属于湿式系统,既不相互干扰,又简化系统的构成、减少投资。

二、自动给水系统的工作作用原理

自动给水系统是指供应和分配生活用水的设备和管道网络。它的作用是确保水源可以供应给用户,并确保水质的安全和卫生。

自动给水系统的工作原理包括水源的净化、加压和分配。首先,水源可能来自自来水厂、河流、湖泊或地下水井。其次,水源经过净化工艺,如沉淀、过滤、混凝和消毒,以去除杂质和杀灭细菌。最后,净化后的水被储存在水库或水塔中,以确保有足够的水量和压力供应给用户。

为了确保水源能够供应给用户,自动给水系统需要增加水压。这可以通过水泵实现,水泵将水从水源抽到水箱或水塔中,增加水压,水泵可以根据需求来启动和停止,并通过压力传感器来监测和控制水压。

一旦水压增加,自动给水系统就会将水分配到用户的家庭、商业建筑和公共设施中。这需要一系列的管道网络来传输水源。管道通常由金属(如铸铁、镀锌钢)或塑料(如聚乙烯)制成,并埋设在地下或穿越建筑物。

自动给水系统的主要作用包括:

1. 生活用水供应

自动给水系统为居民提供洗浴、饮用、烹饪、冲洗马桶等日常生活用水。

2. 灭火供水

自动给水系统为消防系统提供灭火用水,保护人们的生命和财产安全。

3. 工业用水供应

自动给水系统为工业企业提供生产和制造过程中所需的水源,如冷却、清洗和加工。

4. 公共设施供水

自动给水系统为学校、医院、公园、游泳池等公共设施提供供水服务,满足人们的基本需求。

5. 农业灌溉供水

自动给水系统为农田提供灌溉水源,支持农作物生长和农业生产。

除了供应水源,自动给水系统还需要确保水质的安全和卫生。这可能涉及监测和检测水质,以确保水中的化学物质(如重金属)和微生物(如细菌和病毒)在安全标准范围内。此外,自动给水系统还需要定期进行维护和保养,以确保管道不泄漏和设备正常运行。

自动给水系统是供应和分配生活用水的设备和管道网络。它的工作原理涉及水源的净化、加压和分配,其作用是确保供应可靠的水源,满足人们的生活需求,并确保水质的安全和卫生。

第三节　自喷给水系统的施工技术

一、管网布置

1. 报警阀前的管网

报警阀前的管网可分为环状管网和枝状管网,采用环状管网的目的是提高系统的可靠性。当系统采用双水源或 1.2 个水源时,应为环状管网。当系统采用单水源,且系统设置的报警阀数量大于 2 个时,应采用环状管网;不大于 2 个时,宜采用枝状管网。

2. 报警阀后的管网

报警阀后的管网可分为枝状管网、环状管网和格栅状管网。采用环状管网的目的是减少系统管道的投资和使系统布水更均匀。自动喷水系统的环状管网一般为一个环,当多环时为格栅状管网。

枝状管网分为侧边末端进水、侧边中央进水、中央末端进水和中央中心进水 4 种形式。

(1)一般轻危险级宜采用侧边末端进水、侧边中央进水。

(2)中危险级宜采用中央末端进水和中央中心进水,以及环状管网。对于民用建筑,为节约吊顶空间可采用环状管网,一般配水干管的管径为 $D_N 80 \sim D_N 100$,并应经过水力计算确定。

(3)严重危险级和仓库危险级宜采用环状管网和格栅状管网。

(4)湿式系统可采用任何形式的管网,但干式系统、预作用系统不应采用格栅状管网。

3. 管道系统

(1)自动喷水灭火系统应有下列组件、配件和设施:

①系统应设有洒水喷头、水流指示器、报警阀组、压力开关等组件和末端试水装置、配水管道、供水设施。

②系统中需要减静压的区段宜分区供水或设减压阀,需要减动压的区段,宜设减压孔板或节流管。

③系统应设有泄水阀(口)、排气阀(口)和排污口;在每层水流指示器后应设置层系统排污阀;系统立管的底部应设置排污阀;系统立管的顶部应设置自动排气阀。

设置排气阀,是为了使系统的管道充水时不存留空气。设置泄水阀,是为了便于检修。排气阀设在其负责区段管道的最高点,泄水阀设在其负责区段管道的最低点。泄水阀及其连接管的管径可参考表 6-28。

表 6-28　泄水阀及其连接管的管径

供水干管管径/mm	泄水管管径/mm
≥100	≤50
70～80	≤40
<70	25

④干式和预作用系统的配水管道应设快速排气阀,有压充气管道的快速排气前应设自动阀。这是为了使配水管道尽快排气充水。干式系统与配水管道充压缩空气的预作用系统,为快速排气阀设置的电动阀,平时常闭,系统开始充水时打开。

⑤一个报警阀至少设置一个末端试水装置;当设有水流指示器时,末端试水装置应与水流指示器一一对应;开式系统可不设置末端试水装置。有传导管系统的雨淋和预作用系统应在先导管系统上设置末端试水装置。

（2）配水管道

配水管道应采用内外壁热镀锌钢管。当报警阀入口前采用内壁不防腐的钢管时,其末端应设过滤器。系统管道的连接,应采用沟槽式连接件(卡箍)、丝扣或法兰连接,报警阀前采用内壁不防腐的钢管时,可采用焊接连接。

配水管道也可采用符合现行国家或行业标准的涂覆其他防腐材料的钢管,以及铜管、不锈钢管。铜管、不锈钢管应采用配套的支架、吊架。除镀锌钢管外,其他管道的水头损失取值应按检测或生产厂提供的数据确定。

配水管道的工作压力不应大于 **1.2MPa**,并且不应设置其他用水设施。

管道的管径应经水力计算确定。配水管两侧每根配水支管控制的标准喷头数,轻、中危险级系统不应超过 **8** 只。同时在吊顶上下安装喷头的配水支管,上下侧均不应超过 **8** 只;严重危险级和仓库危险级系统不应超过 **6** 只。

轻、中危险级系统中配水支管、配水管控制的标准喷头数,不宜超过表 **6-29** 的规定,本表仅用于系统的控制喷头数量设计,不应作为系统设计管网管径用。

短管及末端试水装置的连接管,其管径不应小于 **25mm**。

干式系统的配水管道充水时间,不宜大于 **1min**;预作用系统与雨淋系统的配水管道充水时间,不宜大于 **2min**。

干式、预作用系统的供气管道,采用钢管时,管径不宜小于 **15mm**;采用铜管时,管径不宜小于 **10mm**。

自动喷水灭火系统的水平管道宜有坡度,充水管道不宜小于 **2%**,准工作状态不充水的管道不宜小于 **4%**,管道应坡向泄水阀。

表 6-29 轻、中危险级系统中配水支管、配水管控制的标准喷头数

公称直径/mm	控制的标准喷头数/只	
	轻危险级	中危险级
25	1	1
32	3	3
40	5	4
50	10	8
65	18	12
80	48	32
100		64

报警阀应设在距地面高 0.8～1.5m 的范围内,没有冰冻危险,易于排水、管理维修方便的地点。

自动喷水灭火系统报警阀后的管道上,不应设置其他用水设施。

自动喷水灭火系统应设消防水泵接合器,一般不少于两个,每个按 10～15L/s 计算。

闭式自动喷水灭火系统的每个报警阀控制的喷头数:湿式和预作用喷水灭火系统为 800 个,有排气装置的干式喷水灭火系统为 500 个,无排气装置的干式喷水灭火系统为 250 个。

轻、中危险级系统中配水支管、配水管控制的标准喷头数,不宜超过表 6-29 的规定。自动喷水灭火系统水压应按最不利点喷头的工作水压确定,闭式自动喷水灭火系统最不利点喷头水压应为 980kPa,最小不应小于 490kPa;雨淋系统最不利点喷头水压应为 980kPa;水幕系统最不利点喷头水压应不小于 980kPa。

系统中直径大于或等于 100mm 的管道,应分段采用法兰或沟槽式连接件(卡箍)连接。水平管道上法兰间的管道长度不宜大于 20m;立管上法兰间的距离,不应跨越 3 个及以上楼层。净空高度大于 8m 的场所内,立管上应有法兰。

管道的直径应经水力计算确定。配水管道的布置,应使配水管入口的压力均衡。轻危险级、中危险级场所中各配水管入口的压力均不宜大于 0.40MPa。

二、管网施工安装

(一)管材

自动喷水灭火系统和水喷雾灭火系统报警阀以前的管道、消火栓系统给水管架空时,应采用内外壁热浸镀锌钢管或焊接钢管,埋地时应采用球墨铸铁管;自动喷水灭火系统和水喷雾灭火系统报警以后的管道,可采用热浸镀锌钢管、铜管、不锈钢管及钢衬塑、不锈钢衬塑的管道。

当压力≤2MPa 时,最小壁厚应符合下列要求:

(1)采用焊接、法兰连接或卡箍连接时,当管径≤ D_N 125,最小管壁序列号为 Sch20 钢管;当管径为 D_N 150,最小管壁厚为 3.4mm;当管径为 D_N 200 及 D_N 250 时,最小管壁厚为 4.78mm。

(2)采用卡箍连接时,当管径大于等于 D_N 100,最小管壁序列号为 Sch30 钢管;当管径小于 D_N 100,最小管壁序列号为 Sch40 钢管。

热浸镀锌焊接钢管分为普通钢管和加厚钢管,在自动喷水灭火系统中应采用加厚钢管,当系统压力≤1.2MPa 时,可采用热浸镀锌焊接钢管。当系统压力大于 1.2MPa 时,应采用热浸镀锌焊接或无缝钢管。

当喷头为 **60°** 锥管螺纹(**NPT**)时,宜采用热浸镀锌无缝钢管。

(二)管道敷设技术要求

1. 管道接口

管道的连接方式有卡箍连接、螺纹连接、法兰连接和焊接连接。系统管道的连接应采用沟槽式连接件(卡箍)、螺纹或法兰连接。报警阀前采用内壁不防腐钢管时,可焊接连接。系统中管径 D_N **≤80mm** 时,采用螺纹连接;管径 D_N **>80mm** 时,可采用卡箍连接、法兰连接或焊接。卡箍连接要求的施工空间小,便于维修,是目前最佳的连接方式。

沟槽式(卡箍)连接时,沟槽式连接件(管接头)和钢管沟槽深度应符合行业标准的规定。公称直径 D_N **≤250mm** 的沟槽式管接头的最大工作压力为 **2.5MPa**,公称直径 D_N **≥300mm** 的沟槽式管接头的最大工作压力为 **1.6MPa**。有振动的场所和埋地管道应采用柔性接头,其他场所宜采用刚性接头。当采用刚性接头时,每隔 **4~5** 个刚性接头应设置一个柔性接头。当采用机械三通、四通接头时,其开孔大小和开孔间距不应影响被开孔管道的强度。通常,开孔最大直径宜小于被开孔管道直径的 **1/2** 左右,开孔间距与开孔大小有关,一般不宜小于 **2m**。

沟槽式连接与其他型式的接口连接时应采用转换接头。采用卡箍连接的管道变径时,宜采用卡箍异径接头;在管道弯头处不得采用补芯;当需要采用补芯时,三通上可用 **1** 个,四通上不应超过 **2** 个;公称直径大于 **50mm** 的管道不宜采用活接头。

螺纹连接时,系统中管径小于 D_N **100** 的热浸镀锌钢管或热浸镀锌无缝钢管均可采用螺纹连接。当系统采用热浸镀锌钢管时,其管件可采用锻铸铁螺纹管件;当系统采用热浸镀锌无缝钢管时,其管件可采用锻钢制螺纹管件。

钢管壁厚 δ **<Sch30**($\geq D_N$ **200**)或钢管壁厚 δ **<Sch40**($< D_N$ **200**),均不得使用螺纹连接件连接。当管道采用 **55°** 锥管螺纹(**Rc** 或 **R**)时,螺纹接口可采用聚四氟带密封;当管道采用 **60°** 锥管螺纹(**NPT**)时,宜采用密封胶作为螺纹接口的密封;密封带应在阳螺纹上施加。管径大于 D_N **50** 的管道不得使用螺纹活接头,在管道变径处应采用单体异径接头。

焊接或法兰连接时,法兰类型根据连接形式可分为:平焊法兰、对焊法兰和螺纹法兰等,法兰选择必须符合标准规定。

热浸镀锌钢管若采用法兰连接,应选用螺纹法兰。系统管道采用内壁不防腐管道时,可焊接连接。任何管段需要改变管径时,均应使用符合标准的异径管接头和管件。

2. 管道的安装

管道安装时,管道的中心线与梁、柱、楼板等的最小距离应符合表 **6-30** 的规定。

表 6-30　管道的中心线与梁、柱、楼板等的最小距离

公称直径/mm	25	32	40	50	70	80	100	125	150	200
距离/mm	40	40	50	60	70	80	100	125	150	200

消防给水管穿过建筑物墙、楼板或构筑物墙壁时,应采取下列防护措施:

(1)穿过地下室外墙和构筑物墙壁时,应设防水套管。

(2)穿过建筑物承重墙或基础时,应预留洞口,洞口高度应保证管顶上部净空不得小于建筑物的沉降量,一般不小于 0.1m,并填充不透水的弹性材料。

(3)如必须穿过伸缩缝及沉降缝时,应采用波纹管、橡胶短管和补偿器等方法处理。

消防给水管如有可能发生冻结时,应采取保温措施:采用电伴热保温或在管外壁缠包岩棉管壳、玻璃纤维管壳、石棉管壳、B1 级聚乙烯泡沫管壳等材料。

消防给水管通过或敷设在下列部位时,应采取相应防护措施:

通过及敷设在有腐蚀性气体的房间(如酸洗车间、电镀车间、电瓶充电间等)内时,管外壁应刷防腐漆或缠绕防腐材料。埋地及敷设在垫层内的镀锌钢管或非镀锌钢管,如地下水无腐蚀性时管外壁涂沥青漆;如地下水有腐蚀性时,管外壁采取加强防腐(即一布两油或二布三油)。

(三)自动喷水系统管道的支(吊)架

设计的吊架在管道的每一支撑点处应能承受 5 倍于充满水的管重,另加 114kg 的荷载,且这些支撑点应能支撑整个自动喷水灭火系统。

管道支(吊)架的支撑点宜设在建筑的结构上,如梁、柱、楼板等,其结构在管道悬吊点应能承受充满水管道重量另加至少 114kg 的附加荷载,充水管道的参考重量见表 6-31。

表 6-31　充水管道的参考重量

公称直径/mm	25	32	40	50	70	80	100	125	150	200
保温管道/(kg/m)	15	18	19	22	27	32	41	54	66	103
不保温管道/(kg/m)	5	7	7	9	13	17	22	33	42	73

支(吊)架的设置应符合下面的要求:

支架与吊架的位置不应影响喷头的喷水效果,一般吊架距直立喷头不应小于 300mm,距末端喷头距离不应大于 750mm;当喷头处的最大压力超过 0.6MPa,且由吊顶上方的配水支管向位于吊顶下的下垂型喷头供水时,与无支撑喷头或短立管连接的管段悬臂长不超过 300mm。

管道支架或吊架的间距应不大于表 6-32 的要求。管道穿梁安装时,穿梁处可作为一个

吊架考虑。相邻两喷头之间的管段上至少应设 1 个支(吊)架,当喷头间距小于 1.8m 时,可隔一个喷头设一个吊架,但支(吊)架最大间距不应大于 3.6m。每 2 根支管间的水平主管上至少应设 1 个支(吊)架。沿屋面坡度布置的配水支管,当坡度大于 1:3 时,应采取防滑措施(加点焊箍套),以防短立管与配水管受扭折推力。当喷水管道安装于通风管道之下时,管道应由建筑的结构支撑;当通风管道支撑具备同时支撑风管及其上荷载的能力时,喷水管道也可利用其支撑。

表 6-32　管道支架或吊架的间距

管径/mm	25	32	40	50	70	80	100	125	150	200	250	300
间距/mm	3.5	4.0	4.5	5.0	6.0	6.0	6.5	7.0	8.0	9.5	11.0	12.0

当自动喷水管安装在轻质钢结构屋面下时,须在安装屋面的同时在檩条和梁柱上预埋吊架,或吊架根部、预埋件,使在安装管道时不破坏屋面的整体结构。如不预埋吊架或其部件,则应采用特殊的夹部件代替吊架根部。在实际工程设计中,应事先商定钢结构的支(吊)架的生根部位和预留螺栓孔。在无法利用预留螺栓孔时,应采用梁柱抱固和夹紧件来做支(吊)架的生根,不得采用焊接。

为了防止喷水时管道沿管线方向晃动,在下列部位设置(固定)防晃支架:配水管一般在中点设 1 个(固定)防晃支架(管径在 D_N 50 及以下时可不设);配水干管及配水管、配水支管的长度超过 15m(包括管径为 D_N 50 的配水管及配水支管),每 15m 长度内最少设 1 个(固定)防晃支架(管径小于等于 D_N 40 的管段可不算在内);管径大于 D_N 50 的管道拐弯处(包括三通及四通位置)应设 1 个(固定)防晃支架。(固定)防晃支架的强度,应能随管道、配件及管内水的重量和 50% 的水平方向推力而不损坏或产生永久变形。当管道穿梁安装时,若管道再用紧固件固定于混凝土结构上,则可作为 1 个(固定)防晃支架处理。

三、系统试压和冲洗

系统安装完毕后,应对管网进行强度试验、严密性试验和冲洗。

管网强度的试验、严密性试验宜用水进行,但对干式喷水灭火系统、预作用喷水灭火系统必须既作水压试验又作气压试验;在冰冻季节,如进行水压试验有困难时,可用气压试验代替。系统的水源干管、进户管和室内地下管道应在回填隐蔽前,单独地或与系统一起进行强度试验和严密性试验。

系统管网经试压合格后,应分段用水进行冲洗。冲洗的顺序是先室外,后室内;先地下,后地上;室内部分应按配水干管、配水支管的顺序进行。管网冲洗前,应对系统仪表采取保护措施,并将止回阀、报警阀等拆下,冲洗工作结束后应及时复位。

系统的压力试验,应先做进水引入管,再做室内系统。

水压试验宜用生活用水进行,不得使用海水或有腐蚀性化学物质的水。水压试验宜在环境温度 5℃以上时进行,否则应有防冻措施。

水压试验压力 P_t 的要求:

系统设计工作压力 $P \leq 1.0$MPa 时,$P_t = 1.5P$ 且不小于 1.4MPa;

系统设计工作压力 $P > 1.0$MPa 时,$P_t = P + 0.4$MPa。

水压强度试验的测试点应设在系统管网最低点,对管网注水时,应将空气排净,然后缓慢升压;达到试验压力后,稳压 30min,目测无泄漏、无变形、压降 $\Delta P \leq 0.05$MPa 为合格。

气压试验的介质宜采用空气或氮气。气压严密性试验压力为 0.28MPa,稳压 24h,压力降不应超过 0.01MPa,即为合格。

参考文献

［1］张娅玲．建筑给排水工程设计与施工［M］.北京:清华大学出版社,2023.

［2］孙宁,徐巍,向梦华.工程建设理论与实践丛书建筑设计与施工技术［M］.武汉:华中科技大学出版社,2023.

［3］张瑞,毛同雷,姜华.建筑给排水工程设计与施工管理研究［M］.长春:吉林科学技术出版社,2022.

［4］王智忠.建筑给排水及暖通施工图设计常见错误解析［M］.合肥:安徽科学技术出版社,2022.

［5］陈毅俊,高晶.建筑设备 BIM 建模与应用——水暖工程［M］.重庆:重庆大学出版社,2022.

［6］伍培,侯珊珊,郑洁.土木与建筑类专业新工科系列教材智能建筑概论［M］.4 版.重庆:重庆大学出版社,2022.

［7］赵俊,汤福南,陆文慷.建筑给水排水施工图标准化设计［M］.北京:中国建筑工业出版社,2022.

［8］周佳新.建筑给水排水工程 CAD 制图［M］.2 版.北京:化学工业出版社,2022.

［9］吴凯,王嵩,李成.新时期绿色建筑设计研究［M］.长春:吉林科学技术出版社,2022.

［10］宋晓明,邓俊杰,李志勤.建筑给排水工程 BIM 设计［M］.北京:机械工业出版社,2021.

［11］平良帆,吴根平,杜艳斌.建筑暖通空调及给排水设计研究［M］.长春:吉林科学技术出版社,2021.

［12］高将,丁维华.建筑给排水与施工技术［M］.镇江:江苏大学出版社,2021.

［13］王增长,岳秀萍.建筑给水排水工程［M］.8 版.北京:中国建筑工业出版社,2021.

［14］刘静晓,代学民.工业给水排水工程［M］.北京:中国建筑工业出版社,2021.

［15］苏冰琴,岳秀萍.建筑给水排水工程［M］.北京:中国建筑工业出版社,2021.

［16］房平,邵瑞华,孔祥刚.建筑给排水工程［M］.成都:电子科技大学出版社,2020.

［17］梅胜,周鸿,何芳.建筑给排水及消防工程系统［M］.北京:机械工业出版社,2020.

［18］李亚峰,王洪明,杨辉.给排水科学与工程概论［M］.3 版.北京:机械工业出版社,2020.

［19］王新华.供热与给排水［M］.天津:天津科学技术出版社,2020.

[20]卓刚.高层建筑设计[M].3 版.武汉:华中科技大学出版社,2020.

[21]蒋刚,汪军,王伟.高地下水软土地基降排水方案设计及优化研究[M].郑州:黄河水利出版社,2020.

[22]韩沐昕.建筑设备 BIM 技术入门[M].哈尔滨:哈尔滨工业大学出版社,2020.

[23]孙明,王建华,黄静.建筑给排水工程技术[M].长春:吉林科学技术出版社,2020.

[24]张胜峰.建筑给排水工程施工[M].北京:中国水利水电出版社,2020.

[25]黄敬文.全国水利行业规划教材城市给排水工程[M].2 版.郑州:黄河水利出版社,2020.

[26]陈东明.建筑给排水 暖通空调施工图快速识读[M].合肥:安徽科学技术出版社,2019.

[27]谢玉辉.建筑给排水中的常见问题及解决对策[M].北京:北京工业大学出版社,2019.

[28]梁政.铁路(高铁)及城市轨道交通给排水工程设计[M].成都:西南交通大学出版社,2019.

[29]韩恒梅,姚新兆.建筑制图[M].郑州:河南科学技术出版社,2019.

[30]王凤.建筑设备施工工艺与识图[M].天津:天津科学技术出版社,2019.

[31]俞洪伟,杨肖杭,包晓琴.民用建筑安装工程实用手册[M].杭州:浙江大学出版社,2019.